HEXAGONE

Lorànt Deutsch

HEXAGONE

SUR LES ROUTES DE L'HISTOIRE DE FRANCE

Avec la complicité d'Emmanuel Haymann

Michel Lafon

TEXTE INTÉGRAL

ISBN 978-2-7578-5298-9
(ISBN 978-2-7499-1783-2, 1re publication)

Direction littéraire : Huguette Maure

À Marie-Julie, mon étoile du berger
qui m'a guidé sur la route,
et à ses deux petits satellites,
Sissi et Colette.

INTRODUCTION

AUX SOURCES DE LA ROUTE…

Par la voie hérakléenne

La rue Saint-Jacques grimpe le flanc de la montagne Sainte-Geneviève et s'échappe, droite, décidée, comme pour s'en aller découvrir d'autres paysages. Je remonte cette voie qui fut le grand axe des Romains, le *cardo* autour duquel s'organisait toute la vie de Lutèce. Bientôt, la porte d'Orléans ; le périphérique au trafic incessant forme l'ultime muraille circulaire de la ville. À Paris comme ailleurs, c'est une route qui marque la limite.

Les routes me fascinent depuis longtemps. À l'instar des lignes de métro pour Paris, elles sont autant de lignes de vie menant à la découverte de l'inconnu. Sentiers, chemins, venelles ou boulevards, artères pavées ou chaussées bitumées, autoroutes, rails ou fleuves sont des portes entrouvertes : à l'autre bout, toujours, l'imprévu peut surgir. La route, c'est le mouvement, les peuples en migration, les civilisations qui se découvrent. Comment comprendre l'Histoire en marche sans s'attacher aux sillons creusés par les populations et les armées, par les promeneurs solitaires et les grandes migrations humaines ? Comment comprendre un pays sans se pencher d'abord sur les axes de communication qui le ramifient, formant le système nerveux de ce grand corps ? Comment comprendre un peuple sans saisir la signification de ces conquêtes sur la nature, sans percer le sens de ce mariage entre l'homme et sa terre ?

Encore quelques embranchements, et l'autoroute me conduit vers l'ouest. Demain soir, je serai sur scène près d'Angers, sur les terres de mon enfance, j'y jouerai *Le Songe d'une nuit d'été* de Shakespeare. Mais auparavant je bifurque, je vagabonde, la curiosité me guide et me transporte vers la Bretagne. Pour moi, c'est la route qui fait naître le voyage et non le voyage qui vous pousse sur la route. Sur le parcours, des villes et des hameaux se succèdent, ils s'échelonnent au loin, pourtant je ne vois que des panneaux : « Le Mans centre », « Direction Rennes »… L'étape ne se fait pas à l'ombre d'une vieille cité, le rythme de l'autoroute évite le passé et interdit la nostalgie. Tout est conçu pour avancer, avancer vite, l'angoisse du temps perdu nous talonne. S'il faut s'arrêter, ce sera dans une station-service, pour faire le plein d'essence, prendre un sandwich-Coca-café, et s'en retourner aussitôt vers le ruban gris pour avaler les kilomètres.

Je roule encore. Sortie. L'autoroute devient route nationale, puis se fait plus étroite pour se muer en départementale. J'arrive à Camaret-sur-Mer, la pointe du continent, la fin de la Terre… le Finistère.

Virage à droite. Une petite rue longe un champ jaunâtre, des herbes folles, quelques solides maisons bretonnes… et des rangées bien rectilignes de pierres dressées. Blafardes et anguleuses, ces pierres disposées en enfilade regardent vers le ciel, se tendent vers l'infini comme dans une prière.

Je suis face aux alignements de Lagatjar, quelque soixante-dix menhirs rescapés sur les six cents encore répertoriés au XVIIIe siècle. Ces pierres forment une ligne de deux cents mètres, coupée par deux rangées transversales composées d'autres menhirs.

En Bretagne, la multiplication de ces champs de pierres a fait naître maintes légendes que des générations ont répétées le soir à la veillée. Ici, on parlait d'un gros caillou tombé du ciel qui s'enfonçait lentement dans le sol et disparaîtrait complètement un jour, annonçant le cataclysme ultime, la fin du monde. Là, on racontait que Dieu avait pétrifié des soldats partis à la poursuite de saint Korneli. Ailleurs, on disait que certaines nuits, lorsque la lune éclairait la lande, des esprits menaçants venaient former une ronde autour des menhirs. Ailleurs encore, on assurait que les pierres dressées poussaient jadis naturellement dans les champs, mais que leur inquiétant développement avait été stoppé par la prière des paroissiens…

En réalité, que signifient ces étranges compositions ? Honorent-elles les morts, invoquent-elles les dieux, définissent-elles un espace ? À l'aube de l'humanité, les peuples se déplaçaient pour trouver plus loin, toujours plus loin, des étendues nouvelles, des terrains de chasse, des prairies, des pâturages. Après avoir traversé des plaines, franchi des montagnes et longé des fleuves, après avoir avancé devant eux, ils sont parvenus à ces limites… Plus loin, il n'y avait rien, que la mer effrayante et l'horizon muet qui traçait sa ligne droite comme pour tirer un trait définitif. Comment deviner ce que l'on pouvait découvrir là-bas, si loin, au-delà du visible ? On se représentait une nuit perpétuelle recouvrant des eaux tempétueuses, on imaginait des démons ailés régnant sans partage sur un univers glacial.

Puisque le chemin suivi par des nations nomades s'arrêtait ici, ne leur fallait-il pas trouver une autre façon de poursuivre leur marche ? Prolonger la route de manière fantasmagorique pour approcher les dieux et toutes les forces supérieures…

Je me promène entre les blocs dressés ici depuis au moins quatre mille ans, bien avant les Gaulois et notre cher Obélix. Que d'efforts entrepris pour déplacer ces pierres, les tailler, les dresser ! Que d'efforts pour rendre hommage aux dieux redoutables et ouvrir les voies d'un ciel peuplé d'imaginaire ! Que d'efforts pour dessiner ainsi la route hypothétique qui mènerait vers le monde de l'immortalité !

Ces pierres alignées servaient certainement aussi à étudier les astres et à mesurer le temps : elles auraient permis, par leur angle particulier, de suivre les mouvements des étoiles. Et l'on suppose que ces observations du ciel entretenaient un rite religieux dont on ne sait rien, mais auquel pouvaient être associés la Lune et le Soleil.

J'aime imaginer que ces pierres prenaient tout leur sens face à l'astre du jour dont l'éclat exprimait la vigueur des divinités. Je veux croire que ces alignements nous indiquent une route, la première tracée par l'homme confronté au sens de l'existence : une route qui menait à une vie située plus loin que la vie, une route qui donnait un sens aux mystères du monde et permettait aux êtres humains d'accepter leur sort.

Ainsi donc, la première route pensée et construite n'avait pas pour objectif de relier deux villages ou deux tribus, elle ne cherchait pas à rapprocher utilitairement les hommes entre eux… elle conduisait à l'absolu. On la suivait, on l'observait, on croyait approcher l'éternité.

Puis ces peuples ont disparu, le chemin vers l'infini a été oublié, la plupart des pierres ont été abattues, volées ou déplacées… Pourtant, l'homme du XXIe siècle vient encore chercher dans les vestiges de ces alignements de grès blanc le passage vers un au-delà qui n'a jamais cessé de lui paraître angoissant et mystérieux.

Cela dit, si les voies de l'éternité ont de tout temps continué de hanter l'âme humaine, les habitants de la Terre ont parallèlement tracé d'autres routes, les vraies, celles qui allaient leur permettre de trouver des ressources nouvelles, de rencontrer d'autres Terriens, de façonner leur histoire. Mais là encore, le surnaturel semble les avoir guidés, par l'intermédiaire d'un demi-dieu. Suivons-le : il va nous amener aux portes de l'Hexagone !

*

* *

Condamné à douze lourds travaux, Hercule, car c'est de lui qu'il s'agit, dut accomplir, pour dixième exploit, la prouesse de se rendre sur la terre des Ibères afin d'en rapporter un célèbre troupeau de bœufs au pelage écarlate.

Prenons la mer à ses côtés et gagnons le Sud, longeons l'Espagne et pénétrons en Méditerranée par le détroit de Gibraltar, les colonnes d'Hercule, disait-on dans l'Antiquité. Pour les Grecs, ces rochers escarpés marquaient la limite du monde connu : au-delà, c'était l'inexploré hostile, peut-être le royaume des morts. Nous passons les colonnes, longeons maintenant les côtes espagnoles à bâbord, et nous voilà sur de nouveaux rivages…

La côte que nous empruntons maintenant, qui va des Pyrénées aux Alpes en longeant la mer, fut justement la route créée par Hercule, jadis, au temps où les dieux vivaient encore…

Restait à s'emparer du fameux troupeau. Mais le voler n'était pas chose facile, le héros mythologique devait auparavant tuer le propriétaire du bétail, le monstrueux Géryon, personnage pluriel aux trois têtes, aux trois torses, aux six bras… Une fois Géryon occis, il fallait encore rentrer chez soi avec les animaux, long parcours qui obligeait le demi-dieu devenu cow-boy à traverser une grande plaine en poussant le troupeau devant lui. Deux fils de Poséidon, le dieu de la Mer, surgirent afin de lui dérober ses bovins durement acquis… Hercule tua l'un et l'autre, mais le peuple ligure, qui s'était établi dans la région, poursuivit le héros, sans doute pour tenter de s'approprier à son tour le troupeau. On a beau être un demi-dieu, il est difficile de résister à une horde de Ligures agressifs. Hercule se défendit de toute sa force exceptionnelle, mais arriva un moment où il lança la dernière flèche de son carquois… Alors, épuisé et blessé, il s'agenouilla et se mit à sangloter doucement. Du haut du ciel, Zeus entendit les pleurs de son fils : il fallait sauver l'honneur de l'Olympe ! Le dieu des dieux jeta sur la plaine une pluie de cailloux qui dispersa les méchants, et ceux-ci s'égaillèrent en une fuite éperdue. Ainsi, Hercule put poursuivre son chemin pour s'en aller vers son destin et ses derniers travaux.

Mais on ne dévaste pas impunément une terre fertile. En portant secours à Hercule, Zeus a transformé des champs autrefois féconds en une steppe caillouteuse et inculte.

Où sont les cailloux de Zeus ?

Suivons Hercule sur les rivages de la Côte d'Azur et arrêtons-nous un peu avant Marseille, à Saint-Martin-de-Crau, puis virage vers le sud pour trouver la plaine de La Crau devenue « Réserve naturelle des Coussouls de Crau ». Rien n'a changé depuis Hercule ! Les cailloux sont toujours là, ils recouvrent la steppe, et les herbes jaunâtres ont bien du mal à pousser sur cette étendue rocailleuse.

Certains prétendent que Zeus n'est pour rien dans cette affaire... Ces cailloux ont été charriés par la Durance qui formait ici un delta et se jetait directement dans la mer. Il y a dix-huit mille ans, le mouvement des continents provoqua un cataclysme qui changea le cours de la rivière, devenue soudain un affluent du Rhône. Le delta s'assécha, mais les galets roulés et polis par les eaux restèrent sur place.

Quant à la route creusée par Hercule, cette route qui va du pays des Ibères à celui des Étrusques – c'est-à-dire de l'Espagne à l'Italie en passant par les rivages méditerranéens de la France actuelle –, les Grecs l'appelleront la voie hérakléenne, la voie d'Héraklès, selon la forme hellène du nom porté par le héros. Son tracé plurimillénaire est repris aujourd'hui par l'autoroute A9 jusqu'à Arles. Une fois le Rhône franchi, deux itinéraires ont alternativement la préférence des archéologues pour rejoindre l'Italie : la route du littoral et la route intérieure remontant la Durance et passant les Alpes au col de

Montgenèvre. Plus tard, les Romains créeront sur ces deux tracés la voie Julia Augusta et la voie Domitia.

Si l'on en croit la légende, Hercule a donc offert à l'Antiquité gréco-romaine la première voie, le premier chemin de l'Hexagone… Quoi qu'il en soit, ce tracé représente pour nous le mythe fondateur de la route, celle qui explore l'inconnu, celle qui permet au monde de se connaître et de se reconnaître.

Ainsi, lorsqu'on suit cette route et bien d'autres, revivent tous ceux qui les ont tracées, qui les ont conservées, qui les ont irriguées de leurs espoirs, de leur ténacité, de leur souffle pour unifier des provinces éclatées et engendrer une nation. C'est par le mouvement que des peuples se sont rassemblés autour d'une idée qui sera la France…

Lorànt DEUTSCH

1

VIe siècle avant notre ère

DES ÉMIGRÉS BIEN ACCUEILLIS

De Marseille à la Bourgogne
par la route de l'étain

En mettant mes pas dans les pas d'Hercule, je me suis arraché à l'infini néant qui me narguait à Lagatjar. Le fils de Zeus a été comme un guide initiatique, une première réponse pour appréhender l'Hexagone. Grâce à Hercule, j'ai trouvé le courage de partir, j'ai pris le chemin de la découverte ! Pour moi, le mythe d'Hercule creusant sa route représente l'un des mythes premiers qui ont façonné l'humanité… N'a-t-il pas insufflé aux Grecs de jadis la force de s'aventurer vers des rivages méditerranéens dont ils ignoraient tout ?

*

* *

Les Grecs avaient pour habitude de mesurer le temps en « olympiades », période de quatre années séparant deux jeux olympiques… Cette année-là était la première année de la 45e olympiade, la 156e de la fondation de Rome, l'an 3161 de la création du monde selon les juifs, 599 ans avant la naissance de Jésus-Christ.

À Phocée, ville grecque située au bord de la mer Égée – en Turquie actuelle –, les habitants se sentent un peu à l'étroit derrière les murs de leur cité. Ils décident alors d'envoyer des explorateurs faire un tour de Méditerranée, histoire de trouver l'endroit idéal pour établir une colonie. Habiles commerçants, ils ne songent ni à faire la guerre ni à conquérir un empire, ils aspirent simplement à ouvrir des comptoirs afin de favoriser la bonne marche de leurs affaires.

Deux jeunes gaillards, Simos et Protis, sont désignés pour diriger l'équipée, mais avant de partir, les deux compères jugent prudent d'aller consulter le fameux oracle du temple d'Artémis à Éphèse, l'autre grande localité grecque d'Asie Mineure. Ils ont raison : aucune entreprise humaine ne pourrait réussir sans l'approbation des forces de l'Olympe.

Interrogée sur les chances d'une telle expédition vers des terres ignorées, Artémis en son temple parle par la bouche d'Aristarché, honorable matrone que sa réputation autorise à prendre la parole au nom de la déesse. D'ailleurs, la dame sait tout puisque la divinité lui est apparue en rêve… Bonne fille, Artémis est d'accord, elle protégera les bateaux et les hommes, mais à condition que l'on embarque sa statue, qui se dresse pour l'heure en son temple. Du coup, la chère Aristarché sera aussi du voyage, elle seule pouvant honorer comme il convient la déesse de pierre.

Rassurés et pressés d'ouvrir de nouveaux marchés, les Phocéens délient largement leurs bourses afin d'armer deux bonnes galères : cinquante rameurs sur chacune et une grande voile carrée à déployer par vent fort.

Proue contre poupe, les deux bateaux s'en vont caboter au plus près des côtes, sage manière de naviguer à une époque qui ne connaît pas la boussole. Au loin se découpent les contours des temples d'Athènes, puis voici les rochers de Corinthe. Simos et Protis remontent l'Italie, s'arrêtent à Rome pour recevoir les encouragements du roi Tarquin, et poursuivent leur périple jusqu'aux rivages de la Gaule.

Ils aperçoivent alors des calanques blanches qui flamboient sous le soleil et une baie qui s'offre à eux… L'air est si pur, l'eau si claire, la lumière si chaude, tout ici leur rappelle l'enchantement de leur lointaine patrie. Mais que recèlent ces terres inconnues, que cachent leurs peuplades mystérieuses ? Les Grecs hésitent un peu, et puis, animés de leurs intentions pacifiques, protégés par Artémis, ils débarquent enfin. Ils entrent alors en contact avec les habitants de la région, les Ségobriges, une tribu de Ligures, peuple dont l'espace s'étend jusqu'au nord de la péninsule italienne.

Face-à-face insolite : chacun observe l'autre avec circonspection. Hommes des terres, les Ségobriges voient avec stupeur ces étrangers drapés de blanc surgir de la mer. Quant aux Grecs, ils restent pantois devant ces hommes descendus des collines, vêtus d'époustouflantes tuniques violettes et pourpres.

Bref, Phocéens et Ségobriges n'ont rien en commun… On pourrait s'étriper pour moins que ça ! Mais non, personne n'a envie de se battre. Protis est aimablement conduit à l'intérieur des terres, plus loin, là-haut, au cœur du village, dans le petit palais de bois et de mortier du roi Nann, souverain de la tribu. Il est temps que les chefs tiennent un conciliabule et décident des événements à venir.

Le marin et le monarque s'cntendent immédiatement. C'est normal : l'un et l'autre ne revendiquent pas la même partie du territoire. Les Grecs veulent rester sur les rivages et établir un port, les Ségobriges ne souhaitent que demeurer sur les hauteurs et dans les forêts alentour. L'entrevue se révèle d'ailleurs si chaleureuse que le roi convie son visiteur à un banquet qui doit se tenir le soir même… Et le festin s'annonce mémorable car la fille du roi, la princesse Gyptis, doit choisir son époux à la fin du repas ! Selon la tradition, la demoiselle tendra au jeune homme de ses pensées une coupe remplie d'eau claire, et ce simple geste sera promesse de mariage.

Durant les agapes, Gyptis n'a d'yeux que pour le beau Grec. Échanges de regards, soupirs enamourés, sourires ébauchés…

Les mets les plus délicats se succèdent, fines tranches de veau froid, charcuteries, pâte de moelle et de jaune d'œuf, gelée de groins, faisans gras… et les timbales à peine vidées sont remplies de cervoise parfumée de feuilles de menthe.

La nuit est avancée, la princesse va devoir désigner son fiancé, les prétendants sont sur les rangs dans l'attente du verdict. Surprise, consternation, murmures : c'est à l'étranger qu'elle tend la coupe ! Il boit, elle boit, montrant à tous que l'un et l'autre se désaltéreront désormais à la même source.

Le roi doit s'incliner, il fait bonne figure et se déclare même très heureux de cette alliance scellée entre son peuple de terriens et cette troupe de navigateurs venus de si loin. En cadeau de noces, il offre aux jeunes mariés une bande de terre côtière, un territoire assez large pour s'y établir, et assez limité pour éviter d'empiéter sur le pays occupé par les Ligures.

Le mariage à peine conclu, Protis s'empresse de reprendre la mer pour aller porter la bonne nouvelle à ses concitoyens.

– Je vous l'annonce, citoyens de Phocée, la paix règne dans ces nouvelles contrées, le peuple des Ligures accueille notre nation, installons notre comptoir sur ces rivages !

C'est l'enthousiasme ! De lourdes galères partent aussitôt à la queue leu leu pour déverser sur les terres nouvelles des émigrants bien décidés à construire sur place une riche colonie de la patrie d'origine.

Au cours des décennies qui suivent, les Grecs construisent un petit port, dressent des murailles et bâtissent un temple pour abriter la statue d'une Artémis aux douze généreuses mamelles, signe de fertilité et d'abondance.

Finalement, les années passant, une importante cité s'élèvera. Cette agglomération, on l'appellera Massalia en grec, puis Massilia en latin, plus tard Marselha en occitan et enfin Marseille.

Doit-on croire la légende de Marseille ?

Le philosophe grec Aristote fut le premier à nous rapporter l'histoire de la naissance de Marseille... Mais il était né deux siècles après les événements. Aussi les cœurs secs ont-ils pu ricaner, mettre en doute cette belle légende... La réalité archéologique vient pourtant au secours des romantiques : les racines phocéennes de Marseille sont inscrites dans la pierre. Longtemps, c'est vrai, Marseille a été « une ville antique sans antiquités », selon la savante parole du XIX*e* *siècle. Mais tout a changé à partir de 1967, au moment des travaux entrepris pour la construction du Centre Bourse. La ville a renoué alors avec ses ruines magnifiques. Dans le jardin du Port Antique (9, rue Henri-Barbusse) se déploie l'architecture grecque : les quais du port, les bases de deux tours, les remparts dont le tracé et les bases datent de la fondation de la cité... Le musée qui jouxte ce jardin recèle aussi de précieux trésors datant des tout premiers temps, en particulier une barque en superbe état retrouvée place Jules-Verne, sorte de* Nautilus *exhumé des profondeurs.*

En 2005, nouveau choc ! Des fouilles menées dans l'enceinte du collège du Vieux-Port révélaient un grand bâtiment datant du VI*e* *siècle avant J.-C., au* *temps de Gyptis et Protis. Cette vaste construction de dix-sept mètres de long, aux murs de pierres et au toit de tuiles, fut à la fois lieu de banquets et sanctuaire consacré aux dieux. Construite sur une petite butte, elle dominait le port et s'offrait aux regards des navigateurs venus accoster sur ces rivages. On doit cette magnifique découverte à l'Inrap, l'Institut national de recherches archéologiques préventives, mais il n'en reste rien, hélas : ensablée, elle est désormais enfouie sous le nouveau parking du collège. La vie moderne a ses contraintes qui se heurtent parfois au respect de l'Histoire et de ses vestiges.*

Dans un premier temps, Ligures et Grecs se côtoient dans l'harmonie, au moins jusqu'à la mort du roi Nann. Son fils Comanus, nouveau souverain des Ségobriges, se montre soudain moins conciliant que son père : il craint, lui, l'expansion de la cité des Phocéens. L'un de ses conseillers achève de l'inquiéter en lui rapportant cette parabole éclairante…

– Écoute bien, ô Comanus, écoute la voix de nos pères qui nous ont transmis leur sagesse. Il fut un temps où une chienne au ventre arrondi demanda à un berger de lui accorder un refuge pour mettre bas sa portée. Le pâtre généreux lui fit cette faveur. Un peu plus tard, la chienne implora de pouvoir rester sur place pour y faire grandir ses petits. Le berger accepta encore. Mais quand les chiots furent devenus grands et forts, la chienne revendiqua la propriété du lieu où elle avait vécu si longtemps… Crois-en la parole ancienne, ô Comanus, ces Massaliotes, qui semblent être des locataires, ne sont-ils pas comme ces chiots devenus des molosses ? Ils se rendront un jour maîtres du pays.

Bref, on n'est plus chez soi !

C'est la fin de l'hiver, la fête des Fleurs se prépare à Massalia ; pendant trois jours, la ville sera en liesse pour célébrer le dieu Dionysos. C'est l'occasion d'agir ! Le roi imagine une ruse qui devrait chasser à jamais ces Grecs envahissants. D'abord, il envoie ses hommes en ville pour qu'ils prennent discrètement position, tandis que d'autres franchissent les murailles, dissimulés dans des paniers d'osier transportés sur des chariots. Ensuite, le chef ségobrige mobilise son armée sur les hauteurs de la cité. Le plan est simple : à la nuit tombée, quand les Massaliotes seront assommés de fatigue et de vin, les Ligures introduits subrepticement dans la cité ouvriront les portes et feront entrer les soldats de Comanus. La suite sera simplement affaire de massacre, à la mode du temps.

On ne se méfie jamais assez des femmes et de l'amour ! Une cousine du roi, amoureuse d'un beau Grec, s'empresse de dévoiler à son amant les fourbes projets du monarque. L'affaire finit quand même par un carnage : celui de Comanus et de ses sbires. Désormais, Massalia restera vigilante : une garnison sera entretenue en permanence, les portes seront fermées les jours de fête, des rondes de nuit organisées, les étrangers surveillés.

Les relations entre Ligures des collines et Grecs des rivages ne sont certes plus aussi idylliques que par le passé, mais Massalia a conquis par la force le droit d'exister. La cité demeure pourtant un modeste comptoir dont la population commerçante se consacre aux échanges dans quelques ports méditerranéens.

*
* *

En 546 avant notre ère, c'est-à-dire cinquante-trois ans après le débarquement de Protis sur les rivages ligures, un événement cataclysmique va brusquement changer la donne et offrir à Massalia la chance de s'affirmer et de se développer… Loin de là, vers Phocée, les armées perses de Cyrus le Grand avancent et se taillent un empire. Les terrifiants casques des soldats, dressés comme la crête d'un coq, brillent au soleil. Phocée ne résiste pas longtemps, la ville est mise à sac, puis détruite. Les Phocéens doivent abandonner leurs terres orientales. Certains se dirigent vers Massalia, la plupart font voile vers l'île de Cyrnos, notre Corse.

Sur cette île, les Phocéens proscrits investissent la ville d'Alalia – aujourd'hui Aléria. De là, ils espèrent développer leur commerce tout autour de la Méditerranée. Seulement voilà, les immigrants entrent en rivalité directe avec les Étrusques, venus du centre de l'Italie, et surtout avec les Phéniciens, établis à Carthage… Il y a de la concurrence sur les eaux !

Les Phéniciens se montrent intraitables. Maîtres incontestés du commerce maritime, ils transportent tout ce qui peut se vendre : vin, blé, minerais, bois, coupes de bronze, vases d'argent, pâtes de verre, tissus colorés… Leurs navires ainsi chargés, ils passent de rivage en rivage et jettent l'ancre dans les ports, où ils étalent leur séduisant bric-à-brac. Les clients accourent de tous les horizons, ils apportent de l'or, des broches, des barres de fer, des armes, tout ce qui peut s'échanger. La grande braderie commence !

Les Phéniciens n'ont pas du tout l'intention d'abandonner à d'autres cette fructueuse activité, ils voient donc d'un sale œil les Phocéens tenter de marcher sur leurs plates-bandes. Quelques années seulement après l'arrivée de ces intrus sur l'île de Cyrnos, Étrusques et Phéniciens conjuguent leurs forces pour déloger les importuns et détruire leur abri insulaire. Certains s'exterminent au nom de grandes idées ; Phéniciens, Étrusques et Phocéens, eux, vont s'entre-tuer pour protéger leur petit commerce. Au moins leurs intentions sont-elles claires.

Cent vingt navires glissent sur la mer en silence, poussés par le vent, à peine entend-on les voiles qui claquent et le clapotis régulier de l'eau qui frappe le bois des coques. Cette impressionnante flottille arrive au large d'Alalia… Pour se défendre, les Phocéens ne peuvent déployer que soixante bâtiments. De bord à bord, des nuées de flèches meurtrières assombrissent le ciel, aucun tir ne manque sa cible, des hommes sont même atteints de plusieurs traits et s'écroulent tout hérissés de dards mortels, les bateaux s'éperonnent, s'encastrent, des quilles sont crevées, des mâts brisés. Les Phocéens se battent vaillamment, mais ils ne peuvent rien contre la supériorité numérique des Phéniciens alliés aux Étrusques. Il faut fuir, souquer ferme pour gagner la haute mer, se perdre là-bas, vers l'horizon bleu… Et filer vers le seul refuge possible : Massalia.

La chute de Phocée tombée sous les coups des Perses et l'écrasement de la colonie d'Alalia par les Phéniciens représentent une double chance pour Massalia. La ville accueille une nouvelle immigration, elle se développe brusquement, agrandit son territoire en englobant quelques collines avoisinantes. Et toute la contrée s'en trouve profondément bouleversée, car les Grecs, maintenant en nombre et en force, apportent sur ces rivages une autre façon d'exister. Soucieux d'imposer leur mode de vie, ils importent des nouveautés qui vont traverser les siècles : la vigne fait découvrir aux Ségobriges le vin clairet qui égaye l'âme, l'olive et le citron font désormais chanter les aliments et ouvrent la perspective de juteux commerces. Bref, la région prend une autre teinte.

Plus important encore, les Grecs y implantent une méthode inconnue pour acquérir un bien : la pièce de monnaie. On paye désormais en oboles ou en drachmes. Ces petites plaques rondes sur lesquelles sont gravées des images – mais d'un seul côté – peuvent être en or, en argent ou en bronze selon la dépense envisagée. C'est vrai, cette invention simplifie les échanges, et puis l'on apprend à compter, à prévoir, à économiser.

En outre, les Massaliotes font connaître à leurs voisins toute une culture. Certes, les Ligures n'en sont pas totalement dépourvus : ils possèdent leur savoir, respcctent leurs propres coutumes, considèrent les sources d'eau et les sommets enneigés comme le refuge des divinités, vénèrent le Serpent à tête de bélier et le dieu Taureau qui se terre un peu plus loin, dans les Alpes, sur le mont Bégo. Leur imaginaire est peuplé de récits fabuleux qui se répandent oralement, souvent en lien avec des lieux précis de leur environnement immédiat : chênes hantés, roches vivantes, grottes mystérieuses, eaux bienfaisantes…

Cependant, ces Ligures sont des gens rudes, accrochés à la terre qu'ils travaillent avec obstination. S'ils ne reculent pas devant quelque brigandage, s'ils arment de petites troupes, ils ne songent jamais aux grands mouvements empanachés qui galvanisent les peuples et rendent les guerres mémorables. Les Ligures de ces régions de bord de mer restent à l'écart de l'Histoire, satisfaits de leur vie laborieuse sur des collines ensoleillées.

Il n'empêche que les Grecs les fascinent. Ceux-ci récitent les fables d'Ésope ou les poèmes prodigieux du vieil Homère, ils parlent aussi d'Hercule qui parcourut ces contrées, trait d'union entre leur terre et le monde hellénique.

Ces belles histoires, dont les Grecs sont si friands, ne se répètent pas seulement dans les assemblées, elles se transmettent également à l'aide de petits signes qui courent sur le papyrus… *A*, *B*, Γ, *alpha*, *bêta*, *gamma*… Les mots d'Homère et les morales d'Ésope peuvent donc se conserver, être lus, relus, repris, redits.

Les Ligures apprennent ainsi à lire et à écrire. Depuis Massalia, l'écriture va remonter vers le nord et se répandre dans d'autres contrées. Les peuples de ces contrées vont transcrire leur propre langue en caractères grecs, plus tard en lettres latines, mais toujours brièvement, de manière utilitaire. Les récits anciens et les exploits de leurs divinités resteront du domaine pur de la parole transmise. Les tribus éparpillées dans l'Hexagone n'ont pas voulu saisir la chance qui s'offrait à elles de faire entrer dans l'Histoire leur chronique des jours et leur vision de l'éternité. Elles ont étrangement laissé ce soin aux autres, aux Grecs d'abord, aux Romains ensuite.

*
* *

Cependant, les Phocéens ne sont pas venus s'inventer une nouvelle patrie pour le seul bonheur de faire connaître aux Ligures des poètes et fabulistes grecs. Un temps, ils ont espéré imposer une puissance dominant toute la mer. Ils ont dû renoncer à ce rêve devenu inaccessible, barré par l'obstination querelleuse des Phéniciens. Alors ils s'organisent pour faire de Massalia un carrefour des échanges régionaux.

Dès lors, la cité phocéenne fonde tout un réseau de comptoirs, à la fois ports d'accueil et sites commerciaux. Les Massaliotes s'étendent sur le rivage, le long de la voie hérakléenne du littoral. Ils s'établissent successivement à Monoikos, Olbia, Antipolis, Nikaia, Héracléa Caccabaria… Ces noms ne nous disent rien, mais s'éclairent soudain quand on parle de Monaco, Hyères, Antibes, Nice, Cavalaire-sur-Mer. Eh oui, comme moi, les Grecs ont mis leurs pas dans ceux d'Hercule…

Tous ces lieux, on le voit, sont liés à la mer, mais les Massaliotes ne peuvent pas rester accrochés à leur rivage, ils doivent se détourner de cette mer qu'ils ne parviennent pas à dominer, il leur faut trouver d'autres routes, d'autres débouchés.

Régulièrement, les marchands grecs quittent donc leur ville, suivent les berges de ce fleuve parfois sage, parfois grandiose, mais si souvent coléreux, celui qu'ils ont nommé Rhodanos, et qui deviendra notre Rhône. En certains passages, si la saison est clémente, on peut brièvement grimper sur une barque et remonter le fleuve à contre-courant, mais bien vite les eaux capricieuses obligent à mettre pied sur le rivage. Il faut marcher, grimper des coteaux, redescendre, progresser toujours, puis prendre un embranchement et s'embarquer sur la rivière Brigoulos, qui sera un jour la Saône, dont le tempérament calme et le débit régulier favorisent la navigation. Plus loin, il faut encore marcher, traverser une plaine, atteindre enfin les sources de la rivière Sequana, la Seine, près de laquelle se profilent de hauts monticules étranges, des tertres modelés par la main de l'homme…

En suivant le courant, les Grecs venus de la Méditerranée parviennent ainsi au pied d'une haute colline. Surplombant la vallée de la Seine, toute une cité s'agite sur ces hauteurs…

Le décor a changé ; la langue, les traditions, les dieux ne sont plus les mêmes : les voyageurs ont pénétré le domaine des Celtes. Il faut oublier les Ibères du Sud-Ouest et les Ligures du Sud-Est, peuples qui avaient au moins la Méditerranée en commun avec les Grecs. Ici, c'est le Nord ! Et c'est avec ces Celtes redoutés que les Massaliotes vont devoir organiser le négoce et coordonner le transfert des marchandises.

2007 : on a retrouvé la ville des Celtes

Où sont arrivés les Massaliotes ? La ville celtique, but de leur pérégrination, était érigée sur le mont Lassois, au-dessus du village actuel de Vix, en plein pays bourguignon. Le site a été fouillé dès les années 1930. Des tessons de poterie, des fibules, plus tard une tombe celtique ont été mis au jour.

Mais c'est en 2007 seulement que les archéologues ont découvert ici les traces d'une ville entière datant du VIe siècle avant J.-C., une agglomération fortifiée de six hectares avec son palais, sa rue principale, ses venelles tortueuses, ses réserves de céréales montées sur pilotis, sa citerne pour conserver l'eau pure et ses remparts épais. De tout cela, il ne reste que des trous dans le sol et des pierres dispersées. Pourtant, cette découverte a changé notre manière de concevoir le monde antique.

Jusque-là, en effet, on pensait que les Celtes du nord de l'Hexagone n'avaient connu un début d'urbanisation qu'un demi-millénaire plus tard, vers le Ier siècle avant notre ère. Or il semble aujourd'hui que l'enjeu économique des routes était si important que des populations se sont greffées à leurs abords et se sont ainsi sédentarisées. Comme une suite logique, leurs agglomérations sont rapidement devenues des centres de commerce et d'échanges. Dans le même mouvement, la complexification sociale s'est accélérée avec des enjeux politiques évidents : celui qui contrôlait ce verrou détenait la puissance. De fait, la ville des Celtes était riche. D'ailleurs les archéologues, frappés par l'opulence des lieux, ont développé le concept de « résidences princières » définies par un site fortifié en hauteur et de belles sépultures recelant un mobilier en partie étrusque et grec.

Quant aux tertres étranges, rendez-vous à Magny-Lambert, où sont parvenus jusqu'à nous ces tumulus de pierres et de terre, marquant les tombes de guerriers ou de hauts dignitaires celtes.

Pour les Celtes, cette ville est un observatoire bâti dans le but de surveiller le trafic sur la Seine, car les barques et les pirogues chargées de marchandises qui ont remonté le fleuve depuis son embouchure s'arrêtent obligatoirement ici. Quand on se rapproche de la source, en effet, on ne peut plus naviguer : les eaux se dispersent, s'insinuent entre les herbes folles, se répandent en marais. La cité est donc à la fois clé du fleuve et porte vers le sud. Les épais remparts de pierre, consolidés par des poteaux en bois, enserrent la ville et descendent jusqu'à la Seine : impossible de continuer plus loin sans obtenir l'accord des Celtes de la région ! La cité, située ainsi au nœud stratégique de tous les échanges, vit du fleuve et par le fleuve. Il faut payer pour passer, payer pour les marchandises, payer pour les débarquer…

Cela fait, on décharge les tissus, les amphores, les objets manufacturés, et surtout de l'étain. Le précieux métal vient de loin, des mines de Cornouailles, à l'extrémité sud de la Bretagne insulaire. L'étain a été fondu en lingots, il a traversé le bras de mer, il a été embarqué sur la Seine, objet d'un commerce lucratif sur tout son parcours… Une bonne part des lingots va poursuivre sa route vers Massalia afin d'être revendue plus loin encore, aux ateliers d'Italie ou de Grèce, là où les artisans fondront l'étain pour le mêler au cuivre et le transformer en bronze.

Ah, le bronze – l'airain comme on dit alors –, symbole de force et de beauté ! Rien de grand, de puissant, de persistant ne peut s'imaginer sans être coulé dans l'airain. La fabrication délicate des vases et des coupes, l'agencement subtil des pommeaux d'épées, l'art plus complexe des bustes et des statues ne se conçoivent pas sans la solidité et l'éclat de l'airain.

De la Cornouailles jusqu'à Massalia, l'étain aura parcouru six cents bonnes lieues – environ mille cinq cents kilomètres –, distance qui sera franchie en un mois seulement. Un record ! Ce prodige, on le doit à une parfaite organisation des transports maritimes et fluviaux, certes, mais aussi aux routes terrestres sillonnant le territoire.

Récemment encore, on croyait que les Romains envahissant la Gaule avaient apporté avec eux le secret de la construction des routes. On sait maintenant que cinq cents ans avant cette occupation, les Celtes possédaient leurs propres voies, belles et résistantes. Ainsi notre voie hérakléenne n'a pas été inventée par Hercule mais par les Celtes, sur des chemins millénaires creusés par la géographie et l'habitude. Certes, ces chemins n'étaient pas dallés, mais empierrés au moyen de gravillons bien tassés. D'un bout à l'autre de l'Hexagone, des traces en ont été retrouvées. En 1995, un tel chemin empierré, large parfois de quatre mètres, a été mis au jour à Marguerittes, dans le Languedoc-Roussillon. De l'autre côté du pays, à Cagny, dans le Calvados, des travaux entrepris en 2008 ont permis de découvrir une voie celtique bordée de fossés et encore empierrée sur plusieurs mètres. Hélas, après les études et les analyses faites par les archéologues, tout a été recouvert pour laisser place à des lotissements ou des entrepôts.

Quoi qu'il en soit, les Celtes ont d'abord consolidé les chemins creusés par l'habitude depuis des millénaires. Dans un espace où chaque tribu restait indépendante, ces premières voies de communication n'étaient pas conçues selon un plan central, elles étaient le fruit du hasard et de la nécessité. Pourtant, sentiers tracés par les animaux ou pistes de terre ébauchées par les chasseurs, ces voies devaient absolument s'élargir et se développer pour faciliter les mouvements des tribus et les échanges.

Les Celtes élaborèrent alors des routes empierrées, assez sinueuses pour éviter les obstacles naturels, mais toujours solides et aplanies afin que puissent rouler presque sans heurts les véhicules aux quatre roues cerclées de fer mis au point lorsque le portage à dos d'homme ou de mulet avait été abandonné au profit des chariots tirés par des bœufs. Pour ces chariots, il a fallu conserver et multiplier les chemins carrossables, contourner les pentes escarpées, éviter les terres bourbeuses, favoriser les crêtes aisément accessibles, plus régulières et plus stables. En outre, même si les Celtes étaient sûrs que les dieux et les défunts veillaient sur le moindre sentier, il a paru prudent d'assurer la sécurité du voyageur : pour cela, on s'est éloigné des passages trop encaissés ou trop isolés, tous ces lieux sinistres qui donnent l'impression que des brigands armés se cachent derrière chaque arbre, chaque rocher, chaque colline pour venir dérober l'étain, l'ambre, la soie ou la fourrure précieusement transportés.

L'importance de ces tracés bien délimités devient désormais primordiale. Car il y a de la circulation sur les routes ! Peut-être quelques encombrements apparaissent-ils déjà à la belle saison. Des troupes armées, des paysans allant aux champs, des villageois partis en forêt pour chercher du bois, des éleveurs menant leurs troupeaux de bœufs, de porcs ou de moutons, des porteurs d'eau, des marchands passant d'une région à l'autre, toute cette population se mêle, se hèle, se croise.

Et c'est au sortir de cette agitation foisonnante que les VRP venus de Massalia pénètrent dans la ville celtique...

Aujourd'hui, on y trouve une colline aplanie, des flancs verdoyants et tout en haut un plateau nu, aride, fait de terre sèche et de caillasse... Rien ne laisse supposer que nous marchons sur les ruines évanescentes d'un monde oublié. Et pourtant, cette rocaille recèle notre passé. Les sentez-vous vivre sous vos pieds, ces pierres, les devinez-vous prêtes à se souvenir ? Ici, une ville est apparue, une ville s'est développée, une ville a disparu.

2

Ve siècle avant notre ère

VERS LES RICHESSES DU NORD

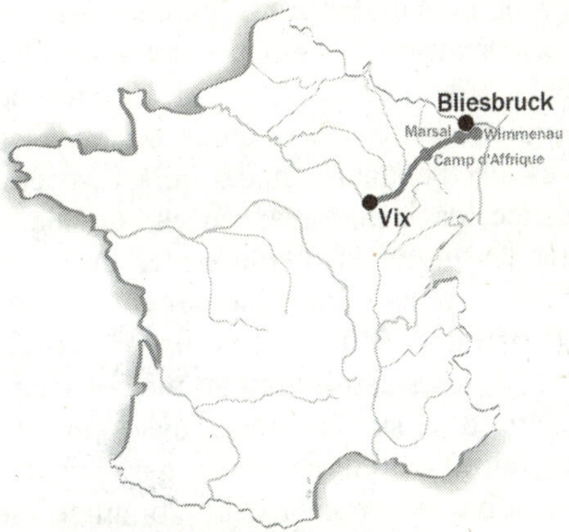

De la Bourgogne à la Lorraine
par les routes de l'ambre et du sel

En arrivant au sommet de la colline, les Massaliotes découvrent la ville celtique et un palais, demeure majestueuse dont le soleil de l'aube illumine les portes à larges battants. Ici vit la Grande Dame, à la fois maîtresse des terres et servante des dieux, lien vivant entre les mortels et les forces obscures.

Pour nous, qui avons dans l'œil et la mémoire les dentelles de pierre des châteaux de la Loire ou les solennelles galeries du Louvre, le palais de la Grande Dame pourrait apparaître comme un vaste chalet au toit pentu constitué de bardeaux de bois… mais que l'on songe à l'époque où il a été dressé, il y a deux millénaires et demi !

Pour le visiteur de l'époque, cet édifice surgit comme une vaste construction dominant toutes les autres de ses murs de bois et de torchis peints en ocre et jaune. À l'intérieur aussi les couleurs dominent, les statues des dieux sont badigeonnées de teintes éclatantes qui semblent les animer. Deux vastes pièces sont destinées aux banquets, tandis qu'à l'extrême pointe de l'édifice, dans une avancée en rotonde, on vient invoquer les divinités bienfaisantes qu'on vénère et les démons cruels qu'on redoute.

– Ma parole et celle de Taranis, ma parole et celle de Belisama, leurs paroles saintes mêlées à ma parole…

Diadème d'or sur la tête, drapée dans sa tunique écarlate teintée à la racine de garance, la Grande Dame module ses oraisons, implorant le dieu guerrier, appelant la déesse et son arc redoutable. Elle psalmodie les formules consacrées dont le pouvoir conjure les maléfices et entrouvre la voûte céleste. Les litanies, les invocations adressées au feu vivant, les hymnes répétés pour obtenir la miséricorde des dieux favorables renvoient les princes de l'Empire des Ténèbres dans les espaces brûlés par un vent torride où se meuvent les génies mauvais.

Quand cessent les prières, on passe dans la salle

du banquet. Sur le sol couvert de foin, on sert aux hôtes assis par terre des galettes de farine, puis des viandes bouillies dans de grands chaudrons. C'est ici le croisement des mondes. Sur les murs s'alignent des bronzes celtiques, des vases étrusques, des coupes grecques, un amoncellement aussi riche que saisissant.

Aimée sans doute, respectée certainement, la Grande Dame arpente chaque jour les rues de sa ville, assise sur son char de parade rehaussé de plaques de bronze artistement ajourées. Mais voilà qu'un jour, un cri sans fin s'élève sur la colline... La Grande Dame est transportée en son palais le crâne fracassé. Que s'est-il passé ? Le char a-t-il versé dans un fossé ? Une roue s'est-elle brisée ? Un accident de la circulation, déjà ? À trente-cinq ans environ, elle meurt et c'est tout un peuple qui pleure celle qui le conduisait sur les chemins de la victoire et de l'abondance.

– *Nemnalilulmi beni*[1] *!* Je célèbre une femme !

Ainsi s'exprimaient les Celtes. Ces mots ont peut-être été prononcés par le prêtre qui procéda à l'enfouissement...

Tout cela n'est pas que mon rêve. Car les Celtes nous ont laissé pour témoignage des ruines éparses, des porcelaines multiples et des objets déposés dans les tombes.

Ici, une femme riche et puissante a été ensevelie. Elle a été emmenée en sa dernière demeure par un

1. Ces mots, dans la langue qui fut sans doute celle des Celtes, figurent – transcrits dans un ancien alphabet latin – sur une tuile gallo-romaine découverte en 1997 à Châteaubleau, en Seine-et-Marne. Les onze lignes de ce témoignage tardif du IIe siècle de notre ère représentent le plus long texte connu de ce que pouvait être le parler des régions celtiques avant la conquête romaine.

peuple qui rendait ainsi aux dieux un corps destiné à rejoindre la Terre de Promesse, l'île imaginaire des Celtes, le rivage paisible où l'éternité n'était que félicité. La dépouille de la Grande Dame a été disposée dans une chambre funéraire, elle a été parée de ses bijoux les plus précieux, bracelets de schiste, perles d'ambre, anneaux de bronze, diadème d'or… Des mains pieuses ont placé le corps assis sur un char de parade puis ont amoncelé près de la défunte ses objets, ses richesses, tout ce qu'elle a tant aimé de son vivant. Dans le silence de son éternité, la Grande Dame a emporté un immense vase de bronze aux Gorgones grimaçantes, une jatte en argent et des coupes finement décorées.

Puis la nécropole a été refermée, et un haut tertre de pierre et de terre a été construit au-dessus. Maintenant, le corps doit se décomposer lentement, condition essentielle à sa résurrection sous une autre forme. La putréfaction du grain de blé n'est-elle pas indispensable à la naissance du jeune épi ? Oui, un jour la Grande Dame se réveillera de son sommeil. La renaissance après la mort est un mythe si bien ancré dans la mythologie celtique que des contes évoquent guerriers ou princesses revenus de l'au-delà… *La Belle au bois dormant*, évoquée par Charles Perrault puis par Walt Disney, nous vient de ces temps où la mort était considérée comme un entracte. Le succès jamais démenti de cette histoire attendrissante semble démontrer que nous n'avons pas tout à fait renoncé à l'espoir de la résurrection.

Enfin, l'éternité a fait son œuvre, la Grande Dame et sa tombe ont été oubliées. Pas tout à fait cependant, si l'on accepte de suivre un petit jeu de piste. La Grande Dame a été inhumée au pied du mont Lassois… Eh bien, en 1447, dans une chanson de geste, le poète Jehan Wauquelin faisait allusion à une ville légendaire construite autrefois sur cette butte. Et il expliquait que le terme « Lassois » était un dérivé de la déclinaison latine *lateo*, qui signifie « je suis caché ».

– Qui est caché ? Qu'est-ce qui est caché ? demandaient les voyageurs érudits.

Les gens du pays ne répondaient pas, mais ils se transmettaient de génération en génération un merveilleux secret : de grands trésors avaient été autrefois dissimulés dans les flancs de la colline… On ne connaissait pas l'endroit exact, on avait oublié la Grande Dame, on ne savait rien de la ville anéantie, mais on pouvait encore raconter une belle histoire. Il faudra attendre 1953 pour enfin mettre au jour la riche sépulture et comprendre que la légende du trésor disait vrai.

Où sont les trésors de la Grande Dame ?

Parmi les richesses découvertes près de Vix, l'objet le plus impressionnant reste le gigantesque vase de bronze aux Gorgones grimaçantes… Un mètre soixante-quatre de haut, deux cent huit kilos, cent dix litres de contenance ! Une œuvre d'art grecque peut-être offerte par des marchands à la princesse celtique. Avec d'autres objets récupérés dans la sépulture, il est exposé au Musée du pays châtillonnais à Châtillon-sur-Seine, en Côte-d'Or.

La ville sur la colline ne survivra pas longtemps à la mort de la Grande Dame. Vers 480 avant notre ère, la colline est brutalement désertée. Ses rues, ses maisons, son palais, son temple, sa nécropole sont abandonnés. Que s'est-il passé ? En fait, le monde alentour est en plein bouleversement…

Désormais, les commerçants massaliotes arpentent moins souvent les routes de l'intérieur, ils n'en ont plus besoin : ils ont retrouvé la mer, leur espace naturel. En effet, leurs principaux concurrents en Méditerranée, les Phéniciens et les Étrusques, ont brusquement perdu de leur splendeur d'antan : les uns et les autres ont été écrasés militairement par les Grecs. Les Phéniciens ont été vaincus en 480 à la bataille d'Himère sur les côtes siciliennes. Six ans plus tard vint le tour des Étrusques, défaits au large de Cumes, ville hellène située au sud de Rome. Les Massaliotes n'ont en rien participé à ces combats, mais ils en ont largement recueilli les fruits. Désormais, ils peuvent sillonner la mer et poursuivre allégrement sur les eaux leur course à la prospérité.

D'ailleurs, les Massaliotes ne sont pas mécontents de s'éloigner des centres commerciaux de l'Hexagone : la mer, nouvel horizon, leur permet d'échapper à la maîtrise que pourraient exercer sur eux les relais marchands situés à l'intérieur des terres. Qui sait si ces roitelets celtes enrichis ne vont pas devenir trop gourmands ?

Dans cette conjoncture, la petite ville du mont Lassois n'a pas pesé lourd : sa situation géographique n'était plus un avantage décisif. La cité a très vite dépéri. Pendant que les riches s'appauvrissaient, les miséreux succombaient, terrassés par la faim. Dans cet équilibre rompu, les injustices d'une société profondément inégalitaire sont-elles apparues avec violence ? Le peuple a-t-il perçu l'opulence des puissants avec colère et désespoir ? Comment le savoir ? Comment analyser l'âme humaine et l'exaltation des foules à plus de deux millénaires de distance ? Certains historiens ont évoqué une révolte populaire pour expliquer l'effacement de la ville celtique... Mais n'est-ce pas juger les événements du passé avec un esprit trop contemporain ?

*

* *

En quittant le mont Lassois abandonné par sa population, suivons le mouvement des foules, toujours en quête de nouvelles terres, pour planter, élever des animaux, commercer, s'installer. Cette route nous mène vers la future capitale de la contrée celte d'où surgira un jour la tribu des Lingons. Du haut d'un promontoire inexpugnable, Langres veillera bientôt sur ce grand nœud de communications reliant entre eux les différents territoires de l'Hexagone...

Nous nous connectons ici à l'ancestrale route de l'ambre, cette mythique voie transcontinentale qui va des gisements de la mer Baltique au monde méditerranéen. Les chariots chargés d'ambre, à la fois richesse et parure, progressent à travers le pays, sont hissés sur des pirogues, empruntent des fleuves, s'arrêtent ici avant de poursuivre leur route jusqu'aux comptoirs phocéens. Là, et dans des ateliers plus au sud encore, la résine fossile sera taillée, sculptée, poncée, limée pour en faire, par exemple, des colliers, des pendentifs, des bracelets. Certains, pourtant, aiment l'ambre pour le brûler : il dégage une fumée qui, dit-on, chatouille agréablement les narines des dieux et fortifie la santé des humains.

En fait, la grande route de l'ambre passe plus à l'est du continent, elle suit le Danube et le Rhin avant de bifurquer vers le sud. Son incursion dans l'Hexagone constitue une voie parallèle, un itinéraire bis, qui traverse le territoire du nord au sud en empruntant les fleuves. Ce parcours commence à l'embouchure du Rhin, longe la Moselle, puis la Saône, enfin le Rhône, avant d'arriver à Massalia et aux comptoirs phocéens.

En remontant cette ligne fluviale, nous pénétrons bientôt dans une région qui deviendra plus tard la Lorraine. Une vaste forêt nous enveloppe avant de s'éclaircir pour nous laisser découvrir la boucle de la Moselle et une cité fortifiée : il n'en reste aujourd'hui que des ruines et un lieu-dit, Camp d'Affrique… Rien à voir avec le continent mal orthographié, le mot provient simplement d'un terme ancien qui signifiait « escarpé ».

Ici, du haut de leur cité, des Celtes contrôlent ce point qui met en relation les vallées du Rhin et de la Moselle avec celles de la Saône et du Rhône. Derrière de hauts remparts faits de pierre, d'argile, de bois et de chaux, la ville pacifique, fondée sur le travail du fer, du bronze et du textile, produit des outils, des bijoux et des vêtements, sans oublier, comble du raffinement, le martelage délicat des coupe-ongles et des pinces à épiler.

Comment retrouver les remparts d'Affrique ?

Ces remparts ressemblent aujourd'hui à de simples talus, mais l'âme celtique vibre encore sur ces terres envahies par la végétation. Il faut se rendre à quatorze kilomètres au sud de Nancy, sur la commune de Messein, en Meurthe-et-Moselle. Deux hauts monticules herbeux disposés en remparts parallèles et séparés par un fossé constituent les vestiges du dispositif de défense élevé par les Celtes. On devine les traces de l'enceinte principale dont les dimensions sont impressionnantes : six cents mètres de long, cinquante mètres de large, neuf mètres de hauteur... Le site domine Ludres et toute la plaine du Vermois d'un côté, Messein et les collines du Saintois, de l'autre, tout en s'ouvrant sur la vallée de la Moselle qui coule deux cents mètres en contrebas.

En longeant la Moselle, nous gagnons plus loin une autre place forte, et rencontrons une autre tribu celtique… Celle-ci se fera appeler Médiomatrique, ce qui signifie étrangement « Au Milieu des Eaux-Mères ». Il est vrai que ces gens-là ont un peu tendance à l'enflure et à l'hyperbole… La butte sur laquelle ils ont installé leur citadelle, ils la nommeront avec orgueil « La Divine Porte des Médiomatriques », rien de moins ! Les Romains traduiront cette appellation emphatique pour en faire l'oppidum de Divodurum Mediomatricorum, mais les générations futures préféreront abréger ce nom originel pour parler, plus simplement, de Mettis, puis de Metz.

Pour dresser leurs remparts de bois, les Celtes ont choisi un lieu stratégique au confluent de la Moselle et de la Seille… Alors, suivons ce petit cours d'eau qui nous fait un peu perdre le nord et nous entraîne sur une autre voie commerciale de première importance : la route du sel. À vingt lieues celtiques de là – environ cinquante kilomètres –, se déploie en effet le pays des sources salées, bienfaits des dieux. Loin de la mer, on extrait ici l'indispensable « or blanc », que riches et pauvres se partagent, les uns pour relever le goût des plats, les autres pour conserver les aliments, et que tous utilisent comme monnaie d'échange.

Les Celtes exploitent ce trésor naturel, et développent un important réseau de voies terrestres et fluviales pour en faire le commerce. Ils ont aussi inventé une nouvelle technique pour obtenir les fameux petits cristaux, objets de toutes les convoitises. La technique rudimentaire qui consiste à faire simplement évaporer l'eau salée est difficile à réaliser dans ces régions de l'Est : le climat plutôt froid interdit de compter sur l'action du soleil. Alors, il faut se montrer ingénieux. Les Celtes mettent donc au point le « briquetage », méthode qui permet de concentrer le sel de l'eau sans le secours d'un astre trop capricieux… Des cuvettes emplies d'eau salée sont d'abord préchauffées dans des fours. On obtient ainsi une saumure aussitôt versée dans des moules en terre cuite posés sur une petite structure composée de plusieurs bâtonnets en argile, puis le tout est délicatement placé au-dessus des fours. La forte chaleur du feu provoque la cristallisation du sel, on laisse refroidir, on brise le moule, et le pain de sel apparaît !

Seulement voilà, ce processus n'est pas très écologique : pour obtenir la nécessaire cristallisation, il faut brûler des arbres, beaucoup d'arbres. Tellement d'arbres que la région, jusqu'ici très boisée, va finir par ressembler à un marais dévasté. Mais enfin, si le traitement du sel appauvrit la terre, il enrichit certains de ses habitants. Les gens du peuple mais aussi les esclaves, des prisonniers faits au cours des guerres et des razzias, souffrent en commun sous la chaleur des fourneaux et s'éreintent à produire jour après jour l'abondance des autres, enfermés dans leur petit enfer salé, mais les seigneurs du coin accumulent de belles fortunes.

Que reste-t-il des Celtes sauniers ?

Près de Moyenvic, dans la vallée de la Seille, en Moselle, des fouilles menées en 1999 ont permis de mettre au jour une quarantaine de fourneaux creusés dans le sol et provenant du temps des Celtes. Fourneaux ronds, fourneaux longs et recourbés, fourneaux en fer à cheval, les techniques étaient diverses.

Dès 2001, des archéologues et des géologues ont entrepris de nouvelles recherches dans la vallée de la Seille. Des sondages ont été faits autour des sources d'eau salée, près de Vic-sur-Seille, Moyenvic et Marsal, et des mesures pour localiser les structures salifères ont été réalisées du haut d'un hélicoptère. À cette occasion, des fragments de moules ayant servi à fabriquer des pains de sel et des éléments de fourneaux à sel ont été repérés.

Pour retrouver la trace des Celtes sauniers, il faut se rendre à Marsal. Au Musée du sel, vous découvrirez en grandeur nature le procédé celtique du briquetage, mais aussi l'archéologie, l'histoire et la légende du sel.

Dans ce pays du sel, empruntons l'antique chemin qui va de Dieuze à Mittersheim : cette route droite semble nous désigner au loin quelque point important. Poursuivons donc son tracé jusqu'à la limite de l'Alsace et de la Lorraine : nous voici face à un menhir impressionnant. Eh bien, cette pierre dressée indique un carrefour de voies celtiques. Ici se croisaient de nombreuses routes, dont celle reliant les comptoirs étrusques à l'embouchure du Rhin.

« Le Petit Poucet » : un conte celtique ?

« Il était une fois un bûcheron et une bûcheronne qui avaient sept enfants... », ainsi commence Le Petit Poucet, *conte de Charles Perrault publié en 1697. En fait, l'auteur n'a fait que recueillir une très ancienne tradition orale. Les origines de cette terrifiante histoire d'enfants abandonnés dans la forêt seraient à chercher dans les chants sacrés des peuples anciens... Les Celtes possédaient déjà leur version du Petit Poucet ! En tout cas, l'enfant-héros emporte dans l'épaisse forêt des cailloux blancs qu'il sème tout au long du parcours. Et c'est ainsi qu'il ramène ses frères « jusqu'à leur maison par le même chemin qu'ils étaient venus ».*

Des pierres disposées pour marquer un trajet ? Les voyageurs de jadis ne procédaient pas autrement. En un temps où les panneaux informatifs et les affiches publicitaires n'avaient pas encore envahi les routes, les menhirs et autres mégalithes étaient réemployés comme points de mire et points de repère.

Il est vrai que les pierres du conte sont toutes petites, à la mesure d'un enfant « guère plus gros que le pouce », mais elles font allusion à la manière ancienne de retrouver son chemin...

Pour découvrir le menhir planté au carrefour des voies celtiques, rendez-vous à Goetzenbruck, prenez la petite route qui mène à Wimmenau dans le parc naturel des Vosges, entre Strasbourg et Sarreguemines. Le mégalithe se dresse toujours à l'ancien carrefour, on l'appelle le « Breitenstein », c'est-à-dire « la large pierre ». Au XIIe *siècle de notre ère, ce bloc de grès des Vosges, haut de près de quatre mètres cinquante, marquait la frontière entre l'Alsace et la Lorraine. En 1787, le monument a été christianisé par l'adjonction d'une croix sur son sommet et d'une représentation sculptée des douze apôtres sur ses quatre côtés. Mais six ans plus tard, au moment de la Révolution, les apôtres ont été décapités. Par la suite, les bas-reliefs sans tête ont été restaurés, et le menhir indiqua désormais la limite entre deux départements, la Moselle et le Bas-Rhin.*

Prenons à présent cette nouvelle route celtique qui mène vers l'ambre et les richesses du Nord et suivons-la jusqu'à la limite de l'Hexagone ici matérialisée par une petite rivière, la Blies… Nous voici à Bliesbruck. En ce Ve siècle avant notre ère, il existe ici aussi une résidence princière, une petite ville semblable à celle que nous avons quittée en Bourgogne, mais plus jeune d'un siècle. Les mêmes ruelles, les mêmes réserves de céréales, la même citerne, la même langue, les mêmes traditions, les mêmes croyances : d'un coin à l'autre de l'Hexagone, et plus loin encore, les Celtes éparpillés en plusieurs tribus ne forment qu'un seul peuple.

Ici également, une Grande Dame a été richement inhumée. Ici ? Plus exactement à un kilomètre de là, sur l'autre rive de la Blies, dans ce qui est aujourd'hui l'Allemagne. Les soubresauts commerciaux et sociaux qui ont mis à bas la société du mont Lassois n'ont pas encore atteint cette pointe extrême de l'Hexagone. La ville avec son aristocratie, ses artisans et ses paysans continuera de prospérer tant qu'elle contrôlera cet embranchement des voies reliant les richesses du Nord aux comptoirs étrusques.

Qui veut rencontrer la princesse de la Blies ?

En 1954, des travaux entrepris sur une sablière de Reinheim mirent au jour une chambre funéraire en bois. Il ne restait rien de la défunte, mais les éléments de parures et les offrandes funéraires permirent une reconstitution précise de la tombe. La princesse celtique portait de riches bijoux, et à ses côtés avaient été déposés quelques amulettes, un miroir de bronze, des perles en ambre et en verre. Enfin, rien n'avait été oublié pour le grand banquet de l'au-delà : plats en airain, cruches, cornes à boire.

Les découvertes de la vallée de la Blies sont, depuis 1988, mises en valeur dans le Parc archéologique européen de Bliesbruck-Reinheim, fruit d'une coopération entre la France et l'Allemagne.

Nous pouvons ainsi pénétrer dans la tombe (reconstituée) de la princesse celtique. Nous franchissons les millénaires, nous voyons ce qu'ont vu les Celtes en confiant le corps de leur princesse à l'éternité. Elle est là, étendue devant nous, avec ses objets rituels disposés près d'elle.

3

IVe siècle avant notre ère

BRENNUS, LE PREMIER GAULOIS

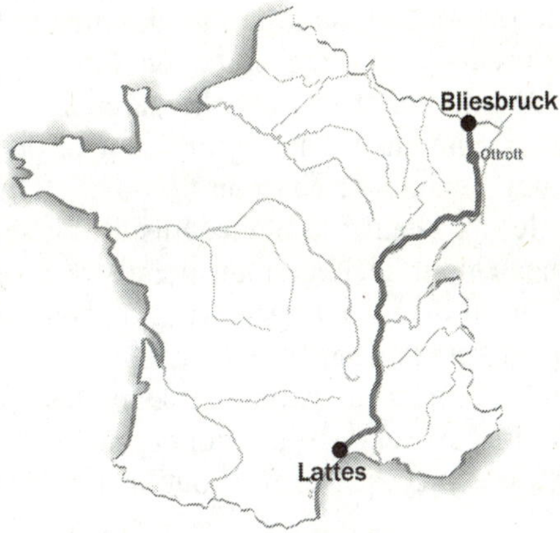

De la Lorraine au Languedoc-Roussillon…
et jusqu'en Italie !
Par la route du fer

Un grondement surgit des profondeurs, un craquement déchire les contreforts… des pans de roche sont arrachés au flanc de la montagne. Les blocs de pierre roulent et vont se fracasser plus bas, aussitôt on les examine pour en repérer les traces de minerai de fer.

Ces bruits terrifiants proviennent des rives du Rhin… De Bliesbruck, nous nous sommes dirigés vers le nord pour atteindre le fleuve, axe principal de la route de l'ambre. Nous voilà arrivés au pied du Hunsrück – un massif montagneux situé aujourd'hui en Allemagne – plongé au cœur d'une activité incessante.

Bienvenue dans la métropole du fer ! Sur la région plane une odeur mêlée de métal fondu, de charbon brûlé et de terre retournée, car ici on creuse la montagne et on réalise l'extraction du métal. Dans de petits fourneaux en terre cuite, on fait alterner une couche de minerai et une couche de charbon de bois, puis on recommence, encore une couche de minerai, encore une couche de charbon de bois… On allume, on ventile, on chauffe à blanc. Ensuite, il faut briser le fourneau pour récupérer un métal mou souillé de scories qu'on devra nettoyer avant d'attaquer, durant de longues heures, le martelage destiné à transformer le métal en barres ou en lingots. Dans les ateliers ou dans les forges, les artisans donneront plus tard des formes à ces pièces… armes, outils, fibules.

Le IVe siècle avant notre ère, période que les historiens désignent comme le second âge du fer, voit ce métal s'imposer progressivement, changer les habitudes et modifier même l'art ancestral de la guerre. Ainsi apparaît une arme redoutable : une épée plate, solide, tranchante et d'un mètre de long ! Les Celtes sont arrivés à ce prodige en maîtrisant le traitement du fer mieux que tous les autres peuples, mais ils ne se sont pas arrêtés à cette innovation. Ils ont imaginé aussi, pour protéger leur fameuse épée, un fourreau de métal, création qui n'a rien d'anecdotique : cette gaine rigide a l'avantage de conserver intact le coupant de la lame. Et puis, pour parfaire l'équipement du combattant celte et le rendre quasiment invulnérable, ils ont inventé la cotte de mailles… Fort d'un tel armement, le guerrier venu du Nord veut dominer le monde. Les peuples tremblent et se demandent si les guerres seront encore possibles dans l'avenir : une technique aussi ravageuse ne va-t-elle pas instaurer un équilibre de la terreur ?

C'est vrai, l'époque est à la guerre ! Les fastueux palais et les opulentes maisonnées ne font plus vibrer l'âme des Celtes. Les richesses désormais se mesurent en territoires occupés, possédés, étendus. Il faut aller de l'avant, épée en main, trancher des têtes et percer des ventres. Sinon la vie paraîtrait si fade…

Des populations entières se mettent en marche. Progressant comme une houle sous l'ombre des futaies assez hautes, assez denses pour cacher le soleil, elles se répandent le long des axes de communication, non plus pour échanger ambre ou étain, mais pour faire parler le fer. Les armées avancent, les guerriers aux tresses durcies à la chaux, le corps nu peint en bleu pour impressionner l'ennemi, poussent des cris effroyables et tranchent les têtes. Alors, les peuplades vaincues abandonnent les bonnes terres à ces troupes irrésistibles et se réfugient dans les montagnes, pour disparaître à jamais, sauf à pactiser avec l'envahisseur.

Les nouveaux maîtres s'installent sur les terres conquises avec leur fourniment, leurs femmes, leurs enfants, leurs esclaves, leur bétail… On s'arrête au bord d'un cours d'eau ou sur une éminence pour fonder un village. Il faut déboiser, ensemencer, bâtir, et les guerriers lâchent les armes pour élever pacifiquement porcs, moutons ou chevaux, pour cultiver le blé, l'orge ou le seigle. Et, là encore, l'usage du fer modifie le quotidien : les outils permettent d'améliorer le rendement des cultures. Les saisons passent, la vie s'apaise, mais on se remet bientôt en route car tout est en constante recréation, on ne construit pas dans la durée. Parfois le lieu est purement et simplement déserté, on abandonne aux intempéries et aux bêtes sauvages les cahutes, le temple, les bassins et les réserves.

Quelques familles restent pourtant sur place, de part et d'autre du Rhin, fleuve sacré auquel les druides prêtent des vertus magiques…

L'enfant est-il bien le fils de son père ? Cette question semble tarauder les guerriers si souvent partis sur les routes de la gloire, épée à la main. « L'enfant est-il bien le fils de son père ? » se répètent ces vaillants combattants. Il est facile de le savoir, prétendent les druides : il suffit d'interroger le fleuve ! Encore nu et vagissant, le bébé est placé aussitôt après la naissance sur un bouclier de bois et lâché sur les flots. Le nouveau-né doit surnager. Si le bouclier tangue, s'il vacille, s'il est pris dans un tourbillon, si le nourrisson se noie ou s'il meurt de froid, c'est qu'il ne méritait pas de vivre. Il était, à l'évidence, le fruit des amours adultérines d'une épouse infidèle. Avec de telles coutumes, heureux les enfants nés au mois d'août par temps calme…

Les druides, classe sacerdotale et caste dominante, ne se contentent pas d'imposer ce cruel jugement des eaux, ils prennent une influence grandissante sur l'ensemble des tribus…

Tout le long du Rhin, cet axe commercial qui conduit aux Alpes et aux richesses du Sud, le culte imposé par les druides s'enracine au sommet d'éminences perdues dans des forêts profondes, là où jaillissent des sources, objets de vénération. Vêtus de blanc, les prêtres parlent, condamnant le luxe effréné et la course au négoce, valorisant des mœurs simples et austères… et la guerre !

– Il faut posséder de vastes terres, disent-ils, s'entourer de compagnons fidèles, combattre et prouver sa bravoure !

Dominant la vallée du Rhin, le mont Sainte-Odile fut un lieu de culte vénérable et vénéré. Sur le plateau du sommet, un long mur constitué d'énormes blocs de grès évoque encore l'un de ces sanctuaires secrets où s'assemblaient les druides… Que s'est-il passé à l'abri de cette muraille ? Se réunissait-on sous les arbres pour implorer les divinités ?

L'insondable mystère du mur païen

Nous sommes à trente-six kilomètres de Strasbourg, à Ottrott, sur le mont Sainte-Odile. Le « mur païen », long de dix kilomètres, se dressait jadis jusqu'à cinq mètres de hauteur. Ce mur, qui constitue le plus important monument mégalithique d'Europe, conserve son mystère.

Depuis plus d'un siècle, les archéologues interrogent et fouillent les abords de ce mur énigmatique. Qu'en ont-ils conclu ? Certains d'entre eux imaginent un mur construit au VIe *siècle avant notre ère, d'autres plaident pour trois siècles plus tard, quelques-uns penchent pour l'époque gallo-romaine. On a même évoqué la dynastie mérovingienne... C'est-à-dire le* V^e^ *siècle après J.-C. Bref, un grand écart de mille ans !*

Continuons notre route... Abandonnons le Rhin pour pénétrer plus loin à l'intérieur de l'Hexagone, à la rencontre de tribus en plein mouvement vers le sud.

Dans la multitude des peuples celtes, les Sénons sont parmi les plus puissants. Ils entretiennent des relations cordiales avec les nations celtiques alentour, ont conclu avec elles des pactes de défense mutuelle et se déclarent tout bonnement choisis par les dieux pour régner sur l'humanité environnante. Ils attendent donc que tous les autres peuples se soumettent à leur volonté. « Sénons », le terme par lequel ils se désignent, ne veut-il pas dire « les Premiers » ? Ils ont des raisons de s'estimer satisfaits d'eux-mêmes : leur population s'accroît, leurs terres sont fertiles, leur métropole se développe... Ils l'ont bâtie au bord de l'Yonne, leur capitale, et cette ville prendra plus tard le nom de ses fondateurs en devenant Sens.

Pour mener des batailles incessantes, qui sont des invasions, les druides sont chargés de choisir le chef de l'armée : ils savent, eux, ce que veulent les dieux. Le seigneur de la guerre devra être fort comme le taureau, inspirer la crainte comme le loup, regarder la mort en face comme le noir corbeau, honorer la vie comme le cygne blanc.

C'est ainsi qu'un jour le meneur d'hommes issu du peuple sénon est désigné par ces prêtres celtiques. Il est aussitôt respecté, glorifié, chanté… Son nom répand déjà la terreur parmi ses ennemis.

Son nom ? Quel nom ? Brennus, disaient les Romains ; Brennos, articulaient les Grecs. Mais les Celtes eux-mêmes, comment l'appelaient-ils ? On n'en sait rien. D'ailleurs, se nommait-il vraiment Brennus ou Brennos ? On peut en douter. En fait, le vocable « Brenn » signifiait sans doute « chef de guerre » dans le parler celtique. Les Romains et les Grecs, qui pratiquaient mal les langues étrangères, ont cru que Brenn était le nom de ce haut personnage placé à la tête de la grande armée mobilisée en Gaule…

Sous l'autorité du Brenn, les tribus celtes se mettent en route. Une armée puissante s'ébranle, formée essentiellement de guerriers venus des peuples du Centre et de l'Est : Sénons des rives de l'Yonne, Aulerques des bords de la Loire, Arvernes du Massif central, Lingons et Éduens de la future Bourgogne, Bituriges du Centre, Carnutes de la Beauce, Séquanes de l'Est…

Ces peuples migrent vers le sud, très au sud, vers le monde étrusque… Et si le Brenn emprunte le couloir rhodanien, l'axe majeur de l'Hexagone pour descendre vers la Méditerranée, ce n'est pas pour marcher sur Marseille et ses satellites du rivage méditerranéen : il veut seulement trouver une voie de franchissement des Alpes afin de rejoindre les tribus déjà installées au-delà des monts, en contact avec les richesses de l'Étrurie.

Le vaste delta du Rhône puis le littoral méditerranéen offrent au Brenn et à ses hommes le spectacle d'une opulence sereine et pacifiée. Ils approchent de Lattara – aujourd'hui Lattes, près de Montpellier –, colonie massaliote. Dans ce port de Méditerranée, les Grecs, les Étrusques et les Ligures concourent à la prospérité de tous. La guerre, ici, a moins d'attrait, car les destructions et les massacres rompraient la subtile stabilité qui fait la richesse de la région. D'ailleurs, les quelques velléités de conflits ont tourné court. Quand un chef local nommé Catumandus s'est mis en tête d'unifier quelques tribus dans le but d'écraser Massalia et de chasser les Grecs des bords de mer de toute la Gaule méridionale, il n'a pas persévéré longtemps. Avec son armée, il a fait consciencieusement le siège de Massalia, il était prêt à la prendre… Mais soudain, il abandonna et retira ses troupes. Un peu surpris, ses soldats l'interrogèrent : pourquoi cette retraite honteuse ?

– C'est que j'ai vu en songe une femme farouche, elle m'ordonnait de reculer, répondit Catumandus.

Il s'empressa alors d'entrer pacifiquement dans Massalia pour en honorer les dieux… Face à la statue d'Athéna, il se trouva tout tourneboulé :

– C'est la déesse que j'ai vue en songe et qui m'a ordonné d'abandonner le siège de la ville ! s'exclama-t-il.

Il offrit un collier d'or à la bonne déesse et conclut une amitié éternelle avec tous les Massaliotes, jusqu'à Lattara. Cette intervention divine était venue à temps pour empêcher une guerre inutile et dévastatrice dont chacun serait sorti défait et ruiné.

Massalia et ses colonies faisaient-elles si peur ? Les dieux les ont-ils préservées de l'appétit des Celtes ? La belle légende d'Athéna protégeant Massalia cache peut-être une réalité moins olympienne : les Massaliotes auraient soudoyé Catumandus afin qu'il renonce à son projet néfaste. Et le Brenn lui-même ? A-t-il été payé pour aller mener sa guerre ailleurs ?

Lattes : et si l'on visitait le port antique ?

À Lattes, l'ancienne Lattara, aujourd'hui à la périphérie de Montpellier, des fouilles sont effectuées régulièrement depuis 1963. Sur une surface de dix hectares, les archéologues ont pu obtenir une vue claire du système urbain de l'époque.

Le Musée archéologique Henri-Prades expose des vestiges qui témoignent de l'activité du port antique et des relations entretenues avec le monde méditerranéen : céramiques, urnes en verre, outils, vaisselle, bijoux, lampes à huile, monnaies, mosaïques, sculptures, etc.

Du musée, à travers de larges baies, on peut englober d'un regard le site archéologique et ses pierres blanches, ruines des anciennes habitations élevées autour du port.

Dans ce port, un solide rempart a été construit en ce IVe siècle avant notre ère, mais un rempart dressé face à la mer, et non face à la terre : les Massaliotes et leurs comptoirs craignaient donc davantage les pirates venus du large que les envahisseurs arrivés du nord.

Corrompu ou simplement prudent, le Brenn s'éloigne donc de Lattara et des territoires sous contrôle massaliote. Les forces celtiques continuent leur route par la voie hérakléenne, empruntent l'itinéraire intérieur qui remonte dans les terres, suivent la vallée de la Durance, franchissent le col alpin du Montgenèvre et descendent dans la plaine du Pô… Leur objectif, c'est l'Italie !

*
* *

Le Brenn mène ses cohortes à l'assaut de Melpum, riche cité étrusque – l'actuel Milan. La victoire acquise, le chef celtique pousse l'avantage et poursuit sa route triomphale jusqu'aux plages de l'Adriatique. Un instant, les Sénons songent à s'établir définitivement sur ces rivages, mais ils y renoncent vite : ces gens venus du cœur de l'Hexagone ne maîtrisent pas la navigation et ne supportent pas la chaleur étouffante de la région. Le soleil, le grand large, les bateaux qui cabotent, les voiles qui claquent au vent… tout leur semble étranger et menaçant. Il faut partir. Le Brenn entraîne ses combattants vers d'autres triomphes, au sud, toujours plus au sud…

Ils arrivent devant Clusium, grande cité indépendante située dans la Toscane actuelle. Derrière ses fortifications, la ville tremble. Les habitants sont terrorisés par ces hordes qu'aucune cité étrusque n'a pu contenir, par ces guerriers si bien armés, ces combattants qui lancent des cris abominables… Clusium cherche du renfort. Pendant que les Sénons font le siège de la cité, deux émissaires filent discrètement à Rome pour implorer un secours militaire. Mais la ville des bords du Tibre n'est encore qu'une modeste République qui se contente de régner sur quelques contrées avoisinantes, et les Romains n'ont aucune envie de mourir pour Clusium ! Ils refusent tout net de se battre. En revanche, ils acceptent de négocier. On ne sait jamais, si les Sénons se laissaient convaincre par la seule force de la parole… Ils envoient donc au-devant des Celtes quelques habiles causeurs, trois ambassadeurs de la famille patricienne des Fabii. Une entrevue est organisée entre les chefs sénons, les Étrusques et les mandataires romains.

– Nous avons besoin de terres. Les habitants de Clusium doivent nous céder une partie de leurs champs, vastes et abondants. Il n'y aura pas de paix autrement, annoncent les Celtes.

Les Fabii sont abasourdis.

– De quel droit peut-on exiger des propriétaires du sol une partie de leur bien et brandir la menace de la guerre ? s'exclament-ils.

Avec l'arrogance du vainqueur, les Celtes lancent cette bravade :

– Notre droit se trouve dans nos armes !

L'affrontement est inévitable. C'est le choc, la bataille générale : guerriers celtes contre soldats étrusques. Les trois Fabii venus de Rome, froissés par l'insolence du Brenn et de ses acolytes, font fi de leur statut de conciliateurs et participent aux combats. L'un d'eux, Quintus Fabius, se bat si bien qu'il transperce de son javelot le torse d'un chef sénon lancé à l'assaut de la cavalerie étrusque. Pour le Brenn, cette agression d'un observateur neutre est un véritable *casus belli*… Il s'adresse à la délégation romaine pour exiger réparation.

Les Romains, évidemment, refusent de réparer quoi que ce soit. Fou de colère, le Brenn sonne la retraite et abandonne le siège de Clusium. La prise de l'Étrurie n'est plus de saison, c'est Rome qu'il faut soumettre !

Là-bas, le Sénat lève des troupes à la hâte, et les légions se mettent en marche pour aller à la rencontre de l'ennemi. Et quel ennemi ! Les Romains sont sidérés de voir surgir ces hordes de grands lascars à la peau blanche et à la longue chevelure claire, apparitions étranges face aux légions faites de soldats râblés, au cuir tanné par le soleil et aux cheveux noirs coupés court.

En ce 18 juillet 390 avant notre ère, Celtes et Romains se font face au confluent de l'Allia et du Tibre. Journée fatale pour les Romains : l'aube qui se lève annonce l'une des plus cuisantes défaites que les Latins auront à inscrire dans leur longue histoire. Les Celtes attaquent avec leurs effrayantes épées, longues, souples, tranchantes. Les phalanges romaines ne résistent pas longtemps : elles prennent la fuite, s'éparpillent sur les hauteurs. Certains légionnaires cherchent à regagner leurs pénates en se jetant dans le fleuve, ils meurent noyés, emportés par les courants.

Rome, ville ouverte… Il n'y a plus rien pour se défendre, c'est la débandade, les portes des murailles restent béantes, les femmes, les enfants, les esclaves déguerpissent dans les campagnes, la dernière garnison se réfugie dans la citadelle du Capitole.

Il faut trois jours au Brenn et à ses cohortes pour arriver jusque-là. Et dès qu'ils s'approchent de la ville, c'est l'horreur : ils saccagent et déciment, avec au cœur ce doux sentiment du devoir accompli… car il ne s'agit pour eux, bien sûr, que de laver leur honneur malmené par l'impudent Fabius. Puis ils entrent dans la cité et mettent aussitôt le feu aux plus beaux édifices. Les flammes crépitent et gagnent tous les quartiers, un nuage sombre plane, se répand dans les campagnes, disperse une atroce odeur de corps brûlés… Ne subsistent bientôt que des ruines noirâtres. Une chose paraît évidente : jamais plus on n'entendra parler de Rome !

Reste pourtant le Capitole. Le Brenn et ses troupes bivouaquent au pied de la citadelle. Ils attendent que les Romains leur versent le butin exigé : mille livres d'or, un peu plus de trois cent vingt-sept kilos de métal jaune. Les Celtes ne prétendent pas occuper la région, ils se déclarent prêts à repartir, mais pas les mains vides. Les Romains rechignent à payer la rançon ? Alors, sus au Capitole !

Une nuit, les Sénons tentent silencieusement une percée, ils approchent de la citadelle, ils vont surprendre les soldats endormis… C'est compter sans les oies sacrées, engraissées sur la colline. La blanche volaille s'épouvante de ces ombres qui rampent dans l'obscurité, elle se met à battre des ailes et à cacarder, si fort qu'elle en alerte la garnison romaine. L'effet de surprise est éventé, les assaillants doivent reculer.

Rome ne possède pas les moyens de verser le tribut réclamé de mille livres, seule manière de se débarrasser de l'occupant. Alors Massalia, tellement plus riche et plus puissante, vient au secours de son alliée… La cité phocéenne ne lésine pas et envoie de l'or, beaucoup d'or. Au bout de sept mois, les Romains réunissent enfin la fortune réclamée.

Encore doit-on peser tout ce métal précieux : comment s'assurer autrement que le compte y est ? Une grande balance est apportée sur une place de la ville, les Romains déposent pièces et or sur le plateau, il faut en ajouter, en ajouter encore… À l'évidence, les Celtes ont trafiqué les poids.

– De quel droit utilisez-vous des poids truqués ? demande le tribun romain.

– Du droit des vainqueurs, réplique hargneusement le Brenn.

Et, joignant le geste à la parole, il jette son épée sur le plateau de la balance, pour alourdir encore la rançon.

– *Vae victis !* Malheur aux vaincus ! proclame-t-il.

Les Romains ne pardonneront pas cette humiliation. Ils sont bien décidés maintenant à écraser la Gaule, un jour, quand viendra le temps favorable… Et pour ne jamais oublier cette cause sacrée, ils prêtent serment.

– Nous jurons de combattre tant qu'il existera un seul homme de la race qui a incendié Rome !

Quelle race ? La race des Celtes déployée jusqu'aux confins du continent ? L'entreprise paraît un peu téméraire. La race des Sénons dont les Romains ne savent rien ? Au-delà des Alpes, sur l'étendue des diverses régions qu'ils appellent la Gaule, plus de soixante tribus se différencient, s'allient, s'ignorent, s'opposent… Nerviens, Parisii, Arvernes, Lingons, Vénètes, Éduens, et tant d'autres. Les Romains ne peuvent guère entrer dans ces subtilités, qu'ils ne soupçonnent même pas. Alors, ils cherchent à se venger des Celtes de la Gaule entière.

Galli ! Les Gaulois ! Pour désigner l'ennemi, objet

de tous leurs ressentiments, ils inventent ce terme que, par la suite, chacun adoptera…

Galli… un jeu de mots latins ! Car ce terme est le pluriel de *gallus* – le coq – et les Romains ne sont pas mécontents de leur humour… En effet, ils estiment que les Gaulois sont à l'image du maître de la basse-cour, braillards, colorés et prétentieux. Et si le coq n'a jamais été un emblème officiel, on le retrouve pourtant aujourd'hui sur les maillots des équipes de France de foot ou de rugby.

Quant au Brenn, le premier Gaulois, il ne retournera jamais chez lui. Chassé de Rome qu'il ne parviendra pas à tenir longtemps, il terminera sa vie dans le nord de l'Italie, poursuivi jusqu'au bout par des Romains assoiffés de vengeance.

Ceux-ci devront attendre presque trois siècles avant de vaincre les Gaulois. D'ici là, un trésor monétaire inviolable est déposé sur le Capitole, il ne pourra être dispersé que pour obtenir la victoire finale. Et pour se concilier les dieux, et quand l'occasion se présente, les Romains sacrifient un prisonnier gaulois… Afin de lui faire ressentir dans sa chair le martyre de la ville, ils l'enterrent vivant sur une place de la cité patiemment reconstruite.

4

IIIe siècle avant notre ère

QUELQUES MOIS DANS LA VIE D'HANNIBAL

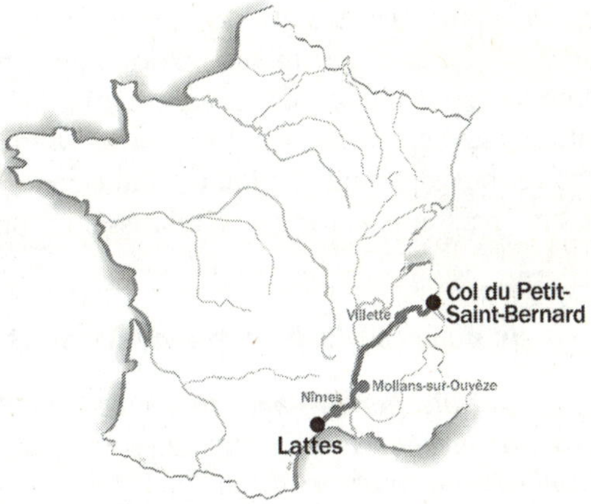

Du Languedoc-Roussillon aux Alpes par le chemin des éléphants

Retour à Lattara. Le port méditerranéen s'est encore développé. En ce carrefour essentiel, convergent les richesses et les beautés du monde : vases étrusques, poterie ionienne, céramique corinthienne, métal transporté par les

Ibères, armes forgées par les Gaulois, vin produit par les Romains. Mais Lattara ne s'ouvre pas seulement sur la mer, la cité portuaire surveille aussi les routes terrestres. Une citadelle a été construite à un jet de pierre, au bord de la voie hérakléenne : c'est aujourd'hui Castelnau-le-Lez, une petite localité de la périphérie de Montpellier.

L'ordre doit régner autour de cette citadelle, et la sécurité de la route est assurée par les tribus qui la bordent. Un voyageur détroussé ? Un convoi attaqué ? La peuplade occupant le pays traversé est tenue pour responsable. À elle d'indemniser les victimes !

Cette responsabilité place toute la région sur le qui-vive. On craint les assauts des tribus ennemies, on redoute les attaques des pillards. Alors, pour protéger hommes et marchandises, de puissants remparts ceignent maintenant les agglomérations. Ces lourdes fortifications, on les retrouve partout : à Lattes, l'ancienne Lattara, bien sûr, mais aussi à Nages, Ambrussum, Nîmes…

À quoi servait la tour Magne à Nîmes ?

Sur la voie hérakléenne ou un peu en retrait dans l'arrière-pays, les fortifications de Nages et d'Ambrussum, qui remontent au III*e siècle avant notre ère, sont encore là pour témoigner du climat de méfiance et de conflit qui régnait dans ces contrées.*

Quant à la romantique tour Magne, ce n'est rien d'autre qu'une tour de guet gauloise de ce III*e siècle avant notre ère. Cette tour de défense a été un peu plus tard rehaussée par les Romains. Elle se dresse aujourd'hui à plus de trente mètres.*

Tous ces ouvrages sont érigés pour surveiller le voisinage et guetter les horizons… Il faut rester vigilant, car la tension entre les tribus gauloises se fait de plus en plus palpable. Que se passe-t-il ? Eh bien, le coutre est en train de changer notre monde ! Cette lame métallique fixée à l'avant du soc de la charrue fend la terre : les récoltes sont plus abondantes, la faim recule, la population augmente. On recherche donc de nouveaux espaces cultivables, on se les dispute, on les occupe.

Mais la politique d'invasion a des limites : au Nord, il y a les Belges et les Germains ; au Sud, il y a les Carthaginois, les Ibères, les Étrusques et les Romains. Les Gaulois, eux, se recroquevillent sur l'Hexagone, chaque tribu locale cherchant à accroître son territoire : la richesse c'est la terre ; la puissance, c'est encore la terre ! S'étendre et dominer, c'est chercher à imposer sa tribu dans le bruyant concert des nations gauloises.

À Lattara et sur sa citadelle dressée au bord de la route, rien à craindre, tout est calme encore… Mais bientôt, une tout autre menace vient ébranler le fragile équilibre de la région.

*

* *

La terre tremble. Un bruit sourd et régulier roule au lointain. Au large de Lattara, du haut de la citadelle les guetteurs donnent l'alarme… Un cortège interminable emprunte la voie hérakléenne, des fantassins, des cavaliers et un troupeau d'animaux étranges balayant de leur trompe les gravillons de la route… La colonne s'étire, l'horizon vomit toujours d'autres troupes, rien ne semble devoir arrêter ces guerriers issus des profondeurs du pays des Ibères.

Ces guerriers, c'est l'armée de Carthage qui s'avance ! Mais Carthage n'est plus dans Carthage… Partis d'Afrique du Nord, les Carthaginois se sont construit un empire en occupant presque toute la péninsule Ibérique et en s'inventant sur place une autre capitale au bord de la Méditerranée : Carthagène, la nouvelle Carthage.

Ivres de leur puissance, ces Carthaginois sont résolus à écraser Rome, l'ennemi héréditaire. Comment attaquer la ville de la louve ? De Carthagène à Rome, l'assaut direct, rapide, devrait être donné par la mer… Pourtant, ce plan évident, trop évident, ne peut pas être envisagé : la flotte militaire romaine conserve largement la suprématie maritime, la moindre offensive tentée par cette voie serait vouée à l'échec.

Alors Hannibal, jeune général de vingt-neuf ans, a imaginé une tactique folle et audacieuse : remonter les côtes ibériques par les routes terrestres, franchir les Pyrénées, pénétrer à l'intérieur de la Gaule, traverser les fleuves, redescendre en direction des Alpes, grimper un col et fondre brusquement sur l'Italie par la plaine du Pô. Cette stratégie improbable implique une marche éreintante de plusieurs mois sous le soleil, la pluie, la neige, avec la menace permanente d'offensives conduites par quelques tribus gauloises alliées de Rome, et le risque continu d'incursions menées par des bandes de pillards réfugiés dans les montagnes. On le sait, on l'accepte : avant même la bataille décisive, des hommes périront en grand nombre sur les chemins, des animaux et des armes seront perdus ou volés, mais la victoire finale est à ce prix.

En ce mois d'août de l'année 218 avant notre ère, c'est toute la force d'une nation qui se déplace : Hannibal est entré en terre gauloise à la tête de ses cohortes. Et quelles cohortes ! Cinquante mille fantassins, neuf mille cavaliers, trente-sept éléphants… Cette immense colonne est constituée en grande partie de « Libyens » – ainsi appelle-t-on l'ensemble de peuples d'Afrique du Nord soumis à Carthage. Avec leurs javelots, leurs poignards et leurs boucliers ronds, ces Libyens forment l'infanterie légère. Les Ibères, équipés de glaives à deux tranchants et de longs boucliers ovales, composent l'infanterie lourde, et les insulaires des Baléares manient la fronde avec maestria. Quant à la cavalerie, elle est faite de Numides – les Kabyles selon notre vocabulaire – qui montent à cru de petits chevaux nerveux et rapides.

Après avoir franchi les Pyrénées, Hannibal a réuni à Ruscino – aujourd'hui Château-Roussillon près de Perpignan – les chefs des tribus qui occupent les bords occidentaux de la Méditerranée jusqu'au Rhône. Son objectif immédiat : traverser le pays en toute sécurité. Devant ce déploiement de force, les chefs gaulois ont hésité : ami ou ennemi ? Pour obtenir son viatique, Hannibal a menacé et payé. Il a promis une guerre à outrance contre ceux qui s'opposeraient à sa marche, puis il est parvenu à calmer les appréhensions locales en distribuant de l'or, du bétail, des amphores gorgées de vin… Les Gaulois ont choisi de laisser passer ces troupes aussi dangereuses que généreuses.

À quelle source Hannibal et ses éléphants ont-ils bu ?

En quittant Ruscino par la voie hérakléenne et en nous éloignant de deux kilomètres du tracé ancien, nous arrivons à une source qui jaillit au cœur du village actuel de Cournonterral, en Languedoc-Roussillon. À cette source, seraient venus boire Hannibal et ses éléphants. En tout cas, le long cortège devait sans cesse rechercher des points d'eau fraîche, et celui-ci a sans doute dû désaltérer une partie des hommes et des animaux en marche.

Une fontaine marque l'endroit : les plus vieilles pierres de son arc roman remontent au XIIe siècle, époque où le monument a été érigé en souvenir de l'événement historique qui s'était déroulé un millénaire et demi plus tôt.

Les troupes carthaginoises avancent et parviennent à la citadelle de Castelnau-le-Lez, posée sur la voie hérakléenne. Soucieux de protéger ses arrières, attentif aussi à garder ouvert un passage vers Carthagène, Hannibal laisse sur place une garnison chargée de veiller à la sécurité de la route. Cette précaution prise, le reste du cortège poursuit son périple…

Par où passer après Lattara ? Continuer par le chemin côtier obligerait Hannibal à s'approcher de Massalia, tout acquise à la cause romaine. Il faut donc, à partir de Nîmes, abandonner le littoral, prendre la direction du nord, dessiner une large boucle en une marche forcée de quatre jours, pour atteindre, plus haut, les eaux lentes et puissantes du Rhône…

Mais déjà, des tribus gauloises alliées des Massaliotes se sont massées sur l'autre rive du fleuve et comptent bien arrêter la machine de guerre carthaginoise. Hannibal mesure le danger. Franchir un obstacle comme le Rhône avec des dizaines de milliers d'hommes, des milliers de chevaux, des armes et quelques éléphants n'est déjà pas une sinécure, mais tenter cette traversée sous les flèches et les coups d'une bande de Gaulois querelleurs devient une entreprise à haut risque.

– Hannon, fils de Bomilcar, sois attentif à mes paroles et fais comme je te l'ordonne : prends la tête d'un fort détachement de mon armée, remonte le fleuve, traverse les eaux plus loin, puis redescends le long du fleuve sur l'autre rive et dirige-toi sans bruit à l'arrière du campement ennemi… Moi et mes troupes, nous resterons ici. Dès que tu seras placé avec tes hommes derrière les Gaulois, tu nous enverras un signal de fumée. Nous franchirons le fleuve pendant que vous surprendrez ces Gaulois en les attaquant dans leur dos !

Telles sont les instructions d'Hannibal à son lieutenant.

À la faveur de la nuit, Hannon et son bataillon remontent donc en amont du Rhône sur deux cents stades, environ trente-cinq kilomètres… Au matin, le détachement parvient aux abords d'une petite île boisée. Certes, ici le fleuve est impétueux, mais au moins est-on à l'abri du regard des ennemis. De plus, le détachement mené par Hannon est équipé d'armes légères, la traversée sera possible.

La journée se déroule donc tranquillement à passer de l'autre côté. Les plus rudes y vont à la nage, d'autres empruntent de petites embarcations trouvées sur place. Arrivés sur la rive gauche, les soldats épuisés par le parcours prennent un peu de repos jusqu'au milieu de la nuit suivante. Puis, dans l'obscurité, le détachement redescend le long du fleuve, mais le soleil se lève bientôt et la troupe s'immobilise pour ne pas être repérée. Elle attend le soir pour reprendre sa marche silencieuse et se hisse sur une éminence située à l'arrière du campement gaulois. Quand le nouveau jour se lève, un long panache de fumée se tortille dans le ciel, c'est le signal lancé par Hannon : lui et ses hommes sont prêts à entrer dans la bataille.

À cet instant précis, Hannibal donne ordre à ses avant-postes de commencer à franchir le fleuve. Voilà déjà cinq jours que les Carthaginois ont établi leurs quartiers sur la rive droite du Rhône et préparé minutieusement leur affaire. Barques et radeaux sont mis à l'eau… Sur l'autre rive, les Gaulois se précipitent, épée à la main. Le spectacle de ces eaux couvertes d'embarcations les fascine, les cris lancés par les Carthaginois les tétanisent… Ils n'entendent pas cette troupe qui progresse derrière eux. Soudain, une nuée de flèches sifflent dans leur dos, des grappes d'hommes s'abattent, frappés à mort. Dès lors, le salut est dans la fuite, et chacun cherche une voie libre pour s'échapper et disparaître dans les forêts alentour… Les Carthaginois peuvent poursuivre sereinement leur traversée du Rhône.

Pourquoi Hannibal n'a-t-il pas fait suivre à toute son armée la route ouverte par Hannon ? Pourquoi n'a-t-il pas franchi le Rhône plus en amont, hors de la portée des Gaulois ? D'abord, parce qu'une armée aussi importante ne peut tenter une telle manœuvre sans donner aussitôt l'alerte. Ensuite, parce que le fleuve était là-bas moins large et le courant plus fort. En effet, la force des eaux est à craindre plus encore que les armes des ennemis : des flots trop puissants auraient emporté les soldats lourdement armés, les chevaux, les éléphants…

Ah, ces pachydermes ! Que de soucis ils donnent au stratège carthaginois ! Pourtant, il ne faut pas imaginer des bêtes énormes semblables à celles qu'Alexandre le Grand ou le roi Pyrrhus ont jadis engagées dans leurs guerres en Orient et en Italie. Ceux-là étaient de puissants éléphants d'Asie portant sur le dos une tour d'attaque qui abritait au moins deux archers. Les éléphants d'Hannibal, eux, sont bien plus petits et peuvent à peine supporter le cornac qui les guide. Ces animaux ne sont pas très impressionnants, ce sont des éléphants de l'Atlas, une race aujourd'hui éteinte, nettement plus menue que toutes celles que nous connaissons. Ces piètres pachydermes ne vont pas changer le cours de la guerre, mais enfin, ils font un bel effet en tête des troupes. Leurs barrissements déconcertants, leurs trompes dressées, leurs défenses menaçantes devraient terrifier les soldats ennemis qui n'ont sans doute jamais vu pareils monstres… Ainsi se construira la légende : ces barrisseurs miniatures vont bien vite grandir dans l'imaginaire de ceux qui écrivent l'Histoire !

En attendant, il faut coûte que coûte faire traverser le Rhône à ce troupeau insolite, car le général carthaginois veut pleinement mettre à profit sa force d'intimidation animalière. Seulement voilà, si les éléphants sont généralement placides, s'ils supportent calmement la fureur des batailles et les cris des blessés, ils éprouvent en revanche une peur panique de l'eau… Le génie tactique d'Hannibal se révèle même dans les détails : il va berner ses éléphants comme il bernera plus tard, et d'une autre manière, les soldats romains.

Il fait construire de longs radeaux de bois, allongés comme des chemins, recouverts de terre et d'une couche d'herbe coupée : on reconstitue ainsi une illusion de sol ferme. On y fait alors avancer deux femelles. Guidées par leur cornac, elles marchent sans crainte, il suffit ensuite de trancher les cordes qui retiennent le radeau à l'embarcadère improvisé pour voir les deux pachydermes juchés sur leur esquif glisser lentement vers l'autre rive. Et les autres éléphants, montés sur d'autres radeaux, suivent les demoiselles à la fois guides et appâts. Quelques-uns tombent à l'eau dans l'affolement, des cornacs se noient, on croit avoir perdu des animaux, mais non… Grande surprise, les éléphants savent parfaitement nager ! Impavides et agiles, ils arrivent tous de l'autre côté en pleine forme.

Immédiatement après cet exploit, Hannibal reçoit la nouvelle qu'il redoutait : des légions romaines ont débarqué près de Massalia. Aussitôt, il envoie une troupe de guerriers numides en direction de la mer, afin d'observer et d'évaluer les forces ennemies. Au même moment, Publius Cornelius Scipion, général en chef des bataillons romains, dépêche trois cents cavaliers avec une mission identique… On devine la suite : le choc brutal des deux détachements ! Les Numides d'Hannibal subissent de lourdes pertes et doivent reculer. Scipion veut profiter de l'avantage : il presse ses légionnaires et se lance aux trousses des Carthaginois. Hannibal préfère éviter la bataille. Il portera le fer en Italie, plus tard. Car il est talonné par le temps : nous sommes déjà fin septembre, tout retard dans sa marche l'obligerait à traverser les Alpes dans les pires conditions de gel et de neige. Hannibal s'empresse de déguerpir et remonte la vallée du Rhône…

Les Romains ont beau se hâter, quand ils parviennent enfin à l'endroit où les Carthaginois ont franchi le fleuve, il est trop tard.

Il faut sauver l'éléphant d'Hannibal

Les populations locales ont sans doute regardé passer Hannibal et ses éléphants avec stupéfaction. Un Gaulois a tenu à marquer sa surprise… Sur la paroi d'une grotte, il a dessiné cet animal étrange. Ce graffiti vieux de deux mille deux cents ans a été découvert en 1977, un peu en retrait du chemin suivi par l'armée carthaginoise après la traversée du Rhône.

Cet émouvant témoignage se trouve sur la commune de Mollans-sur-Ouvèze (département de la Drôme, à une quinzaine de kilomètres de Vaison-la-Romaine). Pour le voir, dirigez-vous vers le village de Vaux, suivez à pied la rive droite de la rivière Toulourenc durant environ une heure. Juste après le défilé des Estréchons, vous découvrirez l'entrée haute et étroite d'une grotte : pénétrez à l'intérieur ! Une vingtaine de mètres plus loin, vous verrez cet éléphant peint en traits noirs sur la paroi, l'extrémité de la trompe enroulée sur elle-même. Mais attention, la grotte n'est accessible qu'en été ; à la mauvaise saison, la rivière recouvre la peinture.

Malheureusement, le temps, les flots, les passages exercent leur action néfaste, et la peinture s'efface. Il y a urgence : il faut sauver l'éléphant d'Hannibal !

Le général carthaginois a évité la confrontation avec les légions de Scipion, mais les difficultés ne sont pas terminées pour autant. Lui et ses hommes parviennent en un lieu où la rivière Skaros – l'Isère – se jette dans le Rhône, formant comme un vaste delta où terres et eaux se confondent. Au-delà, commence le pays des Allobroges… Contrée redoutable ! Rien ne servirait de soudoyer ses habitants qui préfèrent la guerre à la richesse, la confrontation à la conciliation. Ce peuple gaulois est prêt à en découdre avec toutes les armées du monde et ne craint rien, pas même que le ciel ne lui tombe sur la tête.

Dès les premiers défilés de la vallée de l'Isère, l'armée doit se déployer en une longue colonne étroite, ce qui la fragilise considérablement. Les Allobroges, assurés de leur force, ne se cachent même pas pour observer la progression de l'ennemi, attendant l'endroit propice où ils pourront fondre sur lui.

L'assaut sera un corps-à-corps improvisé, une joute de guerriers coincés entre rochers et précipices. Des mules qui transportent les paquetages et des chevaux affolés tombent dans le ravin, entraînant avec eux des hommes qui vont s'écraser plus bas. Mais la furie gauloise ne peut rien contre le nombre : bientôt submergés, les Allobroges détalent et disparaissent vers les montagnes.

Un peu plus loin, les chemins deviennent abrupts et grimpent vers les sommets, l'armée carthaginoise pénètre dans le « pays des sapins » – la Savoie dirait-on aujourd'hui. Certains Gaulois de ces parages viennent apporter au chef carthaginois rameaux et couronnes de branchages, signes de paix et d'amitié. Encore une fois, Hannibal a besoin de guides, il les engage. Pourtant, il ne fait pas entièrement confiance à ses trop aimables chaperons… À tout hasard, il dispose son cortège en ordre de bataille. En tête, il place les cavaliers suivis des éléphants puis des fantassins, quant à l'infanterie lourde, puissamment armée, elle ferme la marche.

Le général ne s'est pas trompé. Alors que la colonne est engagée sur un chemin encaissé, une clameur stridente se lève des crêtes en surplomb. Des centaines de voix éraillées s'enflent en un chant hideux, figeant d'effroi les Carthaginois. D'énormes rochers roulent des pentes arides, semant désordre et confusion ; les chevaux se cabrent ; les soldats, les yeux exorbités, scrutent avec terreur les sommets. Dans un nuage de poussière et de rocaille, surgit une horde gauloise brandissant haches, épées, javelots… La panique est si grande que l'armée carthaginoise est coupée en deux. Mais soudain les Gaulois hésitent et piétinent. Ce n'est pas que les soldats carthaginois leur paraissent particulièrement redoutables, seulement il y a les éléphants… Ces animaux inconnus aux formes étranges terrifient les montagnards ! Ne faut-il pas y voir un troupeau de sombres démons surgis des forêts ? À tout prendre, les attaquants préfèrent charger l'arrière-garde, faite d'hommes bien réels. L'infanterie lourde des Carthaginois tient le choc, des vagues d'assaillants s'effondrent sous ses coups, mais d'autres Gaulois entrent dans la bataille, et les combats se prolongent tard dans la nuit. Hannibal, séparé de sa cavalerie, reste jusqu'au matin caché à l'abri d'un gros rocher blanc, protégé par quelques maigres troupes.

Quand le soleil se lève enfin, tout a changé : la tête du cortège carthaginois est parvenue à franchir le défilé, et les agresseurs se sont dispersés dans les montagnes, préférant abandonner une lutte inégale.

La voie est libre. Mais c'est la nature, maintenant, qui attaque en force. Avec tous les retards pris en cours de route, les Carthaginois escaladent le col alpin à la fin du mois d'octobre, au moment où l'hiver s'installe en altitude : les sommets sont déjà recouverts de neige. Durant neuf jours, les soldats doivent se diriger vers cet enfer blanc. Plus ils montent et plus ils souffrent du froid, de la faim, de l'épuisement. Les sentiers se resserrent, deviennent étroits, il faut réduire la charge des mules qui risquent de verser dans le ravin, porter les fardeaux à dos d'homme, inciter les éléphants à avancer malgré leur épouvante, monter toujours…

Plus haut encore, la neige tombe, le gel saisit les hommes et les animaux, mais la marche soudain s'allège, le sentier s'élargit et se déroule maintenant sur le plat. Bientôt, un paysage de champs et de bois verdoyants s'ouvre au loin. C'est l'Italie qui déploie ses richesses.

L'armée campe deux jours au sommet du col, le temps de permettre aux traînards d'arriver, et de rassembler l'ensemble du cortège. Enfin, devant ses hommes réunis, Hannibal grimpe sur un rocher et pointe son index vers l'horizon. Là-bas, plus loin, c'est Rome, la ville à prendre, la gloire à saisir, les richesses à enlever… Ragaillardis, les Carthaginois repartent et descendent vers la plaine du Pô.

Après trois mois en Gaule, les troupes d'Hannibal ont fondu de dix mille hommes. Certains d'entre eux sont restés dans le pays pour surveiller les voies de communication avec Carthagène, mais la plupart des absents ont péri. Quelques-uns ont succombé sur la route, d'autres n'ont pas échappé aux pièges de la montagne, beaucoup ont été tués dans les accrochages avec les tribus locales. Quant aux éléphants, ils ont traversé les Alpes, la légende est sauve ! Mais à quel prix… Le froid, le sol gelé, le manque d'herbage les ont terriblement affaiblis, ils ont perdu de leur superbe, ce ne sont plus que de lourds fantômes flageolants. D'ailleurs, à l'exception d'un seul, ils vont tous mourir dans les deux à trois mois suivants.

Par où est passé Hannibal ?

Hannibal était soucieux de sa légende. Il eut donc soin d'embarquer dans son armée deux historiographes. Malheureusement, leurs écrits sont aujourd'hui perdus, mais pas complètement... Polybe les a utilisés pour raconter les événements soixante-dix ans plus tard. Cet historien grec poussa la conscience professionnelle jusqu'à refaire le voyage et recueillir quelques témoignages. Un siècle après encore, le Latin Tite-Live donna à son tour sa version de l'expédition.

Seulement voilà, malgré les efforts de tous ces auteurs, les précisions géographiques sont rigoureusement absentes des textes. On nous parle bien des Pyrénées, du Rhône, des Alpes... Mais pour le reste, les indications sont floues : une île, une rivière, un bourg, un rocher blanc, un col...

Près d'un millier d'ouvrages ont été écrits pour tenter de désigner les endroits où est passé Hannibal. Diverses réponses ont été apportées à ces deux questions fondamentales et récurrentes : où a-t-il franchi le Rhône ? Quel col a-t-il emprunté ? Historiens éclairés, polygraphes inspirés, érudits locaux, toponymistes savants, militaires à la retraite, montagnards passionnés ont tour à tour livré leurs conclusions, immanquablement présentées comme définitives. Une dizaine de cols alpins – du Petit-Saint-Bernard au Montgenèvre – ont été évoqués, avec chaque fois un déploiement de preuves « irréfutables ».

Sans entrer dans cet interminable débat, je voudrais très brièvement tracer un itinéraire « probable » en utilisant les repères d'aujourd'hui, des villes et des sites qui n'existaient pas alors, mais qui nous dessinent un parcours intelligible... Un itinéraire suggéré par la lecture de Polybe, selon moi la source la plus crédible.

Après avoir franchi les Pyrénées au col du Perthus, Hannibal a réuni les chefs gaulois près de Perpignan, à Château-Roussillon (l'ancienne Ruscino), dans le département des Pyrénées-Orientales. Il a pris ensuite la voie hérakléenne... Narbonne, Béziers, Montpellier, Nîmes. Puis Hannibal a quitté le chemin du littoral pour remonter vers le nord en suivant la vallée du Rhône et traverser le fleuve quelque part entre Villeneuve-lès-Avignon et Pont-Saint-Esprit. Puis, ce fut la route vers Valence, et virage à droite pour longer la rive droite de l'Isère.

En région Rhône-Alpes, Hannibal est ainsi passé du département de l'Isère à celui de la Savoie... Il a été attaqué une première fois entre Grenoble et Chambéry, puis une seconde fois dans la vallée de la Tarentaise. Où se trouve ce « rocher blanc » qui l'a protégé des ennemis la nuit de la seconde attaque ? Il s'agit certainement du rocher de Sainte-Anne à Villette, réputé depuis l'Antiquité pour son marbre blanc, unique dans les Alpes.

Ensuite, l'armée carthaginoise a continué jusqu'au col du Petit-Saint-Bernard. Pourquoi ce col et pas un autre ? Là encore, j'ouvre mon Polybe ! L'historien grec nous dit qu'Hannibal a franchi les Alpes pour se rendre chez les Insubres, peuple ennemi des Romains. Or, le Petit-Saint-Bernard était le seul col à mener en pays insubre. Tous les autres cols évoqués conduisaient directement chez les Taurins, alliés des Romains... Hannibal n'avait guère envie de se jeter dans la gueule du loup.

Grimpons sur le Petit-Saint-Bernard, à plus de deux mille mètres d'altitude. Voici le « cromlech »... Un mot breton aux confins de la Savoie ? Ici aussi, comme dans le Finistère, comme dans le Morbihan, comme en Irlande, l'humanité du fond des âges a dessiné un alignement circulaire de pierres. S'attarder un peu sur le replat du col, zigzaguer dans l'espace du mégalithe qui a vu bivouaquer l'armée carthaginoise, voilà pour moi la manière la plus sûre de mettre mes pas dans ceux d'Hannibal.

Pour Hannibal, l'aventure ne faisait que commencer : après son passage en Gaule, il resta quinze ans à guerroyer en Italie. Sa plus belle victoire, en août 216, fut remportée à Cannes, ville du sud de l'Italie non loin des rivages de l'Adriatique, aujourd'hui Canne della Battaglia, dans les Pouilles.

Cette année-là, Rome leva une armée de quatre-vingt mille hommes, comptant sur sa supériorité numérique pour triompher. Hannibal présenta à l'ennemi un front déséquilibré : il allégea le centre de son dispositif et renforça les ailes. Pour parachever le tout, il plaça ses soldats en arc de cercle, côté bombé offert aux légions romaines. Quand l'affrontement se déclencha, les soldats du centre engagèrent le combat, reculèrent, mais ne rompirent pas. Ainsi, l'arc de cercle s'inversa lentement et piégea l'armée romaine, inexorablement entraînée vers le centre de la ligne de front. Quand les Romains se rendirent compte du stratagème, il était trop tard : les fantassins ennemis les attaquaient sur trois côtés. Bientôt, la cavalerie pouvait porter l'estocade. L'armée romaine ne fut pas seulement défaite, elle fut pulvérisée !

Pourtant, Rome vaincue, humiliée, ne tomba pas. Hannibal dut renoncer à détruire la ville. Rentré plus tard à Carthage, il proposa des réformes politiques qui liguèrent contre lui les haines et les ressentiments de tous. Alors, il entreprit une vie d'errance et finit par se donner la mort à l'âge de soixante-trois ans.

Carthage n'allait pas tarder à sortir de l'Histoire. Rome triomphait et ses légions s'apprêtaient à passer les Alpes en sens inverse…

5

IIe siècle avant notre ère

LA VENGEANCE DES ROMAINS

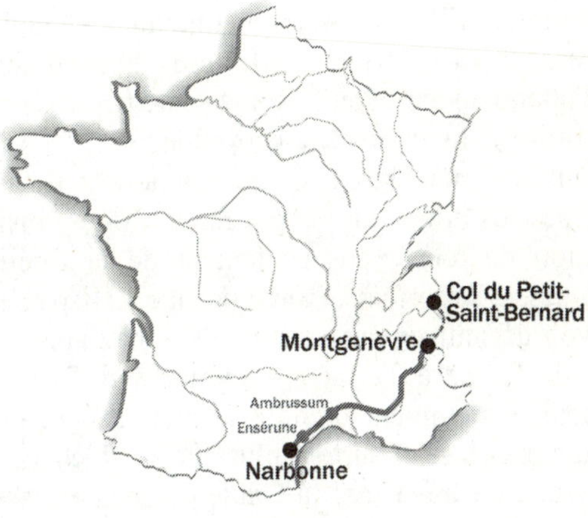

Des Alpes à Narbonne
par la via Domitia

Dans les Alpes immuables, le paysage semble figé avec ses sentiers pierreux et ses sommets enneigés sur lesquels souffle un vent froid qui siffle entre les rochers… À nouveau, une armée emprunte ces cols, affrontant la rigueur du climat et la difficulté du terrain.

Qui donc traverse ces étendues désertes et escarpées ? Des légions venues de Rome.

Sous la conduite du consul Marcus Fulvius Flaccus, dix-sept mille fantassins, deux mille quatre cents cavaliers et quelques éléphants se dirigent vers la Gaule du Sud… C'est la tendance du moment : depuis Hannibal, on ne saurait franchir les Alpes sans emporter son troupeau de pachydermes !

Pourquoi un tel déploiement de forces ? C'est que Massalia a appelé son allié romain à la rescousse. En cette année 125 avant notre ère, la cité des Phocéens est fatiguée. Elle est lasse de contenir les Gaulois qui l'agressent par la terre et les Ligures du nord de l'Italie qui l'attaquent par la mer. Rome seule peut venir mettre bon ordre dans cette région troublée.

Pour le Sénat, la cause est entendue : il faut soutenir par les armes un peuple frère. Certes, mais cette décision ne relève pas seulement de la fidélité aux alliances… Désormais, Rome occupe l'Hispanie, après en avoir définitivement chassé les Carthaginois. Or, pour aller de Rome à Tarraco – aujourd'hui Tarragone –, on peut évidemment prendre la mer, cependant il est parfois plus aisé et surtout plus sûr de s'acheminer par la terre… en traversant la Gaule du Sud. Hélas, sur la voie hérakléenne, rien ne va plus : les tribus gauloises se montrent incapables de maintenir la sécurité, on sait que la route est dangereuse depuis que des magistrats romains ont été attaqués et dépouillés. Enfin, les raisons stratégiques ne sont pas seules à inciter au combat : les négociants et les affairistes romains ont également poussé les sénateurs à favoriser une guerre de conquête. Occupation, colonisation et pacification vont permettre aux commerçants de trouver une clientèle nouvelle et de pénétrer largement des territoires qui leur étaient fermés jusque-là.

La feuille de route du consul Flaccus est double : repousser les peuples hostiles qui inquiètent tant les Massaliotes, et rouvrir le trafic terrestre en direction des Pyrénées. Mais si le consul a cru pouvoir facilement dompter ce qu'il prenait pour des bandes de brutes désorganisées, il s'est trompé. Face à lui se dressent les Salyens, une fédération de peuples divers, Ligures du Sud et Gaulois du Centre, unis dans une volonté commune de s'opposer à la mainmise des Massaliotes et des Romains sur leur région. Teutomalios, le chef de cette résistance, mène la vie dure aux légions, et si Flaccus arrive à progresser un peu dans la Gaule du Sud, s'il parvient à s'éloigner de Massalia pour entrer dans les terres, c'est au prix de combats difficiles et toujours recommencés.

Pourtant, les Romains ont un avantage de taille : la désunion des Gaulois ! En effet, la tribu des Éduens voit dans cette guerre l'occasion unique d'abattre les Arvernes, leurs concurrents directs sur le plan politique comme sur le plan commercial. Les premiers occupent l'actuelle Bourgogne et les seconds le Massif central, mais chacun de ces peuples aspire à devenir maître absolu en Gaule. Pour les Éduens, l'expédition romaine est une chance à saisir : ils rêvent de prendre la place des Arvernes quand ceux-ci seront écrasés ! Prêts à tout, ils n'hésitent pas à se battre aux côtés des légions, et finiront même par se voir affubler par le Sénat du titre ronflant de « frères de la République ».

Au bout d'une année de combats, le mandat de Flaccus arrive à son terme, il doit rentrer à Rome. Le consul est remplacé par un autre consul, Gaius Sextius Calvinus. Ce jeu de chaises musicales interprété par les magistrats romains ne change rien : la guerre se poursuit. Calvinus profite des avantages militaires obtenus par son prédécesseur et s'approche des hauteurs sur lesquelles a été érigée la capitale des Salyens, devenue le site d'Entremont, aujourd'hui faubourg d'Aix-en-Provence.

À coups de béliers en bronze, Calvinus et ses hommes enfoncent le portique qui ferme la ville… Les soldats romains se répandent dans les rues, et le massacre commence. La moitié des habitants sont tués, les autres vendus comme esclaves, puis la ville évacuée est systématiquement détruite. Teutomalios, le chef de guerre salyen, est pourtant parvenu à prendre la fuite et a couru se réfugier avec quelques princes gaulois chez ses alliés les plus proches, les Allobroges, espérant peut-être réorganiser des troupes et reprendre bientôt la lutte contre l'envahisseur.

À Aix-en-Provence,
dans les ruines de la capitale des Salyens

Non loin du centre-ville d'Aix-en-Provence, le site d'Entremont a été fouillé dès le XIXe siècle. On y a retrouvé les traces d'une ville riche, avec ses statues, ses rues, ses habitations… On peut évidemment admirer les objets mis au jour qui sont exposés au Musée Granet d'Aix-en-Provence, mais quoi de plus émouvant, de plus parlant, que de se promener au cœur des vestiges de la cité gauloise ?

On y voit d'abord une ville haute protégée par une muraille et, en contrebas, on découvre les restes d'une ville basse, peut-être le lieu où étaient disposés les entrepôts, les magasins, les ateliers. Four, pressoir, pilier du temple... voici les Salyens dans leur quotidien avant l'ouragan romain.

Pour Sextius Calvinus, la guerre, ça suffit ! Il n'a aucune envie de s'enfoncer dans le territoire allobroge pour retomber sur Teutomalios. Il a plutôt envie de profiter d'un peu de farniente, il aime le doux climat du sud de la Gaule, et la région autour de la ville ruinée des Salyens le séduit avec ses terres fertiles, ses collines boisées, ses petites rivières et sa source d'eau tiède au goût soufré dont on dit qu'elle fortifie le corps. Le consul fonde là une place forte romaine qu'il nomme de manière un peu vaniteuse de son propre patronyme : Aquae Sextiae, les eaux de Sextius. Ce sera un jour Aix-en-Provence.

Cela dit, ce premier établissement romain en Gaule ne doit pas tout à son soleil caressant et à ses eaux réconfortantes, l'endroit est aussi un nœud routier important et Sextius Calvinus en pressent le poids stratégique dans la future conquête de la Gaule méditerranéenne. Aquae Sextiae est en effet idéalement placée entre les deux artères principales de la région, nos deux hypothétiques voies hérakléennes menant aux Alpes par le littoral ou la vallée de la Durance. De plus, elle protège et contrôle Massalia, l'alliée imprévisible.

Malheureusement pour lui, Sextius Calvinus ne va pas très longtemps se bercer dans le calme rassurant de sa chère petite ville. Un an encore, et il est rappelé à Rome qui dépêche un nouveau consul en Gaule, Domitius Ahenobarbus. Celui-ci n'est pas homme à se couler dans les délices des eaux tièdes : il pénètre aussitôt dans le territoire des Allobroges et réclame qu'on lui remette Teutomalios, le chef de guerre salyen. L'Allobroge n'a qu'une parole, jamais il ne trahira l'amitié accordée à un fugitif… Mais que faire contre la puissance romaine qui s'avance ?

Cette confrontation entre les Allobroges et des cohortes romaines dépasse évidemment le cadre régional, c'est la Gaule qui fait face à Rome. Le roi Bituit, souverain des Arvernes, décide alors de tenter une conciliation. Par cette démarche, ce sont les Arvernes, la grande puissance de la Gaule centrale, qui entrent dans le jeu complexe de la politique et de l'équilibre des forces. Le roi envoie un ambassadeur auprès du consul romain ; en fait, tout un équipage se déplace, avec des gardes vêtus somptueusement, des chiens dressés à mordre et un barde chargé de chanter la gloire des Gaulois, la beauté du pays, la richesse de ses habitants et le courage de ses guerriers. Après quelques chansons, l'ambassadeur demande à Domitius la grâce pour le chef salyen, mais le consul repousse la proposition sans vouloir discutailler plus avant avec ce peuple entêté.

Le roi Bituit n'est pas mécontent de l'intraitable rejet manifesté par Domitius : la Gaule va pouvoir entrer en guerre, s'unir sous la coupe du roi des Arvernes et bouter l'envahisseur hors de son territoire. Il n'a pas peur, Bituit, il est certain d'écraser ces prétentieux Romains…

Pendant ce temps, le consul Domitius poursuit sa marche en territoire allobroge. Au nord de la Durance, près de la Sorgue, une troupe gauloise l'attend… elle ne lui barrera pas longtemps la route. Les Romains font avancer leurs éléphants et les Allobroges s'enfuient en hurlant… Presque cent ans après Hannibal, la ruse marche encore !

Sur l'injonction du roi Bituit, l'armée arverne et les troupes allobroges s'unissent et se mettent en branle afin de châtier Domitius. À l'aube du 8 août de l'an 121, s'annonce la grande bataille. Les Gaulois alignent deux cent mille hommes tandis que le Romain, même s'il a reçu des renforts, ne dispose que de trente mille soldats[1]. Mais des soldats aguerris !

Sur son char d'argent, Bituit mène son immense armée vers le Rhône à la poursuite de l'ennemi. Pour traverser le fleuve, il fait construire deux ponts à l'aide de barques retenues par des chaînes, et quand enfin le roi arverne aperçoit la troupe romaine, il a une moue de mépris.

– Quoi ? Je vois là à peine de quoi nourrir mes chiens !

Bituit ne sait pas encore que trente mille stratèges valent mieux que deux cent mille têtes brûlées.

La bataille s'engage dans une plaine qui est aujourd'hui le Comtat Venaissin, et la supériorité numérique des Gaulois laisse croire un instant qu'ils

1. Les chiffres avancés par les auteurs latins sont toujours sujets à caution, mais ils donnent un ordre de grandeur et témoignent de l'importance des forces en présence.

vont pouvoir l'emporter… Hélas, on ne peut rien faire contre l'art de la guerre soigneusement élaboré par les Romains, et bientôt Arvernes et Allobroges survivants prennent la fuite. Ils veulent franchir le Rhône sur les ponts improvisés, mais les barques cèdent, et ceux qui ont échappé aux glaives des légionnaires périssent noyés dans le fleuve. Bituit commence sa retraite, suivi par cinquante mille hommes. C'est tout ce qui reste de l'armée qui devait écraser l'envahisseur.

Cependant, le consul romain n'en a pas fini avec le roi des Arvernes. Domitius connaît la popularité de Bituit et sait que les Gaulois l'écoutent et le révèrent, il pourrait reprendre le combat, et cela, Rome le redoute plus que tout…

Alors, le consul convoque le souverain vaincu dans son camp sous prétexte d'entreprendre des négociations qui imposeraient la paix une fois pour toutes. Bituit n'a pas vraiment le choix, il se rend auprès de son ennemi. Mais il n'y aura pas de tractations. À peine le roi arverne est-il entré dans le camp romain qu'il est enchaîné et bientôt envoyé à Rome comme un trophée. Ce manquement à la parole donnée restera à jamais comme une tache sur l'honneur romain, et les historiens latins rapporteront cet épisode en trempant leur plume dans l'encre de la honte.

Si le Sénat romain ne peut pas désavouer son brillant consul en Gaule, il refuse tout de même de faire exécuter le prisonnier. Bien sûr, on fait défiler le roi déchu sur son char d'argent, histoire d'enivrer le peuple avec l'image triomphante de la victoire, puis on envoie le chef gaulois finir ses jours en résidence surveillée dans une villa d'Albe, au sud de Rome.

*

* *

Le roi Bituit exilé, les Gaulois vaincus, la pression exercée sur Massalia relâchée, on peut croire que la mission assignée à l'armée romaine a été remplie. Va-t-elle plier bagage ? Non. En Gaule, les légions semblent s'installer pour longtemps. D'abord, le sud du pays revêt une importance stratégique primordiale pour les Romains, et ils n'ont guère envie d'abandonner la région à des tribus gauloises aussi belliqueuses qu'imprévisibles. Ensuite, une part de ces terres va être distribuée aux plus pauvres des Romains, manière adroite d'apaiser les tensions sociales au sein de la République. Enfin, le Sénat et les soldats ne sont pas mécontents de tenir leur revanche contre ceux qui, deux cent soixante-dix ans auparavant, avaient détruit, humilié et rançonné leur ville.

Donc les Romains restent en Gaule, c'est entendu, mais que faire d'une armée quand la guerre n'est plus au programme ? Eh bien, le consul Domitius l'envoie casser des cailloux ! Il estime, en effet, que l'ancienne voie hérakléenne doit être refaite, repensée, reconstruite. Son tracé à la manière gauloise prend un peu trop de détours, on veut maintenant une voie qui file droit, sans s'attarder dans des circonvolutions inutiles.

Ensuite, on peut améliorer la qualité de la route. Certes, il ne s'agit pas de daller la voie sur toute sa longueur, mais enfin, dans les passages très empruntés par les chariots, il ne serait pas inutile de prévoir des plaques de silex bien taillées sur lesquelles on pourrait rouler confortablement. Rome possède les moyens financiers et la structure administrative nécessaires pour se lancer dans une telle opération. Des ingénieurs, des *architeci*, débarquent sur les côtes gauloises. Ils viennent manier avec dextérité les deux instruments indispensables au dessin de la voie : le chorobate, niveau d'eau de belle taille, pour calculer les dénivelés, et le groma, perche pivotante munie de fils à plomb utilisée pour vérifier les alignements. On calcule, on mesure, on planifie, et les travaux commencent…

Quand l'ingénieur a établi le tracé, matérialisé par des piquets plantés dans la terre, les légionnaires, si glorieux sur les champs de bataille, se transforment en cantonniers. Alors se succèdent diverses opérations. Au bord de la route, on plante des bornes éloignées les unes des autres d'un mille romain, c'est-à-dire environ un kilomètre et demi. Sur ces pierres dressées sont gravés des chiffres et des lettres qui donnent essentiellement la distance entre deux points précis. De cette façon, le voyageur sait à tout moment à quel endroit il se trouve, quelle distance il a déjà franchie et ce qui lui reste à parcourir.

Les Romains procèdent aussi au défrichage en terrain plat, à l'aplanissement sur les sections en relief ou au remblayage sur les parcelles en creux. Le sol ainsi nivelé, deux fossés sont creusés de part et d'autre de la future voie afin de permettre l'écoulement des eaux pluviales. Enfin, la route elle-même est édifiée en trois couches successives : la première est faite de larges blocs de pierre qui représentent les fondations ; la deuxième est constituée de graviers et de sable ; la troisième, destinée au roulement des chars, est formée d'une sorte de mortier composé de sable, de pierres concassées et de chaux. Sur certains tronçons, de larges pavés recouvrent le tout et finissent élégamment l'ouvrage. Une route ainsi renforcée est appelée *via Strata*, voie dallée, et de ce terme « strata », les Anglais feront leur *street*, les Allemands leur *Strasse*, les Italiens leur *strada*, et nous Français l'*estrée*, mot disparu, mais qui survit encore dans la toponymie de nombreux lieux.

Dans l'œuvre immense qu'entreprend Domitius, les soldats de son armée ne suffisent pas. Qu'à cela ne tienne ! On embauche de force des Gaulois, des Ibères et des Ligures des environs, et chacun est contraint de participer aux travaux qui se déroulent dans sa région.

Durant trois ans, Domitius Ahenobarbus, l'homme de guerre intransigeant, va se faire entrepreneur pour gérer une multitude de soldats, d'esclaves, d'ouvriers, d'arpenteurs et de géomètres. Et quand la route est enfin terminée, en 117 avant notre ère, le Sénat romain lui rend un vibrant hommage en nommant l'ouvrage de son nom : voici la via Domitia, la voie Domitienne. Hercule, le demi-dieu, a été remplacé par Domitius, le consul… on n'arrête pas le progrès !

En suivant la via Domitia

Sur la plus grande partie du parcours, la voie du consul Domitius a repris notre inévitable voie hérakléenne en préférant, à partir d'Arles, l'itinéraire intérieur qui mène aux Alpes par la vallée de la Durance. Ainsi, si on veut la suivre aujourd'hui, il faut partir du Montgenèvre, descendre la vallée de la Durance, passer par Gap, dans le département des Hautes-Alpes, continuer jusqu'à Sisteron dans les Alpes-de-Haute-Provence, puis Apt dans le Vaucluse jusqu'à Cavaillon par la Départementale

900 qui reprend en grande partie le tracé rectiligne de la voie romaine. Nous sommes alors dans le Comtat Venaissin où la voie semble souligner d'un trait décidé cette plaine qui a vu Domitius triompher. Un peu plus loin, la Départementale 99 file sur ce qui était la domitienne et un petit crochet nous mène à Arles dans les Bouches-du-Rhône, puis à Nîmes dans le Gard, et tout droit jusqu'à Montpellier, puis Ambrussum dont les vestiges de la voie romaine sont parmi les plus impressionnants. Pourtant c'est plutôt en suivant l'autoroute A9 qu'à ce stade nous collons le mieux à la domitienne. Nous nous en éloignons ensuite quelque peu pour retrouver l'itinéraire antique au pied de l'oppidum d'Ensérune dont les vestiges nous rappellent l'importance de cette voie commerciale. Puis petit virage pour arriver à Narbonne, dans l'Aude, et on longe le golfe du Lion pour arriver à Château-Roussillon, près de Perpignan, et atteindre enfin la pointe extrême de la route dans l'Hexagone, au col du Perthus dans les Pyrénées. Un itinéraire de près de sept cents kilomètres qui nous conduit d'un col à l'autre et, comme autrefois, relie l'Italie à l'Espagne.

Dans le tracé dessiné par Domitius, la voie évite soigneusement Massalia (comme jadis Hannibal et Brennus), le port est donc mis de côté, ignoré… Sur le plan politique, les Romains se méfient de leur alliée des bords de la Méditerranée. Sur le plan commercial, ils veulent s'emparer de la source des richesses : le négoce par la mer. La ruine de la ville est programmée.

Et comment affaiblir un port si ce n'est en construisant un autre port ? Le consul choisit avec soin le lieu où implanter cette colonie romaine appelée à bouleverser l'équilibre économique de la région : la ville devra être au bord de la voie nouvelle, bien sûr, facile d'accès et à l'abri des attaques. Ce sera Narbo Martius, la colonie du fleuve Narbo étant placée sous la protection de Mars, dieu de la Guerre. Aujourd'hui, le fleuve Narbo est devenu l'Aude, et la ville a oublié le panthéon romain pour devenir Narbonne. Quant à la région bordant la Méditerranée, Rome veut en faire plus qu'une colonie : une Province ! Le mot restera, ce sera notre Provence.

Entre mer et terre, Narbo Martius répond à toutes les exigences exprimées par Domitius. Ici, la côte sablonneuse du golfe du Lion est séparée de l'arrière-pays par des collines entre lesquelles des étangs communiquent avec la mer. La colonie sera à la fois un port et une ville.

Des milliers de Romains, des indigents de la périphérie de Rome, des légionnaires démobilisés, des familles aventureuses viennent peupler la ville nouvelle et dirigent des foules d'esclaves gaulois faits prisonniers lors des batailles menées contre les Allobroges et les Arvernes. Pour Rome, ce port est stratégique : « Un observatoire et un rempart pour le peuple romain », dira plus tard Cicéron, l'orateur saisissant qui sut toujours résumer en quelques mots une situation politique.

Narbo Martius est la première flèche plantée dans le cœur gaulois. Leur souveraineté ébranlée, Volques, Salyens, Allobroges, Helviens doivent désormais reconnaître la suprématie du peuple romain. Quant à Massalia – devenue Massilia à la mode romaine –, elle enrage en voyant les navires commerçants dépasser ses rivages et faire voile plus loin…

À Narbonne, promenons-nous à Narbo Martius

La via Domitia traversait la ville romaine, elle en était le cardo, *le grand axe transversal. Elle traverse toujours Narbonne sous le nom évocateur de rue Droite. À l'entrée de la rue, un peu en contrebas, les vestiges de la via Domitia nous attendent place de l'Hôtel-de-Ville... Ses pierres noires bien ajustées sont toujours aussi solides, et l'on pourrait entendre le crissement des charretons et la cadence du pas des chevaux si les bruits de la ville moderne ne venaient étouffer cette lointaine rumeur.*

Sur cette même place, faites un petit tour au Musée archéologique. Vous y verrez la borne romaine la plus ancienne retrouvée dans l'Hexagone. Cette pierre de grès haute de près de deux mètres date de l'époque du fondateur de la voie, son nom est d'ailleurs écrit dessus : DOMITIUS AHENOBARBUS. Un chiffre est gravé, XX, distance en milles romains entre Narbonne et Pont-de-Treille, lieu de la découverte en 1949.

Ainsi, tout remonte lentement à la surface. Même le port voulu par Domitius a connu une ébauche de renaissance ! En 2010, une équipe d'archéologues a fouillé le port La Nautique et Le Castelou sur le littoral. Des vestiges romains ont été mis au jour...

À La Nautique, c'est un long canal qui a été repéré. Il menait vers des entrepôts où, pense-t-on, du vin apporté par bateau était stocké avant d'être revendu. Au Castelou, des sondages ont mis en évidence deux jetées servant au déchargement des marchandises. Des bâtiments administratifs, des citernes de ravitaillement, une forge, des bains ont encore été découverts.

Depuis, les recherches continuent, notamment autour des étangs de Bages-Sigean. On sait ainsi de manière certaine que Narbo Martius s'appuyait sur un réseau d'avant-ports posés sur la lagune. Envasé depuis plus d'un millénaire, le site romain s'impose à nouveau dans la géographie narbonnaise.

6

Ier siècle avant notre ère

LE RÊVE GAULOIS DE CÉSAR

De Narbonne à Lyon
par la via Agrippa

Un port avec ses quais, ses canaux, ses entrepôts et, plus loin, ses riches villas, ses jardins aménagés, ses fresques colorées, ses pavements de mosaïques et ses colonnes de marbre blanc… On dirait un morceau de Rome planté en terre gauloise ! Mais Narbonne, ou plus exactement Narbo Martius, va devenir plus que tout cela : une base arrière des mouvements militaires romains vers l'Hispanie.

En l'an 77 avant notre ère, les légions viennent cantonner dans la ville et prendre leurs quartiers d'hiver. On parle de guerre, de rébellion, de sécession et de pouvoir… La République romaine tremble car ses colonies hispaniques expriment quelque velléité d'indépendance.

Après avoir écrasé des envahisseurs teutons près d'Aix-en-Provence, le général Quintus Sertorius s'est, en effet, senti pousser des ailes. Son ambition : se désolidariser de Rome et asseoir son propre pouvoir. Parti en Hispanie, il a rassemblé sous sa bannière des tribus éparses qui se jugeaient opprimées par la république romaine et s'est ainsi construit un État à sa mesure. Pour ce faire, il s'est appuyé sur une étrange coalition formée de chefs locaux, de pirates en rupture de ban et de légionnaires déserteurs.

À Narbo Martius, la population hésite : faut-il se rallier à Sertorius ou rester fidèle au gouvernement de la république ? Sur les bords du Tibre, le Sénat ne peut laisser se développer impunément une dissidence : il faut mettre au pas le général félon et rétablir l'autorité de Rome. En voyant arriver les légions prêtes à attaquer l'Hispanie en dissidence, Narbo Martius ne tergiverse plus. Pour sa tranquillité, la ville préfère rester dans le giron romain.

Sous la conduite de Pompée, jeune général de vingt-neuf ans, l'armée romaine franchit les Pyrénées et s'enfonce en Hispanie… Il faudra six années aux légionnaires pour vaincre Sertorius, et celui-ci finira assassiné au cours d'un banquet, sacrifié par ses officiers qui se sont résolus à faire la paix avec Pompée.

Sur le chemin du retour, Pompée s'arrête au col du Perthus, en ce lieu que les Romains ont baptisé Summus Pyrenaeus, le sommet des Pyrénées. Enivré par sa victoire, il fait élever à cette limite entre l'Hispanie et la Gaule un Trophée somptueux en blocs de grès où est gravée la liste impressionnante des huit cent soixante-seize sites, villes et villages ibériques qu'il a conquis. La via Domitia, qui devient via Augusta en Hispanie, passe sous cet arc de triomphe rectangulaire surmonté d'une tour aux lignes droites, flanquée de colonnades.

Le Trophée retrouvé

L'existence du Trophée de Pompée était connue grâce à la littérature latine, mais le monument avait disparu depuis longtemps, ses pierres ayant été systématiquement pillées pour être réutilisées dans la construction de murailles et, plus tard, vers l'an mil, dans celle du prieuré Sainte-Marie, à l'emplacement même du Trophée, sur la route du pèlerinage de Saint-Jacques-de-Compostelle. En 1659, après le traité des Pyrénées, les ultimes vestiges furent utilisés pour l'édification de nouvelles fortifications.

Des fouilles entreprises dès 1984 au col du Perthus permirent néanmoins de mettre au jour des tronçons de la via Domitia et, surtout, de découvrir les fondations du Trophée. On peut voir aujourd'hui deux importants soubassements allongés taillés dans le rocher de part et d'autre du franchissement de la route antique. Ce sont les bases du Trophée !

C'est peu, mais ces pierres sont fascinantes : c'est ici que tout finit et que tout commence. Le vieux monde celtique s'achève à cet endroit. D'un côté c'est la Gaule, et de l'autre l'Hispanie, les frontières de l'avenir se marquent déjà dans la pierre.

Quelques années plus tard, en 60 avant notre ère, c'est peut-être devant ce Trophée élevé à la gloire de Pompée qu'un autre Romain vient pleurer. Cet homme de quarante ans sanglote en songeant à la gloire : celle de Pompée, et celle d'Alexandre, le fabuleux conquérant grec du IVe siècle avant notre ère.

– À l'âge où je suis Alexandre avait déjà vaincu tant de royaumes, et moi je n'ai encore rien fait de grand, se lamente-t-il.

Le magistrat romain qui ronge ainsi son frein, c'est Jules César. Nommé propréteur en Hispanie, il va se mettre à la tête de trente cohortes pour réprimer impitoyablement les paysans rebelles et se forger un début de légende…

Mais César ne peut se contenter de la maigre gloire d'avoir écrasé quelques troupes d'insoumis. C'est l'Histoire qu'il veut écrire…

Entends-tu, César, ces mouvements là-bas, bien au-delà des Pyrénées ? Tu rêves d'un triomphe impérissable, c'est en Gaule que tu vas le trouver. Entre dans ton rêve, César, cours vers ces contrées qui t'offriront la conquête, le pouvoir et l'immortalité dans la mémoire des hommes.

C'est du Rhin que vient le danger ! Ton rêve, César, va-t-il se fracasser contre les ambitions des Germains ? Ceux-ci avancent, se heurtent aux tribus gauloises, les écrasent, les dispersent, s'emparent de la haute Alsace.

Et voilà que les Helvètes, profitant de ces désordres, entrent en campagne pour chercher de nouvelles terres. Ils franchissent à Genève le pont sur le Rhône et pénètrent dans le territoire des Allobroges. Ce n'est pas seulement une armée qui s'est mise en marche, c'est tout un peuple qui choisit l'émigration, traînant derrière lui des milliers de chariots. Ces expéditions successives inquiètent Rome, ses colonies autour de Narbonne pourraient bien être à nouveau menacées… Et si Narbonne tombait, les bords du Tibre ne risqueraient-ils pas de s'ouvrir aux appétits des Germains, peut-être même des Gaulois ?

Ton rêve, César, c'est là qu'il va prendre corps, s'échapper, se déployer. Ta gloire ne sera pas l'Orient d'Alexandre ou l'Hispanie de Pompée, ce sera la Gaule ! Tu seras celui qui imposera l'ordre et protégera les provinces romaines de ces peuples trop remuants. Les Éduens t'appellent à l'aide, ils ont besoin de ta protection. Va te battre contre les Helvètes, César, manie l'épée à la tête de tes légions et repousse ce peuple au-delà du Juris, le pays des forêts – le Jura, dira-t-on plus tard. Poursuis maintenant ton combat, remonte vers le Rhin, écrase les Germains, frappe leur chef Arioviste, renvoie l'homme et ses troupes de l'autre côté du fleuve.

Ces victoires apaisent les Gaulois et les dirigeants de leurs cités viennent en délégation remercier le Romain qui a su les débarrasser d'ennemis inquiétants.

Alors, César, ton rêve s'arrête-t-il ici ? Le danger passé, vas-tu retirer tes troupes ? Les Gaulois l'espèrent, mais as-tu mené ces batailles pour renoncer si tôt à un plus grand triomphe ? La guerre, tu la portes maintenant chez les Germains et chez les Bretons de la grande île – les futurs Anglais – dans une quête folle et désordonnée de conquêtes qui ne mènent à rien. Au bout de deux années, il te faut revenir en Gaule, car la colère gronde chez ces peuples changeants. Tu as été accueilli naguère en libérateur, et voilà que tes partisans sont maintenant pourchassés, les chefs sénons et carnutes sont assassinés pour cause de sympathies romaines, et chez les Éburons, dans le nord, une légion entière est massacrée… Rome t'envoie dix légions, environ soixante mille hommes, qui vont te permettre de dompter les Gaulois.

Cependant, la résistance gauloise se prépare. Au sixième jour de la lune du solstice d'hiver, les druides se réunissent dans la forêt sacrée des Carnutes près de Cenabum – aujourd'hui Orléans. Les prêtres prient sous les arbres messagers des divinités, et leurs incantations se font pressantes : la Gaule entière doit se soulever, rejeter les Romains, forger son indépendance. Les chefs des tribus prêtent alors un serment solennel : ils se battront contre les légions, ils repousseront l'envahisseur.

Autour des Carnutes se sont réunis neuf peuples dont les Arvernes, les Armoricains, les Parisii, les Sénons. Un chef des Arvernes est choisi pour diriger la révolte et assurer la coordination des peuples rebelles, ce sera Vercingétorix, celui dont le nom signifie « grand roi guerrier » et suffit à faire trembler ses ennemis.

On ne saurait tarder à lancer les hostilités et, signal de cette rébellion générale, les négociants romains installés à Cenabum sont égorgés, leurs corps jetés dans le fleuve. L'irréparable a été commis, la lutte est désormais engagée entre la sédition gauloise et la domination romaine.

Devenu proconsul en Gaule, César n'aspire qu'à vaincre, accomplir de grandes choses… Face à lui, cependant, Vercingétorix, chef des Arvernes, veut construire l'union sacrée des tribus gauloises. Il parvient même à mobiliser les Éduens, qui hésitent un peu, mais se retournent finalement contre leur allié romain. Le front gaulois entré en lutte apparaît uni et redoutable.

Mais César, déjà, laboure le paysage. Il prend Cenabum, Agedincum, Belna, Avaricum, Lucotécia… autrement dit Orléans, Sens, Beaune, Bourges, Paris. Il s'apprête à enlever la citadelle de Gergovie tenue par Vercingétorix et ses meilleures troupes. Mais du haut de sa montagne escarpée, Gergovie résiste aux assauts, et dans le camp romain, c'est la confusion. Nul ne sait si la cavalerie éduenne qui se précipite vient aider les Gaulois ou soutenir les légions, elle-même hésite, se laisse finalement acheter par le plus offrant, et renonce à attaquer les troupes de César… Les légions remportent bien quelques petits succès en agressant les camps gaulois qui entourent la ville, mais ces accrochages ne changent rien au destin de la bataille : le plus gros des troupes romaines recule déjà.

Le rêve dc César serait-il en train de s'effondrer ? C'est un autre rêve maintenant qui souffle sur la Gaule, le rêve de Vercingétorix ! Avec la victoire de Gergovie, le chef gaulois entrevoit l'émergence de ce pays unifié et puissant pour lequel il se bat. Il imagine les tribus marchant d'un même pas, se fondant sous une même autorité, et peut-être conquérant d'autres terres. Il se fait des illusions…

C'est à Alésia que se jouera le dernier acte du rêve gaulois. Vercingétorix s'y enferme avec quatre-vingt mille fantassins, quinze mille cavaliers et trente jours de vivres. La bataille décisive se prépare…

Les Romains peuvent bien tenter un siège, Alésia est sûre que toute la Gaule soulevée viendra la délivrer. En attendant les renforts, Vercingétorix consolide les défenses par deux profonds fossés.

César ne peut aligner que les soixante mille hommes de ses dix légions, mais les erreurs de Gergovie ne seront pas répétées. Il ceint la ville gauloise d'une ligne de fossés flanquée de tours de garde et, par crainte d'être pris à revers, il fait creuser une seconde ligne de fossés autour des positions romaines. Il s'agit, en fait, de créer une première ligne de défense pour prévenir les attaques venues d'Alésia, et une seconde pour empêcher les assauts menés de l'extérieur.

Les semaines s'écoulent. Dans Alésia, les vivres s'épuisent, alors il faut se débarrasser des bouches inutiles. On renvoie sans ménagement les vieillards, les femmes et les enfants qui franchissent les murailles, passent les fossés et se retrouvent face aux Romains. Ceux-ci n'ont aucune envie de se charger de cette bande errante et affamée. On ne passe pas ! Alors, cette horde de miséreux rejetée par tous rôde des jours durant entre les fossés gaulois et les fossés romains ; ils marchent de plus en plus lentement, ils n'implorent même plus, ils se couchent sur l'herbe et meurent doucement, les uns après les autres.

Pendant ce temps, une armée de deux cent cinquante mille Gaulois s'est formée pour venir au secours de

Vercingétorix. Mais si les villes et les peuples ont envoyé des troupes, c'est souvent de mauvaise grâce : quand on est gaulois, on veut bien se battre, s'il le faut, mais pas dans ce conglomérat informe dont on ne retirera aucun avantage personnel ! Qui voudrait accepter d'obéir à des ordres donnés par le chef d'une autre tribu ?

Combien de temps a duré le siège ? Deux mois, trois peut-être. Et malgré cet interminable affrontement, les Gaulois venus à la rescousse ne provoquent jamais l'assaut général et définitif qui pourrait écraser les Romains. On se contente de petites batailles sporadiques, isolées, incapables d'ébranler les lignes ennemies. Il faudrait une grande offensive commune, un déferlement général sur les armées romaines, mais aucune tribu gauloise ne veut vraiment se battre au côté d'une autre. Chacune cherche la victoire pour elle-même, et toutes subiront la défaite.

Renonçant à fuir, Vercingétorix se rend finalement à César, jetant ses armes aux pieds du vainqueur. Ce n'est pas seulement la force des Romains qui a provoqué le désastre d'Alésia, c'est surtout la désunion et la désorganisation des Gaulois.

En cette année 52 avant notre ère, César est allé au bout de son rêve en Gaule, le pays est à présent réduit à une simple colonie romaine. Va-t-il alors redevenir un simple citoyen et licencier son armée, comme le réclament les lois de la république ? N'est-il pas tentant de poursuivre son rêve encore plus loin, conquérir Rome, revêtir la cape pourpre de l'*Imperator* offerte au général victorieux ? Devenir dictateur ?

Quand, en 49 avant notre ère, il repasse devant le Trophée de Pompée où il a tant pleuré, ce n'est plus pour l'envier mais pour le terrasser. Sa gloire, ce ne sera pas simplement Vercingétorix exhibé à Rome comme une prise de guerre puis étranglé dans sa prison. Pour lui, l'aventure n'est pas terminée, il va s'opposer à Pompée, mais aussi au Sénat qui se déchire et à la république qui se meurt…

Trois ans seulement après Alésia, César se remet en route vers l'Hispanie pour abattre les légats fidèles à Pompée. À son passage, Massilia a refusé de prendre parti dans cette querelle de chefs, la ville a même fermé ses portes aux légions de l'*Imperator* ! Or, se dresser contre l'un, c'est prendre parti pour l'autre : Marseille a choisi Pompée. César ne saurait accepter cet affront politique et cette audace militaire. Il se cherche des alliés dans la région : ce sera la chance d'Arles, qui se range d'un seul bloc derrière le consul en dissidence. César s'installe un temps dans la ville amie et y fait construire une flotte de douze vaisseaux destinés à empêcher tout ravitaillement de Massilia par la mer. Parallèlement, du côté de la terre, près des murailles de la ville rebelle, le stratège fait creuser des fossés, mais les Massaliotes se défendent, mettent le feu aux machines posées contre les remparts, repoussent les soldats qui s'avancent pour tenter de creuser une brèche, et surtout résistent au blocus imposé par les douze vaisseaux sortis des chantiers navals arlésiens. Cette bataille qui devait durer quelques jours s'éternise plus que de raison… Lassé de ce combat interminable, César laisse des troupes sur place et s'en va poursuivre son périple au-delà des Pyrénées.

Le siège de Massilia dure huit mois, jusqu'au 13 décembre de l'an 49. À cette date, les Massaliotes apprennent la reddition des partisans de Pompée en Hispanie et comprennent que la partie est perdue : ils ont misé sur le mauvais cheval. Ils acceptent de se rendre. César se hâte alors de quitter l'Hispanie pour recevoir leur soumission. Et au col du Perthus, il fait élever, à côté du Trophée de Pompée, un autel dédié au dieu Mars afin que la divinité continue de lui accorder la fortune des armes.

Arrivé à Massilia, César apprend que Rome a plié devant ses exigences et l'a nommé dictateur. Ivre de joie, il se montre apparemment magnanime : Massilia restera indépendante. Indépendante ? Oui, mais sans puissance et sans moyens. Tout lui est retiré : ses armes, ses vaisseaux, son trésor, ses colonies. Massilia l'orgueilleuse, l'ancienne cité grecque, n'est plus qu'une petite ville de la province romaine.

Retrouvez César à Arles

Dans le Rhône, à Arles, des archéologues plongeurs ont découvert en 2007 un buste en marbre qui, sauvé des eaux, a été identifié comme étant celui de Jules César. Cette sculpture est même l'une des deux seules représentations du puissant Romain faites de son vivant et qui soient parvenues jusqu'à nous (l'autre est exposée au Musée archéologique de Turin). C'est peut-être au moment où César faisait construire les vaisseaux destinés à écraser Marseille qu'un artiste inconnu a sculpté dans la pierre les traits du général. Cette bouche un peu amère et ce front plissé trahissent-ils les tourments de César dans sa lutte contre Pompée ?

Ce buste a sans doute été jeté dans le Rhône après l'assassinat du dictateur, au moment où il était mal vu de posséder chez soi une image de l'homme tombé. (Il est exposé au Musée départemental de l'Arles antique, presqu'île du Cirque-Romain.)

Même avec la mort de César on n'en a pas fini avec son rêve. Ayant obtenu à Rome la totalité des pouvoirs, le vainqueur des Gaules va mourir comme doivent mourir les dictateurs : assassiné par des comploteurs plus avides de pouvoir que lui-même. Son destin va alors échapper au destin des simples mortels : il sera divinisé ! Et pour *Divus Julius*, le divin Jules, sera élevé un temple…

En fait, l'avenir *post mortem* du grand Jules et la réalisation de ses ambitions les plus délirantes sont l'affaire d'Octave, le fils adoptif. Lui, il devient carrément empereur… César n'était qu'*Imperator*, titre attribué aux généraux victorieux, mais qui ne leur conférait aucun pouvoir, puis il a été nommé dictateur par le Sénat. Mais avec Octave, tout change, le terme d'*Imperator* suggère désormais un pouvoir absolu… Et le premier empereur prend le nom d'Auguste.

Le Trophée que César n'a pas eu le temps d'élever à sa propre gloire, c'est le premier empereur de Rome qui l'impose. Il est placé dans les Alpes, à l'opposé géographique du Trophée de Pompée dressé dans les Pyrénées. Le monument célèbre la victoire remportée sur quarante-quatre tribus ligures dont la pression militaire et les exigences financières compliquaient le passage des cols. Aussi grand et large que le Trophée des Pyrénées, il est plus riche et plus beau, avec la statue d'Auguste dressée au sommet d'un temple en rotonde. Et pour que nul n'oublie qui a fait construire ce monument, une inscription célèbre à jamais « l'empereur César Auguste, fils du divin Jules… ». Quant à la route côtière qui franchit ces Alpes pacifiées et qui n'est autre que notre voie hérakléenne du littoral, ce sera désormais la via Julia Augusta, unissant ainsi le souvenir d'Auguste et celui de Jules César. Cette voie nouvelle se prolonge jusqu'à Arles, à présent au cœur du dispositif romain, où elle se connecte à la via Domitia.

Pillé, miné, saccagé, le Trophée des Alpes reste debout à La Turbie

Le Trophée d'Octave se trouve à La Turbie, au-dessus de Monaco, dans les Alpes-Maritimes. Il regarde la Gaule et marque la frontière de jadis avec l'Italie. Ce qu'il en reste n'est rien comparé à sa splendeur passée, mais ce rien est tout pour nous : il nous parle de la grandeur de l'empereur et de la pression romaine en Gaule.

Le Trophée a été transformé en forteresse dès 1125. Bien plus tard, en 1705, lors de la guerre entre la maison de Savoie et la France, Louis XIV ordonne le démantèlement de toutes les forteresses de la région ; la forteresse de La Turbie est minée et les restes du Trophée sont gravement endommagés. Le site du Trophée devient alors une carrière : la population n'hésite pas à puiser dans les ruines pour construire les demeures du village. En 1764, des pierres du Trophée sont utilisées pour l'érection de l'église Saint-Michel toute proche. Finalement retrouvé, admiré, respecté, le Trophée sera restauré au tout début du XXe siècle.

Et en Gaule, que se passe-t-il ? L'empereur Auguste a confié le destin du pays conquis à son ami Agrippa. Pour relier les différents points du territoire, le gouverneur de la Gaule préconise la mise en place d'un réseau routier organisé vers quatre directions. Ces rameaux partiront de Lugdunum, ancien bourg celtique au confluent de la Saône et du Rhône, dans lequel s'est installée une forte colonie romaine. De cette ville, qui deviendra Lyon, les voies s'échapperont dans quatre directions :

– La voie du Rhin reliera Lyon au fleuve. Si l'on devait se repérer sur une carte actuelle, cette route passerait par Chalon-sur-Saône, Langres et Metz avant d'arriver à Cologne, en Allemagne.

– La voie océane suivra la voie du Rhin jusqu'à Chalon-sur-Saône, puis s'en détachera pour traverser Autun, Auxerre, Sens, Paris, Amiens, et continuer jusqu'à Boulogne-sur-Mer.

– La voie de l'Atlantique passera par Feurs, Clermont-Ferrand et Limoges pour rejoindre Saintes.

– La voie de la Méditerranée suivra le Rhône par Vienne, Valence et enfin Arles, tracé repris en partie par notre mythique Nationale 7.

Il ne s'agit pas de construire entièrement un circuit aussi important : la via Agrippa – on devrait dire les *viae* Agrippa, les routes d'Agrippa – se greffe souvent sur des chemins établis depuis bien longtemps. Mais enfin, avec cette organisation centralisée, la Gaule commence lentement à devenir un ensemble relativement cohérent avec un noyau fixe autour duquel rayonnent les indispensables voies de communication.

À Lyon, prenons la route avec Agrippa

Le noyau des routes romaines est toujours visible, au moins en partie. Rendez-vous place de Trion, sur la colline de Fourvière, nous voilà au carrefour des plus importantes voies d'Agrippa ! Les rues ont approximativement conservé trois des anciens tracés. La rue de la Favorite correspond à la route vers l'Atlantique, l'avenue Barthélemy-Buyer recouvre la voie menant à la mer du Nord et au Rhin, enfin le chemin de Choulans – notre Nationale 7 – file vers la Méditerranée.

Cependant, Agrippa ne reste pas longtemps à Lugdunum. Après un ou deux ans d'exercice, il est rappelé à Rome en l'an 38. Il faut attendre presque dix ans pour voir arriver un nouveau gouverneur actif, un jeune homme de vingt-six ans nommé Claudius Drusus, fils adoptif de l'empereur Auguste.

Drusus réforme et transforme la gestion des conquêtes romaines de ce côté-ci des Alpes. D'abord une région entière, avec Narbonne pour centre, est enlevée à la Gaule, ce sera la Narbonnaise romaine, province de l'Empire qui n'appartient plus ni à la Gaule ni aux Gaulois, au moins d'un point de vue administratif.

Le reste du pays est divisé en trois régions :

– La Gaule lyonnaise. Elle remonte de Lyon en une bande étroite et s'élargit ensuite pour inclure ce qui est aujourd'hui la Champagne-Ardenne, la Picardie, le Nord-Pas-de-Calais, la Normandie et la Bretagne.

– La Gaule aquitaine. Elle commence aux Pyrénées, englobe l'Aquitaine et remonte jusqu'à la Loire.

– La Gaule Belgique. Elle part des bords de Seine et s'en échappe pour réunir la Lorraine, l'Alsace, et plus loin, une partie des Pays-Bas, un fragment de Belgique et un morceau d'Allemagne actuels.

Pour gérer et diriger ces trois Gaules, il faut une capitale unique, ce sera Lugdunum.

Le 1er août de l'an 10 avant notre ère, l'empereur Auguste lui-même est dans cette ville. Il a convié auprès de lui les représentants des soixante nations gauloises afin d'inaugurer en grande pompe un autel dédié à l'empereur et à Rome, représentée par la statue d'une déesse guerrière armée d'une lance. Sur les flancs d'une colline, l'ancien temple gaulois dédié à Lug, dieu du Feu, a été transformé en « sanctuaire fédéral des Trois Gaules ». Désormais, l'assemblée des Gaules se retrouvera ici une fois l'an.

L'autorité romaine construit avec luxe : à côté du sanctuaire, l'amphithéâtre des Trois Gaules sera édifié au tout début de notre ère, il accueillera dignement l'assemblée des représentants venus de tous les coins de l'Hexagone… Dans cet espace, qui pouvait recevoir mille huit cents personnes, se réuniront bientôt des hommes décidés à fonder une nation.

Intermédiaire entre les Gaulois et l'empereur, cette assemblée – dans laquelle on peut voir une première forme de Parlement « français » – a probablement contribué à faire naître un sentiment d'appartenance nationale au sein de peuples jusque-là fortement divisés.

Sur les traces du sanctuaire des Trois Gaules

Sur la colline de la Croix-Rousse, où se dressait le sanctuaire fédéral des Trois Gaules, quelques découvertes ont été faites au fil du temps. En 1827, lors de l'agrandissement de l'église Saint-Polycarpe, un massif en pierre de plus de neuf mètres de long a été mis au jour, il s'agirait du socle de l'autel ancien. Ce socle est encore à sa place, mais recouvert par la rue Burdeau. D'ailleurs, la pente de cette rue Burdeau est tout simplement la trace de l'ancienne rampe d'accès à l'autel du sanctuaire.

En 1866, une statuette de bronze représentant une Victoire ailée a été repêchée dans la Saône ; elle ornait certainement l'autel du sanctuaire.

En 1961, une couronne de laurier en bronze a été déterrée à l'angle de la rue des Fantasques et de la rue Grognard ; elle couronnait une Victoire de l'autel des Trois Gaules.

Et puis, il y avait les amphithéâtres : un pour les Gaulois, un autre pour les Romains. Car les uns et les autres ne se mélangeaient guère : les Gaulois habitaient sur la colline de la Croix-Rousse, les Romains résidaient sur la colline de Fourvière.

Sur les pentes de la Croix-Rousse, l'amphithéâtre des Trois Gaules a été redécouvert à partir de 1956. Il est aujourd'hui intégré au jardin des Plantes, rue Lucien-Sportisse.

Quant au théâtre romain construit sous l'empereur Auguste, il a été retrouvé à la fin du XIX*e siècle et trône majestueusement dans le parc archéologique* *de Fourvière, entouré de nombreux vestiges... Quel plaisir de déambuler sur d'antiques tronçons de voies romaines, au milieu des ruines de la toute nouvelle capitale des Gaules...*

C'est là, au Musée gallo-romain, qui jouxte le théâtre antique (17, rue Cléberg), que l'on retrouvera la Victoire et la couronne du sanctuaire des Trois Gaules.

7

Ier siècle

DÉMENCE ET CLÉMENCE DES EMPEREURS

De Lyon au Nord-Pas-de-Calais
par la voie océane

Avec sans doute cinquante mille habitants, Lugdunum (Lyon) est devenu la grande ville des Gaules, et les cahutes de bois ont été remplacées par des bâtiments de pierre. La cité prospère sous l'œil attentif des Romains : une cohorte – environ six cents hommes – se trouve en permanence en poste autour de la cité, force d'intervention rapide, prête à donner l'alarme.

Par son emplacement, Lugdunum permet de contrôler ces Gaulois que l'on sait si prompts au courroux, mais la capitale offre aussi un accès rapide au Rhin par la voie voulue par Agrippa, véritable boulevard militaire, droit à souhait. Un autre itinéraire, par la trouée de Belfort, permet de manœuvrer promptement vers ces confins de la Gaule.

En vérité, les Romains sont traumatisés par la frontière du Rhin : ils ont rencontré là-bas un véritable frein à leur expansion. Heureusement, pour l'heure, les Germains sont essentiellement occupés à se déchirer entre eux. Retirés du bon côté de la frontière, les Romains sont tranquilles.

Mais ils restent sur leurs gardes. Ils le savent, la chute de Vercingétorix, la division du pays en trois régions, le culte obligatoire rendu à l'empereur, la romanisation galopante n'ont pas anéanti tous les espoirs d'indépendance. Les peuples gaulois restent désunis, certes, mais associés dans la désolation de la débâcle…

Soixante-treize ans après la défaite d'Alésia, deux guerriers vont se lever pour galvaniser les tribus et tenter de libérer le pays. Julius Sacrovir et Julius Florus unissent leurs forces pour soulever les Gaules… Le premier est le prince des Éduens, le second le chef des Trévires, c'est dire que leur zone d'influence couvre approximativement un territoire qui irait aujourd'hui de la Bourgogne au Luxembourg. Par ailleurs, les deux Julius ont la particularité de parfaitement connaître l'ennemi : l'un et l'autre ont été faits « citoyens romains », titre rarement accordé à des Gaulois, et qui démontre combien les deux hommes ont su faire les yeux doux aux puissants.

Mais en cette année 21 de notre ère, rien ne va plus. Oh, ce n'est pas que les deux éminents personnages réclament une exception culturelle gauloise ou un droit à la différence, non, leur indignation est plus sélective : ils protestent contre les impôts !

Car Rome est bien décidée à retirer un bénéfice substantiel des terres conquises, et chacun y va de son petit profit : l'autorité centrale saigne la population, les légats sur place s'approprient les meilleures terres, les financiers romains désespèrent les emprunteurs en imposant des taux usuraires… Le petit peuple pressuré sombre dans la misère.

Puisque « trop d'impôts tue l'impôt », selon la bonne parole des économistes, les Gaulois ne veulent plus payer. Les deux Julius réunissent secrètement une belle phalange de chefs gaulois et tiennent devant leurs alliés un langage vigoureux…

– Le soldat romain est en proie à des dissensions… Les Gaules sont prospères, l'Italie misérable… Le peuple de Rome est efféminé, les étrangers seuls font sa force.

Ces proclamations viriles réveillent les chefs gaulois, et chacun s'empresse de faire confectionner clandestinement épées, javelots et flèches en attendant le soulèvement général… Bientôt, les Gaules s'embrasent en un tumulte assourdissant qui secoue le pays d'un bout à l'autre. Après les Éduens et les Trévires, ce sont les Andécaves de l'Anjou et les Turones de la Touraine qui entrent dans la danse…

La cohorte romaine en garnison à Lugdunum se déploie immédiatement sur le réseau routier Agrippa, qui démontre ainsi toute son efficacité. Les légionnaires font la chasse aux Andécaves ; ceux-ci sont rapidement renvoyés dans leurs terres et regagnent en hâte leur capitale, cette cité qui sera un jour Angers, en pays de Loire.

Mais d'autres peuples sont partis en guerre, et la petite armée de Lugdunum ne suffit plus à repousser les rebelles, alors le corps de légionnaires, stationné jusqu'ici en Germanie, se met en marche…

Et là encore, la division des Gaulois va les mener à la catastrophe. Sacrovir fait mine de s'allier dans un premier temps aux Romains pour mieux se retourner contre eux ensuite. Florus ne l'entend pas ainsi : il enflamme ses guerriers et se dirige avec eux vers les forêts des Ardennes pour tendre quelques embuscades aux légions romaines. Seulement, un de ses subordonnés, Julius Indus, n'hésite pas à le trahir pour prendre sa place, rejoint les rangs ennemis et met en pièces la troupe des insoumis : Florus, défait, n'a plus qu'à se suicider. Un beau gâchis…

Le soulèvement n'est pas écrasé pour autant, car les Éduens et leurs alliés séquanes continuent le combat sous la conduite de Sacrovir. Le prince des Éduens a enfin quitté les rangs des légions pour se révéler un farouche adversaire des Romains. À la tête de ses troupes, il prend position devant Augustodunum – pour nous Autun, en Saône-et-Loire.

Cette cité, capitale des Éduens, se trouve également sur le réseau Agrippa, mais nous sommes ici sur la voie océane, la voie qui mène à l'actuel Boulogne-sur-Mer, au bord de la Manche.

Autun vivait jusqu'ici en bonne intelligence avec les Romains, satisfait de développer pacifiquement ses écoles où les enfants de la noblesse gauloise venaient apprendre la rhétorique, l'arithmétique, la géométrie et la musique. Mais le temps n'est plus à l'enseignement, la guerre est aux portes de la ville ! Avec ses troupes et les volontaires recrutés sur place, Sacrovir est parvenu à réunir quarante mille combattants, c'est en tout cas le chiffre que nous donne l'historien latin Tacite dans ses *Annales*. Certains de ces hommes sont parfaitement équipés, brandissant de longues épées tranchantes, mais la plupart des rebelles n'ont trouvé pour en découdre que de vieilles haches, des frondes ou des pieux de bois. À cette troupe hétéroclite, Sacrovir joint des « cruppellaires », terme celtique qui désigne des esclaves gladiateurs, des hommes dont la particularité ahurissante est de se battre couverts de la tête aux chevilles d'une armure de fer, protection solide il est vrai, mais si lourde que le moindre mouvement devient un exercice laborieux, extrêmement pénible, parfois même impossible !

Devant les murailles d'Augustodunum, Sacrovir met ses troupes en ordre de bataille. Au premier rang, il place les cruppellaires avec leurs armures ; sur les ailes, il dispose les hommes les plus aguerris ; à l'arrière, il déploie la foule indistincte des volontaires.

Le chef fait la revue de détail et s'adresse à ses guerriers :

– Rappelez-vous nos anciennes gloires, n'oubliez pas les coups terribles que nous avons jadis portés aux Romains quand nous saccagions leur ville ! La liberté sera belle après la victoire, mais notre servitude sera plus accablante encore si nous devions être vaincus une seconde fois !

Déjà, deux légions romaines sont en route. Elles ont ravagé les terres et les villes des Séquanes – la Franche-Comté – et avancent à marche forcée vers Augustodunum. La bataille éclate dans la plaine, à douze milles romains de la ville, un peu moins de dix-huit kilomètres.

La cavalerie romaine enfonce les flancs de la troupe gauloise tandis que l'infanterie attaque de face. Les cruppellaires tiennent bon. Les épées et les javelots des légionnaires ne pouvant rien contre la coque métallique qui protège les gladiateurs, les Romains chargent à la fourche et renversent ces Robocops antiques qui, à terre, ne sont plus que de pauvres tas de ferraille inertes. Il suffit ensuite d'attaquer à la hache ou à la cognée pour percer les armures et les corps…

Dans la débandade qui s'ensuit, Sacrovir se réfugie à Autun, mais la ville n'est plus sûre pour les rebelles, il faut fuir, et c'est dans une ferme des environs que le chef et ses lieutenants terminent l'aventure comme ils pensent devoir la terminer : Sacrovir se suicide d'un coup de poignard, tandis que ses fidèles officiers s'entre-tuent méticuleusement avant qu'un serviteur zélé ne vienne mettre le feu à la maison et aux cadavres… Les flammes qui montent vers le ciel consument les espoirs et la fougue de la révolte gauloise.

À Autun, dans les pas de Sacrovir et des Romains

Le chemin des Ragots... C'est, à Autun, le tracé de l'ancienne voie océane. Quand on arrive aujourd'hui de Lyon, l'entrée de la ville est précédée de deux constructions stupéfiantes...

D'abord le théâtre antique qui, avec ses vingt mille places, fut l'un des plus grands des Gaules, et entendit résonner sur sa scène de terre et de sable les œuvres du répertoire romain : Plaute, Térence, Sénèque...

Ensuite, de l'autre côté de la voie, l'énigmatique pierre de Couhard, un monument funéraire gaulois si impénétrable et si fascinant qu'il alimente sacrément les interrogations que l'on peut avoir sur cette culture celtique si mal connue.

Plus loin, dans le centre d'Autun, la capitale romaine des Éduens est toujours là, presque aussi solide qu'il y a deux mille ans. Dans les décennies qui ont suivi l'écrasement de la révolte, Augustodunum a été encore développé par les Romains qui en firent une vitrine de leur puissance et de leur savoir-faire. Les remparts, lentement dévorés par les lotissements modernes, forment une ceinture de plus de cinq kilomètres et se terminent, étrangement, au cimetière (rue Gaston-Joliet). Ces remparts témoignent de la confiance et de l'estime accordées par les Romains à Augustodunum à une époque où ceux-ci préféraient des villes ouvertes et sans défense, afin d'éviter toute rébellion.

Deux des quatre portes qui fermaient la cité antique sont parvenues jusqu'à nous : la porte Saint-André et la porte d'Arroux conservent leurs passages voûtés, ceux pour les piétons, ceux pour les chariots. Notons que la porte d'Arroux est située sur la voie océane qui ne fut autre que le cardo *nord-sud de la cité. Son tracé est encore visible au sud de la ville, près de la résidence du Cardo – la bien nommée.*

Quelques années passent, et nous poursuivons notre progression sur la voie océane. Tout le long de cette grande langue de terre ou de cailloux, nous assistons à un mouvement perpétuel de chars, de chevaux et de mulets ; tout un monde qui se croise, se suit, se devance, se distance dans l'indifférence courtoise des voyageurs pressés. Effet immédiat de la mainmise romaine, les *viae publicae* – c'est-à-dire les voies importantes – sont maintenant surveillées de près par la troupe, et l'on peut y voyager sans trop craindre de se faire égorger. Cependant, les accidents dus aux intempéries sont fréquents… Les voies romaines sont certainement robustes, mais la pluie et le gel ajoutés à l'effet des roues qui taraudent sans discontinuer le revêtement finissent par creuser et ébranler les chemins. Les déplacements ne sont pas toujours faciles : durant l'hiver, les roues des chars patinent dans la boue, s'enfoncent dans les ornières, se brisent sur les dalles descellées. L'entretien des voies n'est pas encore une priorité.

Nous avançons dans notre *carpentum*, chariot à deux roues couvert d'une toile épaisse, et nous croisons ici une *reda* – char destiné au transport des charges lourdes, pourvu de banquettes et équipé de quatre roues –, là un léger *cisium*, qui file sur la route tiré par un ou deux chevaux rapides…

Mais, soudain, branle-bas inhabituel ! Une nuée de casques à crête de plumes rouges ondule sur la route, la garde prétorienne s'avance, elle entoure un char tiré par deux destriers : le jeune homme chauve et trop maigre qui y est allongé, c'est l'empereur Caligula en personne qui traverse les Gaules !

En ce printemps de l'an 40, il a quitté Lugdunum, où il a résidé presque six mois, où il a organisé des jeux, des concours d'éloquence et vendu à l'encan les meubles, les bijoux et les esclaves de ses sœurs ainsi que tous les biens renfermés dans ses palais romains. Les poches pleines, il s'est alors mis en tête d'aller conquérir le pays des Germains, et a entrepris une expédition délirante au-delà du Rhin. Il a vite compris son erreur et a soigneusement évité de combattre ces barbares inconnus pour s'empresser de rentrer au plus vite dans la capitale des Gaules. Mais il fallait démontrer au Sénat de Rome que sa campagne militaire n'avait pas été vaine. Alors il a choisi une poignée de Gaulois de belle taille, les a déguisés en Germains, a fait teindre leurs cheveux en rouge à la mode d'outre-Rhin et les a affublés de noms teutoniques. Cela fait, il a envoyé ces Germains d'artifice croupir dans les prisons romaines, preuve irréfutable de sa victoire.

Maintenant, une autre toquade vient de saisir Caligula : il veut envahir la grande île de Bretagne, c'est-à-dire l'Angleterre ! Et c'est pour cela qu'il remonte la voie océane et se dirige vers ce port que César nommait naguère Portus Itius, l'actuel Boulogne-sur-Mer.

Mon étape sur la voie océane

Suivons Caligula aux abords de la longue voie qui reliait Lyon à Boulogne-sur-Mer en passant par Auxerre, Sens, Paris, Beauvais, Amiens... Entre ces grandes cités, l'autorité romaine avait prévu, d'étape en étape, des postes de surveillance destinés à maintenir l'ordre et la sécurité. Au premier tiers du circuit, après seulement cinq ou six jours de route, le voyageur arrivait à l'ombre d'une place forte bordée d'un large fossé, le camp de Cora, qui sera encore renforcé plus tard par la splendide muraille parvenue jusqu'à nous.

Rendez-vous sur la commune de Saint-Moré, dans l'Yonne, au large de l'A6, trente-cinq kilomètres avant Auxerre en venant de Lyon. La route qui traverse le village suit l'ancienne voie océane. Ici, sur la colline de Villaucerre, se dressent les vestiges du camp romain : une muraille de pierres et de chaux sur presque deux cents mètres, bordée d'un fossé creusé dans le roc et flanquée de six demi-tours pleines pour assurer la défense. C'est au prix de telles constructions que l'administration des Gaules pouvait garantir pour tous la liberté de déplacement et de commerce.

Caligula a fait converger ses armées vers Portus Itius, et une flotte croise déjà au large… À quai, une superbe galère attend l'empereur, celui-ci monte à bord et c'est le grand départ… Mais en fait, Caligula ne s'approche pas des côtes « anglaises », préférant une petite virée sur la mer grise avant de revenir bien vite au port ! Là, il multiplie les directives et les déclarations martiales, il fait avancer des machines de guerre, et les trompettes sonnent la charge jusqu'à l'épuisement. Caligula veut jouer à la guerre, il aime se faire peur mais n'a aucune envie d'exposer sa divine personne aux flèches de l'ennemi. D'ailleurs, la troupe n'est pas plus désireuse que lui d'aller mourir pour Dubris, qui deviendra Douvres. Les soldats rechignent à s'embarquer, c'est presque une mutinerie ! Caligula songe bien, un instant, à faire massacrer tous ces poltrons, mais enfin, il finirait par manquer de légionnaires à force de tuer tout le monde. Alors, il donne ordre à ses soldats de ramasser sur la plage coquillages et crustacés, ce qui lui inspire ces paroles lyriques :

– Voici les dépouilles de l'océan, elles serviront à décorer le palais et le Capitole, elles seront l'ornement de notre triomphe !

Et pour célébrer cette victoire remportée sur des escadrons de mollusques, Caligula donne ordre de dresser, face à l'île de Bretagne, un phare haut, puissant, lumineux…

Le phare est aussitôt construit. Appelé « Phare de Caligula », et plus tard « Tour d'Odre », il se dresse sur la falaise au-dessus de Portus Itius, large tour octogonale aux pierres sombres de douze étages et soixante mètres de hauteur, un véritable prodige pour l'époque. La nuit, les feux appellent les bateaux et narguent cette grande île toute proche, mais encore imprenable.

Où est le phare de Caligula ?

Je cours sur la falaise au-dessus de Boulogne-sur-Mer... Je voudrais voir ce phare briller dans l'obscurité, mais sur le plateau de la tour d'Odre, il ne reste rien, que le nom. Le phare a disparu depuis longtemps. Pourtant, de vieilles cartes postales des années 1920 montrent encore les vestiges d'une tour : les ruines du phare qui observait jadis la Grande-Bretagne. Hélas, tout comme le phare d'Alexandrie dont il était inspiré, le phare de Caligula n'est plus qu'un souvenir. Ce monument majeur de l'Antiquité, cette borne romaine élevée au septentrion de l'Empire, est englouti à tout jamais.

Finalement, Caligula a quitté les Gaules pour aller se faire assassiner à Rome par sa garde personnelle en janvier 41, à l'âge de vingt-sept ans. Claude, son successeur, est un empereur gaulois… ou presque. En tout cas, fils de Drusus, l'ancien gouverneur des Gaules, il est né à Lugdunum et entreprend une politique d'intégration des Gaulois dans la nation romaine. Mais il a ses exigences ! Il interdit la religion des druides et pourchasse ses prêtres, car leurs croyances s'opposeraient au juste triomphe des empereurs romains… En revanche, pour les Gaulois débarrassés du culte ancien, il veut permettre l'accès à la politique romaine, et propose de laisser les meilleurs d'entre eux entrer au Sénat. Scandale ! À Rome, les têtes chenues s'opposent à un tel bouleversement des traditions… On parle de Rome ville livrée, on évoque une assemblée devenue le ramassis d'étrangers. Sans doute faut-il laisser jouir les Gaulois du titre de citoyens romains, mais les décorations sénatoriales et les honneurs de la magistrature ne doivent pas être prostitués !

Claude argumente en une joute verbale interminable, un supplice pour cet empereur bègue…

– Si l'on considère que les habitants de la Gaule ont fait pendant dix ans la guerre au divin Jules César, il faut aussi mettre en regard les cent années de constante fidélité et d'obéissance plus qu'éprouvée en de nombreuses circonstances critiques pour nous. Lorsque mon père Drusus soumettait la Germanie, les Gaulois lui ont assuré, sur ses arrières, une paix garantie par leur calme…

Et Claude obtient finalement un demi-succès. Le droit d'entrer au Sénat est donné aux Gaulois, mais pas à tous les Gaulois, seulement aux Éduens, présentés comme des alliés indéfectibles de Rome, les quelques infidélités de la tribu étant diplomatiquement passées sous silence.

À Lyon, le plaidoyer de Claude pèse son poids

La trace du discours de l'empereur en faveur des Gaulois est miraculeusement parvenue jusqu'à nous : c'est la fameuse Table claudienne. Il s'agit d'une plaque de bronze gravée (de plus de deux cent vingt-cinq kilos) qui fut autrefois affichée sur les murs du sanctuaire des Trois Gaules afin de célébrer dignement la concorde entre Romains et Gaulois. Deux fragments de cette Table, retrouvés à la Croix-Rousse au XVIe *siècle, sont exposés au Musée gallo-romain de Fourvière, à Lyon.*

En 43, sous le regard du phare de Caligula, quatre légions vont s'embarquer pour conquérir la grande île de Bretagne… Car l'empereur Claude n'affronte pas seulement le Sénat, il veut aussi faire l'assaut de ces terres insulaires pour en chasser les druides qui pourraient inciter les peuples celtes au soulèvement. En effet, les prêtres du culte celtique, interdits en Gaule par l'autorité romaine, se sont réfugiés en nombre de l'autre côté de la Manche… et murmurent contre ces occupants détrousseurs de dieux !

Au tour de Claude de prendre la voie océane. Il quitte donc Lugdunum, peut-être par notre place de Trion dont une fontaine qui lui est dédiée est parvenue jusqu'à nous. Son expédition sera couronnée de succès : la moitié de la grande île de Bretagne tombera sous le joug romain.

Avant d'embarquer, Claude a sans doute reçu des renforts de troupes venues de Bagacum, autrement dit Bavay dans le département du Nord, à quelques kilomètres de la frontière belge, nœud routier des voies du Nord, à égale distance de la route de l'océan et de celle du Rhin.

La ville est d'abord une capitale pour les Gaulois de la contrée, les Nerviens, un peuple qui affirme avec orgueil ses origines germaniques, réelles ou légendaires. En tout cas, leur morgue les pousse à se croire plus nobles, plus forts, plus héroïques que tous les autres Gaulois. D'ailleurs, les Nerviens se sont durement affrontés aux Romains au siècle de Jules César, puis ils ont accepté les temps nouveaux et forment désormais, dans l'armée romaine, des cohortes connues pour leur âpreté au combat.

Mais Bagacum est aussi une capitale romaine, une capitale des routes ! En effet, la cité n'existe que pour les routes, on l'appellera d'ailleurs « la ville aux sept chaussées », un étoilement de sept artères qui filent de manière presque rectiligne vers toutes les directions…

Tout comme Lugdunum plus au sud, Bagacum, au nord, est un carrefour d'importance qui diffuse ses artères dans le grand corps gaulois. Ces routes sont des voies commerciales, certes, mais l'arrière-pensée militaire n'est jamais éloignée des constructions romaines. Les grands courants de l'Histoire soufflent sur la ville : quand Rome frémit, quand une guerre se dessine dans le Nord, quand des rumeurs dangereuses proviennent de l'Est, Bagacum se réveille dans le cliquetis des armes et le défilé des légions.

À Bavay, les Romains nous ont laissé le forum et la route

Bavay s'est construit et transformé au cours des décennies, aussi les vestiges romains que l'on y admire s'étagent-ils entre le Ier *et le* IIe *siècle. Le forum, entièrement dégagé, laisse deviner ce qu'il était : une esplanade bordée de galeries dans sa longueur et d'un temple dédié aux divinités romaines à son extrémité. L'alignement des portiques, faits de couches de briques et de couches de pierres, laisse entrevoir ce qu'était la splendeur du forum il y a vingt siècles.*

Quant aux fameuses chaussées romaines, il en reste des routes modernes qui marchent sur les voies antiques... Le plus bel exemple nous en est donné par la Départementale 932, qui file de Bavay vers Riqueval, dans l'Aisne, et suit si bien le tracé romain qu'elle offre aux automobilistes pressés une parfaite ligne droite de cinquante-quatre kilomètres.

8

IIe siècle

LA PAX ROMANA

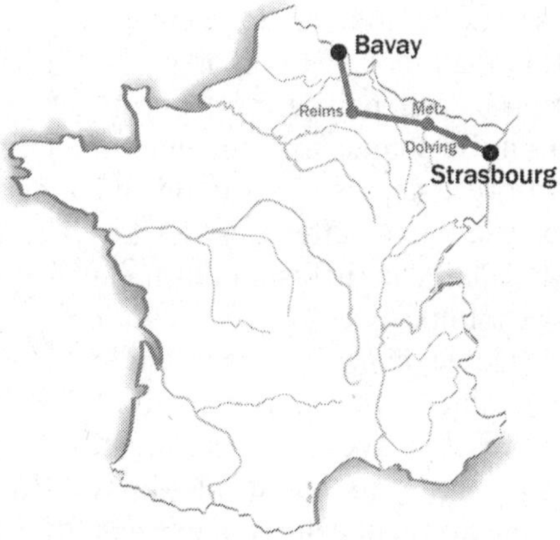

Du Nord-Pas-de-Calais à Strasbourg par les voies secondaires

Les Romains viennent en nombre s'installer à Bavay, à Bagacum plus exactement : c'est la ville à la mode, celle où il faut être vu, où il faut parader entre les boutiques du forum et le *cardo maximus*, la rue principale. D'ailleurs, tout est prévu pour le confort et la vie des citoyens : un temple pour célébrer le culte impérial, une fontaine, des bains publics et un aqueduc pour apporter l'eau aux villas. Mais pas de murailles autour de la cité ; celles que nous voyons aujourd'hui à Bavay datent de la fin du IIIe siècle, elles ont été élevées après les premières invasions venues de l'est. Pour le moment, les agglomérations de la Gaule n'ont pas besoin de ces protections de pierres.

En effet, la *Pax romana* – la paix romaine – déploie son système de défense aux frontières, mais laisse les villes ouvertes. Cette période relativement paisible, qui va s'étendre tout au long du IIe siècle, a pour objectif de maintenir les Barbares au-delà des limites de l'Empire. Une paix armée, à vrai dire : plus de trois cent mille soldats expérimentés et équipés maintiennent l'ordre depuis les profondeurs de la Bretagne gauloise jusqu'aux extrémités de la Syrie. Dans cet immense espace, la diffusion du mode de vie romain s'étend et s'impose.

Pour la Gaule, la *Pax romana* suppose la transformation inéluctable des Gaulois en Gallo-Romains… Les Romains arrivent avec leurs techniques, leur savoir-faire, leurs outils, ils modèlent le pays, fondent des villes et transforment celles qui existent. Même le paysage a été bouleversé depuis que l'empereur Domitien a fait arracher une bonne moitié du vignoble gaulois, dont le vin venait concurrencer un peu trop la piquette italienne. Bref, la Gaule ancienne disparaît, taillée par les négociants, les architectes et les ingénieurs. Le chaume et le bois perdureront en maints endroits, mais de nouveaux matériaux sont introduits : le mortier pour maçonner, et la pierre de taille pour bâtir des constructions robustes destinées à affronter les siècles.

Les âmes également se transforment, martelées par le nouveau pouvoir. La religion se modifie car les empereurs successifs continuent de persécuter les druides, persuadés que cette caste puissante représente un ferment de révolte, une atteinte au culte impérial… et surtout un catalyseur de l'identité gauloise ! Les Romains interdisent l'usage innocent de la cueillette du gui sacré et suppriment la coutume effroyable des sacrifices humains. Ensuite, pour achever de supplanter les anciennes croyances, ils offrent leurs dieux aux temples gaulois. Et les Gaulois acceptent cette nouvelle mythologie sans trop de difficultés, faisant dans leurs temples une petite place aux dieux romains à côté de leurs divinités traditionnelles. C'est tout l'avantage des polythéismes : par nature, ils écartent l'exclusive et l'extrémisme.

Il faut dire qu'une poignée de dieux en plus ne change rien à l'affaire : les puissances divines gauloises forment un embrouillamini où se mêlent près de cinq cents démiurges locaux aux formes hétéroclites : héros humains, chevaux à tête de femme, taureaux à trois cornes, sources claires, fleuves bouillonnants, arbres imposants… Alors, pourquoi ne pas adopter aussi Minerve, Mercure, Mars et quelques autres ? Parfois même, les deux cultures se confondent, les dieux changent un peu de costume, voient leur nom se modifier, mais qui est qui en définitive ? Le dieu des dieux désormais honoré en Gaule est-il Jupiter ou Taranis, la grande divinité celtique ? Et Apollon, dieu de la Guérison, n'est-il pas le frère jumeau de Bélénos, celui qui soigne le Gaulois souffrant ?

Si la religion se modifie, la langue, elle aussi, entre dans une ère nouvelle. Le latin vient se mélanger au celtique, transformer le parler ancestral et changer en définitive toute une manière d'être, de penser, de vivre, de croire.

D'après ce que l'on en sait, la langue de l'occupant n'est pas toujours très éloignée de la langue de l'occupé : une origine indo-européenne commune pourrait expliquer ces similitudes. Par exemple, le mot « roi » se prononce *rex* en latin et *rix* en celtique, la mer se dit *mare* et *mor*, divin *divus* et *devos*. On pourrait ainsi multiplier les cas troublants de promiscuité linguistique… Mais il est vrai que des disparités criantes existent aussi : « premier » se dit *primus* en latin et *cintuxo* en celtique, « cours d'eau » s'articule *ambes* en Gaule et *rivi* à Rome… Et ces différences sont assez nombreuses et complexes pour empêcher Gaulois et Romains de se comprendre sans le truchement d'un interprète. Alors, peu à peu, le latin gagne du terrain, d'abord dans les sociétés citadines, plus tard dans les milieux ruraux.

On peut tout de même se demander pourquoi cette langue s'est imposée en Gaule avec une si tranquille évidence. Les Romains ont occupé bien d'autres pays, et le latin ne s'est pas répandu partout sur l'immense étendue de l'Empire… Ils ont envahi la Judée, par exemple, ils ont rasé Jérusalem, brûlé le Temple, interdit la pratique du judaïsme, mais ils n'ont jamais pu imposer le latin. Pourquoi ? D'abord parce que, là-bas, les gens cultivés parlaient essentiellement le grec, et aussi parce que le latin des envahisseurs s'est surtout heurté à l'hébreu, langue religieuse, structurée, unifiée et unificatrice, qui possédait son écriture et sa littérature. En Gaule, en revanche, la langue celtique était émiettée en plusieurs dialectes régionaux, et surtout ne s'écrivait pas. En conséquence, tout devait être transcrit en caractères latins, depuis les quelques lettres gravées sur les pièces de monnaie jusqu'aux documents administratifs les plus touffus : les Gaulois avaient ainsi constamment sous les yeux des éléments latins agissant comme un solide ferment d'assimilation linguistique.

Alors, bien sûr, pour honorer les mânes de nos ancêtres les Gaulois, nous pouvons nous rengorger en étalant avec orgueil les quelques mots passés du celtique au latin, puis du latin au français. Sait-on que le mot « chemin » vient du celtique *camino* ? Ce terme campagnard adopté par le latin démontre que la langue celtique s'est longtemps maintenue en zone rurale. Quant au vocable « char », et ses dérivés « charrette », « chariot », « charger », ils font allusion aux anciennes invasions gauloises en Italie : le *carros* était, en celtique, le grand véhicule dans lequel les combattants transportaient armes et bagages.

De nombreux Gaulois sont enrégimentés dans l'armée romaine comme auxiliaires, et participent aux combats en première ligne. Ceux-là parlent latin… Pas le choix : pour obéir aux ordres, il faut les comprendre. Et comme le temps de la conscription est fixé à vingt-cinq ans, l'auxiliaire gaulois a largement le temps de perfectionner sa pratique de la langue !

Cependant, la langue celtique mettra longtemps à mourir tout à fait. Saint Irénée, premier évêque de Lyon, écrira dans les dernières années de ce IIe siècle : « Depuis que je vis parmi les Celtes, j'ai été obligé d'apprendre leur dialecte barbare. » Plus tard, l'empereur Septime Sévère publiera une ordonnance permettant de rédiger des actes privés non seulement en latin et en grec, mais aussi *in gallicana*, dans la langue des Gaulois. Au ve siècle encore, l'ecclésiastique Sulpice Sévère évoquera, dans ses écrits, un Gaulois dont les connaissances du latin paraîtront si rudimentaires qu'il lui sera vivement conseillé de s'exprimer en celtique. Cet enchaînement de petits faits démontre que le « dialecte barbare » cruellement évoqué par saint Irénée n'a pas succombé sans se battre.

*

* *

En l'année 121, Bagacum – Bavay – connaît un déploiement de forces inhabituel : le nouveau maître de Rome passe dans ces parages… L'empereur Hadrien revient d'une tournée dans les confins de la Germanie et se dirige vers la grande île de Bretagne.

Hadrien est un grand gaillard de quarante-cinq ans qui a la manie de chevaucher à l'avant de ses cohortes, tête nue sous le soleil comme sous la pluie. Et, ultime coquetterie, quand il approche d'une ville, il renonce au cheval et avance d'un pas décidé, ses armes à la main, comme le plus humble de ses fantassins. Car Hadrien adore l'armée, et s'occupe avec attention de la popote de ses soldats. Souvent, lors d'un bivouac, il se mêle aux hommes et partage l'ordinaire avec eux : un peu de lard, une tranche de fromage, le tout accompagné d'une bonne rasade de vinaigre coupé d'eau, la boisson des légionnaires.

Si Hadrien adore l'armée, il déteste la guerre. Pour ce voyageur infatigable, marcher à la tête de ses troupes est seulement l'occasion de découvrir « ses » pays. Il est las des conquêtes de ses prédécesseurs. Sa politique consiste à conserver l'empire établi, sans poursuivre l'éreintante course à la domination du monde.

Pour Hadrien, comme pour tous les Romains, le monde se divise en deux : d'un côté les Romains et de l'autre les Barbares ; d'un côté l'Empire avec ses colonies, de l'autre la masse chaotique de l'inconnu. Le poète latin Prudence n'hésitera pas à écrire : « Il y a la même distance entre les Romains et les Barbares qu'entre les bipèdes et les quadrupèdes, entre l'être doué de parole et la bête muette. »

Deux humanités séparées par un fossé d'incompréhension, mais qui ne doivent plus s'affronter. Et si elles se contentaient de vivre chacune sur son territoire ? Le seul souci d'Hadrien est donc de fixer à l'Empire des frontières sûres et reconnues. C'est ainsi que naît l'idée folle de protéger cet empire par une interminable ligne fortifiée : un fossé souvent surmonté d'une palissade, parfois d'une muraille de pierres, et flanqué d'une route de surveillance tracée tout le long de la ligne. Pour les Romains, cette route des confins est le *limes* (prononcez *limèsse*), mot qui va finalement désigner l'ensemble défensif dressé sur la frontière, avec les fossés, les murs et même les forteresses construites aux abords.

Dans la grande île de Bretagne, en partie conquise, le mur dressé va tenir éloignée la remuante tribu celtique des Brigantes au nord, et rassurer les Britanniques romanisés plus au sud. Mais que faire pour la Gaule ? L'Hexagone possède, sur cinq côtés, ces barrières naturelles que sont les chaînes montagneuses et les mers. Seul le sixième côté, au nord-est, pose problème. Le Rhin n'est pas un obstacle suffisant pour contenir durablement les appétits des Germains, toujours prêts à se réveiller. Un autre mur est donc construit de ce côté-là.

Les légions qui viennent de l'île de Bretagne et se dirigent vers l'est vont d'un mur à l'autre. Elles suivent le plus souvent la grande route du Rhin, celle qui se prolonge en ligne droite jusqu'à Colonia Claudia Ara Agrippinensium, petite ville de garnison au bord du Rhin, aujourd'hui Cologne, en Allemagne…

Mais vous et moi, qui aimons baguenauder à travers l'Hexagone, allons prendre d'autres routes pour nous diriger vers le Rhin, des routes moins directes, plus sinueuses, parfois des voies secondaires…

Les Romains, qui organisaient tout, classaient tout, avaient divisé leurs routes en trois grandes catégories :

– Les voies publiques, qui constituaient les routes importantes, étaient évidemment construites aux frais de l'État et restaient sous la surveillance constante des autorités. Elles reliaient deux points majeurs, par exemple la voie océane qui allait de Lyon à Boulogne-sur-Mer.

– Les voies vicinales représentaient des voies secondaires, qui aboutissaient souvent aux voies publiques et étaient construites par décision locale.

– Les chemins privés, enfin, étaient aménagés et utilisés par des propriétaires soucieux de relier entre eux différents champs ou terrains.

Prenons donc la voie vicinale. Elle nous conduit à Durocortorum, plus tard Reims, mais pour l'heure un oppidum allié de Rome. Un oppidum ? Selon la définition latine, ce serait une place forte, une forteresse dressée pour observer le lointain… Pourtant

Durocortorum, bien à l'aise dans le giron romain, n'a aucune ambition militaire, les habitants prient le dieu Mars dans son temple et profitent de la *Pax romana* pour s'enrichir dans le négoce.

À Reims, les ruines de Durocortorum

Des quatre portes monumentales de Durocortorum, la cité gallo-romaine, il en reste une dans ce qui est aujourd'hui la ville moderne de Reims : la porte de Mars qui date de la fin de ce IIe *siècle. Si cette porte est impressionnante, c'est surtout par ses dimensions : trente-trois mètres de long sur treize mètres de haut, l'arc romain le plus large de tous ceux que l'on connaît. La vieille dame a de beaux restes : un buste saisissant du dieu Mercure, des génies détériorés mais toujours séduisants, une allégorie de rivière aux formes généreuses. Et plus émouvant encore, sous l'une de ses arches, on aperçoit les traces des chars qui, siècle après siècle, sont passés à cet endroit. Au 35, rue de l'Université, demeurent les vestiges (beaucoup plus modestes) d'une deuxième porte, la porte Bazée. Enfin, du forum de l'opulente cité est également parvenu jusqu'à nous le cryptoportique, la galerie où étaient entreposées les richesses de la ville. (Place du Forum.)*

Continuons notre circuit par la grande voie qui s'échappe de Durocortorum pour se diriger vers Divodurum. En clair : après Reims, faisons halte à Metz. Depuis que nous nous sommes arrêtés ici, au Ve siècle avant notre ère, la ville a bien changé. Elle s'est pliée à la tendance du moment, avec son amphithéâtre, son aqueduc, ses bains publics luxueux, de quoi en faire une belle métropole fière de respirer une atmosphère à la romaine.

D'ou venaient les eaux de Metz ?

Un peu au sud de Metz, à Jouy-aux-Arches et à Ars-sur-Moselle, situées de part et d'autre de la Moselle, nous retrouvons des arches de l'aqueduc du II*e siècle qui apportait à Metz l'eau des sources de Gorze. Ces eaux alimentaient notamment les thermes, encore visibles dans le Musée de la Cour-d'Or... (2, rue du Haut-Poirier.)*

De Divodurum, la route qui se prolonge vers le Rhin nous conduit vers l'est, la frontière… C'est une voie stratégique essentielle parsemée tout au long du trajet de haltes et de gîtes. En effet, le trafic de plus en plus dense impose une véritable organisation du parcours. Dans les relais, on peut se rafraîchir et changer de monture ; dans les hôtelleries, on s'arrête pour la nuit, on se repose, on se restaure. Il y a les auberges quasi officielles ouvertes exclusivement aux fonctionnaires chargés du service public et à quelques privilégiés munis d'un laissez-passer en bonne et due forme. Le *vulgum pecus*, le commun des mortels, lui, doit se contenter des établissements privés signalés par une enseigne peinte souvent à l'image d'un volatile, un coq, un aigle, une grue… Ces volatiles sont peut-être signes de légèreté et promesses d'un bon repas, mais il ne faut pas trop s'y fier : ces pensions ont mauvaise réputation. La pitance y est maigre, on y dort dans des salles communes et les lits sont garnis de grossière bourre de roseau généralement infestée de vermine. Mais les hôteliers roublards vous vendent très cher l'inconfort de leur gîte, tout cela coûte une belle poignée de sesterces !

Pour les voyageurs qui ont la chance d'avoir des relations, le plus commode est d'aller passer la nuit chez un ami. Le long de la voie, des *villæ* se succèdent, vastes exploitations agricoles dont les divers bâtiments se regroupent autour de la riche maison du propriétaire. Et là, on trouve tout le confort, les thermes, les cuisines, le chauffage… Ces domaines forment chacun un ensemble quasiment indépendant, vivant sur lui-même avec ses agriculteurs et ses éleveurs, mais aussi ses boulangers, ses menuisiers, ses maçons, ses forgerons… À la tête de ces villages privés, apparaît une puissante aristocratie foncière typiquement gallo-romaine. Dans les siècles suivants, cette aristocratie s'opposera régulièrement au pouvoir central de Rome et formera, plus tard, la seigneurie du Moyen Âge, les barons vassaux du roi et maîtres absolus sur leurs terres.

Notre villa sur la route de Strasbourg

Sur la route qui reliait Metz à Strasbourg, s'étendait un vaste domaine agricole qui connut son apogée en ce IIe *siècle. Les fouilles archéologiques, entreprises dès 1894 et prolongées durant la seconde moitié du* XXe *siècle, ont mis au jour les vestiges de plusieurs cours, galeries, caves, thermes et canalisations de chauffage... Plus de trente bâtiments et un petit temple ont été repérés. Sur le site, on voit encore les bases de la villa en pierres grises, mais le mobilier découvert est conservé au Musée de Sarrebourg (villa gallo-romaine de Saint-Ulrich, à Dolving, Moselle, à cinq kilomètres au nord-est de Sarrebourg).*

Et nous arrivons à Argentoratum – notre Strasbourg. Ce *castrum*, ce camp fortifié romain, n'est pas directement sur le *limes*, mais en retrait, comme pour mieux surveiller l'entrée dans la Gaule Belgique, qui s'étend, rappelons-le, entre la Seine et le Rhin, et déborde sur les Pays-Bas et l'Allemagne. La citadelle d'Argentoratum, plantée près d'une petite cité gauloise, entre trois eaux – le Rhin, l'Ill et la Bruche –, observe sans crainte les lointains.

Au-delà, vers l'est, des travaux gigantesques sont entrepris : des fortifications sont dressées sur les terres situées entre le Rhin et le Danube, c'est-à-dire sur cinq cent cinquante kilomètres de long. Comme dans l'île de Bretagne, le mur de Germanie est constitué de pierres, de tertres, de fossés, de palissades, et flanqué de tours de guet et de citadelles, mais le grand changement tactique de cette protection, c'est son tracé original et novateur. On a généralement renoncé à appuyer les défenses sur des obstacles naturels, rivières, fleuves, collines, et l'on a favorisé le plus possible la ligne droite. Ainsi, le camp d'Argentoratum va devenir en ce IIe siècle une des plus importantes bases arrière du *limes*, formant sur le Rhin aussi bien un appui logistique qu'un second rideau de défense.

Le calme règne au bord du Rhin, mais les légions restent en poste à Argentoratum afin de prévenir tout mouvement des tribus de Germanie. C'est ici le point fort de la vigilance romaine. La ville accueille la « Legio VIII Augusta », puissante légion qui y établit ses quartiers. Le futur Strasbourg doit son premier développement à une nouvelle stratégie militaire : désormais, les trente-trois légions ne vont plus hiverner au hasard des événements et des combats, elles vont bénéficier de casernements en dur.

L'installation des six mille légionnaires de la VIII crée autour du camp militaire l'embryon d'une ville, car aux soldats en cantonnement s'ajoute le personnel chargé de tâches annexes et indispensables : cuisines, entretien des armes, infirmerie… Les environs de cette petite ville se transforment également, car la légion exprime des besoins auxquels répondent agriculteurs et marchands. Des maisons de bois sont construites, des champs sont plantés, on élève du bétail, et toute une activité économique se développe.

Désormais, les charges portées contre l'Empire romain se dérouleront au-delà du *limes*, épargnant la Gaule. Le camp de la légion VIII, désormais immuable, fixe la limite ultime du pays à l'est. Ce sera, pour les siècles à venir, la frontière à tenir…

Argentoratum
dans les rues de Strasbourg

Si le camp romain de Strasbourg semble avoir disparu, son tracé rectangulaire est encore bien visible dans la vieille ville. Suivez-moi, faisons le tour d'Argentoratum ! Nous partons de la porte Prétorienne, principale entrée du camp devant laquelle aboutissait notre voie romaine venant de Metz. Où se trouvait-elle, cette porte ? Approximativement à l'angle de la rue des Hallebardes et de la ruelle du Fossé-des-Tailleurs… Cette ruelle étrangement creusée est, en fait, un ancien fossé servant d'égout à ciel ouvert. Eh bien, ce fossé-là entourait et protégeait la ville romaine. Son tracé nous conduit un peu plus loin vers la rue du Vieil-Hôpital dont les caves des maisons situées à l'est de la place s'appuient sur les remparts romains.

Au sud et à l'est, l'enceinte suivait le cours de l'Ill. La rue des Veaux et le quai Lezay-Marnésia en perpétuent le tracé. D'ailleurs, le rempart a été retrouvé dans la cave du 23, rue des Veaux et dans celle de l'immeuble qui fait l'angle entre le quai Lezay-Marnésia et la rue de la Courtine.

Au nord-est, les fortifications ont servi aux fondations du Grenier d'abondance, splendide bâtisse médiévale (place du Petit-Broglie). Juste à côté, une crypte aménagée dans les jardins de l'hôtel de la Préfecture permet de contempler à la fois les remparts du II*e* *siècle et ceux du* IV*e*.

Pour finir, prolongeons notre promenade jusqu'au 47, rue des Grandes-Arcades… C'est un supermarché

Simply. Essayez de descendre dans les sous-sols : vous vous trouverez face à une tour romaine miraculeusement conservée datant du Bas-Empire, cette période finale de l'hégémonie romaine comprise entre le IIIe *et le* V^e^ *siècle.*

Nous avons fait le tour du camp romain, mais pénétrons maintenant à l'intérieur de ce camp par la rue des Hallebardes qui, avec une partie de la rue des Juifs, n'est autre que le decumanus maximus, *c'est-à-dire le grand axe est-ouest. Plus loin, nous croisons la rue du Dôme qui en est le* cardo maximus, *le grand axe nord-sud. Ainsi, au croisement de ces deux rues, dans ce vieux quartier où les boutiques de luxe se disputent le mètre carré, nous nous tenons au point exact de ce qui fut le centre d'Argentoratum.*

9

IIIe siècle

LA PEUR DERRIÈRE LES MURAILLES

De Strasbourg à Vienne, en Isère,
par la voie du Rhin, boulevard des Barbares

Peu à peu, Argentoratum-Strasbourg s'assoupit dans le calme de la paix romaine… La légion VIII est partie se battre au loin, contre les Parthes, dans les plaines de l'Iran. Les casernements des bords du Rhin ne sont plus qu'un immense entrepôt, une base arrière chargée de l'intendance des troupes au combat, une zone de repli pour soldats fatigués. Au-delà du *limes*, tout a l'air paisible, les Germains semblent avoir accepté cette séparation du monde voulue par les Romains.

Calme trompeur. Les Barbares guettent et attendent leur moment… Venus de la Forêt-Noire, les Alamans avancent et menacent. Qui sont-ils ? Un assemblage hétéroclite de peuples germaniques unis dans une volonté commune de puissance et d'extension. Alamans… *Alle Männer*, en langue germanique, « tous les hommes ». Cette ligue guerrière prétend représenter la quintessence de l'humanité.

Au mois de mars 235, l'empereur de Rome, Sévère Alexandre, arrive au camp d'Argentoratum afin d'organiser la défense. Il réunit des légions qui s'ébranlent pour remonter le Rhin jusqu'à Mogontiacum – Mayence, en Allemagne.

Mou de caractère, falot d'apparence, l'empereur n'a pas vraiment envie de se lancer dans une expédition militaire. Pendant que les soldats attendent la grande bataille, il fait dresser une tente luxueuse pour recevoir des émissaires germains… Car il a une idée, Sévère Alexandre : éviter la guerre qui l'ennuie et acheter la paix qui le rassure. Pour cela, il est prêt à payer, et tant pis s'il faut puiser dans le trésor de Rome.

Des négociations ? Quelle humiliation ! Les légionnaires sont scandalisés : la paix ne s'achète pas, elle se conquiert à grands coups de glaive ! Pour arrêter cette ignominie, le général Maximin est déterminé à aller jusqu'au meurtre. Il réunit quelques légionnaires décidés et leur donne ordre de s'en prendre avec lui à la personne même de l'empereur, ce traître, ce fourbe qui les couvre de honte. Les soldats obéissent. Il faut dire que personne n'a envie de s'opposer à Maximin, un énorme rustre musculeux au visage carré et au front bas, un bagarreur craint pour son emportement et sa force prodigieuse. Le délicat Sévère Alexandre ne fait pas le poids face à cette boule de muscles qui surgit sous sa tente. L'empereur a beau se traîner, implorer, sangloter, qui éprouverait la moindre pitié pour ce pleutre ? Une lame enfoncée dans le ventre impérial étouffe les supplications dans un borborygme sanguinolent.

Pour les Alamans, l'assassinat de l'empereur de Rome est un signe, un présage, une chance. En effet, les armées romaines sont frappées de sidération, comme paralysées par la disparition du chef suprême, donc c'est le moment d'attaquer. Les hordes barbares franchissent le *limes*, arrivent sur le Rhin et le traversent pour déferler sur Argentoratum. La petite garnison en poste dans la ville ne peut rien faire contre la vague irrépressible de l'invasion. Dans leur rage destructrice, les assaillants mettent le feu aux baraquements militaires, tout ce qui constitue le centre de la cité est consumé par les flammes.

Mais les Alamans ne profitent pas longtemps de leur victoire, le nouvel empereur est sur leurs talons. Et qui est ce nouvel empereur ? Maximin lui-même ! Le crime a profité au criminel… Cet empereur-soldat ne songe même pas à se rendre à Rome, siège de son pouvoir : il se lance sans tarder à la poursuite des Alamans, et les repousse dans leurs forêts au-delà du Rhin et du *limes*. Durant trois ans, il se bat partout, et finit bien naturellement massacré par ses propres soldats, lassés d'une guerre qui n'en finit pas.

Les expéditions militaires de Maximin restent longtemps comme une plaie béante dans la mémoire des Alamans et de tous les Germains, assez en tout cas pour les empêcher de reprendre leurs incursions dévastatrices. Pendant presque vingt ans, chacun reste chez soi. Puis arrive une génération qui n'a pas connu Maximin...

Nous sommes en 254. C'est Valérien, maintenant, qui est empereur, un vieux briscard comme on les aime en cette période. Car désormais les légionnaires font les empereurs, et pour parvenir au pouvoir mieux vaut être un seigneur de la guerre qu'un habile diplomate. Bien loin du théâtre des opérations, le Sénat romain valide servilement les décisions de l'armée.

À soixante-dix ans, Valérien a encore une belle énergie, mais il ne peut pas se démener sur tous les fronts. Pendant qu'il va guerroyer contre les Perses, il confie la Gaule à son fils Gallien... Mais il n'y croit pas tout à fait, le jeune Gallien est un peu trop indolent, un peu trop livré à ses plaisirs pour faire un chef de guerre acceptable. Le rejeton sera donc épaulé par un homme plus vaillant, qui ne recule pas devant le combat : Cassianus Latinius Postumus, général d'origine gauloise. Valérien le nomme gouverneur de la Gaule et général des troupes cantonnées au-delà du Rhin. Il proclame : « Je vois en lui l'homme le plus digne, à tous égards, de commander aux Gaulois et de maintenir par sa seule présence la discipline dans les camps, l'équité dans les affaires de justice, les droits des particuliers devant les tribunaux, la dignité des magistrats. »

Postumus a fort à faire : les Alamans sont revenus avec des forces décuplées. Sous la conduite de leur roi Chrocus, ils déferlent sur la Gaule, laissant derrière eux une traînée de ruines fumantes… Au même moment, d'autres Germains passent le Rhin et pillent la Gaule pour leur propre compte. Ceux-là appartiennent à une confédération de peuples formée pour dévaster les campagnes et conquérir des terres. *Franken*, disent ces nouveaux venus sur les champs de bataille. *Franken*, ancien terme germanique qui signifie peut-être « les indomptables »… Et nous en ferons les Francs, promis à un si grand avenir dans l'Hexagone.

Ces attaques incessantes, ajoutées aux vastes mouvements de populations dans les régions de Germanie, rendent désormais indéfendable le *limes*. La sécurité de la Gaule impose d'abandonner cette ligne, trop éloignée des points névralgiques, pour se concentrer sur le Rhin. Dans cette nouvelle conception sécuritaire, Argentoratum retrouve son rang, le premier, dans les fortifications dressées pour tenter de contenir les invasions barbares. La ville incendiée est reconstruite ; plus forte qu'avant, plus imposante qu'autrefois, elle redevient une place forte sur la frontière.

Gallien et Postumus ne sont pas trop de deux pour arrêter les Germains dans leur course en avant. Le premier se charge de repousser les Alamans tandis que le second renvoie les Francs à l'intérieur de leurs terres…

Mais les Germains sont tenaces. Bientôt, les Francs et les Alamans reviennent munis d'épées, de haches et de javelots. Ces combattants ne connaissent pas les subtils engins qui font la vraie guerre, ils ignorent tout des catapultes ou des tours sur roues nécessaires pour donner l'assaut à une ville fortifiée. Ils se contentent donc de prendre des cités peu défendues, si possible dépourvues de murailles.

Par où passent-ils pour ravager si profondément la Gaule ? Tout naturellement par les voies romaines ! Dans un empire désorganisé, ces routes bien droites offrent aux envahisseurs de véritables boulevards. La voie océane, qui remonte jusqu'à la Manche, et la voie du Rhin, qui va de Cologne à Lyon, deviennent leurs zones de pénétration idéales… Près d'une centaine de cités importantes seront dévastées, essentiellement au nord de la Loire.

Les Francs descendent la voie du Rhin, avancent, reculent, reviennent, brûlent, détruisent un peu au hasard, évitant toujours d'affronter les légions. Ah, ce n'est plus la noble guerre d'autrefois, celle où les troupes faisaient face à d'autres troupes, celle où les généraux traçaient de subtiles stratégies… Maintenant, les villageois et les citadins se trouvent en première ligne.

Les Alamans, eux, s'en sont pris à Metz, et la puissante cité des Médiomatriques n'a plus rien de la fière citadelle qui se dressait ici : elle aussi a été ravagée. Quel spectacle terrifiant que de voir l'axe impérial de la Gaule, cet axe reliant le Rhin à la Méditerranée, ainsi dévasté ! De Metz jusqu'à Arles, c'est une longue traînée de désastres et de pillages.

Alors, une idée se répand à travers la Gaule : il faut se protéger derrière des remparts ! Toutes les cités vont se mettre à élever leur mur protecteur… Tullum – notre Toul, en Lorraine – se pelotonne à son tour derrière une enceinte de pierres…

Toul : où se cachent les vestiges des remparts gaulois ?

Les remparts encore visibles à Toul datent du XVIIIe *siècle, tout le monde vous le dira. Pourtant, si l'on cherche bien, on retrouve dans le centre-ville quelques ruines de l'enceinte gauloise. Prenez le passage B près de la place des Trois-Évêchés... Ces pierres dégradées nous parlent de ce temps où la cité, inquiète, tentait de se protéger des bandes armées.*

Andematunum aussi, puissant carrefour au cœur du réseau des voies romaines – aujourd'hui Langres, en Champagne-Ardenne – a voulu se fortifier. Ce promontoire qu'on appellera plus tard « la pucelle du pays », tant ce lieu paraissait inviolable, n'a pas échappé aux razzias et aux pillages du IIIe siècle.

À Langres, la porte aveugle...

Des remparts antiques de Langres, il ne reste que la porte Romaine aux deux arches murées, et qui paraît tristement aveugle. Cette porte est bien plus ancienne que les invasions barbares, puisqu'elle remonterait à quelques années avant notre ère. Au IIIe *siècle, elle a été incluse dans l'enceinte construite à la hâte pour protéger la ville des incursions venues de l'est... Ce qui démontre bien l'urgence qu'il y avait à se calfeutrer derrière des murs de pierres.*

Ces nouvelles constructions changeront le visage des villes gauloises, car celles-ci se trouveront désormais limitées dans leur extension. Ce ne seront bientôt plus que de petits bourgs observant avec angoisse la route venue du Rhin…

*
* *

À cette insécurité générale s'ajoute une certaine désorientation des légions car l'empereur Valérien, parti se battre en Perse, n'en reviendra jamais. En cette année 258, on ne sait plus très bien qui détient le pouvoir suprême. Valérien parti au loin ? Son fils Gallien qui n'inspire confiance à personne ?

Les Gaulois, eux, ont choisi. Ils ont pris au pied de la lettre la proclamation de Valérien : puisque Postumus peut à lui seul assurer la discipline, l'équité, les droits et la dignité, Postumus doit régner sur la Gaule. Ses soldats, en majorité des Gaulois, l'acclament : Postumus empereur ! Celui-ci hésite, il préférerait le titre de « Restaurateur des Gaules », ce qui éviterait peut-être la rupture avec Rome, mais la pression des légions est si forte et le pouvoir si tentant qu'il finit par accepter la dignité insolite d'empereur des Gaules.

Une dignité qui n'est pas une sinécure ! Il y a tant à faire : entretenir les routes, frapper monnaie et, surtout, juguler les dangers qui viennent de l'est et du nord. La Gaule est blessée, douloureusement, mais Postumus parvient à contenir les assaillants.

Gallien enrage devant la dissidence de ce pseudo-empereur. Après une première expédition, vite interrompue, il met pourtant cinq ans avant de réagir à nouveau, trop occupé à filer le parfait amour avec une « Barbaresse » qui lui a fait les yeux doux. Finalement, il envoie une armée en Gaule, et les légionnaires tuent, violent et volent avec un tel acharnement qu'ils parviennent, miracle, à faire l'unanimité des Gaulois contre Rome !

Après sept ans passés à protéger la Gaule de ses ennemis d'outre-Rhin et de ses amis romains, Postumus est assassiné par ses versatiles soldats, furieux de se voir interdire de piller les richesses de Mogontiacum, la ville de Mayence, en Allemagne, qu'ils viennent de prendre.

Avant de mourir, Postumus a désigné l'un de ses fidèles, Piavonius Victorinus, pour le remplacer en cas de malheur. Fidèle, certes, Victorinus, mais peu fait pour régner. Qu'à cela ne tienne, c'est sa mère, la vieille Victoria, qui dirige les affaires d'une poigne de fer. Tout le monde accepterait bien un empereur fantoche si celui-ci ne passait pas le plus clair de son temps à lutiner les femmes de légionnaires… Petite manie qui met en colère les soldats, il n'est jamais bon de provoquer l'armée, même quand on est empereur. En 270, deux ans après avoir ceint la couronne gauloise, Victorinus est massacré par ses troupes, et Victoria désigne le successeur, un Aquitain nommé Pius Esuvius Tetricus.

*

* *

En ce printemps 273, deux armées traversent la Gaule. D'un côté, les cohortes gauloises de Tetricus ;

de l'autre, les légions d'Aurélien. Les Romains, qui remontent du sud, bifurquent certainement à hauteur de Langres pour gagner Duro-Catalaunum – devenu depuis Châlons-en-Champagne. Aurélien, nouvel empereur, est bien décidé à rétablir l'unité de l'Empire. Et il veut abattre au plus vite ce qui est à ses yeux une monstruosité politique : un empire des Gaules en principe soumis à Rome, mais quasiment indépendant depuis quinze ans.

De grands affrontements vont-ils s'ensuivre ? Les Gaulois devront-ils défendre leur liberté jusqu'au sacrifice suprême ? Pas du tout. Réaliste, Tetricus, le nouvel empereur des Gaules, craint davantage ses propres soldats que les légions ennemies. On l'a vu, lorsque les troupes sont mécontentes de leur chef, elles n'hésitent pas à le supprimer. Tetricus n'a aucune envie de finir comme un vulgaire empereur, une lame à travers le ventre. Inutile de tenter de raisonner les soudards de son armée, mieux vaut s'arranger avec Aurélien. Il lui envoie un message, une seule ligne, un vers de *L'Énéide*, le poème de Virgile : « *Prince invincible, délivrez-moi de ces maux.* » Tout est dit. En citant un auteur latin, Tetricus accepte la prépondérance romaine. En parlant du « prince invincible », il abdique sans combattre. Quant à « ces maux » dont il faut le délivrer, ce sont sans doute les soldats de son armée…

L'empire gaulois est mort, mais Tetricus se porte bien. Emmené à Rome, accueilli dans une luxueuse villa, il recevra tous les honneurs dus à un ex-empereur.

En revanche, en Gaule, la situation se dégrade. Exaspérés par les impôts, assommés par la pauvreté, traumatisés par les dévastations barbares, excédés par la domination romaine, des hommes se lèvent, se réunissent, arpentent le pays, hurlent des mots jamais entendus :

– La liberté ou la mort !

Ces bandes errantes sont appelées les Bagaudes, du terme celte *bagad*, qui signifie « attroupement ». Soldats déserteurs, légionnaires en vadrouille, esclaves évadés, paysans en révolte, ils détroussent le voyageur, saccagent les champs, ravagent les villages. Que réclament-ils ? En finir avec l'injustice de la misère et revenir à l'ancienne Gaule des druides ! Revendications sociales et récriminations nationales se confondent dans une même colère.

Et comme si ce chaos intérieur ne suffisait pas, les Francs et les Alamans reprennent leurs invasions, plus violemment que jamais. En 275, le nouvel empereur romain, Marcus Aurelius Probus, comprend l'avantage qu'il peut tirer de la situation. Sa stratégie : éteindre un feu avec l'autre ! Il mobilise les Bagaudes au sentiment patriotique si chatouilleux, transforme les brigands en soldats, et les envoie courir sus aux Germains.

Et ensuite ? Que faire des Germains prisonniers ? On évite les massacres, on renonce à la mise en esclavage. Ces guerriers vaincus et leur famille sont fortement incités à s'installer sur les bandes de terre proches des frontières, on les exhorte à s'établir dans des régions en partie dépeuplées dont ils formeront le premier rempart en cas de nouvelles invasions. L'empereur est persuadé que ces Barbares se pacifieront rapidement au contact d'une autre civilisation, il est convaincu que ces aventuriers venus de Germanie se placeront avec bonheur sous l'aile protectrice de l'aigle romain. Ces gens-là, utilisés pour le plus grand bien de la Gaule, on les appelle les Lètes, un terme qui désignerait le paysan attaché à sa terre.

L'empereur rêve ! Pour lui, l'âge d'or est à portée de main, il est persuadé que viennent les temps où l'on n'aura plus besoin de soldats, où la pauvreté sera enrayée, où le guerrier se fera agriculteur. Il est optimiste, Probus ! Pour ouvrir cette période de concorde universelle, il place ses Lètes essentiellement dans les villes du Nord, au contact des zones d'invasions. La garnison de Langres sera l'une des premières à s'installer. Ces colons se font agriculteurs, éleveurs et artisans, mais peuvent être mobilisés à tout moment comme auxiliaires dans les légions. Ils ne font pas de grands éclats dans l'armée romaine, les Lètes, mais par leur seule présence ils transforment la Gaule du Nord qui se métisse en se germanisant un peu.

Probus poursuit sa politique d'apaisement en Gaule et, dès 281, autorise la culture de la vigne. On s'en souvient, presque deux siècles auparavant, une grande partie du vignoble avait été arrachée par les Romains, histoire de ne pas trop concurrencer le vin transalpin… Et comme les soldats sont désormais promis à abandonner l'épée et pousser la charrue, ils reçoivent ordre de planter des pieds de vigne sur ces coteaux abandonnés depuis si longtemps.

La Champagne recommence à développer ses crus… La Bourgogne, sur le plan vinicole, n'a rien à lui envier ! Alors, laissons Divio – future Dijon –, petite cité rabougrie derrière son enceinte renforcée de trente-trois tours…

D'où vient la vieille tour de Dijon ?

L'une des trente-trois tours des murailles de Dijon est parvenue jusqu'à nous, sauvée parce qu'elle a été transformée en chapelle au Moyen Âge. C'est le Petit-Saint-Bénigne. (Dans les cours des 11 et 15, rue Charrue.)

… Et parcourons la voie du Rhin, qui deviendra une fameuse route des vins, voie sublime qui serpente parmi les trésors de Bourgogne : Gevrey-Chambertin, Chambolle-Musigny, Vosne-Romanée, Nuits-Saint-Georges, Savigny-lès-Beaune, Pommard, Meursault, Mercurey et tant d'autres…

Hélas pour lui, Probus ne connaîtra pas les délices de ces divins millésimes ni la paix universelle pour laquelle il s'est donné tant de mal. Il subit le sort commun à nombre d'empereurs : assassiné par ses légionnaires. Un meurtre qui relance le chaos en Gaule… Les remparts sont à nouveau à l'honneur.

Cavillonum – notre Chalon-sur-Saône – a aussi élevé un mur protecteur…

Sur la route des invasions : promenades autour des murailles

L'enceinte du Bas-Empire de Chalon-sur-Saône est encore visible le long du boulevard Edgar-Quinet. Quant à la tour de Saudon, elle n'est autre qu'une ancienne tour de la muraille.

Plus loin, à Mâcon, la Maison du Bailli date du XVIIe *siècle, mais elle s'appuie sur une tour qui fut un des éléments de l'enceinte gallo-romaine (3, rue du Paradis).*

À Anse, il reste du castrum antique une tour qui paraît aussi solide qu'au temps des invasions barbares. (6, place des Frères-Fournet.)

Ainsi, ces cités majeures de l'axe principal de la Gaule du Nord, rabougries, rapetissées, diminuées, fracassées par les Barbares durant tout le IIIe siècle, se replient désormais derrière leurs murailles.

Et que dire de Lyon, la capitale des Gaules ? Elle n'est plus que l'ombre d'elle-même, les habitants ont abandonné la colline de Fourvière pour se blottir entre le Rhône et la Saône.

*
* *

En descendant encore plus au sud, nous arrivons à Vienne, et là tout semble s'apaiser. La ville a été relativement épargnée. C'est vrai, la rive droite, ravagée, a été abandonnée, laissant le site de Saint-Romain-en-Gal presque dans l'état qui est le sien aujourd'hui. En revanche, la rive gauche a échappé aux destructions… grâce à ses murailles érigées depuis longtemps par l'empereur Auguste, qui avait offert cette fortification pour honorer une ville élevée au rang de colonie latine.

C'est donc à partir de Vienne, petite lueur d'Italie, que Dioclétien va remettre un peu d'ordre dans la Gaule mutilée. Nommé empereur en 284, il se met immédiatement à la tâche… Avant tout, il partage son pouvoir ! D'abord avec Maximien, un vaillant seigneur de la guerre, promptement envoyé en Gaule à la tête d'une armée formée de bataillons légers et rapides, assez agiles en tout cas pour faire la course aux Bagaudes. La mission de Maximien est évidente : rétablir l'autorité romaine. Les bandes révoltées mais mal armées, peu rompues aux techniques de combat, reculent devant la force des cohortes romaines. Elles reviendront sans doute à la charge, mais grâce à l'action énergique de l'empereur adjoint, un certain calme est instauré en Gaule.

Pour parfaire son œuvre, Dioclétien procède à une décentralisation de l'autorité : les provinces de l'Empire sont désormais découpées en « diocèses », autrement dit en circonscriptions territoriales. La Gaule est divisée en deux : au nord, le *Diocesis Galliarum*, le diocèse des Gaules, avec Trèves, en Allemagne, pour chef-lieu ; au sud, le *Diocesis Viennensis*, le diocèse de Vienne, organisé depuis cette ville. Pourquoi l'empereur n'a-t-il pas choisi Lyon, tout proche, comme capitale du diocèse ? C'est que Vienne possède des atouts que Lyon a perdus. On l'a dit, Vienne appartient à la Gaule narbonnaise, province la plus romaine du pays. Ensuite, grâce à ses enceintes élevées sur la rive gauche, la cité est restée belle et riche. Mais surtout, elle s'est tenue soigneusement à l'écart des guerres civiles et des luttes d'influence qui ont ravagé Rome et, par écho, la capitale des Gaules.

Le démembrement des Gaules s'articule de part et d'autre d'une ligne qui va de la Loire à la partie supérieure du Rhône. La Loire, l'ombilic sacré des Gaulois, retrouve alors son rôle de centre de la Gaule… mais c'est pour mieux séparer le pays en deux.

Cette coupure ne doit rien au hasard, on s'en doute : le Nord est établi comme une zone tampon, un territoire chargé de contenir les appétits germains ; le Sud, au contraire, peut développer sereinement cette Gaule purement romaine dont ont rêvé tous les empereurs. Ainsi s'accentue le contraste entre deux Gaules : celle du Nord, plus militaire, repliée sur de petites agglomérations ; celle du Sud, plus prospère, plus éloignée des nouvelles lignes de front. Cette différenciation nord-sud instaurée par Dioclétien perdurera dans le temps. Au Moyen Âge, elle se manifestera notamment par les dialectes développés dans chaque région : langue d'oc au sud et langue d'oïl au nord.

À Vienne, sur les traces de l'enceinte

Du rempart qui protégea un temps Vienne des invasions barbares, il ne reste pas grand-chose, hélas. Pourtant, au 15, cours Brillier, les pierres conservées sous le portique de l'immeuble sont des traces de l'enceinte romaine. C'est bien peu, et les vestiges sont affreusement insérés dans une construction désespérément moderne.

Un peu plus loin, sur l'une des cinq collines de la ville, le mont Salomon, de lourdes pierres amoncelées et trois tours sont encore visibles. Tendez l'oreille : on croit entendre la rumeur des Barbares venus se heurter à cette muraille.

10

IVe siècle

LE TRIOMPHE DU CHRISTIANISME

De Vienne à Tours
par la Loire, la voie médiane

Vienne, qui a si bien résisté aux raids des Barbares, devient le centre bouillonnant d'un diocèse avec un vicaire à sa tête. Diocèse… vicaire… Ces mots spécifiques à l'administration romaine n'ont pas encore la signification religieuse que leur donnera un peu plus tard le christianisme triomphant.

Pour l'heure, les Romains persécutent les chrétiens sur toute l'étendue de l'Empire. Or à Vienne, un tribun militaire nommé Ferréol, qui a refusé de renier sa foi dans le Christ, est décapité, et gagne aussitôt le panthéon des saints martyrs, sans que les habitants de la ville s'émeuvent de son sort.

La plupart d'entre eux, en effet, vivent à la romaine dans une ville opulente qui se veut une petite Rome au bord du Rhône. C'est vrai, ici nous sommes presque dans une cité méditerranéenne : le fleuve la relie à la mer et permet de faire voguer vers l'Italie tous les produits de son industrie : du vin, du textile, de la céramique, des mosaïques et même des tuyaux de plomb.

À Vienne, dans la peau d'un Romain

Dans le centre-ville, le temple d'Auguste et de Livie, élevé au Ier siècle avant notre ère, est un des plus anciens vestiges gallo-romains de l'Hexagone. Ce monument a eu la chance de traverser les siècles car il fut transformé successivement en église, en temple de la Raison, en tribunal et en musée avant d'être rendu dans son aspect premier (place du Palais-Charles-de-Gaulle).

Non loin, dans le jardin de Cybèle, se dressent deux arcades d'un portique du forum, rongées par le temps, certes, mais encore fièrement debout.

Et maintenant, entrez dans le théâtre romain, si vaste avec ses quarante-six rangées de gradins qui grimpent sur la colline de Pipet et surplombent le

Rhône (7, rue du Cirque). Le monument appartient à un ensemble qui comprend encore un odéon, petit théâtre annexe destiné aux spectacles de chants, et un sanctuaire qui domine les gradins.

Côté divertissements, Vienne possédait aussi son cirque, une piste de sable longue de plus de deux cent soixante mètres. Il n'en reste rien. Rien ? Si, une « pyramide » de pierre, placée à l'extrémité du boulevard Fernand-Point. Ce monument, de vingt-cinq mètres de haut avec son socle, était le pivot autour duquel tournaient les chars lors des courses offertes au public par les magistrats romains.

De l'autre côté du Rhône, sur la rive droite, à l'emplacement de Saint-Romain-en-Gal, se situait le quartier chic de la Vienne antique, un peu en retrait de l'agitation citadine. Depuis 1967, des fouilles ont ramené à la lumière les thermes luxueux, les ateliers, les habitations, les boutiques et les entrepôts qui faisaient la vie des Viennois d'antan. Cet ensemble, on l'a vu, a été progressivement abandonné à la fin du III*e* *siècle après les razzias des Barbares. Quelle émotion de se promener au milieu de ces habitations dévastées, vestiges de ces temps agités. (Musée gallo-romain de Saint-Romain-en-Gal/Vienne, route départementale 502.)*

Quittons Vienne pour remonter vers la Loire, nouvelle frontière qui griffe l'Hexagone. Empruntons l'*Iter Viennensis*, le chemin de Vienne, qui conduit vers cette rivière, longeons la rive droite du Rhône, puis le Gier que nous franchissons grâce à un pont situé un peu plus loin ; enfin, virage vers la gauche, et nous arrivons sur la Loire à hauteur du Forum Segusiavorum, le forum des Ségusiaves. De ce forum nous ferons Feurs, en région Rhône-Alpes.

Forum Segusiavorum est une ville de plaine, un embranchement de quatre voies romaines marquées chacune d'une borne-itinéraire qui indique au passant les distances à franchir avant la prochaine étape. Au carrefour de ces itinéraires, le forum se dresse avec ses colonnades, ses statues et son toit pentu de tuiles rouges, mirage bienfaisant pour le voyageur qui peut trouver ici le réconfort des thermes, le bonheur des boutiques et le secours du dieu Sylvain, génie des Forêts, prié en son temple.

À Feurs, le forum abandonné

Les invasions barbares n'ont pas épargné Feurs, et son forum sera progressivement abandonné. Place de la Boaterie, quelques vestiges sont toutefois encore visibles.

Place de la Boaterie ? On croirait lire Marcel Pagnol nous proposant d'embarquer sur le « ferry boâte » marseillais ! En fait, ce terme chantant vient du vieux langage forézien et fait allusion aux bœufs que l'on vendait à cet endroit.

Forum Segusiavorum possède son port sur la Loire. De légères embarcations et d'étroites pirogues prennent le risque de suivre le cours du fleuve, même s'il est un peu capricieux dans ces parages. Ce genre de déplacement est fort apprécié des Gaulois : plus rapide que la voie terrestre, et plus sûr aussi face aux brigandages des chemins ! Mais tous ne voyagent pas de la même manière. Les pauvres s'entassent sur des barques surchargées tandis que les plus riches ont pour eux de belles embarcations luxueusement aménagées avec litières et coussins.

Les uns et les autres descendent jusqu'à Rodumna – dont on fera Roanne, en région Rhône-Alpes. Cette ville est plantée sur une éminence dominant les eaux… Petite ville, mais grand port. En effet, si Rodumna a été labouré par les Barbares, son port n'a jamais cessé son activité : ici, le fleuve calme ses ardeurs, ses courants sont moins furieux, son débit plus régulier… Bref, il devient pleinement navigable. À Rodumna, le commerce est si fructueux que négociants et bateliers se sont regroupés au sein de la corporation des nautes – d'un terme grec qui signifie « matelot ». Ces nautes régentent tout ce qui fait le négoce fluvial : charger les bateaux, assurer les arrivages, descendre et remonter la Loire, transborder enfin les marchandises sur des chariots…

Car si la route reste utilisée pour les transports rapides, on préfère le fleuve pour les chargements lourds et volumineux. Cette voie présente de nombreux avantages puisqu'elle évite le brigandage des routes et l'étroitesse des chemins, permettant ainsi le transport de charges importantes, une embarcation fluviale pouvant convoyer à elle seule le contenu d'une trentaine de chariots. En Gaule, les Romains ont favorisé cette navigation, notamment par l'entretien régulier des chemins de berges nécessaires pour le halage… En effet, bien souvent, les embarcations remontent les cours d'eau tractées depuis la rive par des chevaux ou des bœufs harnachés aux filins.

Le prochain port sur la Loire est Nevirnum – Nevers –, place forte très commerçante, puis nous arrivons à Aurelianum, la ville de l'empereur Aurélien – que nous franciserons en Orléans. Enfin nous parvenons au terme de notre voyage : Caesarodunum, la colline de César – autrement dit Tours, préfecture de l'Indre-et-Loire.

Comment connaît-on le réseau routier romain ?

L'archéologie, bien sûr, nous aide grandement à comprendre la manière dont les Romains ont tracé les voies en Gaule, mais ces bâtisseurs ont aussi développé l'art délicat de la carte routière. On sait qu'ils s'attachaient méticuleusement à dessiner des itinéraires peints, dont un seul est parvenu jusqu'à nous. Il s'agit de la Table de Peutinger, un rouleau de parchemin long de presque sept mètres qui constitue un véritable atlas des routes et des villes de l'Empire. Cette Table, détenue jadis par l'humaniste allemand Conrad Peutinger, est une copie médiévale d'une carte romaine établie au IVe siècle. Elle est aujourd'hui déposée à la Bibliothèque nationale de Vienne, en Autriche.

Pour la Gaule, la Table commet quelques erreurs géographiques et étale tout au long des feuillets une étrange déformation en longueur de l'Hexagone. N'empêche, le parchemin permet de suivre l'itinéraire de près de quatre-vingts routes et de repérer de nombreux sites. Les grandes villes sont signalées par un logo particulier, deux tours à toit pointu ; les stations thermales sont symbolisées par un bâtiment massif agrémenté d'un bassin central. Muni de ce document, le voyageur romain pouvait partir de découverte en découverte.

Avec le nouveau découpage de la Gaule en deux régions séparées par la Loire, Caesarodunum-Tours devient tout naturellement une ville frontière. Une ville pourtant bien malade : les Bagaudes l'ont dévastée, et tout autour on ne voit que champs à l'abandon, villages assaillis, paysans affamés et bandes armées… À l'image des autres cités gauloises, le futur Tours s'est replié derrière de nouvelles murailles. Bien sûr, cette enceinte fortifiée protège la ville des débordements du temps, mais elle la limite aussi. Tout ce qui faisait sa grandeur, sa beauté, son faste, les bains publics, les temples, l'amphithéâtre, commence à se dégrader dans l'indifférence générale. Seul reste solide le pont jeté sur le fleuve, qui permet de passer d'un diocèse à l'autre…

Les vestiges aquatiques du pont de Tours

À Tours, le pont du IVe siècle n'est pas le même que celui de naguère, avant les invasions barbares : ce pont ancien était situé à l'emplacement de l'actuel pont Wilson, et se trouvait donc trop loin de la nouvelle enceinte défensive. Alors, il fallut un nouveau pont. Il a été construit à hauteur de l'actuelle passerelle piétonne... L'été, quand la Loire est basse, vous apercevrez à l'est de la passerelle les piles de bois du pont antique... C'est peu de chose, sans doute, mais la pérennité de ces vestiges tient du miracle quand on connaît la violence et les caprices du fleuve.

Le siècle a commencé dans les persécutions religieuses, mais le calvaire des chrétiens se termine. En 313, l'empereur Constantin promulgue l'édit de Milan : « Nous avons pensé qu'il était conforme à la sagesse et à la raison de ne refuser à personne la liberté de professer, soit la religion chrétienne, soit toute autre religion qu'il jugerait mieux lui convenir, afin que cette souveraine Divinité, à laquelle nous rendons un hommage volontaire, continue de nous accorder sa protection et sa faveur... »

En fait, l'empereur s'est déjà converti en son cœur, même s'il n'acceptera le baptême que vingt-quatre ans plus tard, à l'instant de son agonie. Comment expliquer cette conversion et cette foi inébranlable ? Les âmes mystiques parleront d'un songe prémonitoire et d'une croix vue dans le ciel...

Quoi qu'il en soit, cet édit de tolérance est accueilli en Gaule avec reconnaissance et soulagement. La religion chrétienne y est encore minoritaire, et la population est heureuse de voir revenir les druides et de prier les anciennes divinités celtiques. Bref, les Gaulois sont libres de penser comme ils le veulent.

Son édit à peine signé, Constantin arrive en Gaule pour un voyage diplomatique et militaire qui a deux objectifs : abaisser les impôts et repousser les Germains. En fait, les deux démarches vont dans le même sens, celui de l'unité de l'Empire. En effet, en diminuant les taxes, l'empereur cherche à rallier la Gaule entière à la cause romaine.

À Tours, l'empereur juge les murailles un peu trop légères pour résister longtemps aux incursions des Francs. Il ordonne alors la construction de remparts solides, épais, composés de mortier, de pierres et de briques. Pour répondre au plus vite à la demande impériale, l'amphithéâtre est dépecé : désormais ses pierres, retaillées et entassées, protégeront la ville.

Des murailles et un castellum pour défendre Tours

Les parties sud et est de la muraille sont encore bien visibles. Le mur « est » peut s'apercevoir à hauteur du 13, rue Blanqui. Le mur « sud », quant à lui, est accessible par le porche d'un immeuble au 12 de la rue du Petit-Cupidon. L'arrondi qui le jouxte à l'ouest n'est autre que le vestige de l'amphithéâtre dépecé et incorporé dans cette nouvelle enceinte pour faire face aux invasions. Sa forme est particulièrement bien repérable dans le tissu urbain par les maisons qui s'enroulent autour de lui.

Plus loin, vers l'ouest, une tour d'angle a été incorporée dans l'ancien archevêché. On la distingue très nettement par rapport à la facture plus classique du bâtiment (à côté de la cathédrale). Les lourdes tours de la cathédrale reposent sur les assises de la muraille dont on devine le tracé au bas de la tour nord. Terminons notre visite de l'enceinte par le château, dont les fondations reposent aussi sur le rempart romain : on en distingue parfaitement bien l'appareillage au niveau du logis des gouverneurs, le long de la Loire.

Maintenant, éloignons-nous de dix kilomètres du centre de Tours, vers le sud-est, pour arriver à Larçay. Sur cette position stratégique fut construit à la fin du IIIe *siècle un castellum, un petit fortin situé à l'intersection de deux voies romaines. Cette lourde bâtisse flanquée de plusieurs tours est sans doute le fort romain le mieux conservé du nord de la Gaule.*

Tours a bien besoin de défenses, car la Gaule entière devient le champ de bataille privilégié sur lequel s'affrontent les légions romaines et les hordes barbares. Il n'y a plus de répit. L'empereur Constance, parti vers l'Orient, a nommé son cousin Julien vice-empereur, avec mission d'aller administrer la Gaule et de repousser les agressions barbares.

Il ne sait plus où donner de la tête, Julien ! Dès 356, et durant quatre ans, il consacre toute son énergie à contenir les Germains. Les incursions barbares ne finiront-elles donc jamais ? On a l'impression d'une guerre toujours recommencée qui ne connaît ni vainqueurs ni vaincus, mais dont les Gaulois seuls sont les victimes. En fait, la sempiternelle confrontation entre Gaulois, Germains et Romains est en train de changer profondément l'Empire. Car tous les Barbares ne sont pas des ennemis acharnés des Romains. Certains sont même enrôlés dans les légions. Finalement, une lente assimilation mêlera les uns aux autres, et Honorius, fils de l'empereur Théodose, épousera la fille d'un Barbare romanisé. Bref, les barrières tombent, les peuples s'ouvrent, les nations se confondent.

*
* *

Revenons à Tours. La ville est devenue la capitale de la Gaule lyonnaise troisième, récente entité administrative romaine, car un nouveau découpage a divisé la Gaule en dix-sept provinces. Tours gère donc un espace qui englobe Angers, Nantes, Vannes, mais aussi Le Mans… Et le Sarthois d'adoption que je suis ne peut que vous inciter à aller contempler là-bas ce qui représente, à mes yeux, la plus belle de toutes les murailles romaines. Onze tours, trois poternes, cinq cents mètres d'enceinte tout en grès rouge, qui dit mieux ?

Mais la vraie révolution de ces temps n'est pas dans le débitage officiel de la Gaule en nouvelles régions… En 371, une délégation des chrétiens de Tours se rend à Ligugé, près de Poitiers, où Martin, un vieil homme émacié, s'est retiré depuis une dizaine d'années. On le connaît de réputation, Martin ! Il est né en Pannonie – la Hongrie actuelle –, il a coupé son manteau pour en offrir une moitié à un pauvre, il a créé un monastère dans une villa romaine désaffectée, il a regroupé autour de lui unc poignée de disciples venus recueillir son enseignement… Il a même, dit-on, ressuscité un mort, le temps de lui administrer le baptême.

Les chrétiens de Tours l'implorent d'abandonner sa vie recluse pour venir occuper le siège épiscopal de leur ville. Martin se récrie, jamais ! Comment pourrait-il se détourner de ses disciples ? S'il a fondé le premier monastère des Gaules, ce n'est pas pour le déserter !

On se roule à ses pieds, on évoque la maladie d'une pauvre femme… Ah, si c'est pour faire un miracle… Martin veut bien se déplacer.

Et le voilà donc sur le chemin de Tours. À peine est-il arrivé en ville qu'il faut procéder à l'élection du nouvel évêque. Les ouailles sont enthousiastes, mais quelques évêques venus à la cérémonie font grise mine : Martin n'a rien d'un mondain et leur fait un peu honte. Les yeux rougis par les veilles, le visage creusé par les privations, le vêtement rongé par la pauvreté, Martin donne de l'Église une image misérabiliste et souffreteuse. Le prélat d'Angers, nommé Defensor, est le plus hargneux des opposants… Mais il a beau s'égosiller, le petit peuple chrétien de Tours veut Martin, il faut lui donner Martin.

Quelques jours plus tard, lors de l'intronisation de l'évêque élu par la *vox populi*, un jeune garçon ouvre le psautier et lit au hasard :

– Par la bouche des enfants et des nourrissons tu t'es rendu gloire à cause de tes ennemis pour détruire l'ennemi… et le défenseur !

Le défenseur, c'est Defensor ! Le Christ lui-même, en inspirant à l'enfant la lecture de ce verset du Psaume 8, vient de se manifester : il condamne ceux qui ont osé s'opposer au saint homme venu du cœur de l'Europe.

Martin, une fois évêque, occupe d'abord une simple cellule attenant à sa cathédrale, mais cette pièce lui paraît encore trop ostentatoire ! Il va alors s'isoler hors de la ville dans une modeste cabane de bois située près du rivage de la Loire, ou bien il se retire dans une grotte ouverte dans la falaise crayeuse… Une petite foule de disciples, tentés par la vie ascétique et séduits par la contemplation, se précipite pour se consacrer, elle aussi, à une vie d'austérité et de dévotion. Déjà, quelques baraques se construisent autour de la cabane de Martin, tandis que d'autres moines vont se réfugier plus haut sur le coteau, dans les grottes naturelles dont ils ne sortent qu'à l'heure de la prière.

Durant neuf ans, Martin se consacre discrètement et modestement à son apostolat. Tout va changer le 28 février 380. Ce jour-là, l'empereur Gratien, jeune homme de vingt et un ans, décrète l'édit de Thessalonique qui fait du catholicisme la religion officielle de l'Empire : « Nous ordonnons que ceux qui suivent cette loi prennent le nom de Chrétiens Catholiques et que les autres, que nous jugeons déments et insensés, assument l'infamie de l'hérésie. » Soucieux de donner l'exemple, Gratien fait retirer du Sénat romain la statue de la Victoire, imprudente initiative pour un empereur appelé à faire la guerre…

Les autres cultes sont interdits. La religion d'amour et de pardon, qui cherchait naguère à se faire une petite place, occupe désormais tout l'espace. Martin peut maintenant librement laisser éclater sa sainte colère contre les dieux de pierre : il fait méthodiquement briser les idoles, détruire les temples païens et abattre les arbres sacrés des druides…

Si les chrétiens applaudissent, de nombreux Gaulois refusent la loi nouvelle et continuent d'adorer impunément les divinités traditionnelles. Et trois ans plus tard, ces Gaulois-là ont l'occasion d'exprimer leur exaspération. En effet, un certain Maxime, gouverneur de l'île de Bretagne, vient de se révolter contre l'autorité centrale… Le rebelle entraîne toute son armée dans une guerre totale contre l'empereur, et débarque en Gaule pour affronter les légions impériales. Gratien accourt pour arrêter la marche du félon, mais il est bien seul : parmi ses soldats et dans la population gauloise, ils sont nombreux à passer du côté de Maxime. Peut-être les Gaulois ne sont-ils pas mécontents de voir vaciller celui qui a relancé les déchirures religieuses dans l'Empire…

Près de Lutèce, dans une bataille ultime, Gratien est écrasé. Trahi par son armée, il doit fuir, entouré du dernier carré de ses fidèles, trois cavaliers venus d'Asie prêts à mourir pour leur maître. Dans une course éperdue, Gratien traverse la Gaule, cherche refuge de ville en ville, mais les portes se ferment les unes après les autres… Personne ne va donc accueillir l'empereur déchu ? Si, Lyon ! Le gouverneur reçoit Gratien, au moins le temps de voir arriver les soldats de Maxime… Pour le fugitif, la ville se transforme alors en souricière. Il veut déguerpir encore, mais il est trop tard, il n'y a plus rien à faire, il faut mourir. Gratien est égorgé sans bruit, sans drame, comme si le destin, fatigué, ne pouvait pas trouver une autre conclusion à l'aventure.

Maxime demeure quelques années en Gaule, empereur sans couronne, mais général vainqueur qui repousse victorieusement les Germains. Quand on est ainsi presque empereur, pourquoi ne pas chercher à devenir empereur tout à fait ? En 387, Maxime passe en Italie, bien décidé à voler jusqu'à Rome… Il est arrêté dans sa course folle par le général Arbogast, un Franc devenu officier dans l'armée romaine. Par sa victoire, celui-ci obtient le droit de partir en Gaule, et ce Barbare païen défend le pays contre d'autres

Barbares païens. La Gaule s'est trouvé un maître à sa mesure, l'empereur c'est Arbogast... Mais Théodose, le véritable empereur, ne peut pas accepter cette sourde dissidence. Arbogast contre Théodose, la bataille a lieu en Italie. Le général franc, trahi par ses troupes franques, préfère se donner la mort.

Théodose victorieux ne pardonne pas à la Gaule de se choisir périodiquement de supposés empereurs, toujours en dissidence avec les empereurs de Rome. Offusqué par des Gaulois trop frondeurs, Théodose décide d'ignorer désormais cette intenable province. Que les Gaulois se débrouillent tout seuls avec les Barbares !

*

* *

Et le siècle se termine par la mort de saint Martin. À quatre-vingt-un ans, le saint homme s'est rendu à Candes, au bord de la Loire, aux confins de la Touraine, pour une tournée épiscopale. Il doit prier et apaiser les âmes en participant à un colloque destiné à maintenir l'unité des clercs de l'Église. C'est le voyage de trop. Martin quitte la vie terrestre le 8 novembre 397 en prononçant ces ultimes paroles :

– Seigneur, en voilà assez des batailles que j'ai livrées pour toi. Je voudrais mon congé. Mais si tu veux que je serve encore sous ton étendard, j'oublierai mon grand âge.

Aussitôt, les chrétiens de Tours, où Martin fut évêque, et ceux de Ligugé, où Martin s'était jadis retiré, revendiquent chacun le corps...

– C'est notre moine. Qu'il vous suffise d'avoir profité de son éloquence pendant qu'il était évêque en ce monde. Vous avez pris part à sa table, vous avez été comblés de ses bénédictions, et de plus vous avez joui de ses miracles, plaident les Ligugéens.

– Si vous prétendez que les miracles faits chez nous doivent nous suffire, sachez qu'il en a opéré davantage quand il se trouvait parmi vous, répondent les Tourangeaux.

Sans doute lassés de ces interminables débats autour du défunt, les pieux paroissiens de Tours précipitent la sainte dépouille par la fenêtre, la récupèrent vite fait, l'enlèvent, la chargent à la hâte sur un bateau, et vogue la galère ! On file sur la Loire, direction Tours. L'embarcation glisse sur les eaux, et sur son passage les fleurs éclosent, les arbres reverdissent, les oiseaux chantent... En plein novembre, c'est l'été de la Saint-Martin !

Témoin spectaculaire d'une légende extraordinaire

De la procession fabuleuse qui vit le corps de saint Martin glisser sur la Loire pour retourner à Tours, un témoignage est parvenu jusqu'à nous... C'est la tour de Cinq-Mars-la-Pile. Cette tour de trente mètres de haut, située près de la Loire entre Candes et Tours, est une pile gallo-romaine, c'est-à-dire un monument funéraire dressé pour une personnalité dont on a oublié jusqu'au nom. Par sa hauteur, elle servait d'amer, autrement dit de point de repère pour les bateaux, et aura sans doute guidé les mariniers tourangeaux qui avaient soustrait l'enveloppe mortelle de saint Martin.

Martin, premier chrétien canonisé sans avoir subi le martyre, ouvre une période nouvelle, celle où l'Église impose sa loi. Sur la tombe de l'évêque de Tours, une basilique va bientôt s'élever, et les foules viendront y prier. La Gaule a grand besoin de son saint protecteur.

11

ve siècle

QUAND ROME RENAÎT À REIMS

De Tours à Reims
par les chemins brûlés d'Attila

Le nouvel évêque de Tours, Brice, ne partage en rien les obsessions misérabilistes de saint Martin, son prédécesseur. Au contraire ! Ce prélat adore la richesse, les chevaux, les belles esclaves et les accortes servantes du culte… D'ailleurs, accusé d'avoir engrossé l'une de ses religieuses, il doit fuir à Rome pour se placer sous la protection du pape. Heureusement, Sa Sainteté refuse de prêter l'oreille aux médisances. Prudent, Brice met tout de même sept ans avant de revenir occuper son trône épiscopal sur le bord de la Loire. À son retour, les esprits se sont apaisés, plus personne ne lui reproche ses frasques, et l'Église finira même par canoniser cette ombre noire de saint Martin.

Saint Brice n'a pourtant pas limité ses activités au dressage de chevaux et aux amours ancillaires, il a aussi fait construire un monastère sur le coteau boisé où, naguère, Martin réunissait ses disciples. En ce lieu béni par l'esprit du saint disparu, convergent bientôt les prélats les plus fervents, les abbés les plus éminents, les moines les plus exemplaires. *Majus Monasterium*… « Le plus grand monastère », dit-on alors. Et de ces deux termes latins, le parler populaire, distordant les syllabes, fera Marmoutier. L'abbaye de Marmoutier – puisque c'est comme ça, désormais, qu'il faut l'appeler – connaîtra de grandes heures et de sombres périodes. À moitié détruite par les Vikings, saccagée par les protestants, elle fut transformée en hôpital militaire, puis restaurée par l'ordre du Sacré-Cœur de Jésus dont les dernières sœurs ont quitté les lieux en 2001.

En retraite chez saint Martin

Détruite, vendue, réhabilitée, démantelée, rebâtie, l'abbaye de Marmoutier nous parle encore. Si un établissement scolaire occupe les bâtiments du XIXe *siècle, les témoignages archéologiques restent nombreux et éloquents. Il y a d'abord l'enceinte avec ses portes et ses tours circulaires construites entre le XIIIe et le XVIIIe siècle, il y a aussi le monumental portail de la Crosse, toujours solide pour accueillir le visiteur. Mais surtout, allez vous perdre dans les vestiges de l'église gothique... Vous découvrirez ce petit coin creusé dans la falaise où, dit-on, saint Martin venait en solitaire chercher le repos du corps et la béatitude de l'âme. Dans les profondeurs de l'abbaye, d'autres grottes recèlent un autel, une fontaine, un baptistère... témoignages de ces siècles de prières et de dévotions. (Entrée au 60, rue Saint-Gatien, à Tours.)*

Après la mort de saint Martin, Tours entretient pieusement son culte et se blottit douillettement derrière ses murailles. Les habitants ont raison de ne pas craindre l'avenir : ils seront épargnés par les nouvelles invasions barbares. Ce n'est pas le cas de toutes les cités des bords de Loire. En l'an 410, Francs et Bretons s'affrontent le long du fleuve. Mais où sont les Romains ? Ils ont bien d'autres soucis ! D'abord, l'Empire a été scindé en deux : Empire romain d'Occident avec Ravenne pour capitale, Empire romain d'Orient groupé autour de Constantinople. Ensuite, Rome même est assiégée ! Les Wisigoths, peuple germain venu de la mer Noire, saccagent la Ville éternelle durant trois jours. Ce pillage d'une capitale inviolée depuis huit cents ans marque le début de l'irrévocable déclin de l'Empire.

Alors, le Breton Ivomadus se met à la tête de mille hommes et vient occuper Blois pour en faire une tête de pont de la Ligue armoricaine. Car là-bas, la Bretagne gauloise subit des mutations profondes… Chassés par les invasions saxonnes et les Scots venus du nord, les Bretons de la grande île viennent en masse se réfugier sur le continent. Cette immigration transforme la réalité bretonne, ces terres deviennent celtiques… Oui, « deviennent » ! Le terroir qui, aujourd'hui, se veut farouche partisan de l'identité celtique, à travers sa langue et sa musique, n'a été véritablement celtisé qu'en ce Ve siècle !

Créé par Ivomadus, « le royaume de Blois » restera fièrement indépendant pendant un peu plus de quatre-vingts ans, narguant à la fois les Barbares et les Romains. Le nom de la ville même viendrait du breton *bleiz*, qui signifie « loup »… animal que l'on retrouve sur le blason blésois.

Cependant, alors que Blois s'érige en domaine autonome et breton, dans le reste de la Gaule, partout, c'est la cacophonie !

Au sud de la Loire, Ataulf, roi des Wisigoths, a rêvé un moment de transformer l'Empire romain en empire germain, mais il y a finalement renoncé, persuadé que rien de grand ne se ferait tant que ses sujets barbares n'auraient pas atteint le haut degré de civilisation des Latins. Bref, il a conclu une alliance avec l'empereur Honorius, une sorte de partage du monde : la Gaule aux Wisigoths, l'Italie aux Romains ! Pour sceller cet accord, il vient s'établir à Narbonne et épouse Placidia, la sœur de l'empereur, prise en otage par les Germains au moment du sac de Rome. Ces noces sont l'occasion de conforter l'amitié entre Romains et Barbares… Pourtant, malgré ses efforts pour apparaître comme un bon Romain bien policé, le Wisigoth ne parvient pas à convaincre l'empereur Honorius, qui finit par envoyer ses légions contre son beau-frère. Ataulf, sa cour, sa femme, ses troupes passent alors en Espagne. Mais en Gaule, on en veut à Ataulf, il aime trop Rome et sa belle Romaine. Aussi est-il assassiné l'année suivante, en 415, poignardé par un serviteur, main armée par le parti germain et Germain lui-même.

Un nouveau roi, Wallia, signe un traité avec Rome, rend Placidia à son frère l'empereur et reçoit six cent mille boisseaux de blé pour son armée. Puis, après être allé chasser les Barbares dans le nord de l'Espagne, il revient en 419 prendre possession des terres que lui offrent les Romains en échange de ses bons et loyaux services : l'Aquitaine autour de Bordeaux, la Narbonnaise à l'est de Narbonne, la Novempopulanie entre Garonne et Pyrénées… Cette implantation des Wisigoths se déroule de la manière la plus pacifique qui soit, et l'historien philosophe Paul Orose, qui a vu se déployer les nouveaux venus, écrit alors : « Ils sont si doux, si innocents, si paisibles, qu'ils vivent avec les Romains non comme des sujets, mais comme des frères. »

Seulement voilà, il n'y a pas que les Wisigoths. Au nord de la Loire, des vagues successives se lancent à la conquête de la Gaule. Les Suèves ravagent le pays avant d'aller fonder un royaume en Espagne, les Vandales s'emparent de territoires jusqu'en Afrique, les Burgondes s'installent à l'est du Rhône et cherchent un accord avec Rome, les Alains choisissent des terres près d'Orléans et prétendent ne plus en bouger, les Francs dévastent le Nord…

Tous ces peuples présentent un front commun ou se battent les uns contre les autres, s'unissent aux Romains ou se retournent contre eux, au gré des alliances et des circonstances.

*
* *

Bientôt, une autre incursion, plus violente encore, va mettre tout le monde d'accord. Entendez-vous cette rumeur qui vient des steppes d'Asie et fait frémir toute l'Europe ? Ce sont les Huns qui s'avancent avec à leur tête Attila ! Voilà le véritable responsable des vagues d'invasion qui déferlent sur l'Hexagone. Ces hordes nomades de plusieurs dizaines de milliers d'hommes ont franchi le Rhin et progressent vers l'intérieur de la Gaule. Montés sur des chevaux trapus aux jambes courtes et fortes, les Huns se jettent sur l'adversaire d'une manière désordonnée, évitent les batailles rangées, se dispersent en bandes mouvantes, se regroupent plus loin… Tactique incohérente peut-être, mais qui laisse l'ennemi désemparé.

Les Huns, par exemple, attaquent là-bas une troupe de Germains, les affrontent avec de grands cris et de larges mouvements de javelots… puis soudain reculent ! Attila ordonne le repli. Ce petit homme râblé au teint cuivré et aux yeux bridés décampe le premier, suivi immédiatement des lanciers tandis que les archers ferment la cavalcade qui paraît fuir au galop. Les Germains exultent : le roi des Huns renonce à se battre, le grand roi a peur ! Ils se lancent à ses trousses à grands renforts de vociférations triomphantes, sans une seconde flairer le piège : au moment où ils rejoignent les fuyards, les archers de l'arrière-garde d'Attila, sans ralentir leur galop, se dressent brusquement et d'un prompt jeu de jambes se retournent sur leur selle, faisant face aux poursuivants. Les cavaliers, maintenant à l'envers sur leur monture, bandent leurs arcs en un ensemble parfait. Une nuée de flèches s'abat sur les cavaliers germains, fauchés en pleine vitesse…

On les craint tant, ces Huns, que d'étranges rumeurs les devancent et font frémir dans les chaumières… On dit que, chez eux, le crâne des petits garçons est déformé volontairement à la naissance afin de mieux s'emboîter sous le casque. On murmure qu'ils tuent leurs vieillards. On raconte qu'ils font chauffer leur viande sous la selle des chevaux, qu'ils savent à peine marcher et dorment sur leur monture. On annonce que là où ils passent, l'herbe ne repousse pas… Précédé d'une telle réputation, Attila n'a qu'à paraître pour faire trembler les populations.

Il parvient à Metz, attaque la ville le 7 avril 451, samedi saint, jour de recueillement sur les souffrances du Christ. Les autels des églises sont renversés, les prêtres passés au fil de l'épée… Finalement, toute la ville est rasée et les habitants sont massacrés. Depuis les incursions des Alamans, la fière cité avait déjà subi de terribles outrages, mais cette fois elle semble blessée à mort.

À Verdun, l'évêque prend la fuite avec tous ses fidèles. Celui de Reims est abattu devant sa cathédrale, et toute la population court se réfugier sur un oppidum éloigné. Attila continue de s'enfoncer dans la Gaule, le long des voies romaines venant de l'est, et les foules détalent devant lui.

Il en est un, pourtant, qui ne faiblit pas et pense que les Huns peuvent être repoussés. Ætius, généralissime romain, croit encore dans l'avenir de l'Empire, et pour cette cause sacrée, il est prêt à oublier les petites escarmouches du passé. Tous les peuples de la Gaule doivent maintenant s'unir contre l'ennemi commun. Sous son impulsion, Romains, Gaulois, Wisigoths, Burgondes, Alains, Armoricains et Francs se coalisent pour former une force militaire capable d'arrêter l'envahisseur asiatique.

Attila, qui a évité Paris, vient maintenant faire le siège d'Orléans. Le pont sur la Loire, protégé par la lourde enceinte de la cité, représente pour lui l'indispensable verrou qui lui offrira le franchissement du fleuve, et lui permettra de passer dans la Gaule du Sud. Le roi des Huns attaque la muraille à grands coups de bélier, des catapultes et des balistes se mettent en place. Dans Orléans, personne ne songe à fuir. De toute façon, il est trop tard : la ville est encerclée. Un vieillard de quatre-vingt-seize ans, l'évêque Aignan, appelle les citadins à la résistance. Résistance bien passive, à vrai dire, puisque le prélat se contente de leur faire chanter des psaumes et grimpe sur la muraille afin d'observer l'horizon. Au-delà des troupes d'Attila, rien ne bouge. Pas le moindre secours. Il faut prier encore. Les psaumes sont entonnés avec plus de ferveur. Pendant ce temps, les murailles tombent, les Huns investissent Orléans et commencent le pillage. Et cette fois, veilleur des murailles, vois-tu quelque chose ? Oui, il y a là-bas comme une nuée poudreuse…

– C'est le secours du Seigneur, conclut pieusement Aignan.

Ce 14 juin 451 à l'aube, des armées surgissent de trois côtés : du sud-ouest arrivent les Wisigoths ; du sud-est avancent les troupes d'Ætius ; du nord se précipitent les Francs.

Les murailles de Barbe-Bleue

La Barbe Bleue, *le conte populaire retranscrit par Charles Perrault, a puisé sa plus célèbre réplique dans la légende née de la victoire d'Orléans...*

– Agne, mon frère Agne, ne vois-tu rien venir ? demandaient les habitants à leur évêque grimpé sur la muraille.

Agne, diminutif d'Aignan, deviendra Anne dans le conte...

– Anne, ma sœur Anne, ne vois-tu rien venir ? demande l'épouse qui attend l'intervention de ses frères pour la débarrasser d'un mari décidé à l'égorger.

Ces murailles sur lesquelles guettait saint Aignan, on en trouve encore des traces à Orléans... À l'arrière du parking, face au 22, rue de la Tour-Neuve, ce mur aménagé et réaménagé à toutes les époques a subi à la fois les outrages du temps et ceux d'Attila.

Plus loin, au niveau du numéro 12 de la rue de la Tour-Neuve, la tour Blanche est une ancienne tour romaine fortement transformée, mais son appareillage antique est encore bien perceptible du côté de la rue Saint-Flou.

Dernier vestige de la muraille : devant le transept nord de la cathédrale, qui sera si chère à Jeanne d'Arc, une vingtaine de mètres de muraille et une base de tour ont été habilement dégagés et mis en valeur.

Les Huns comprennent vite qu'ils n'ont aucune chance de vaincre trois armées. Ils tournent casaque, abandonnent leur butin et décampent par la seule route restée libre, la grande voie romaine qui mène à Sens puis à Troyes. Ils ont évité la bataille. Pas pour longtemps. Au bout de quelques jours de galop à travers les plaines de Champagne, ils sont rattrapés par les alliés et c'est le grand choc, la terrible confrontation… dont on ne sait rien !

Où s'est-elle déroulée, cette bataille ? Quelle était l'importance des troupes engagées ? Ni les textes anciens ni l'archéologie ne permettent de répondre clairement à ces deux questions. Alors, on imagine, on suppute, on évalue… Le lieu de l'affrontement ? Quelque part sur la route qui part d'Orléans et conduit à Reims, ce qui fait tout de même une incertitude de deux cent cinquante kilomètres ! Cette bataille dite des champs Catalauniques a été longtemps située du côté de l'actuelle Châlons-en-Champagne, Civitas Catalaunum à l'époque. Mais d'autres historiens placent le point de rencontre dans une région plus proche de Troyes…

**Quand l'Histoire hésite,
la légende assure**

À dix-huit kilomètres de Châlons-en-Champagne, près du village de La Cheppe, le long de la Départementale 994, on trouve le lieu-dit « Le Camp-d'Attila ». La légende, transmise de génération en génération, assure que le chef des Huns a mené bataille en ces lieux. Ce fut, en tout cas, un oppidum gaulois réaménagé par les Romains. Si la végétation a repris ses droits, il nous reste le rempart de terre haut de sept mètres.

La bataille a lieu le soir du 19 juin, six jours après la fuite d'Orléans. Attila sait déjà qu'il va à la défaite : les devins l'ont lu dans les omoplates des moutons sacrifiés. Aborder le combat définitif dans de telles conditions, persuadé de marcher vers l'échec, n'incite pas à trouver la bonne stratégie militaire…

Alors que la nuit tombe, les Francs menés par leur chef Childéric luttent au corps à corps contre les soldats germains de l'arrière-garde d'Attila. La rage est telle, de part et d'autre, que l'on s'éventre dans l'obscurité. Les torchères n'éclairent que des ombres, alors on frappe un peu au hasard dans les cris, les ahanements et le cliquetis des armes. Au matin, ce n'est encore ni la victoire dans un camp ni la défaite dans l'autre, seulement un champ couvert de morts.

Mais Ætius a mis en place ses troupes. Au centre, il a posté les Alains. Sur l'aile droite, il a disposé les Wisigoths dirigés par le roi Théodoric et renforcés par les Francs sous les ordres de Childéric. Enfin, sur l'aile gauche, l'armée romaine se déploie. La tactique militaire impose de s'emparer d'une colline dominant le champ de bataille… Ætius remporte cette première manche. Peu après, les Wisigoths enfoncent les lignes d'Attila pendant que les archers hunniques tentent de briser la ligne des cavaliers alains. En vain : les troupes à cheval tiennent bon. Les Huns doivent finalement reculer. Comme dans un bon western, ils vont se blottir derrière leurs chariots rangés en cercle. Accablé, désespéré, Attila fait allumer un grand feu avec les selles des chevaux tués pendant les combats… et menace de se jeter dans les flammes, préférant la mort à la captivité. Puis il se ravise. Il cherchera des victoires ailleurs…

En attendant, il faut fuir, reprendre la route, repartir vers l'est, la frontière de Germanie…

Rien ne s'oppose à l'échappée des Huns. Ætius n'a pas l'intention de poursuivre la guerre. D'ailleurs, il n'en a plus vraiment les moyens : les Burgondes ont déserté et les Wisigoths sont déjà repartis en Aquitaine, pleurant leur vieux roi Théodoric percé d'un coup de javelot durant l'assaut. Ætius veut juste voir ces hordes asiatiques repartir là-bas, vers le Danube. Et Attila repasse le Rhin, renonçant pour toujours à ses ambitions en Gaule afin de les porter vers l'Italie, qui ne lui réussira pas mieux. Replié définitivement au bord du Danube, il mourra en 453, étouffé par un saignement de nez durant son sommeil.

Mais il aura sa vengeance par-delà la mort. Vingt-deux ans plus tard, Oreste, son collaborateur très proche, dépose l'empereur romain en titre pour placer sur le trône son propre fils, Romulus Augustule. Ce garçon de quinze ans, manipulé par les ambitions paternelles, ne règne que dix mois. Le 4 septembre 476, il est vaincu par Odoacre, un chef germanique qui devient « roi en Italie », portant ainsi le coup fatal à l'Empire romain d'Occident, qui cesse d'exister.

*
* *

Nous n'avons pas suivi les Huns dans leur lointaine retraite. Ils ont quitté les fameux champs Catalauniques, Troyes ou Châlons, à hauteur de Reims, ville prise par Childéric. Le chef franc est devenu roi d'un petit territoire autour de Tournai, dans la Belgique actuelle, à une dizaine de kilomètres de la frontière française.

Un peu à l'étroit, il est bien décidé à étendre son domaine… Mais il meurt brusquement en 481, laissant sur le trône son fils Clovis. Ce jeune homme de seize ans accepte la lance, symbole de la royauté, fait coudre les abeilles d'or sur son manteau et porte désormais les cheveux longs noués en tresses, privilège des princes de sang royal. C'est à lui, maintenant, de poursuivre le rêve de son père.

Mais dans le reste de la Gaule, Clovis a des concurrents : les Francs, divisés en minuscules royaumes, se sont implantés dans le nord-ouest, entre Rhin et Somme. Les Wisigoths, installés en Aquitaine, se sont répandus jusqu'à Bourges et Tours. Les Burgondes occupent un territoire qui va du Jura aux Alpes avec Lyon et Genève pour capitales. Les Bretons d'Armorique se soumettent à un chapelet de petits rois locaux et autonomes. Les Alamans dominent l'Alsace. Tout cela sans compter Syagrius, général romain qui veut faire perdurer l'autorité romaine moribonde et gouverne un espace un peu confus situé approximativement entre Seine et Loire.

Dans cette géographie compliquée, l'Église a bien du mal à trouver sa place. Elle fait face à des monarques païens ou, pire, à des souverains convertis à l'arianisme… Ces chrétiens sont considérés comme hérétiques parce qu'ils ne reconnaissent ni la divinité du Christ ni l'autorité du pape. Justement, Euric, roi des Wisigoths, veut faire triompher l'arianisme et lutte contre l'Église dite orthodoxe : il interdit le remplacement des évêques décédés et s'ingénie à empêcher l'entretien des lieux de culte. Le Lyonnais Sidoine Apollinaire, évêque d'Auvergne dans la seconde moitié du ve siècle, écrit alors : « Les toits des églises pourrissent et s'effondrent, les portes en sont arrachées, l'entrée en est obstruée de ronces. Ô douleur ! »

C'est alors qu'intervient Rémi, évêque de Reims, sujet de Clovis. Aux Ariens, le prélat préfère un bon païen comme son roi, mais qui ne persécute pas les évêques et laisse à tous la liberté de conscience. D'ailleurs, la pugnacité de ce jeune homme ambitieux pourrait bien réunir sous sa bannière une Gaule encore éclatée en différents peuples. C'est donc ce roi des Francs qu'il faut séduire !

En effet, Clovis poursuit l'œuvre de conquête de son père… À Soissons, il écrase les troupes de Syagrius, détruisant ainsi le dernier réduit de l'Empire romain en Gaule. Dans l'ivresse de la victoire, les soldats francs se laissent aller à quelques exactions : les riches demeures, les temples, les églises sont pillés. Dans le butin, se trouve un vase liturgique d'argent précieux… Rémi réclame la restitution de cet objet du culte. Le roi a besoin du prélat pour asseoir son autorité, aussi demande-t-il à ses guerriers de lui céder le vase, en plus de sa part…

– Tout ce que nous voyons ici est à toi, glorieux roi, et nous sommes nous-mêmes soumis à ton autorité. Agis maintenant comme il te plaira, personne ne peut te résister ! s'exclament les soldats francs.

Mais l'un d'eux, plus avide que les autres, estime ce partage à la fois injuste et trop éloigné de la coutume ancienne fondée sur le tirage au sort…

– Tu ne recevras que ce que le sort t'attribuera vraiment ! hurle le contestataire.

Et il frappe le vase d'un violent coup de hache, assez pour fendre le métal… Rémi ne récupère qu'un vase inutilisable, et Clovis attend son moment pour laver cette humiliation. La vengeance est un plat qui se mange froid ! Un an plus tard, alors qu'il passe ses troupes en revue, le roi reconnaît le soldat mal embouché, avise son sabre et décrète que l'arme n'est pas en bon état. Il s'en saisit et la jette à terre. Au moment où le guerrier franc se penche pour la ramasser, Clovis lui fend le crâne d'un coup de hache.

– Souviens-toi du vase de Soissons[1] ! grogne-t-il devant le corps démantibulé.

Pour l'heure, Clovis est encore un roi païen dans une Gaule de plus en plus chrétienne. Mais à Soissons, ce païen s'est volontairement soumis à l'évêque de Reims, il s'en est fait le défenseur contre ses propres soldats et contre les traditions du partage de butin. En 496, nouveau pas vers le christianisme, Clovis épouse Clotilde, une princesse catholique, nièce du roi burgonde de Genève. Un peu plus tard, il écrase les Alamans, victoire considérée comme un miracle… Le triomphe des armes ajouté à l'insistance de la reine finit par convaincre Clovis d'accepter le baptême, subtile stratégie destinée à lui rallier les chrétiens de la Gaule. Le 25 décembre 499, l'évêque Rémi se charge de la cérémonie. Pour cet événement d'importance, les façades de la cathédrale sont tendues de tentures blanches, des centaines de buissons de cierges sont allumés, des encensoirs sont balancés et s'en échappe une fumée aux parfums d'Arabie, de roses de Damas et de jasmin de Perse…

1. En fait, selon Grégoire de Tours qui rapporte cette anecdote dans son *Histoire des Francs*, rédigée un siècle après l'événement, Clovis aurait dit : « C'est ainsi que tu as fait à Soissons avec le vase. » La légende a transformé les mots du roi pour en faire une réplique concise et saisissante.

– Est-ce déjà le paradis que tu m'as promis ? interroge le jeune roi enivré par les senteurs profondes, subjugué par la magnificence du moment.

– Oh non, Seigneur, je ne t'en montre que le chemin, répond l'évêque.

Ces échanges se déroulent en francique, la langue de Clovis, un parler aux accents germaniques…

– *Christus auur sus quham fona fader, zi uuaare, so selp, so thiu berahtnissi fona sunnun*, aurait dit le roi s'il avait dû prononcer sa profession de foi[1].

Puis Clovis se défait de ses attributs, habits, colliers, armes, mais garde au doigt son anneau et au poignet son bracelet, marques irréfutables de son pouvoir royal. Alors, le catéchumène entre dans la piscine aux eaux glacées en ce mois de décembre, s'immerge entièrement, disparaît quelques secondes tandis que retentissent des cris de joie :

– Alléluia ! Hosanna !

– Courbe doucement la tête, ô fier Sicambre, adore ce que tu as brûlé et brûle ce que tu as adoré, ordonne le prélat.

Sicambre… Un terme qui désigne les tribus germaniques installées depuis quelques siècles au bord du Rhin. En utilisant ce mot, l'évêque Rémi, fier Gallo-Romain de haute lignée, veut-il marquer l'origine germanique et non gauloise du roi nouvellement chrétien ?

1. *Le Christ est venu du Père en vérité, lui-même comme la lumière du soleil...* Extrait des œuvres d'Isidore de Séville traduites en francique au VIIe ou VIIIe siècle, passage publié par Gérard Gley dans son ouvrage *Langue et littérature des anciens Francs* paru en 1814.

En même temps, trois mille guerriers acceptent également le baptême au cours d'une cérémonie collective. Heureux d'entrer dans la vraie foi, ils annoncent leur credo dans un ensemble touchant.

– Les dieux mortels, nous les rejetons, pieux roi, et c'est le Dieu immortel que prêche Rémi que nous sommes prêts à suivre !

Ces Francs se placent ainsi sous la coupe du catholicisme romain, mais c'est quand même le nom de l'ancêtre païen, son grand-père Mérovée, que Clovis fait entrer dans l'Histoire. La marche au pouvoir de la dynastie mérovingienne a commencé…

Le monde change-t-il vraiment ? Clovis assure une sorte de pérennité de l'Empire romain d'Occident, sous une nouvelle forme. D'ailleurs, l'empereur romain d'Orient ne tardera pas à affubler le roi franc de titres romains : *consul* d'abord, qui confère au roi la dignité théorique de magistrat romain ; puis *patrice*, distinction offerte aux grands personnages de l'Empire. Quant à Clovis lui-même, il se fait acclamer comme *auguste*, démontrant bien sa volonté de succéder aux empereurs.

Du reste, une légende vient justifier et galvaniser les rêves du roi franc. Romulus et Remus, frères jumeaux, avaient jadis été abandonnés puis sauvés par une louve qui les avait allaités. Romulus fonda Rome… et Remus créa Reims ! La ville de Romulus a dominé le monde, les temps qui s'ouvrent pourraient voir triompher la ville de Remus…

À Reims, le baptistère retrouvé

À hauteur de la cinquième travée de la cathédrale de Reims, non loin de la chaire, a été retrouvée en 1995 à quatre mètres de profondeur une sorte de cuve ornée jadis de mosaïques bleues et vertes. Voici sans doute les vestiges du baptistère dans lequel le roi franc se fit baptiser un jour de Noël. Il reste encore quelques marches, un tuyau de plomb d'adduction d'eau et une canalisation en pierre pour nous rappeler qu'avant de devenir un baptistère, cette cuve faisait partie des thermes romains.

Les ruines ont permis de restituer le plan du baptistère, alors extérieur à la cathédrale. La cuve baptismale était située au centre d'une rotonde d'environ dix mètres de diamètre et flanquée de quatre niches.

Pas très loin de là, les fondations du chevet de la cathédrale mérovingienne sont aussi parfaitement visibles sous le maître-autel.

12

VIe siècle

LA GUERRE FRATRICIDE DES MÉROVINGIENS

De Reims à Saint-Denis
par le chemin des pèlerinages

Clovis est roi, c'est entendu. Mais roi de quoi ? Au départ, son héritage était presque misérable : un petit royaume autour de Tournai. Bien décidé à étendre son territoire, Clovis a adopté un Christ à sa mesure, une divinité qui, selon lui, devrait donner la victoire sur les champs de bataille ! Le roi n'a, semble-t-il, pas totalement intégré la notion du Dieu d'amour et de miséricorde… En tout cas, il fait systématiquement éliminer ses cousins qui dominent les petits royaumes alentour, histoire d'assurer sa prépondérance parmi les Francs. Mais surtout, le jeune roi pratique la guerre tous azimuts. En écrasant le Romain Syagrius, il a soumis Soissons et étendu ses territoires jusqu'à la Loire. En repoussant les Alamans, il a prolongé son royaume jusqu'au Rhin. Et ce n'est pas terminé…

Soissons, devenu capitale du royaume franc, respire désormais la désolation et la ruine. Les murailles sont à demi écroulées, les bâtiments publics érigés par les Romains effondrés, les temples anciens démantelés, mais le palais de Clovis reste fièrement debout. Le roi des Francs s'est installé dans les meubles de Syagrius, le dernier résident romain. Ce monument dressé sur une petite butte, séparé de la ville par un coude de l'Aisne, devient pour un temps le centre du pouvoir franc.

À Soissons, du palais à l'abbaye par un corridor

Nul ne sait quand et comment disparut le palais romain de Clovis. En tout cas, peu après la mort du roi franc, son fils Clotaire a fait construire une abbaye sur cet emplacement – ou juste à côté. De l'édifice, il reste la crypte : un corridor de pierres et des chambres funéraires… L'une d'elles a recueilli autrefois les reliques de saint Médard, évêque de Tournai. La datation des pierres est difficile, mais il est certain que cette crypte représente le dernier vestige de Soissons remontant au haut Moyen Âge.

Dans ces couloirs froids et sombres, je songe aux hommes qui forgeaient un pays en faisant la guerre, certes, mais en s'appuyant aussi sur leur foi et leur sens de la grandeur. (Place Saint-Médard à Soissons.)

Par ailleurs, une sculpture du visage du roi Clotaire a été conservée et vous attend au Musée Saint-Léger, dans l'ancienne abbaye. (2, rue de la Congrégation.)

Mais Clovis n'est pas homme à s'attarder trop longtemps dans la torpeur de Soissons. La ville des bords de l'Aisne ne convient pas à la majesté d'un roi qui ambitionne de dominer toute la Gaule… Après Tournai, après Soissons, Clovis change encore de capitale ! Cette fois, il choisit Paris. Faisons comme lui, prenons la route… en suivant la voie romaine.

Un jeu de piste pour suivre Clovis

La voie ancienne qui reliait Reims à Soissons fut aussi, plus tard, la route des sacres, quand les rois de France allaient se faire couronner à Reims. Cet itinéraire se confond parfois avec la moderne N31, mais sur d'autres tronçons, filant tout droit, celle-ci prend des noms plus en accord avec les temps anciens. Un jeu de piste passionnant nous guide ainsi sur la route suivie par Clovis... Rue des Romains à Champigny, chaussée de Brunehaut (du nom de l'épouse du roi franc Sigebert) à Fismes et à Ciry-Salsogne.

Ensuite, pour se rendre de Soissons à Paris, nouvelle capitale de Clovis, reprenons la Nationale 31 sur onze kilomètres et empruntons encore une chaussée de Brunehaut, à hauteur de Pontarcher cette fois. Une dizaine de kilomètres plus loin, nous arrivons à Chelles, petit village de l'Oise. Le trajet antique pénètre ensuite dans la forêt de Cuise pour atteindre Pierrefonds. De là, direction Béthisy-Saint-Martin, où la chaussée croise les ruines gallo-romaines de Champlieu. La rue principale de Béthisy se dirige droit sur Néry où notre route s'appelle La Trouée, puis à nouveau chaussée de Brunehaut jusqu'à Senlis. De là, nous nous connectons à la Nationale 17, appelée aussi route des Flandres : c'est l'antique voie romaine du Nord dont le tracé nous conduit au cœur de Paris. Là, elle devient le cardo principal de la ville, l'actuelle rue Saint-Martin pour la rive droite et Saint-Jacques pour la rive gauche... Nous avons ainsi parcouru l'épine dorsale du royaume de Clovis, la route qui reliait la nouvelle capitale du royaume au berceau des Mérovingiens, vers Tournai dans l'actuelle Belgique.

À Paris, le roi, sa femme et sa cour viennent s'installer dans l'ancien palais romain de l'île de la Cité, belle demeure agrémentée de jardins ombragés qui descendent en pente douce jusqu'à la Seine. Mais Paris n'a-t-il pas pour nous un air de déjà vu[1] ? Nous ne nous attarderons pas plus longtemps dans ces parages… et Clovis non plus ! Si Dieu a accordé au jeune homme la victoire sur les autres rois du Nord et de l'Est, il demeure, au sud, le grand royaume des Wisigoths qui le nargue et l'observe.

La bataille décisive a lieu en 507 dans la plaine de Vouillé, près de Poitiers. Le roi wisigoth Alaric y est tué des mains mêmes de Clovis, dit-on, et c'est tout le sud de la Loire qui s'offre alors au roi franc.

À l'exception de la Septimanie, autour de Narbonne, Clovis réunifie la Gaule pour en faire un royaume puissant. Hélas, il meurt brusquement au mois de septembre 511, à l'âge de quarante-cinq ans.

Le roi a formé le vœu d'être enterré dans sa capitale au côté de sa vieille alliée, sainte Geneviève. Par ce geste, il montre que, sur terre comme dans l'au-delà, il a offert avec confiance et fidélité son âme au Dieu des chrétiens.

Geneviève, franque par sa mère, avait été très proche de Clovis. Elle fut, après Clotilde, l'élément décisif qui poussa le roi à embrasser la foi chrétienne. Et puis, d'une manière plus politique, Clovis n'aurait pu s'imposer à Paris sans la complicité de Geneviève. Par son caractère volontaire et ses décisions courageuses, cette femme tenait la ville en amont comme en aval : des bords de Seine, elle avait su organiser la défense quand il le fallait, elle s'en était allée acheter du blé quand la nécessité s'en faisait sentir… Sans Geneviève, la couronne de Clovis aurait été un peu moins brillante, et sa capitale moins soumise.

1. *Métronome*, Éditions Michel Lafon, 2009.

*

* *

Après la mort de Clovis, la reine Clotilde a le malheur de voir ses fils s'arracher les lambeaux du royaume… La loi des Francs prévoit, en effet, la division des biens du défunt entre tous ses héritiers. Le royaume est morcelé. Thierry hérite de la partie est avec Reims pour capitale, Clodomir de la région de la Loire autour d'Orléans, Clotaire de Soissons et du nord, Childebert de Paris, de la Picardie, de la Normandie et de la Bretagne, enfin la fille du roi disparu, Clotilde la Jeune, reçoit Toulouse et l'Aquitaine.

La reine mère tente d'imposer la concorde familiale, peine perdue : les frères se font la guerre… Quant à Clotilde la Jeune, elle épouse Amalaric, roi des Wisigoths, ce qui a pour effet de faire passer l'Aquitaine dans le camp des hérétiques ariens. La victoire de Clovis effacée par un mariage ! Mais ce mariage n'est pas heureux, la jeune femme est maltraitée par un époux irascible. Elle appelle ses frères au secours, leur envoie en signe de détresse un mouchoir taché de son sang… Cri silencieux, souffrance palpable. Clotilde, la mère, incite ses fils à partir libérer leur sœur… et toute l'Aquitaine. Chez les Mérovingiens, les petits drames familiaux cachent toujours un grand appétit territorial. Childebert lance une expédition au cours de laquelle Amalaric est tué… mais la sœur délivrée mourra sur la route de Paris, et son corps sera déposé auprès de celui de son père.

Pleurant à jamais les morts, les guerres, les massacres et les haines, Clotilde, la reine mère, songe à son âme éternelle. Sa géographie pieuse tourne autour de quatre lieux : Reims pour le souvenir de la conversion du roi ;

Paris pour son défunt mari et la sainte patronne de la capitale ; Saint-Denis pour les mânes du saint décapité ; Tours où sont adorées les reliques de saint Martin. La vieillesse de Clotilde est peuplée de ces ombres… Elle est pieuse, Clotilde, et elle incite les autres à la piété. Alors, des foules de pénitents marchent dans les pas de la vieille reine et entreprennent le long chemin du pèlerinage qui va de Reims à Tours en passant par Saint-Denis et Paris.

Cette ferveur profonde qui se répand à travers le royaume a besoin des routes. Sans les voies anciennes tracées par les Romains, le culte rendu aux saints serait moins éclatant. Par ces routes, la religion se transmet, progresse, prospère. Mais parfois aussi de nouvelles routes apparaissent, la foi et la dévotion pétrissent des itinéraires singuliers qui se prolongent jusqu'au cœur des villes.

Le nouvel axe de Paris à Saint-Denis

Le visage même de Paris va se trouver bouleversé par ces pèlerinages. En effet, l'ancien axe majeur de la capitale, le cardo, *va peu à peu être doublé par un nouvel axe : la rue Saint-Denis qui, en direction du nord, mène au tombeau du saint... à Saint-Denis. Cette voie quitte Paris à hauteur de la porte de la Chapelle et relie Saint-Denis en traversant La Plaine-Saint-Denis par l'avenue du Président-Wilson.*

Dans la basilique voulue par sainte Geneviève, en pénétrant dans la crypte de saint Denis, l'œil s'échappe bien vite de la cavité laissée par le tombeau vénéré, le regard perce l'ombre pour deviner tous ces sarcophages mérovingiens chargés de mystère. Ici, deux tronçons de murs d'une dizaine de mètres témoignent du prolongement vers l'ouest de l'édifice, agrandissement réalisé au VIe *siècle. La basilique put ainsi mieux recevoir les pèlerins et accueillir les sarcophages des hauts dignitaires francs dont la proximité avec le saint leur promettait une protection divine par-delà la mort.*

Des grands et des humbles, des prospères et des impécunieux, des puissants et des petits marchent vers Saint-Denis, accomplissant ainsi le voyage de la foi, plongés dans la contemplation et la prière, passant des jours et des nuits à chanter et à jeûner…

Après avoir, elle aussi, beaucoup imploré saint Denis, la reine Clotilde finit par se retirer définitivement à Tours, auprès du tombeau de saint Martin. La ville s'est agrandie sous l'impulsion du pèlerinage. Autour de la basilique, s'est créé tout un quartier destiné à recevoir les fidèles de passage, et des monastères s'ouvrent pour dispenser des soins aux malades qui ont accompli le voyage malgré leurs souffrances. Quant à la route qui mène au saint tombeau, elle est entretenue par des âmes pieuses, à l'image de Sénoch, un prêtre ermite qui consacre ses forces à entretenir les chemins et à construire des ponts pour le confort des pénitents en marche.

Près du tombeau, Clotilde prie tout au long du jour pour que ses fils cessent enfin de se haïr et de s'entre-déchirer. Elle a la douleur de voir mourir son fils Clodomir, puis Thierry, fils aîné de Clovis. En 545, âgée sans doute de soixante-dix ans, elle s'éteint non sans avoir, une fois encore, proclamé hautement son amour pour le Christ.

Pendant ce temps, Clotaire guette et attend son heure. Son heure ? C'est la mort de son dernier frère Childebert, le roi de Paris ! Et celui-ci ne tarde pas à s'effacer : en 558, il succombe, laissant le champ libre au dernier des fils de Clovis. À soixante ans, Clotaire accomplit enfin son destin : il devient roi d'un pays réunifié, à l'image de ce qu'avait accompli son père Clovis... De Toulouse à Cologne, de Genève à Tournai, il a reconstitué le royaume franc ! Son père ne lui avait laissé que le petit royaume de Soissons, mais Clotaire a œuvré lentement, impitoyablement, pour dévorer tout l'héritage de ses frères. Un travail de longue haleine : il lui aura fallu quarante-sept ans de meurtres, de trahisons et de perfidies pour atteindre son but ! Durant ce quasi demi-siècle, il aura envahi le royaume des Burgondes, récupéré la Provence, capté le royaume de Metz, repoussé les Saxons, emporté l'Auvergne, tué les deux fils de son frère Clodomir, fait la guerre à Childebert, son autre frère... Quant à sa reine, il a le choix : ce boulimique a épousé six femmes ! Mais sa préférée reste peut-être Arégonde, de dix-sept ans plus jeune que lui, la mère de Chilpéric.

Pourtant, le destin facétieux ne le laissera pas profiter longtemps dc son succès... Trois ans plus tard, au cours d'une chasse dans la forêt de Cuise (que nous avons traversée après Pierrefonds), Clotaire vacille, tremble, une forte fièvre le saisit. Il sait que la mort le menace, il appelle ses quatre fils, leur parle du royaume en héritage, demande à être enterré à Soissons et meurt en s'étonnant qu'un aussi grand roi que lui-même doive subir le sort commun à tous les mortels.

Arégonde retrouvée

Clotaire se fit enterrer à Soissons, mais une quinzaine d'années plus tard, sa veuve préférée, la reine Arégonde, fut inhumée dans la basilique Saint-Denis, qui n'était pas encore la sépulture des rois de France. Le sarcophage intact a été retrouvé en 1959 au cours de fouilles dans les sous-sols. La dépouille a été identifiée grâce à une bague en or marquée ARNEGVNDIS. *Son long manteau de soie était teint de pourpre, un privilège royal, et les extrémités des manches étaient brodées de fils d'or ; son long voile de soie était agrémenté de motifs jaune et rouge, ses chaussures étaient de chevreau rouge, et elle portait des bijoux d'or et d'argent ornés de grenats venus d'Asie, sans oublier des boucles d'oreilles en forme de corbeilles, alors à la mode dans le monde byzantin. Ces bijoux sont déposés au Musée du Louvre, et le sarcophage de pierre se trouve dans le déambulatoire de la crypte de Saint-Denis.*

Dès la mort de son père, Chilpéric, le fils de Clotaire et d'Arégonde, se précipite à Paris pour tenter de prendre le pouvoir. Les trois autres héritiers n'ont évidemment aucune intention de se laisser dépouiller : ils marchent à leur tour sur la capitale. Finalement, on tire au sort la part de chacun… À Gontran échoit Orléans avec le pays des Burgondes – la Bourgogne –, à Caribert reviennent Paris et la plus grande partie de l'Aquitaine ; Chilpéric hérite de la Neustrie, traduisez les nouveaux territoires de l'ouest avec Soissons, et Sigebert de l'Austrasie, comprenez les territoires de l'est, avec Reims et Metz. À nouveau, l'œuvre de Clovis et de Clotaire est ruinée, le royaume divisé.

Pour simplifier les choses, Caribert meurt en 567, ne laissant que des filles… Pas question de partager le pouvoir avec ces damoiselles ! Les frères du défunt s'entendent tant bien que mal sur un partage plus ou moins équitable de son royaume.

Mais la gloire des royaumes francs semble illuminer le seul Sigebert, roi d'Austrasie, qui a épousé à Metz la princesse Brunehaut, fille d'Athanagilde, roi des Wisigoths d'Hispanie. Chilpéric, jaloux, a voulu lui aussi une reine de prestigieuse lignée… Sa femme, la gentille Audovère, jolie frimousse mais tête vide, ne lui semblait pas vraiment digne d'une grande dynastie. Alors, en tant que roi et maître tout-puissant, il l'a répudiée, malgré leurs cinq enfants, quand il a trouvé celle qui décorerait plus joliment son arbre généalogique. Elle s'appelle Galswinthe, et elle est la sœur aînée de sa belle-sœur Brunehaut. Bon, c'est vrai, elle est fort laide, mais tout de même, elle est fille d'un grand roi ! D'ailleurs, que l'épouse soit accorte ou disgracieuse importe peu : ces épousailles ne sont que stratégie et politique. Cette union paralyse les Wisigoths, qui ne peuvent plus choisir entre Neustrie et Austrasie, les deux provinces étant désormais, et par mariage, les alliées de l'Hispanie.

Galswinthe remplit consciencieusement son rôle de prestige et de relations publiques… Chilpéric ne lui en demande pas davantage. Pour les étreintes, il garde auprès de lui la chère Frédégonde, la belle aux cheveux blonds, sa maîtresse en titre. Seulement voilà, Frédégonde ne compte pas se satisfaire longtemps du rôle obscur de courtisane consacrée aux plaisirs royaux. Elle incite donc son amant à répudier l'encombrante Galswinthe… Mais Chilpéric rechigne : il devrait rembourser la dot. Quant à la faire occire, il redoute les représailles de son royal beau-père d'Hispanie. Par bonheur, celui-ci a le bon goût de trépasser, libérant définitivement Chilpéric de ses craintes et de ses hésitations.

Et c'est ainsi que par une nuit sans lune, les fantasmes assassins de Frédégonde prennent forme. Une ombre se profile, se glisse jusqu'à la couche de la reine endormie, des mains cherchent le cou, serrent, fort, plus fort… Galswinthe ne se réveille pas, elle succombe sans un bruit, comme elle a vécu.

Son forfait accompli, Chilpéric épouse tranquillement sa Frédégonde. Il en est certain : la disparition de la pauvre Galswinthe n'attristera personne…

L'assassin a oublié Brunehaut, la sœur de sa victime !

La reine d'Austrasie ne décolère pas et réclame vengeance. Elle lance alors sa *faide*, une vendetta à la manière franque. Dans un premier temps, Chilpéric est convoqué solennellement devant un conseil de famille. Son frère Gontran, roi d'Orléans, se fait juge et arbitre, et annonce avoir trouvé une solution honorable : à titre de compensation, Brunehaut recevra les provinces offertes à la défunte Galswinthe lors de son mariage. Bordeaux, Limoges, Cahors devraient ainsi devenir l'apanage de la reine d'Austrasie.

C'est mal connaître Chilpéric ! Il fait mine d'accepter, rentre chez lui, mobilise ses soldats et attaque le royaume de son frère Sigebert, roi d'Austrasie, le mari de Brunehaut, afin de lui reprendre les espaces qui lui ont été attribués.

En 575, encerclé à Tournai, Chilpéric est sur le point d'être vaincu… Pas question ! Il fait tuer Sigebert qui tombe sous les coups de deux assassins armés de poignards à lame empoisonnée. Dix ans plus tard, il paiera son forfait, assassiné à son tour à l'arme blanche dans son domaine de Chelles, près de Paris.

Chelles : où a été assassiné Chilpéric ?

À Chelles, en Île-de-France, l'endroit précis où le roi Chilpéric fut mortellement poignardé est marqué d'une petite borne de pierre blanche. Peut-être pour ne pas oublier jusqu'à quelle extrémité peut aller la haine fratricide. Cette ancienne « borne de Chilpéric », on la trouvera dans le parc Émile-Fouchard, autrefois jardin de l'abbaye.

Gontran, dernier survivant de la fratrie, devient donc en 584 le seul roi des Francs. Il manœuvre assez habilement pour ne pas se faire massacrer, et mourir paisiblement dans son lit après avoir régné seul durant neuf ans. Mais qui va lui succéder ? Sa descendance a été décimée : son premier fils a péri empoisonné à l'âge de sept ans, le deuxième est mort en bas âge, deux autres ont été terrassés par la peste…

Le royaume se trouve alors partagé entre les neveux du défunt : le fils de Sigebert, Childebert II, devient roi d'Austrasie, puis de Bourgogne, et le fils de Chilpéric, Clotaire II, âgé de neuf ans, roi de Neustrie. Dès lors, le devenir du royaume franc s'accomplit dans les luttes interminables entre ces deux territoires. Les jeunes souverains ne sont rien, ce sont les reines mères qui mènent le jeu : Frédégonde en Neustrie, Brunehaut en Austrasie.

D'abord, l'armée de Neustrie écrase les soldats d'Austrasie. Frédégonde triomphe ! Mais la mort, qui vient briser les plus grandes ambitions, emporte la reine en 597, à l'âge de cinquante-deux ans… C'est la chance de l'Austrasie, qui balaie à son tour les soldats de Neustrie.

Ainsi, après avoir vaincu les Romains, les Alamans et les Wisigoths, les Mérovingiens se sont trouvé en eux-mêmes un ennemi plus implacable encore. Dans cette querelle familiale, chacun cherche à unifier à son profit les différents royaumes de ce qui constituera une nation nouvelle : la Francie.

13

VIIe siècle

LES TERRIFIANTS PÉPINS DE LA RÉALITÉ

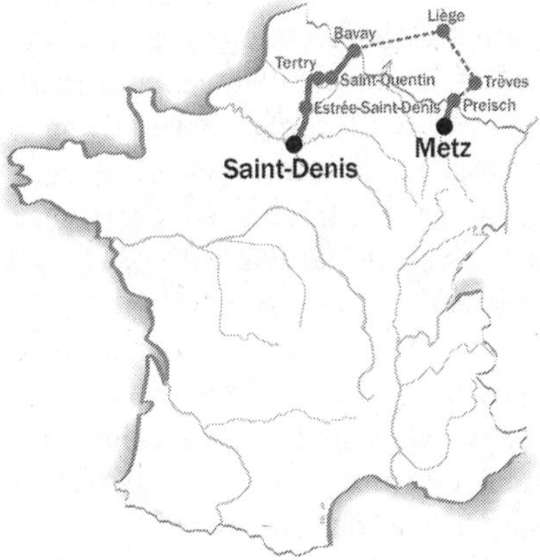

De Saint-Denis à Metz
par les chaussées de Brunehaut

Brunehaut règne en maîtresse femme sur l'Austrasie… Un peu trop ! En effet, les *leudes*, c'est-à-dire les nobles, les riches, excédés d'être pressurés et humiliés, décident de se débarrasser de l'encombrante reine mère. Son petit-fils, le roi Théodebert II, a maintenant un peu plus de quinze ans, il est temps pour lui de prendre la tête de l'Austrasie. Lassé d'accomplir depuis trop longtemps les volontés de l'aïeule, Théodebert n'hésite pas à tremper dans le complot…

Brunehaut doit fuir Metz et l'Austrasie pour se réfugier à Chalon auprès de son autre petit-fils, Thierry II, roi de Bourgogne. À treize ans, le gentil Thierry accueille sa grand-mère avec faste, honneur et libations. Alors, Brunehaut sent ses appétits se réveiller… La disparition de Frédégonde, sa meilleure ennemie, puis l'accueil reçu à Chalon lui donnent l'espoir de gouverner un jour prochain la Gaule entière. Ce rêve de puissance devient son obsession, sa hantise, son idée fixe. Pour ce fantasme, elle perd toute mesure. Il faut écraser ces fourbes Austrasiens ! Grand-mère abusive, elle pousse Thierry à attaquer son frère Théodebert : la Bourgogne se lance à l'assaut de l'Austrasie.

Dans un premier temps, le plan semble fonctionner : Thierry entreprend la victorieuse conquête de l'Austrasie et fait enfermer son frère Théodebert dans un monastère, non sans avoir tondu sa chevelure, mortification suprême pour un roi franc. Mais Brunehaut enrage, un loup blessé peut mordre encore ! La course au pouvoir ne peut souffrir la moindre faiblesse, il faut tuer le vaincu ! Alors des sicaires s'introduisent dans la cellule monacale où Théodebert pleure sa défaite… Dans ce lieu de piété et de recueillement, la mort frappe en silence. Et pour que la lignée maudite s'éteigne tout à fait, on brise le crâne et on arrache la cervelle du petit Mérovée, un enfant, mais fils du roi déchu.

Cruelle, manipulatrice, impérieuse, Brunehaut

triomphe. Elle est parvenue à réunir la Bourgogne et l'Austrasie… Reste à se retourner contre la Neustrie où règne Clotaire II, le fils honni de Frédégonde. Mais Thierry n'a pas le temps d'obéir aux ordres de sa grand-mère, il meurt brusquement en 613, âgé d'à peine trente-quatre ans. Est-ce un signe du Ciel ? Brunehaut est seule maintenant, plus personne ne peut s'opposer à son ascension.

Plus personne, sinon les leudes – encore eux – d'Austrasie et de Bourgogne, les pays qu'elle régente. Pour se débarrasser de cette virago, ils font alliance avec la Neustrie ennemie, et manigancent si bien que la guerre n'aura pas lieu… Certes, les armées se retrouvent face à face, mais la bataille qui s'engage au bord de l'Aisne n'est qu'un simulacre. La trahison, la rancune et la peur ont déjà laminé les rangs des soldats de Brunehaut, qui s'empressent de déguerpir. Brunehaut abandonnée par les siens doit fuir, mais elle est rattrapée et conduite à Renève, en Bourgogne, pour comparaître devant Clotaire.

Le fils de Frédégonde laisse éclater la haine qui animait sa mère jadis…

– Reine, qu'espères-tu de Dieu et des hommes ? Tu viens ici souillée de sang…

Clotaire sait de quoi il parle : son père, trois oncles, une tante et dix de ses cousins ont été assassinés !

Devant son accusateur, Brunehaut reste immobile, droite, souveraine, c'est une reine qui se présente, une reine vaincue, certes, mais une reine qui n'a rien perdu de sa superbe. Elle a fièrement conservé ses atours majestueux, sa robe de fils d'or fermée par deux ceintures constellées de précieuses pierreries, et sa longue chevelure blanchie tirée en arrière.

Un peu excessif, Clotaire accuse sa prisonnière de tous les crimes qui ont décimé la dynastie des Mérovingiens… Après avoir énuméré la longue liste des poignardés, des empoisonnés, des égorgés, il se tourne vers les nobles qui l'entourent et le flattent.

– Que vous en semble ? N'a-t-elle pas mérité la mort ?

– Elle a mérité la mort ! Elle a mérité la mort ! crient d'une seule voix les leudes réunis.

Il faut donc exécuter cette vieille dame de soixante-dix ans qui fait si peur encore… mais avec le subtil raffinement dont savent faire preuve les Mérovingiens.

Durant trois jours, Brunehaut subit tous les tourments de la torture, puis son vieux corps écartelé, brisé, sanguinolent, mais encore animé d'un souffle de vie, est attaché sur le dos d'un chameau. Effroyable et bouffon, l'équipage est promené le long de la route, sous les rires des soudards qui s'amusent autant de l'étrange animal que de la loque accrochée à sa croupe bosselée. Et quand on s'est assez diverti, on attache un bras, une jambe et les cheveux de la malheureuse à la queue d'un cheval sauvage… Un coup de fouet, et l'étalon détale au grand galop, déchirant les chairs et fracassant les os sur les pierres du chemin.

Que reste-t-il alors de Brunehaut et de son pouvoir exercé sur l'Austrasie pendant presque un demi-siècle ? Il subsiste une ombre, un souvenir : les chaussées de Brunehaut, routes romaines du Nord et de l'Est, appelées « Brunehaut » parce que la reine a entretenu ces voies anciennes au temps de sa grandeur, assurent les chroniques d'autrefois. Mais la légende s'empara à son tour de l'histoire… On imagina que le cheval emporté dans une course folle avait traîné derrière lui le corps démantibulé, traçant ainsi des chaussées rectilignes dont chaque caillou, chaque parcelle de terre avaient été marqués par la douleur et le sang.

Après l'exécution de Brunehaut, Clotaire II règne sur les trois royaumes qui formeront plus tard la Francie : la Bourgogne avec la lointaine Aquitaine, la Neustrie et l'Austrasie. Et de quoi s'occupe le roi ? Des routes ! En effet, les vieilles voies romaines sont un peu défoncées… Ah, elles ont triste allure, les *viæ romanæ* d'antan ! En l'absence d'État centralisé puissant, les routes ont été laissées à l'abandon, et quand elles ont été un peu retapées, c'est à l'initiative de propriétaires consciencieux ou de congrégations religieuses soucieuses de favoriser les pèlerinages. Mais tout cela coûtait cher, et il fallait bien trouver les fonds. Alors, les péages se sont multipliés. Chacun essaye d'amortir ses frais en faisant débourser le voyageur… Péage sur les charrettes, péage sur les voitures de transport, péage sur les bêtes de somme et même sur la poussière soulevée ! Clotaire doit intervenir : il interdit l'établissement de nouveaux péages, vœu pieux que personne ne songe à respecter.

L'entretien des voies de communication n'empêche pas Clotaire II de garder l'œil sur son vaste royaume. Ainsi, lorsque les grands d'Austrasie réclament un souverain pour eux seuls, Clotaire envoie à Metz son fils Dagobert, sorte de vice-roi destiné à veiller sur l'unité du pays…

*

* *

Nous avons quitté le siècle précédent à Saint-Denis, et c'est encore à Saint-Denis que nous abordons ce VIIe siècle. Car Dagobert, devenu roi des Francs après la mort de son père en 629, ancre ici la foi de la dynastie. Rien n'est trop beau pour Saint-Denis ! Il agrandit le monastère, crée l'abbaye, offre à la congrégation des terres du domaine royal autour de Paris, mais aussi en Limousin et en Provence, comble la confrérie d'or et de pierreries… En échange, les moines ont mission de chanter jour et nuit les louanges du roi et de sa famille.

À Saint-Denis, Dagobert assoit son pouvoir

Pour régner avec le faste nécessaire, le roi Dagobert a fait ciseler par le bon saint Éloi un siège de bronze doré avec des lions à la gueule ouverte. Ce trône a été entreposé plus tard dans le trésor de l'abbaye de Saint-Denis... Après la Révolution, il a été déposé au Cabinet des médailles de la Bibliothèque nationale, où il se trouve encore aujourd'hui. En 1838, le trône de Dagobert est pourtant retourné à Saint-Denis... mais sous la forme d'une copie en fonte et dorures.

Quand vient l'heure de mourir, c'est à Saint-Denis que Dagobert aspire à reposer pour l'éternité. La disparition du roi à l'âge de trente-cinq ans pose un grave problème de succession : les fils du défunt sont bien trop jeunes pour exercer le pouvoir… Et ce scénario se répétera durant les quarante années suivantes. Chaque fois, le roi en titre disparaît à la fleur de l'âge, laissant la couronne à un enfant. Et chaque fois, l'héritier succombe brusquement. Les uns sont frappés par un mal inconnu, les autres assassinés à la suite de sombres complots familiaux. Il ne fait pas bon être mérovingien par ces temps troublés !

Évidemment, cette ahurissante mortalité n'est pas très favorable à la stabilité et à la continuité d'un gouvernement central dans le royaume. Alors, devant l'incapacité des rois à maintenir l'unité et l'autorité, la noblesse franque grignote lentement le pouvoir… C'est ainsi qu'apparaît une fonction nouvelle, tenue par ceux que l'on va appeler les maires du palais. Au début, ce ne sont que des intendants chargés de la bonne marche de la maison royale, mais ils deviennent bientôt de véritables Premiers ministres, puis davantage encore, allant jusqu'à faire et défaire les souverains. Faut-il préciser que les divisions anciennes réapparaissent ? Encore une fois, Austrasie et Neustrie s'affrontent, chacune a son roi, chacune a son maire du palais.

En Neustrie, unie maintenant à la Bourgogne, le roi s'appelle Clotaire III, mais il meurt à vingt ans, sans doute empoisonné, et son frère Thierry III monte sur le trône. Cela ne change rien, car c'est Ébroïn, le maire du palais, qui régente tout. Son pouvoir est sans limites. A-t-il besoin d'argent ? Il pressure les nobles. Certaines grandes familles lui déplaisent ? Il les exile. Sa colère fond-elle sur un haut personnage ? Il le fait exécuter. Ébroïn méprise les rois héréditaires et les seigneurs bien nés. Ce qu'il veut, c'est un monde nouveau, des intelligences innovantes et des entreprises audacieuses. Il veut rebattre les cartes du destin. Pour cela, il confisque des terres royales concédées depuis longtemps à des nobles et les redistribue à des familles moins riches, espérant provoquer ainsi l'émergence d'une « classe moyenne » capable de revivifier le royaume. Le peuple de Neustrie, on le comprend, soutient sans réserve son maire du palais. En revanche, les leudes se dressent contre ses folies et Léger, évêque d'Autun, prend la tête d'une révolte contre la tyrannie. Ébroïn ne pardonne pas la rébellion. Il se saisit de l'évêque indocile, lui crève les yeux, le fait marcher sur des pierres tranchantes, lui taillade les joues, lui coupe la langue, lui tranche les lèvres… Finalement, un synode épiscopal est convoqué pour religieusement condamner à mort et pieusement décapiter le prélat félon.

La colère gronde et l'inquiétude gagne du terrain : on ne peut pas laisser ce fou agir plus longtemps ! Pépin de Herstal, maire du palais d'Austrasie, veut la guerre, la confrontation, le choc qui arrêtera Ébroïn… Mais il se trompe, Pépin, car sa campagne militaire finit par sa propre déconfiture et le triomphe de son ennemi. Le châtiment viendra non d'une armée, mais d'un seul homme : un seigneur, privé de ses terres par l'ordre nouveau, s'approche un jour d'Ébroïn et lui fend le crâne d'un coup d'épée…

Le dangereux Ébroïn éliminé, la Neustrie devient une proie offerte ! En 687, Pépin de Herstal mobilise une armée aguerrie, parfaitement équipée, prête au combat, et franchit la Somme. Pendant ce temps Thierry, le bon roi de Neustrie, fait ce qu'on lui dit de faire : il galope au combat. Une partie des troupes neustriennes quitte Paris, et passe par Saint-Denis où des prières sont dites pour la victoire…

Sur les chaussées du Nord avec l'armée de Neustrie

Suivons les soldats de Neustrie dans leur progression vers la Somme à la rencontre de l'armée austrasienne. De la basilique Saint-Denis nous prendrions aujourd'hui l'autoroute du Nord, l'A1, qui longe à partir du Bourget l'antique route des Flandres, la fameuse route qui avait conduit Clovis à Paris. C'est justement cette voie des Flandres qu'emprunte l'armée neustrienne... Elle mène droit sur la frontière austrasienne et se heurte à l'armée de Pépin !

Thierry traîne derrière lui des bandes de soldats, de miliciens, de citadins, de paysans, tous unis pour se battre afin de conserver leur indépendance et leurs nouveaux privilèges, tous liés par la volonté de s'opposer au retour des puissants destitués et dépossédés.

Après une rapide prière au saint patron Denis dans le hameau d'Estrées-Saint-Denis, l'armée atteint plus loin une impressionnante ligne droite qui raye le paysage comme un trait... Nous voilà arrivés à un carrefour majeur de voies antiques, notre fameuse route des Flandres croise ici une route importante reliant Saint-Quentin à Amiens d'est en ouest. Cette voie aussi s'appelle chaussée de Brunehaut... Une fois de plus, Brunehaut – ou plutôt son souvenir – nous précipite dans un combat fratricide entre Francs de Neustrie et Francs d'Austrasie. C'est au bord de cette chaussée, sur l'ancien oppidum de Tertry, que l'armée de Pépin vient se positionner.

Pépin sait qu'il lui faut ruser, car les forces ennemies sont peut-être inexpérimentées, mais elles sont nombreuses et se sont largement déployées. Pendant la nuit, il fait mettre le feu à ses tentes : l'adversaire en déduit que l'ennemi bat en retraite et renonce à la bataille. Erreur ! Pépin va simplement poster ses troupes sur une colline des environs… Au matin, les Neustriens croient les Austrasiens en fuite, mais non, ils sont là, au-dessus de leur tête et attaquent avec fureur. Les Neustriens ripostent, mais ces soldats d'occasion se défendent sans plan, sans commandement, sans tactique, et finissent par décamper, terrorisés par ces guerriers qui manient le glaive sans faillir.

Une troupe neustrienne court se réfugier au monastère de Saint-Quentin, à une vingtaine de kilomètres de là. Les abbés se rendent auprès de Pépin afin d'implorer la grâce des fugitifs… Et le vainqueur leur accorde généreusement la vie sauve. Ils conserveront leurs terres et leurs biens, à condition de se soumettre et de lui jurer fidélité. Cette mansuétude fait l'unanimité en faveur de Pépin, qui devient le chef incontesté du royaume franc… S'il nomme Thierry souverain du royaume réunifié, c'est pour mieux manipuler cette inconsistante marionnette mérovingienne. Lui-même n'est pas en reste d'honneur et de gloire : maire du palais lui paraît un peu terne, alors il s'attribue – ou on lui offre – le titre plus impressionnant de *dux et princeps Francorum*, duc et premier des Francs. Et je songe à Prévert qui parlait des « terrifiants pépins de la réalité… », mais il est vrai que le poète ne songeait qu'à un trognon de pomme !

Sur les pavés, la gloire de Pépin

La basilique Saint-Quentin, à Saint-Quentin en Picardie, a été reconstruite à partir du XIIe siècle, mais la magnifique mosaïque de marbre parvenue jusqu'à nous (dans la crypte archéologique, sous le chœur) provient de l'ancienne construction. Agenouillés sur ces pavés noirs et blancs, les Neustriens poursuivis par Pépin de Herstal implorèrent le secours divin... Ils furent exaucés puisque Pépin les gracia et leur laissa leurs terres. Par ce geste de grandeur et de pardon, s'ancra la dynastie des Pépinides – Pépin, sa famille, ses descendants –, lignée qui succéda aux Mérovingiens.

Quant à l'armée austrasienne victorieuse, elle est retournée sur ses terres. Suivons-la et découvrons un peu le pays... De Tertry, nous remontons jusqu'à Bavay par cette chaussée de Brunehaut qui, obliquant au nord-est à Vermand, file ensuite en ligne droite jusqu'à Cologne...

À Bavay, Brunehaut nous indique encore le chemin

C'est une colonne dressée en 1872 au centre de Bavay. La statue d'une Brunehaut de pierre blanche. Elle remplace une autre colonne érigée sans doute en 1766, qui venait prendre la suite d'une colonne posée à cet emplacement au XVIe siècle... On ne peut pas remonter plus loin, hélas, mais pourquoi ne pas imaginer que des colonnes se sont dressées ici depuis très longtemps ? Elles faisaient office de bornes pour indiquer la direction à prendre.

Ici, c'est le carrefour des chaussées de Brunehaut et la colonne actuelle indique sept directions. En France : Amiens, Soissons et Reims. En Belgique : Tournai. Aux Pays-Bas : Utrecht. En Allemagne : Trèves et Cologne. Un parcours qui s'étire sur trois cents kilomètres.

En suivant la chaussée de Brunehaut qui se dirige vers Cologne, nous quittons l'Hexagone, mais certainement pas la Francie… car nous arrivons bientôt à Herstal, près de Liège, berceau des Pépinides, nouveaux maîtres du royaume franc. Leurs capitales seront Herstal, Cologne, Trèves ou Metz, indifféremment et à tour de rôle, mais restons dans l'Hexagone et choisissons Metz en suivant l'axe antique qui vient de Cologne. Rue des Romains, voie Romaine ou rue de Rome : sur notre itinéraire, la route antique garde la mémoire du passé. Nous traversons ainsi Boust, Hettange, Thionville, Florange, Amneville, Silvange et Woippy avant d'arriver au nord de Metz.

À Metz, la vieille église raconte l'Histoire

Le plus beau vestige mérovingien de Metz est sans aucun doute l'église Saint-Pierre-aux-Nonnains. On dit même qu'il s'agit de la plus vieille église de France. Ce fut d'abord la salle de sports de thermes romains, transformée en lieu de culte chrétien en ce VII*e* *siècle. Elle n'a certes pas les dimensions* *et l'architecture des cathédrales fastueuses des siècles suivants, mais elle est, dans sa construction même, une ébauche de l'histoire de la Gaule. On y lit la présence romaine sur les murs dont les briques séparent les rangées de pierres taillées. On y voit les transformations effectuées aux temps mérovingiens pour en faire l'église d'un couvent de femmes. (1, rue de la Citadelle.)*

Depuis qu'il gouverne l'Austrasie et la Neustrie, Pépin détient la puissance absolue sur les plans militaire et politique, mais il veut aussi rester maître de ses amours… En fait, il est las de son épouse, la riche Plectrude, et préfère honorer la couche d'Alpaïde, sa maîtresse en titre. À la cour, chacun parie sur l'une ou sur l'autre. Les tenants de la tradition courtisent Plectrude, les audacieux flattent Alpaïde ! Pépin, lui, répudie l'épouse et veut convoler avec son amante. C'est vrai, la monogamie n'a pas encore imposé sa rigueur, tout est possible à un cœur ardent… Pépin convoque Lambert, évêque de Liège, et lui donne ordre de procéder vite fait à la cérémonie. Mais Lambert chipote. Il a entendu dire que Pépin avait eu un enfant de sa belle, un bâtard né hors des sacrements de l'Église… Monstrueuse abomination qui l'empêche de bénir cette union ! Il est sévère et rigoureux, Lambert, mais il n'est pas très prudent. Avec les Mérovingiens, Pépin a été à bonne école : le frère d'Alpaïde s'en ira assassiner l'évêque réfractaire. Mais Lambert sera récompensé par-delà la vie, entrant glorieusement dans la grande cohorte des saints qui assurent la pérennité de l'Église.

Sur le plan intérieur, Pépin a imposé la paix, reste encore à assurer les frontières et à dompter quelques peuples indociles. En 690, des rumeurs viennent des rivages de la mer du Nord : là-bas, le roi du peuple païen des Frisons défie la Francie et veut lui voler des terres. Pépin ne lui laisse pas le temps de bouger, il se précipite avec son armée, écrase les Frisons et annexe la partie méridionale du royaume vaincu.

Sur le trône de Francie, les rois se succèdent : après la mort de Thierry, voici Clovis III, puis Childebert III, puis Dagobert II… Autant de noms qui laissent indifférent et que l'on peut rapidement oublier, car le vrai maître du royaume franc reste Pépin, toujours Pépin. On dit « royaume franc », mais la population est très hétéroclite. Aux Francs se mêlent des Gallo-Romains, des Wisigoths, des Bourguignons, des Aquitains, des Bretons… Aucune langue unificatrice, aucun intérêt commun, aucune consistance territoriale ne rapproche ces populations. La tâche de la dynastie de Pépin sera justement de fonder un État cohérent en rassemblant les membres épars de ce grand corps disloqué.

14

VIIIe siècle

LE CROISSANT ET LE MARTEAU

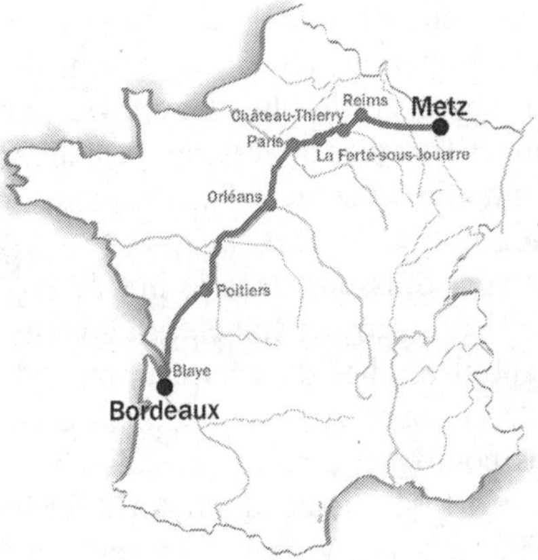

De Metz à Bordeaux
par la via Regia

La guerre, toujours la guerre ! Ça ne finira donc jamais ? À l'est, les Frisons, les Thuringiens, les Alamans attaquent ou se soulèvent, il faut les contenir. Au sud-ouest, l'Aquitaine s'ébroue, elle est provisoirement matée. Même déchirée, même désorganisée, la Francie attise les convoitises… Car il est beau, ce pays ! Les forêts qui se répandaient jadis sur la Gaule entière ont été partiellement arasées, et un réchauffement climatique bienvenu permet d'exploiter des terres jusque-là laissées en friche. La nature est mieux domestiquée, les paysans ont appris à maîtriser leur environnement. Sur les terres arables sont cultivées les céréales, base de l'alimentation, sans oublier la pomme et le chou… Les pâturages s'étendent pour permettre aux bovins de paître, et dans les forêts sont élevés porcs et chèvres. Ce paysage bucolique respire le calme, car les conflits armés se déroulent souvent au-delà des frontières, et quand ils secouent l'intérieur du pays, ce sont des combats limités qui épargnent le plus souvent les campagnes.

Les troupes franques traversent la Gaule, foncent au-delà du Rhin afin de contenir les Germains, reviennent vers Limoges pour mettre au pas les Aquitains et remontent vers Soissons dans le but de repousser les Alamans… Les guerriers suivent un homme farouche, tacticien subtil et chef de guerre impitoyable, fils de Pépin et de la douce Alpaïde. Ce maître du royaume, ce roi sans couronne, a reçu à sa naissance un double prénom : Karl Martiaus, dont nous ferons Charles Martel. Martiaus ou Martel… Étrange prénom dont on ne sait s'il fait allusion au vénéré saint Martin ou au marteau manié par Thor, le dieu germanique du Tonnerre. Peut-être le doute entretenu mêle-t-il habilement le christianisme nouveau aux croyances anciennes auxquelles les Francs n'ont pas tout à fait renoncé dans le secret de leur âme.

Déterminisme ? En tout cas, Charles Martel passe sa vie à justifier, à mériter son prénom : il est le marteau qui s'abat impitoyablement sur les ennemis du royaume.

Il pratique la charge militaire dans les marais et les plaines, il ferraille dans les forêts et sur les routes, il combat dans les cités et les campagnes… La guerre est son état naturel, sa vocation, son savoir-faire.

En 724, au retour d'une expédition contre les Saxons, Charles apprend la mort de Rotrude. Ah oui, Rotrude… Il l'avait presque oubliée… Elle était son épouse depuis si longtemps ! Jadis, encore adolescent, Charles a été marié à cette fière descendante de la noblesse franque, et la dame a pieusement fait son devoir, donnant à la lignée des Pépinides trois enfants dont deux garçons beaux et solides… Charles était déjà ailleurs, parti sur les routes pour défendre le royaume et trousser les filles de bivouac, grandes dames ou petites servantes que l'on aime le temps d'un repos.

Rotrude à peine enterrée, Charles repart pour s'affronter cette fois aux Baiovari, les hommes de Bohême, que l'on situera mieux en les appelant, comme aujourd'hui, les Bavarois. Dirigés par le jeune duc Hubert, ils sont soumis aux Francs et cherchent à secouer un joug devenu insupportable. Charles entraîne son armée, traverse le Danube et pénètre en Bavière… La contre-attaque maladroite conduite par les bandes locales s'effondre bien vite, et les combats font place aux négociations.

À Ratisbonne, face à Hubert vaincu, Charles dicte sa loi. L'autorité d'Hubert sur la Bavière sera confirmée en échange d'une forte rançon… Plaie d'argent n'est pas mortelle, le duc s'empresse d'accepter les conditions de l'armistice, trop heureux de s'en tirer à si bon compte. Mais Charles se ravise, il veut davantage… Au cours des pourparlers, il a remarqué deux femmes aux cheveux clairs et au teint pâle, deux femmes qu'il veut ramener dans ses bagages. La plus âgée des deux s'appelle Bilitrude, l'autre est sa nièce, Sonnechilde, et a dix-neuf ans. Bilitrude traîne derrière elle un passé agité : épouse d'un ancien duc, mort depuis quelques années, elle a occupé ensuite la couche de son beau-frère, disparu à son tour, puis elle a amené sa jolie nièce à la cour de Ratisbonne, espérant encore manipuler les hommes du pouvoir.

Charles ne fait pas dans le détail : il veut les deux femmes… et tous leurs trésors ! Car ces dames sont riches, et il serait dommage de ne pas en profiter. Le duc Hubert n'a pas vraiment le choix, il abandonne ces princesses bavaroises aux appétits de l'ogre franc.

De retour dans le royaume, Charles Martel installe Bilitrude dans son luxueux palais de Metz, bâtiment imposant qui garde ses colonnades, ses marbres et ses thermes du temps des Romains.

À Metz, qui se souvient de la Cour d'Or ?

Charles Martel s'était installé dans l'ancien palais des rois d'Austrasie, une construction romaine bâtie sur une butte pentue de Metz, le mont Jupiter. Charlemagne, petit-fils de Charles Martel, abandonnera ce palais, livré dès lors aux rapines et aux dévastations. Le bâtiment disparut ainsi, ne subsistant que dans la légende… On parlait de Cour d'Or ou de Maison dorée, quant au mont Jupiter, arasé, il devint les Hauts-de-Sainte-Croix. En 1876, lors de travaux pour le prolongement des égouts citadins, des fragments de murailles et divers débris ont été trouvés, révélant les dernières traces du palais.

Promenez-vous rue Chèvremont, la montagne des chèvres, allusion aux temps où la butte était encore très escarpée. Regardez bien, cette rue tourne doucement... Elle suivait jadis la courbe du palais. À deux pas, le Musée de Metz a pris depuis 1988 le nom de « Cour d'Or », souvenir du riche domaine austrasien. À l'intérieur, une partie des thermes romains a été dégagée et intégrée à la visite. Voilà pour moi un vestige édifiant de l'opulence du palais de Charles et du confort qu'il offrait.

À Metz, Charles Martel vit une liaison avec Bilitrude, mais se lasse vite de la matrone. Il préfère la jeune ! Aussi expéditif dans les affaires sentimentales que sur le champ de bataille, il chasse sa vieille maîtresse, ne lui permettant d'emporter qu'un âne et quelques pauvres effets... Bref, il rend la dame mais conserve la dot ! Et Bilitrude s'en va par les routes, tirant son baudet sur lequel elle a péniblement arrimé ses derniers vêtements de soie et ses ultimes vases d'or. Humiliée, mortifiée, honteuse, elle ne retournera jamais en Bavière, et s'en ira mourir seule quelque part en Italie.

Pendant ce temps, Charles convole en justes noces avec Sonnechilde, la nièce, qui lui donne bientôt un fils, tandis qu'une concubine inconnue accouche également d'un garçon, puis d'un autre, sans compter la cousine de sa première femme qui se préoccupe, elle aussi, de l'avenir de la dynastie en enfantant un fils à son tour... Est-ce pour fuir cette situation familiale et sentimentale légèrement embrouillée que Charles Martel préfère la rudesse des champs de bataille aux délices des palais ?

*
* *

Charles est parvenu à imposer l'ordre aux frontières du Nord et de l'Est, mais c'est maintenant vers l'Aquitaine qu'il doit tourner son regard. Là-bas, une guerre nouvelle a éclaté. L'islam conquérant a quitté les terres désertiques d'Arabie pour se lancer à l'assaut du monde. Les Arabes – les Sarrasins, disent les chrétiens – ont occupé l'Espagne au nom d'Allah le Miséricordieux et, en vertu de la foi qui doit se propager partout, ils ont transformé églises et synagogues en mosquées.

La Gaule serait-elle à prendre, elle aussi ? Franchissant les Pyrénées, Coran dans une main, cimeterre dans l'autre, ils ont envahi Narbonne et sa région, massacrant les défenseurs de la ville, envoyant femmes et enfants en esclavage, offrant terres et habitations à des milliers de familles musulmanes venues d'Afrique du Nord. Puis ils ont voulu attaquer Toulouse mais le duc Eudes, maître de l'Aquitaine, a su intervenir avec ses cavaliers, repousser l'assaillant, sauver la ville.

Lassé de ces interminables combats, le vieux duc a prôné avec passion la grande fraternité universelle, l'amitié entre les enfants du Christ et ceux d'Allah, l'entente des hommes de bonne volonté en quelque sorte… Il a envoyé une ambassade de paix au gouverneur musulman de Narbonne, un Berbère nommé Munuza Abu Nasar. Celui-ci a écouté avec intérêt les propositions du chrétien…

En fait, dans ce marché, l'un cherchait son intérêt particulier, l'autre sa gloire personnelle. Le duc Eudes pensait qu'en obtenant la fin des troubles, il pourrait tranquillement poursuivre son règne sur l'Aquitaine. Quant à Munuza, il croyait se faire un allié pour prendre le pouvoir sur l'Espagne musulmane, devenir le commandant suprême…

Munuza a donc accepté de cesser les hostilités, mais il a mis tout de même une condition à la concorde : épouser la fille du duc, princesse dont la grande beauté était célébrée à la ronde. Affaire conclue !

À Toulouse, la jeune fille pleura beaucoup, mais se résigna finalement à accomplir ces deux actes pieux : obéir à son père et sauver son pays. Une dernière fois, elle alla prier à la basilique Saint-Sernin, et prit congé des bons paroissiens qui l'avaient accompagnée.

– Adieu, mes amis, leur dit-elle d'une voix brisée par l'émotion. Je reviendrai bientôt avec mon époux qui doit abandonner les erreurs du Prophète pour embrasser la religion du Christ.

Seulement voilà, par la suite les événements ne se sont pas du tout déroulés comme prévu. Un nouveau chef musulman, l'émir Abd al-Rahman, a rapidement écrasé l'ambitieux Munuza et l'a fait décapiter. Quant à la diaphane chrétienne, elle a été envoyée à Damas dans le harem du calife, où d'ailleurs elle remportait un beau succès, disait-on, et enchantait les sens du Commandeur des croyants. La stratégie pacifique du duc Eudes avait donc mené au drame personnel et à l'impasse politique.

Abd al-Rahman réunit alors en Espagne une invraisemblable force de frappe destinée à envahir le royaume franc : des centaines de milliers d'Arabes et de Berbères, formant une armée suivie par une population d'hommes, de femmes, d'enfants et d'esclaves pressés de prendre possession des futures terres occupées. Cette masse immense se met en marche. Une partie de la horde débarque dans les ports de Provence, une autre remonte les eaux de l'Adour tandis que la principale force militaire franchit les Pyrénées. Les Sarrasins saccagent Marseille, Vienne, Lyon, s'emparent de Bordeaux, remontent vers la Loire… Ils envisagent déjà le siège de Tours.

Là, Charles Martel décide d'entrer dans la bataille. Tours n'est-il pas le verrou qui ouvrirait aux Arabes la route de Paris et leur offrirait la totalité de ces étendues inconnues qu'ils appellent « la grande terre » ?

Face au déferlement sarrasin, le chef franc doit, lui aussi, mobiliser une puissante armée. Les soldats d'Austrasie, bien qu'expérimentés et disciplinés, ne suffiront pas à contenir les houles musulmanes. Alors, Charles se hâte de conclure des accords avec tous les bouillonnants peuples germaniques, les Alamans, les Saxons, les Thuringiens. Il réunit ces guerriers sous la bannière du Christ, et si certains d'entre eux sont païens, ça ne fait rien ! On leur parle de la menace musulmane, des pillages exercés, des massacres perpétrés… et l'on n'oublie pas d'évoquer en termes hyperboliques les considérables richesses transportées par l'assaillant. Ce dernier argument, bien sûr, suscite l'enthousiasme ! Ils viennent en nombre des pays germaniques, s'amalgamant aux forces neustriennes pour écraser l'envahisseur.

C'est ainsi qu'une armée de peut-être deux cent mille hommes prend la route d'Aquitaine… Les soldats du Nord descendent vers le Sud-Ouest, Charles quitte son palais de Metz par la via Regia – « la voie royale » en latin –, la route qui relie l'Europe d'ouest en est, de l'Espagne à l'Ukraine, et qui va devenir la voie sacrée des Carolingiens. Dans l'Hexagone, elle nous conduit au cœur de la Champagne, avec ses villes étapes où l'on compte ses forces, où l'on prie, où l'on s'arme… Reims d'abord, puis cette éminence des bords de Marne que nous appelons Château-Thierry. Là, dans la vaste forteresse, Charles Martel a fait accueillir comme un invité forcé le roi Thierry IV, jeune homme de vingt ans à qui on ne demande que de porter la couronne mérovingienne et de se taire. Peut-être Charles Martel, maire du palais, franchit-il les lourdes portes de la citadelle afin de rendre une brève visite au souverain, peut-être l'informe-t-il des grands événements qui se préparent, et le roi sans pouvoir écoute, indifférent, un récit dans lequel il n'a pas sa place…

Château-Thierry : le tombeau du roi

Lourd, puissant, entouré de remparts solides encore, le château de Château-Thierry domine la vallée de la Marne... Certes, il a été remanié par les générations suivantes et même réaménagé plus tard selon les lois de la guerre du XVe *siècle, mais cette masse robuste et ces pierres inébranlables évoquent pour nous le refuge isolé dans lequel s'enferma le dernier vrai Mérovingien, roi fantoche qui se consuma dans l'inaction et mourut dans l'indifférence à l'âge de vingt-quatre ans. (Rue du Château.)*

Pour l'instant, les troupes conduites par Charles Martel dépassent le château où Thierry somnole et arrivent à Jouarre dans une abbaye où bonnes sœurs et moines vivent selon la règle de saint Benoît : du travail manuel entrecoupé de huit prières quotidiennes.

Jouarre, le regard de pierre du Christ imberbe

En Île-de-France, Jouarre renferme le plus beau trésor mérovingien imaginable : des cryptes magnifiques surgissent des siècles dans toute leur pureté. Arrêtons-nous plus particulièrement dans le silence de la crypte Saint-Paul, soutenue par deux rangées de trois colonnes gallo-romaines surmontées de beaux chapiteaux mérovingiens en marbre des Pyrénées. Cette salle abrite les sarcophages de ceux qui, vers 630, fondèrent l'abbaye. Ces monuments sont ornés d'entrelacs géométriques, si typiques de la sculpture de l'époque. Le figuratif n'est pas oublié pour autant : ici c'est une scène du Jugement dernier ; là, des fleurs de lys, symboles de pureté ; ailleurs, un surprenant Christ imberbe au sourire serein... Des œuvres sans doute réalisées par des artistes venus de Lombardie, mais parfois fortement influencées par l'art byzantin.

Aujourd'hui, un débat fait rage sur la datation exacte de ces constructions. Le mur ouest de la crypte Saint-Paul, les sarcophages et les chapiteaux sont assurément contemporains de Charles Martel, mais le doute subsiste pour le reste du monument. Il n'empêche que ce lieu est sans doute le plus beau témoignage architectural du haut Moyen Âge en Île-de-France. (Place Saint-Paul.)

Après Paris, les troupes franques et germaniques descendent vers le Sud par la via Regia, traversent la Loire à Orléans et s'empressent de courir vers Tours, inquiètes de préserver ce centre vibrant de la chrétienté franque. À l'est de la ville, au bord du Cher, une avant-garde franque conduite par Charles se heurte à des troupes musulmanes. Ce n'est pas la grande bataille attendue, mais le choc est violent. Les Sarrasins reculent, les Francs et leurs alliés les harcèlent, l'ennemi recule encore… Les affrontements se répètent, les envahisseurs perdent chaque jour du terrain…

Pendant ce temps, le gros des troupes d'Abd al-Rahman remonte d'Espagne en suivant l'ancienne voie romaine où les bornes milliaires et autres piles funéraires n'ont pas toutes disparu, seule manière de se repérer sur ces terres étrangères. L'armée musulmane avance au-delà de Saintes, puis continue son chemin entre montagnes et marais. Les troupes de l'islam arrivent devant Poitiers dont les portes sont fermées, et se contentent d'incendier la basilique Saint-Hilaire…

Poitiers, la chrétienté sauvegardée

En évitant d'entrer dans Poitiers, Abd al-Rahman a épargné deux monuments qui ont ainsi échappé au sort réservé à Saint-Hilaire. Le baptistère Saint-Jean, tout d'abord, est l'un des beaux vestiges chrétiens mérovingiens miraculeusement parvenus jusqu'à nous, lieu austère et saisissant de foi parfaite qui accueillait les nouveaux convertis pour leur administrer le baptême. (Musée du baptistère Saint-Jean, rue Jean-Jaurès.)

Passons maintenant du côté du fameux hypogée des Dunes, qui permettrait de toucher du doigt l'art religieux des Mérovingiens... s'il était ouvert à la visite ! Hélas, ce monument, dont la construction primitive remonte aux VIIe et VIIIe siècles, a été fermé par mesure conservatoire. À travers les grilles, on verra tout de même le bâtiment, maigre consolation... (Chemin de l'Hypogée.)

Après Poitiers, les Sarrasins vont planter leurs tentes au nord de la ville, entre la Vienne et le Clain, près d'un hameau appelé plus tard Moussais-la-Bataille... Dans cette presqu'île isolée, formée par les deux rivières, le terrain est tourmenté, fait de collines boisées et de vallons sinueux. Abd al-Rahman choisit d'éviter les proéminences et de rester sur le sol plat, alors que Charles Martel dispose ses forces légèrement en hauteur.

Durant une semaine, les ennemis s'observent, immobiles, face-à-face muet où chacun tente d'évaluer les forces de l'adversaire. Du côté musulman, les tentes dorées brillent sous le soleil d'automne et, par-dessus, flottent les bannières blanches ou vertes frappées du croissant et barrées de versets du Coran... Tenues faites de lanières de cuir, casques de fer, boucliers solides : les Arabes au combat ont depuis longtemps abandonné les burnous et les turbans de mousseline pour imiter l'apparence redoutable des combattants chrétiens. Au premier coup d'œil, les armées se ressemblent, mais les soldats de Charles Martel ont adopté la brogne, lourde cuirasse de métal qui protège les guerriers des coups de l'ennemi.

Le samedi 17 octobre 733[1], certainement après les prières de midi, Abd al-Rahman lance ses troupes contre la ligne immobile des soldats francs. Les combattants de l'islam, rapides, légers, se précipitent en hurlant leur profession de foi, appel répété à la guerre sainte :

– *Allah ou akbar*, Dieu est le plus grand…

On leur a promis le paradis, ils trouvent la mort en s'écrasant contre une muraille de fer. Les Sarrasins viennent s'empaler sur les lances franques, plus longues que leurs cimeterres.

Au même moment, le duc Eudes, décidé à venger sa fille enfermée à Damas, entraîne sa cavalerie vers le camp sarrasin… Les malheureux qui occupent les tentes sont égorgés, les entrepôts d'armes pillés, les sacs de pierreries et d'or emportés. Et les survivants arabes prennent la fuite dans une clameur terrorisée…

En une tentative ultime, Abd al-Rahman mobilise sa cavalerie et prend la tête d'une nouvelle charge menée contre la ligne franque… Elle se fait hésitante et sinueuse, cette charge, car elle doit passer par-dessus les dizaines de milliers de soldats tombés et de chevaux tués lors du premier assaut. L'émir lui-même attaque furieusement, il lui faut vaincre dans la gloire ou périr dans le martyre… Un javelot le transperce de part en part, et il glisse lentement de son cheval.

Privés de leur chef, les musulmans poursuivent la bataille de manière désordonnée. Il faut s'échapper,

1. 732 ou 733 ? L'année traditionnelle, donnée par nos livres scolaires, dit 732. Aujourd'hui, en confrontant les sources chrétiennes, qui parlent d'un samedi d'octobre, et les sources musulmanes, qui situent l'événement selon l'hégire, de nombreux historiens estiment que la bataille n'a pu se dérouler qu'à la date ci-dessus indiquée.

mais la route est encombrée de vieillards, de femmes, d'enfants, de toute cette population qui croyait pouvoir venir s'installer sur les riches terres de Francie… Alors Charles Martel pousse son avantage, poursuit les fuyards, massacre la piétaille et anéantit les cavaliers. C'est la chevauchée sanglante des chrétiens victorieux. À grands coups de sabre ou à la pointe du javelot, on perce les corps, on troue les ventres, on fend les crânes… Et les derniers survivants des combattants musulmans reprennent le chemin du sud. L'extension de l'islam est stoppée.

*

* *

Je le sais bien, la bataille de Poitiers, le Croissant contre la Croix, l'union sacrée des chrétiens et des païens contre l'envahisseur musulman dérangent le politiquement correct. On voudrait une lutte moins frontale, davantage de rondeurs, un christianisme plus mesuré, un islam plus modéré… Alors, pour nier ce choc des civilisations, certains historiens ont limité la portée de la bataille remportée par Charles Martel. Mais non, disent-ils, on ne peut pas parler d'une invasion, ce fut à peine une incursion, une razzia destinée à dérober quelques bijoux et à enlever les plus girondes des Aquitaines. Charles Martel s'est énervé un peu vite, il aurait dû attendre quelques semaines et les Arabes seraient sagement rentrés chez eux, en Espagne… C'est bien trouvé, rassurant, consensuel. Mais qui peut y croire ? L'Arabe et le Franc ont, l'un et l'autre, aligné la quasi-totalité de leurs forces dans cette bataille. Alors, comment admettre qu'il s'agissait seulement d'une opération sarrasine destinée à s'enrichir un peu ? Comment imaginer que les Francs avaient organisé cette vaste expédition pour arrêter une bande de voleurs de poules ?

Mais ce que l'on dit moins, c'est que la bataille de Poitiers n'est pas importante seulement par l'arrêt mis à l'invasion arabe. Cette victoire permet aussi à Charles Martel, et après lui à la dynastie des Carolingiens, de régner de fait sur l'Aquitaine. En effet, le vieux duc Eudes accepte dès lors la prépondérance du chef franc et meurt tranquillement deux ans plus tard, rassasié de jours. Pourtant, ses deux fils, ducs d'Aquitaine à leur tour, refusent l'autorité du Franc… Pour Charles Martel, il faut en finir avec cette affaire, l'Aquitaine doit faire partie du royaume ! Et voilà le chef de guerre à nouveau sur les routes avec son armée : il repasse la Loire, s'avance sans coup férir jusqu'à la Garonne, continue et occupe l'importante place militaire de Blaye, située sur un promontoire rocheux dominant l'estuaire de la Gironde. Peut-être a-t-il le temps d'entrer dans la basilique Saint-Romain pour se recueillir devant les sarcophages des anciens rois d'Aquitaine…

Blaye, sur la route de la guerre

Blaye, département de la Gironde... Blavia, disaient les Romains, terme qui viendrait du latin belli via, *la route de la guerre. Charles Martel savait qu'en prenant Blaye il ouvrait la route d'Aquitaine en direction de Bordeaux. Faisons halte sur les ruines de l'ancienne basilique Saint-Romain. Voici des pierres anciennes et des arches qui prennent la forme de nos rêves, tout ce que nous aimons.*

L'ancienne basilique a bien souffert, et les coups ultimes lui ont été donnés au XVIIe siècle par Vauban, quand il construisit la citadelle destinée à protéger Bordeaux. Mais les souvenirs ont la vie longue... En 1969, des soubassements et des chapiteaux de la basilique ont été retrouvés, faisant émerger de l'oubli ces lieux où battit le cœur de l'Aquitaine.

Charles Martel poursuit son expédition et prend Bordeaux, marquant par cette action le retour de la région tout entière dans le royaume franc. Bordeaux n'est pourtant plus la cité prospère et le port actif de l'époque romaine. Les invasions barbares, la domination des Wisigoths, la dépopulation et le pillage en mer ont limité l'activité du port à la pêche le long des côtes et au commerce du sel. Mais ça ne fait rien, Bordeaux devient le symbole de l'Aquitaine retrouvée. D'ailleurs, au début de l'année 736, un accord est signé avec les ducs : ils conserveront leur patrimoine, des Pyrénées à la Loire, mais devront jurer fidélité à Charles Martel et à ses fils… Sur les parchemins signés, nul n'a songé à mentionner le roi Thierry, oublié de tous. Les Mérovingiens sortent de l'Histoire sans bruit, sans heurt, dans le silence et la discrétion.

*
* *

Charles Martel ne sera jamais roi, mais il a ouvert la voie à ses descendants carolingiens. Son petit-fils, Charles Ier, futur Charlemagne, entre dans Bordeaux au mois d'août 778… Il revient d'une expédition calamiteuse en Espagne : les victoires annoncées se sont soldées par une retraite confuse. Dans les Pyrénées, au col de Roncevaux, l'arrière-garde des troupes royales a été agressée dans une embuscade tendue par des pillards basques. Roland, seigneur de Blaye et neveu du roi, veut appeler son oncle à la rescousse, il sonne du cor, s'époumone, sonne encore, souffle si fort qu'il en fait exploser ses jugulaires, et meurt autant des coups de l'ennemi que de ses veines éclatées…

Le corps du héros est inhumé chez lui, dans une crypte de la basilique Saint-Romain de Blaye. Les soldats tombés avec Roland sont, eux, enterrés dans le cimetière de la basilique Saint-Seurin à Bordeaux. Pour ne pas laisser ces preux tout à fait orphelins de leur vaillant compagnon d'armes, Charlemagne aurait fait déposer le fameux cor dans cette basilique.

De la chanson à la crypte…

La littérature perpétua la légende de Roland. Au XI*e* *siècle, trois cents ans après les faits,* La Chanson de Roland *célébra en quatre mille vers la gloire immortelle du seigneur de Blaye et évoqua le pieux dépôt du fameux cor dans la basilique Saint-Seurin, attirant ainsi des foules de pèlerins à Bordeaux. L'objet a disparu depuis longtemps, mais la basilique dresse toujours son clocher vers le ciel. En 1910, le célèbre historien Camille Jullian mit au jour une « crypte mérovingienne », un soubassement mêlant plusieurs époques, avec des chapiteaux gallo-romains, des mausolées frappés* *de fresques, des enclos funéraires et des sarcophages aux décors de feuilles et de fruits. Ici, sans doute, fut déposé le cor sonné par Roland à Roncevaux, alors qu'au-dehors, sous la terre, reposent pour l'éternité les chevaliers tombés dans l'embuscade. (Place des Martyrs-de-la-Résistance.)*

15

IXe siècle

JE VAIS REVOIR MA NORMANDIE

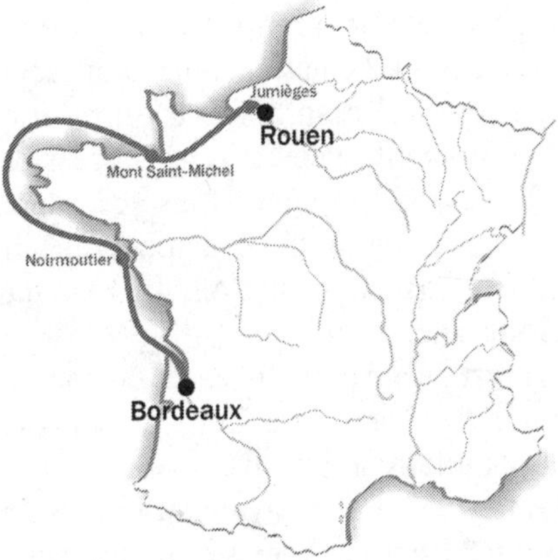

De Bordeaux à Rouen
par les estuaires de l'Atlantique et de la Manche

Ils sont bien contents, les Aquitains, ils ont un roi, un roi pour eux seuls, un roi né dans leur province… Sont-ils pour autant autonomes, indépendants, libres ? Rien de tout cela. Mais, en fin politique, Charlemagne leur a donné l'un de ses fils, Louis, et il a nommé l'enfant de trois ans roi d'Aquitaine. Ça tombe bien, par le pur hasard des déplacements militaires, le petit Louis a vu le jour dans la région ! En effet, alors que son prestigieux géniteur était allé, par la via Regia, combattre les Sarrasins en Espagne, la reine Hildegarde, qui suivait fidèlement son royal époux dans ses déplacements guerriers, avait dû s'arrêter dans la villa de Cassinogilum, au bord du Clain, aujourd'hui Chasseneuil-du-Poitou dans le département de la Vienne, domaine appartenant autrefois à l'Aquitaine. Elle avait accouché de deux petits garçons, Louis et Lothaire, mais seul le premier avait survécu. Quel allait être son avenir ? Charlemagne avait déjà des fils. L'aîné, dit Pépin le Bossu, tordu d'esprit et contrefait de corps, ne pouvait accéder à la succession. Sur le suivant, Charles, se portaient tous les espoirs de la dynastie. Louis n'aurait donc à jouer qu'un rôle de figuration, exactement ce qu'on lui demanderait de faire en Aquitaine…

Et c'est ainsi qu'un peu plus tard, un cortège magnifique avait fait son entrée à Bordeaux, présentant au bon peuple aquitain son nouveau souverain : un tout jeune enfant pour qui l'on avait forgé une armure sur mesure et que l'on avait hissé sur un beau cheval. Chacun s'était enthousiasmé pour le petit roi qu'on s'empressa prudemment d'enfermer dans sa solitude à Toulouse. Solitude, en effet, car le père était allé guerroyer du côté du Rhin et la mère n'avait jamais pu venir embrasser son enfant… À l'âge de vingt-six ans, après plusieurs grossesses successives qui l'avaient occupée à plein temps, elle était morte à Thionville.

En grandissant, Louis a parfaitement compris ce

qu'on exige de lui : faire le roi de manière silencieuse et décorative. Il est d'ailleurs devenu un grand et beau jeune homme, accomplissant avec grâce sa mission essentielle : se pavaner dans ses États affublé du costume traditionnel aquitain – tunique colorée, capuchon de laine, chausses de velours –, se montrer proche de ses sujets, oublier le francique pour parler exclusivement la langue romane utilisée en ces parages… Et puis, l'année de ses seize ans, Louis a été marié avec une jeune fille bien née qui devait lui donner quatre enfants. Roi inutile peut-être, mais qui recevait tous les honneurs dus à un vrai souverain : on le formait, on l'informait, on le respectait.

Alors Louis, peu à peu, a pris goût au faste et à la grandeur, il se fait appeler « Auguste » comme un empereur romain, se fait baiser les pieds par les dignitaires, comme un pape. Quant à régner vraiment, il n'en est pas question. Aussi, pour exercer un semblant de pouvoir, il consacre et finance en Aquitaine de nombreuses fondations religieuses, actions qui lui valent déjà le surnom de Louis le Pieux.

Pendant ce temps Charlemagne, devenu empereur, se préoccupe également de la religion, bien sûr. Il fait venir à grands frais de saintes reliques, mais se penche aussi sur le sort des routes… Pèlerinages ou conquêtes militaires, il a besoin de voies de communication en bon état. Il ordonne de réparer les anciennes routes romaines, mais fait en plus tracer de nouvelles chaussées, entreprise que personne n'avait osée depuis plusieurs siècles. Conscient de l'importance des travaux publics, il s'en réserve la surintendance et contraint chacun à participer aux efforts collectifs. Les seigneurs dits péagers – qui touchent des péages – doivent désormais en consacrer l'intégralité à l'entretien des voies et des ponts, mais également assurer la sécurité sur les chemins du lever au coucher du soleil. Cette responsabilité n'est pas négligeable, car elle retentit sur la manière même dont on envisage alors la propriété privée. Jusqu'ici, la terre appartenait généralement au roi ou aux congrégations religieuses, et les seigneurs locaux n'en étaient que des administrateurs momentanés. Si la possession de la terre reste précaire, si le roi peut en disposer à tout moment, la notion de patrimoine se délite, évidemment, et seul compte alors le bénéfice immédiat que le seigneur peut retirer du bien dont il a provisoirement la jouissance. En revanche, pour investir l'argent des péages dans l'entretien des routes et des ponts, il faut être certain de disposer des terres sans contestation et de pouvoir les transmettre à ses enfants. C'est ainsi qu'apparaît la notion de propriété inaliénable. De fait, le morcellement des terres sera un facteur essentiel de l'affaiblissement de l'empire carolingien et de l'essor d'une nouvelle société : la féodalité, qui donnera un grand pouvoir aux seigneurs locaux.

En attendant, un autre danger guette, et celui-là vient de la mer… Du nord de l'Europe, des pays scandinaves, les Vikings s'avancent et rôdent déjà aux abords de la Francie. Ils cabotent le long des côtes sur l'Atlantique ou sur la Méditerranée, ils observent, progressent et s'éloignent vers l'horizon, déployant la grande voile de leurs navires allongés dont le cou tendu s'achève en figures monstrueuses, becs de dragons et crêtes de serpents.

Drakkar… prononcez knörr !

Drakkar... Ce mot qui nous semble charrier à lui seul le monde des Vikings est un terme presque français, au moins dans son acception marine. Il est emprunté au vocable suédois drakar, *qui signifie « dragons » et a été initié au milieu du* XIXe *siècle par l'historien Auguste Jal pour désigner les bateaux des hommes du Nord, qui avaient effectivement une figure de proue en forme de dragon. On pouvait dire alors le drake (singulier) et les drakar (pluriel). Mais le public bouda le singulier pour adopter un drakkar, des drakkars... Avec deux k pour faire plus terrible encore ! Les Vikings, eux, utilisaient le mot* knörr *pour qualifier l'ensemble de leurs embarcations.*

Afin de contenir au loin ces étranges visiteurs, Charlemagne fait construire de grandes barques qu'on place à l'embouchure des fleuves comme une barrière infranchissable où sont censées venir se briser les houles vikings. Les ports de la mer du Nord et de la Manche sont protégés, des fortins édifiés, des machines de guerre avancées pour jeter sur l'assaillant des pierres ou de l'étoupe enflammée. En Aquitaine, le roi Louis reçoit instruction de constituer des flottilles de défense et de les envoyer faire le guet sur la Loire et dans l'estuaire de la Gironde.

Mais Charlemagne ne se fait pas d'illusions… Un jour, regardant la mer, il voit s'approcher une petite escadre de bateaux venus du Nord. Il reste un long moment immobile, puis se retourne lentement, le visage inondé de larmes.

– Savez-vous, mes fidèles, pourquoi je pleure amèrement ? Certes, je ne crains pas que ces pirates me nuisent, mais je suis tourmenté d'une violente douleur quand je prévois tout ce qu'ils causeront comme maux à mes héritiers et à leurs peuples.

L'empereur, qui se préoccupe tant de l'avenir, croit avoir réglé sa succession. Charles, son fils aimé, celui qui lui ressemble tant, héritera du gouvernement central de l'empire, ses autres fils seront rois sous son autorité. Mais les catastrophes familiales fondent bientôt sur le souverain vieillissant. En juin 810, sa fille chérie Rotrude meurt soudainement, un mois plus tard c'est son fils Pépin, roi d'Italie, qui succombe à un mal mystérieux, et l'année suivante Charles, sur qui reposaient tous les espoirs de la dynastie, quitte ce bas monde, frappé sans doute par une attaque cardiaque… Il ne reste plus que Louis, et il faut bien se résoudre à le préparer à ses charges futures.

Le 11 septembre 813, le roi d'Aquitaine a déjà trente-cinq ans, et le destin va enfin lui offrir un rôle plus important que celui de marionnette bariolée. À Aix, la capitale de Charlemagne – la future Aix-la-Chapelle, en Allemagne –, l'empereur associe son fils au gouvernement, le désigne comme héritier du titre impérial, et le couronne symboliquement d'un diadème. Certes, il aurait voulu un successeur plus proche de son cœur. Il a hésité longuement avant d'accepter de confier l'avenir de son œuvre au gentil Louis, mais ses conseillers ont tellement insisté, commenté, expliqué… Si l'on veut espérer conserver l'unité, il n'y a pas d'autre solution. Si l'on tient à éviter une guerre de succession dans la noblesse franque, il n'y a pas d'alternative. Bref, Louis se retrouve couronné par défaut, et la cérémonie terminée, on renvoie vite fait l'héritier en Aquitaine…

Pas pour très longtemps ! Moins de quatre mois plus tard, après une chasse au cerf en plein mois de décembre, Charlemagne ressent une douleur dans la poitrine, il respire difficilement, il tremble de fièvre… La pleurésie le terrasse, et il meurt le 24 janvier 814. Le roi d'Aquitaine devient empereur sous le nom de Louis Ier…

Louis quitte l'Aquitaine et son domaine de Layon – aujourd'hui Doué-la-Fontaine, en pays de Loire. Au bout d'un mois, il arrive à Aix où tout marche tambour battant : l'administration mise en place par Charlemagne est si bien rodée qu'elle continue de fonctionner parfaitement. Il n'y a donc aucun changement avec Louis ? Si, un détail, une bagatelle, une vétille : ce n'est plus le francique, langue germanique, qui est parlé à la cour, mais le français, langue latine, enfin à vrai dire le français de l'époque, c'est-à-dire le roman, forme ancienne de notre langue.

Cette révolution tranquille passe totalement inaperçue, et pourtant l'empereur vient d'abandonner les vieux oripeaux francs pour faire surgir une langue nouvelle qui unifiera la Francie.

*

* *

À force de voir leurs embarcations rapides croiser au large, disparaître, puis revenir, on a presque fini par s'habituer à leur présence… On sait qu'ils viennent du nord de l'Europe, des pays de froid et de nuit, mais on ne comprend pas trop ce qu'ils veulent.

On ne va pas tarder à le découvrir. Au printemps 840, une nuée de bateaux au long cou surgit soudain des horizons et file à grands coups de rames vers le rivage. Ils touchent la terre d'Aquitaine, et des hordes de pilleurs se précipitent en hurlant pour tuer, voler, détruire, incendier… Les Vikings débarquent ! Vêtus de fourrure, armés de longues épées et de haches, protégés par des boucliers colorés, ils arrivent et ils frappent. Toutes les craintes exprimées naguère par Charlemagne deviennent réalité, et le royaume entier semble vaciller. Bordeaux résiste derrière ses fortes murailles, les Vikings doivent renoncer à prendre la grande ville. Ils filent plus au sud, détruisent et pillent Bayonne, s'avancent dans les terres pour dévaster Dax, Tarbes, Saint-Lizier… Que cherchent-ils, ces marins aux allures de brigands ? En fait, ces envahisseurs ont des rêves de boutiquiers : ils viennent faire des affaires et s'enrichir ! Le pillage, le vol, la rapine sont pour eux des méthodes destinées à amasser une fortune. Ils ne songent qu'à cela, et la prospérité des congrégations religieuses attire ces païens qui emportent tout ce qui brille… et brûlent le reste. Ils demeurent un temps au sud de la Garonne, non comme des occupants qui veulent s'approprier de nouveaux espaces, mais comme des écumeurs heureux d'avoir un repaire pour préparer d'autres larcins…

Ces pierres et ces briques qui ont sauvé Bordeaux

Des puissants remparts de Bordeaux qui permirent à la ville de résister aux premières invasions vikings, il ne reste aujourd'hui quasiment rien. Avec un peu de patience, on arrive néanmoins à retrouver la trace d'une tour ronde dans la rue Paul-Painlevé, une tour dont l'appareillage de gros moellons et de petites briques rouges est significatif des constructions romaines. L'amas de pierres noires que l'on rencontre au milieu du passage de La Tour-de-Gassies est un peu plus difficile à identifier... Pourtant, là encore, nous sommes en présence d'un ultime vestige du rempart qui fit face aux hommes du Nord.

Personne ne semble devoir venir défendre le riche cocon aquitain. Loin de là, sur une île du Rhin près de Mayence, l'empereur Louis le Pieux se meurt, il ne parvient plus à s'alimenter normalement, et survit un peu en avalant des hosties par poignées, dévote nourriture qui ne le sauve pas. Il s'éteint le 20 juin 840, trois mois après les premières agressions vikings en Aquitaine. Quant à Pépin II, son petit-fils ct roi d'Aquitaine, il a mieux à faire que de repousser les hordes scandinaves. Son pouvoir local est contesté par son oncle Charles le Chauve... De cette sordide histoire d'héritage, il ressort une guerre interne qui se résout par une grande bataille le 25 juin 841 à Fontenoy-en-Puisaye... Dans cette confrontation, Pépin perd l'Aquitaine sur le plan militaire, mais la récupère en partie grâce à un traité, en attendant de nouvelles trahisons…

En 843, en effet, le traité de Verdun divise l'ancien empire de Charlemagne en trois entités bien vite rivales. Pour les Vikings, ces luttes obscures entre rois francs sont une bénédiction d'Odin, le dieu puissant de la mythologie scandinave. Ils sont libres de ravager des terres abandonnées, contestées, sans défense. En 847, ils mettent le siège devant Bordeaux. Cette fois-ci, les pirates du Nord sont bien décidés à franchir son enceinte… Il y a de l'or de l'autre côté des murailles ! Il faudra un an de siège et de longues négociations pour voir tomber Bordeaux. La ville est-elle vraiment tombée ou a-t-elle été simplement rançonnée ? En tout cas, elle a payé pour ne pas être détruite totalement… Les commerçants y sont allés de leur obole, et une pièce d'argent posée sur le pas de la porte suffisait à sauver une maison du pillage et de la destruction.

Et les Vikings, très vite, sont repartis vers l'île de Noirmoutier, leur tanière, leur abri. Dépassons avec eux l'île de Ré, abandonnée par les Aquitains et pourtant lieu de sépulture du valeureux Eudes, duc d'Aquitaine, héroïque défenseur de la région, oublié par les siens au point qu'il est impossible, aujourd'hui, de savoir précisément où il a été enterré.

À Noirmoutier, pour installer ici leur base arrière, les Vikings ont détruit l'abbaye établie jadis par Louis le Pieux. Ils ont chassé les moines pour faire de l'île une pointe avancée de la Scandinavie, une grande caverne où s'entasse le produit de leurs rapines…

Sur la piste des lieux pieux de Louis…

À Noirmoutier, il reste de l'abbaye voulue par Louis le Pieux une crypte fortement remaniée située sous le chœur de l'église paroissiale. Ici fut déposé le corps de saint Philbert, fondateur de l'abbaye. Mais en 836, par peur des invasions vikings, on emporta la dépouille. Une châsse contenant quelques reliques du saint fut déposée dans la crypte… mille ans plus tard, en 1863. (2, rue du Cheminet.)

*Si l'on veut trouver le reste des reliques de saint Philbert, il faut les chercher là où son corps a été protégé des Vikings : à Saint-Philbert-de-Grand-Lieu, à une cinquantaine de kilomètres à l'est de l'île. L'abbatiale construite au début du IX*e *siècle est un rare exemple d'architecture religieuse carolingienne. À l'extérieur, on peut être surpris par la lourdeur du bâtiment ; mais à l'intérieur, l'alternance de pierres claires et de briques ocre donne aux piliers et aux arches une envolée faite de grâce et de légèreté. (Place de l'Abbatiale.)*

Les Vikings ont remonté la Loire à partir de leur base de Noirmoutier : le fleuve est devenu pour eux un formidable boulevard qui les a conduits sur les lieux de pillages et de massacres. Le palais de Doué-la-Fontaine de notre bon vieux Louis le Pieux n'a pas, lui non plus, résisté aux attaques… Construit majoritairement en bois et en terre, il n'en subsiste aujourd'hui que la motte sur laquelle il se dressait. Le bâtiment qui le remplace, une petite forteresse de pierre dont les bases des murs remontent à la fin de ce IX*e siècle, en fait sans doute le plus ancien site médiéval de France. (Rue de la Motte.)*

Non loin de cette vénérable forteresse, est parvenu jusqu'à nous un curieux amphithéâtre de très petites dimensions et creusé à même la roche... Étrange, il ne correspond pas du tout au modèle romain ! En fait, nous sommes devant un amphithéâtre carolingien construit entre le VIII*e et le* IX*e siècle, au temps où les Francs se voulaient continuateurs du modèle romain, particulièrement en Aquitaine. (Rue des Arènes.)*

Ainsi les temps changent : aux palais carolingiens, villas horizontales construites en bois sur le modèle latin, vont bientôt succéder les châteaux forts verticaux et ramassés bâtis en pierres. Le Moyen Âge se met en place, et Doué-la-Fontaine est représentatif de cette évolution.

Installés à Noirmoutier, les Vikings rayonnent aussi sur toute la Bretagne. Ils ont ravagé Nantes, et c'est la panique ! Les habitants fuient, de nombreuses terres ne sont plus cultivées, la disette se répand… Salomon, roi de Bretagne, tente de repousser la menace viking et essaye de trouver une conciliation avec la puissance franque. Le rêve et l'espoir d'une Bretagne libre s'incarnent dans ce personnage aussi sage, dit-on, que son homonyme biblique. Le Salomon breton a posé sur sa tête une couronne d'or, porte la toge bleue de la royauté et entretient une diplomatie active en direction de tous les ennemis de son royaume, au nord et à l'est. Cette furieuse volonté d'indépendance agace tous les partisans d'une Francie unie sous la même autorité. Même les évêques réunis en concile à Soissons écrivent au pape Nicolas Ier pour dénoncer Salomon. Il est vrai qu'une âme chrétienne a bien des choses à reprocher au souverain breton : il a pris le pouvoir en assassinant dans une église le roi de Bretagne, son cousin. Mais ce n'est pas seulement ce crime originel que blâment les prélats, c'est tout un pays qu'ils vouent aux gémonies : « Chez les Bretons, point de culte religieux, la loi morale est sans force. Barbares gonflés d'une férocité extrême, ils méprisent tous les préceptes sacrés, toutes les prescriptions des Saints-Pères. En toute chose, ils ne suivent que leur caprice, leur folie, leur méchanceté. Ils ne sont chrétiens que de nom. »

Sauf que voilà, il ne suffit pas d'insulter, il faut aussi avoir les moyens de sa politique. Le pape ne peut faire plus que d'interdire la création d'un archevêché à Dol, petite mesquinerie destinée à rabattre un peu la superbe bretonne. Quant à Charles le Chauve, le roi franc, il préfère signer des parchemins plutôt que de risquer une guerre contre ces « féroces barbares »… C'est par la ruse qu'il aura raison du roi Salomon.

Si l'on suit les Vikings sur l'Atlantique et que l'on contourne la pointe de la Bretagne, on peut s'arrêter dans l'actuelle rade de Brest, remonter le fleuve Élorn jusqu'au port de Landerneau… Plus loin, le cours d'eau, trop étroit, rend la navigation impossible. Sur huit kilomètres, suivons donc les sentiers terreux qui longent la rive, et voici un hameau étrangement nommé La Martyre. Pourquoi cette terrifiante appellation ? Parce que dans l'église du lieu a été tué le roi Salomon…

Le 28 juin 874, une conspiration ourdie par le neveu de Salomon, soutenu par la noblesse franque, est en place : il faut supprimer le roi de Bretagne ! Celui-ci comprend vite qu'on en veut à sa vie, et se réfugie dans l'église. Impensable d'occire le roi dans le sanctuaire, ce serait immédiatement l'excommunication pour les assassins et bientôt les affres de l'enfer ! Pour faire sortir le roi, on tente de l'amadouer, on lui envoie un évêque cauteleux qui lui promet la vie sauve… à condition qu'il quitte le lieu inviolable pour venir négocier avec ses adversaires. Salomon sent le piège, mais il est si fatigué… Las de ruser avec ses proches, épuisé de parlementer avec les Francs, harassé de repousser les pilleurs scandinaves, il veut en finir. Que tout cela cesse enfin, que le monde s'éteigne, que le visage rayonnant du Seigneur lui apparaisse… Salomon sort de l'église comme on va au martyre. Les Bretons, respectueux de la parole donnée, n'osent pas attaquer le roi, mais les Francs n'ont pas cette délicatesse : ils lui arrachent les yeux et le laissent sur place. Le malheureux mettra toute la nuit à mourir. Regrets et contritions ? L'Église bretonne oubliera qu'il a lui-même occis son prédécesseur pour accéder au trône et fera du roi assassiné un saint martyr de la foi.

*
* *

Les Vikings, une fois de plus, profitent des dissensions de l'ancienne Gaule. Partout où ils avancent, les luttes internes leur ouvrent largement la voie. Par la route maritime, ils arrivent ainsi au mont Saint-Michel, qui n'a pas encore l'aspect que nous lui connaissons, mais où des chanoines prient déjà dans un petit oratoire construit à flanc de rocher. La mort de Salomon, protecteur des lieux, les terrifie et ils prennent la fuite tandis que des laïcs transforment le mont en une place forte, un refuge pour échapper aux coups des Vikings. Cela n'impressionne guère les intrépides envahisseurs…

Le vrai mont Saint-Michel : Notre-Dame-sous-Terre

*La petite église Notre-Dame-sous-Terre est la plus ancienne du mont. Le mur sud de cette église, construit à même la paroi du rocher, est le vestige du tout premier oratoire élevé au VIII*e *siècle. Dédié depuis Charlemagne à l'archange saint Michel, il a vu prier et implorer les réfugiés qui, repliés sur le mont, espéraient échapper à la fureur des Vikings.*

Après avoir investi le mont Saint-Michel, les guerriers venus du Nord contournent la corne du Cotentin, qui n'est pas sans rappeler la proue élancée d'un drakkar… Ils remontent la Seine, pillant et rançonnant.

En 876, Göngu-Hrólf, redoutable chef viking, s'abat sur Rouen, déjà plusieurs fois dévasté par d'autres bandes scandinaves. Cette fois, le Viking et ses troupes étripent les défenseurs de la ville, transforment la cité en champ de ruines, puis, fièrement, parcourent les ruelles jonchées de cadavres et encombrées de murs éboulés. Elle est bien belle, la ville, même dans son manteau de malheurs, elle s'étale somptueusement au bord du grand fleuve, protégée plus loin par les collines et les forêts… Hrólf le Vagabond – puisque tel est le sens de son nom – a trouvé à Rouen son havre, son repos, son abri. C'est ici qu'il veut établir sa résidence de prince scandinave, c'est ici qu'il veut fixer le centre de la nation dont il a la vision, la Normandie… le pays des hommes du Nord.

Jumièges, abbaye martyre

« Aucun séjour n'est plus beau que ma Normandie, c'est le pays qui m'a donné le jour... » Natif d'Alençon, je fredonne parfois cette douce chanson. Mais elle n'est pas du tout dans l'air de notre IXe *siècle ! Pour vous en convaincre, rendez-vous à une vingtaine de kilomètres à l'ouest de Rouen, au creux d'une boucle de la Seine : vous avez devant vous les ruines de l'abbaye de Jumièges, fondée, comme Noirmoutier, par saint Philbert. On peut y voir les vestiges carolingiens de l'église Saint-Pierre, enchâssés dans un ensemble gothique. Sur une fresque de cette époque, un homme nous observe... Ce regard figé sur la pierre a croisé celui des féroces Vikings lors des pillages de l'abbaye. Ce champ de ruines, que l'on doit finalement à une longue chaîne d'assaillants – les Vikings, les huguenots, les révolutionnaires –, est un témoignage poignant des siècles de fureur et de combats qui ont enfanté la si jolie Normandie. (24, rue Guillaume-le-Conquérant.)*

16

Xᵉ siècle

MORT D'UN EMPIRE, NAISSANCE D'UN ROYAUME

De Rouen à Senlis
par la chaussée Jules-César

Göngu-Hrólf… À Rouen, personne n'arrive à articuler ce nom surgi des glaces, alors on affuble le maître viking d'un nouveau patronyme : Rollon, vague forme francique de Hrólf, deux syllabes qui roulent facilement, assez en tout cas pour faire un bel effet dans les annales.

D'autant que le nouveau Rollon n'est pas du genre à maintenir très haut l'étendard scandinave. Il a rasé sa barbe, abandonné la toque de fourrure et la tunique de cuir pour se vêtir, comme un seigneur franc, d'un long manteau de chanvre brodé de tissus colorés et fermé d'une ceinture agrémentée de pierres précieuses. Il n'est plus viking, il est normand, il est le maître d'une petite patrie qu'il s'est inventée.

Rollon établit à Rouen sa capitale, mais continue de se conduire comme un prédateur, organisant des incursions rapides pour piller les trésors de Paris ou de Saint-Lô, et dérobant les pauvres biens des paysans alentour. En allant attaquer Bayeux, il a tué le comte Bérenger, un noble franc venu de Germanie pour défendre la frontière de la Neustrie contre les invasions. Le comte est mort bravement, les armes à la main, et sa fille Poppa a été emmenée à Rouen parmi les captives. Mais elle est si belle, Poppa, si fière dans ses atours de soie fine, si digne dans le malheur qui l'accable, si douce aussi quand son regard se pose sur son geôlier… L'amour naît dans le cœur du conquérant. Enfin, l'amour, c'est vite dit. Certes, Rollon fait de Poppa son épouse, mais à la manière emportée des Vikings, sans cérémonie, sans prière, sans bénédiction… Une autre épouse et un enfant l'attendent sur les îles Britanniques ? Cette contingence ne l'arrête pas. Il ne connaît et ne reconnaît ni le monothéisme ni la Trinité divine, alors il épouse, et avec gourmandise.

Poppa prie le Christ et tous ses saints tandis que Rollon reste fidèle aux rites de ses ancêtres. On voit ainsi la tendre Poppa se rendre à l'église tandis que son mari s'abreuve de bière au cours de banquets où l'on dévore à pleines dents la chair calcinée des chevaux sacrifiés aux dieux. Cette alliance religieusement incorrecte comble secrètement les vœux politiques de tous : le Normand y voit une manière de s'approcher du monde franc et les Francs espèrent que la promiscuité avec une chrétienne finira pas modérer les ardeurs guerrières de ce redoutable adversaire.

D'ailleurs, surprise : l'union improbable du Barbare et de la noble Franque se révèle heureuse, apaisée, calme. Rollon connaîtra par la suite d'autres aventures sentimentales, il se mariera encore, mais c'est toujours vers Poppa qu'il reviendra. Et de cet amour naîtra la lignée prestigieuse des ducs de Normandie, fondement d'un pays dont on retrouvera les traces, l'inventivité, la puissance jusqu'en Sicile et en Turquie. La descendance de Rollon et Poppa, ce sera Adelaïde d'Aquitaine, reine des Francs, épouse d'Hugues Capet, puis Guillaume le Conquérant, et enfin tout un défilé de rois en France et en Angleterre.

Où se situait le château de Rollon ?

Si vous allez vous promener rue Camille-Saint-Saëns, à Rouen, vous repérerez vite les ruines encore impressionnantes de ce qui fut l'église Saint-Pierre-du-Châtel... Ce « châtel » dont la vieille église conserve le souvenir était le château de Rollon, qui s'élevait à cet emplacement. Ici fut enfermée la douce Poppa, ici elle resta fidèlement auprès de son époux nordique pour donner une descendance aux princes de Normandie.

Comment le peuple chrétien de Normandie vit-il sous l'autorité d'un prince païen ? Pas très bien aux dires de la pieuse chronique, car Rollon bouscule les croyances et les coutumes, vénère ses dieux en des libations qui font horreur aux austères adeptes du Christ ressuscité. Et puis, on se laisse tenter… Nombre de chrétiens viennent participer à ces festins où l'on célèbre Odin, l'esprit puissant, ou Freyja, déesse de l'Amour, ou encore Sigtyr, dieu de la Victoire. Des foules de Rouennais jettent leur foi aux orties et adoptent gaiement la façon de vivre des Scandinaves… On voit alors se multiplier les mariages rapidement conclus et aussi promptement dissous, des noces à la *danesche manere*, dit-on en langue normande, « à la manière danoise »… Des unions libres, dirait-on aujourd'hui.

Dans cette atmosphère de joyeux foutoir, le christianisme rouennais fait piètre figure : l'abbaye Saint-Pierre – qui deviendra l'abbaye Saint-Ouen – et la cathédrale Notre-Dame, ravagées par les incursions vikings du siècle passé, n'ont pas été relevées et se morfondent dans leurs ruines abandonnées. Le christianisme, qui semble triompher ailleurs, s'étiole en Normandie et pourrait bien disparaître tout à fait de ces parages…

Pendant ce temps, Rollon et ses troupes continuent allègrement leurs pillages d'autres régions afin d'augmenter leur trésor. À l'été 911, ils prennent la route du sud et font le siège de Chartres… L'évêque Gancelme sait ce qu'il faut faire : il grimpe sur les remparts et brandit hardiment « le voile de la Vierge », une chemise que Marie aurait portée le jour de la naissance du Christ. Je ne sais pas si ce morceau de tissu écru a terrorisé les Vikings, mais l'arrivée rapide des armées franques s'est montrée au moins aussi efficace. En effet, un marquis de Neustrie, un comte de Poitiers et un duc de Bourgogne se sont coalisés pour sauver la ville, et les Normands n'ont pas le temps de détruire entièrement la cathédrale, ils sont repoussés avec violence, subissant une défaite qui sonne comme un avertissement : jamais encore, les forces du Nord n'avaient été humiliées de la sorte.

Et le roi des Francs, que fait-il ? Charles III le Simple, qui n'est pas aussi benêt que son surnom le laisse supposer, est décidé à mettre bon ordre dans le chaos militaire qui prévaut aux frontières et dans la cacophonie spirituelle qui règne en Normandie. Bref, il faut maintenir Rollon hors de la Francie et rétablir le christianisme à Rouen.

Dès l'automne, le roi convie le prince de Normandie à une rencontre à Saint-Clair-sur-Epte, à mi-chemin sur l'axe antique reliant Rouen et Paris. Le hameau se trouve sur un passage à gué qui franchit l'Epte, modeste et calme rivière dont les eaux claires vont se jeter dans la Seine un peu plus bas.

Rollon et ses chevaliers quittent donc Rouen et galopent sur cette ligne droite appelée chaussée Jules-César… En réalité, cette route ne doit rien au célèbre dictateur, mais a tout de même été tracée par les Romains du Ier siècle. Si longtemps après, elle reste indispensable, et permet des déplacements relativement rapides grâce à la largeur de sa voie, grâce aux passages en chemins creux, grâce aussi aux dallages posés aux endroits difficiles.

Au bord de l'Epte, tentes normandes et tentes franques se font face, les hommes s'observent : amis ou ennemis ? Malgré la méfiance ambiante, les négociations avancent rapidement, chacun est décidé à faire des concessions pour mettre fin à l'incessante menace de guerre. Le roi des Francs admet la domination normande sur un territoire allant de l'Epte jusqu'à la mer, comprenant les cités de Rouen, Évreux, Lisieux. En contrepartie, Rollon fait serment de ne plus attaquer les villes franques et s'engage même à les protéger contre d'éventuels assauts d'autres Vikings. De plus, pour faire bon poids, le roi des Francs offre au Normand des territoires qui ne lui appartiennent pas : il lui abandonne la Bretagne dont il ne sait que faire, la livrant ainsi à toutes les invasions.

L'alliance franco-normande se scelle par deux gestes d'amitié et de confiance. Charles offre en mariage à Rollon sa fille Gisèle, union promise mais lointaine… la gamine n'a encore que cinq ans. Quant à Rollon, il ne peut faire moins que d'accepter d'entrer pieusement dans le giron du christianisme.

Après d'aussi belles négociations, vient le moment de se séparer… Pour conclure le traité, Rollon devrait baiser les pieds du roi Charles, c'est l'usage, mais le Normand refuse tout net de se plier à une aussi humiliante coutume. On parlemente, on négocie, il faut trouver un arrangement. Finalement, un des chevaliers de Rollon, au nom de son chef, s'avilira devant Sa Sublimité. Mais ce chevalier, à son tour, ne consent pas à s'agenouiller, il se penche simplement, se saisit du pied royal, le lève haut, plus haut, si haut que le roi tombe à la renverse. Ainsi se venge-t-on quand on est un fier Normand !

En dépit de cet épilogue déplaisant pour tout le monde, le traité de Saint-Clair-sur-Epte sera globalement respecté. C'est le marquis Robert de Neustrie qui portera le prince Rollon sur les fonts baptismaux, et le choix de ce parrain n'est pas anodin : durant plus de vingt ans, Robert a tenu la frontière qui séparait la Francie de la Normandie, veillant à maintenir les Vikings hors du royaume.

L'Epte est devenue la ligne d'une frontière pacifiée, mais la méfiance n'a pas disparu de part et d'autre. Les abords de la rivière se hérissent bientôt de constructions défensives, de bastions, de fossés, protections dressées d'abord en bois et qui vont devenir de pierres dans les décennies suivantes.

À Ivry-la-Bataille, le donjon de la méfiance

*Dans les siècles suivants, la frontière entre la Normandie et la Francie va se consteller de châteaux formidables dont Gisors ou La Roche-Guyon resteront les plus emblématiques. Mais en 911, il n'est pas encore question de châteaux en pierre… Même le donjon de Château-sur-Epte, que l'on peut voir un peu au sud de Saint-Clair, promontoire qui veille sur la chaussée Jules-César, n'est au X*e *siècle qu'une fortification en bois élevée sur une « motte castrale », c'est-à-dire une petite éminence artificielle.*

N'y aurait-il donc aucun vestige de cette dentelle de fortifications qui se dressait entre Francie et Normandie ? Après Château-sur-Epte, continuons à longer la frontière vers le sud… Une cinquantaine de kilomètres, et nous arrivons au bord de l'Eure, en Haute-Normandie, en un lieu appelé aujourd'hui Ivry-la-Bataille (en raison d'une bataille remportée par Henri IV au XVI*e siècle). Dans la première moitié du* X*e siècle, sur une colline au-dessus de la rivière, Guillaume Longue-Épée, le fils de Rollon, fit construire un château fort destiné à observer les mouvements en Francie voisine. On voit encore la base de l'important donjon quadrangulaire, une arcade d'entrée, des tours d'angle et l'enceinte faite de pierres plates disposées en épi.*

Ce château était alors si nouveau dans sa conception, si solide dans son agencement que des historiens de l'art de la guerre sont persuadés que les architectes anglais du XI*e siècle s'en sont largement inspirés pour édifier la tour de Londres. Quoi qu'il en soit, vous avez devant vous le plus vieux château fort de Normandie, et l'un des plus anciens de l'Hexagone.*

Derrière ses fortifications, la Normandie se coule doucement dans une période de calme et de prospérité. Sous l'impulsion de son prince, Rouen se transforme, s'agrandit, les marécages sont asséchés, les îlots sur la Seine reliés entre eux, les rives du fleuve aménagées, le port est créé, si beau, si performant, qu'il ne changera quasiment plus… pendant presque mille ans ! Jusqu'en 1846, quand seront entrepris de grands travaux dans le chenal et l'estuaire pour permettre aux navires venus du Havre de mouiller à Rouen.

Sous l'autorité de Rollon, le temps des invasions s'éloigne, le commerce reprend, et l'on s'enrichit paisiblement en Normandie. On ne craint ni les assaillants ni les voleurs : Rollon fait régner sur ses États une justice sévère qui fait trembler les malfaisants !

*
* *

Retour à Saint-Clair-sur-Epte. La chaussée Jules-César nous incite à poursuivre en direction de Paris. Nous avançons sur la route et dans le siècle…

**Allons marcher
sur la chaussée Jules-César**

Sur une grande partie de son parcours, cette impressionnante ligne droite qui longe la Seine de Rouen à Paris a conservé son appellation de chaussée Jules-César, même si son aspect a évidemment été modifié par les nouvelles méthodes de construction des routes.

Pour retrouver la chaussée telle qu'elle était jadis, rendez-vous à Puiseux-Pontoise, en Île-de-France… Un chemin bombé et pourvu de chaque côté de fossés s'enfonce dans le bois du Planite : c'est la chaussée Jules-César qui va traverser le Parc naturel régional du Vexin français sur une vingtaine de kilomètres.

Dès 1999, une reconnaissance du tracé de cette voie a révélé comment elle a été construite : le terrain a été nivelé avant la pose, à plat, d'importants blocs de pierre. Ensuite, cette assise a été surmontée de couches assurant l'élasticité de la structure, sable ou calcaire pilé.

Les nobles de Francie ne se montrent pas très reconnaissants à Charles le Simple d'avoir instauré la paix avec les Normands. Ils ont tant de choses à lui reprocher, et d'abord de ne plus les écouter, de ne plus leur faire partager décisions et pouvoir. En fait, le roi est tout dévoué à son chancelier Haganon… Ce personnage venu de rien, cet individu dont la famille est inconnue ose marcher sur les plates-bandes des illustres aristocrates de la Francie. Où va le pays si un conseiller est uniquement considéré pour ses avis judicieux et sa clairvoyance ?

En fait, à travers Haganon, le roi Charles tente un véritable coup d'État : il veut éloigner les grands, les nobles, les riches qui participent de près à la gestion du royaume. Seulement, la noblesse ne se laisse pas faire : il faut chasser le roi et son conseiller !

À la tête de la conjuration, on trouve le marquis Robert, parrain de Rollon… Il espère entraîner les Normands dans une alliance contre la couronne, mais le filleul se rebiffe et remet vertement en place l'envoyé du marquis venu à Rouen sonder ses intentions.

– Ton seigneur veut galoper trop vite et outrepasser le droit, dit Rollon. Qu'il se contente de ruiner les affaires du roi ; je ne veux pas qu'il ait la royauté.

En clair, le Normand ne trahira pas son serment de fidélité prêté au roi Charles dix ans plus tôt à Saint-Clair-sur-Epte, mais il ne s'opposera pas plus aux menées du marquis Robert. Que les Francs se débrouillent entre eux !

Or Robert a de grandes ambitions ! Frère d'Eudes qui fut comte de Paris et avait été élu un temps roi des Francs en attendant la majorité de Charles, il veut monter sur le trône, lui aussi. Et, de fait, le 29 juin 922, les grands de Francie se réunissent et élisent Robert comme leur roi. Les évêques approuvent, le pape acquiesce, seul le roi déchu conteste. Et un an plus tard, il lève une armée et s'en va à Soissons attaquer Sa Sérénité Robert Ier, lequel est tué au cours de l'affrontement. Le malheureux n'aura pas été roi bien longtemps… Trois cent trente-six jours exactement.

Charles croit désormais pouvoir récupérer son trône. Mais pour mener une campagne efficace, il lui faut des alliés et des soldats. Où les trouver ? Il se tourne vers les Normands de Rouen et les Vikings de Nantes… Erreur stratégique, faute politique ! Comment les grands de Francie pourraient-il accepter un roi soutenu par des étrangers, parfois des ennemis ? Il faut absolument contrecarrer les menées tortueuses du souverain révoqué ! Alors, vite fait, comtes, marquis et barons élisent leur propre roi, un certain Raoul, duc de Bourgogne, qui a l'avantage d'être le gendre du défunt Robert. Quant à Charles, il apparaît urgent de l'empêcher de nuire. Le temps n'est pas encore aux procès à grand spectacle et aux exécutions sommaires, alors on l'enferme dans la forteresse de Péronne, où il mourra six ans plus tard.

*

* *

La chaussée Jules-César nous conduit à Saint-Denis, puis se confond avec la route menant à Paris… Nous quittons alors le souvenir du fondateur de l'Empire romain pour nous retrouver nez à nez avec un autre empereur ! En effet, en ce mois d'octobre 978, Othon II, *Imperator Augustus* du Saint Empire romain germanique, est venu faire le siège de la capitale de la Francie. Othon voudrait tant rétablir un empire aussi vaste que celui des Romains et aussi puissant que celui de Charlemagne… Il veut mettre à profit les querelles dynastiques qui sévissent en Francie depuis plus d'un siècle pour reprendre la main sur tout ce territoire.

Pour contrer les manœuvres de l'empereur germain, Lothaire, roi des Francs, est allé saccager Aix-la-Chapelle, la capitale d'Othon. En représailles, celui-ci s'avance à son tour à la tête d'une armée immense, trente mille chevaliers et une nuée de fantassins, dans l'intention de prendre Paris… Derrière les murs de la ville, Hugues Capet, le petit-fils de Robert Ier, organise la défense. Othon et ses troupes demeurent deux mois à observer Paris depuis les hauteurs de Montmartre… Ils comprennent que la lutte est inutile, la cité des bords de Seine est bien protégée et les forces de Lothaire s'approchent. Pour parfaire le tableau, une épidémie de dysenterie se propage dans les rangs germains… Comment faire la guerre avec des soldats aux boyaux capricieux ? Othon tourne casaque et s'empresse de reprendre la route du retour. L'empire de Charlemagne ne ressuscitera pas, mais les Germains et les Francs – plus tard les Allemands et les Français – ne cesseront de s'affronter jusqu'au XXe siècle.

*

* *

À Saint-Denis, où s'achève la chaussée Jules-César, nous empruntons la route qui remonte vers le nord et nous arrêtons à Senlis, dans notre Picardie. Nous y arrivons au moment où la dynastie carolingienne s'éteint dans le silence et presque l'indifférence. En 986, le roi Lothaire est mort, transmettant la couronne à son jeune fils Louis V, âgé de vingt ans. Mais quatorze mois plus tard, le jeune roi parti chasser dans la forêt de Senlis tombe brutalement de cheval… Il saigne de la bouche et du nez…

– C'est le foie qui est atteint, annoncent les médecins. Et comme le sang a son siège dans le foie, le sang se répand…

Ces doctes conclusions ne changent rien au drame : le roi Louis succombe le 21 mai 987, étouffé dans son propre sang.

Il faut un nouveau roi à la Francie et, au mois de juin, les grands du royaume se réunissent à Senlis pour désigner le successeur de Louis V, disparu sans enfants. Ils viennent de partout, les Francs, les Bretons, les Normands, les Aquitains, les Angevins, les Bourguignons, les Goths, les Basques et les Gascons. Adalbéron, archevêque de Reims, s'adresse à eux :

– Choisissez le duc Hugues, le plus illustre par ses actions, sa noblesse et sa puissance militaire ; vous trouverez en lui un défenseur, non seulement pour l'État, mais encore pour vos intérêts privés. Grâce à son dévouement, vous aurez en lui un père. Qui, en effet, a cherché refuge chez lui sans obtenir sa protection ? Qui, arraché aux siens, ne leur a pas été rendu par ses soins ?

On acclame Hugues, on élit Hugues, on va couronner Hugues… Hugues Capet, le premier des Capétiens, devient roi sous les ovations des grands, mais aussi sous leur regard perplexe et détaché, car ils sont tous davantage soucieux de leur fief personnel que de la grande œuvre commune du royaume.

Entre ici, Hugues Capet…

Hugues Capet a été élu roi dans le château de Senlis… Les murs que l'on voit se dresser encore sur le point le plus haut de la ville, appuyés sur la muraille gallo-romaine, ne sont pas tout à fait ceux qui ont abrité le triomphe du premier des Capétiens, puisque le château a été reconstruit un siècle plus tard. Mais si l'on sait regarder, on peut trouver une trace des pierres qui ont vu Hugues Capet devenir roi. Dans le parc du château royal, en effet, on repère à l'entrée une tour carrée : ce sont les vestiges millénaires du donjon, l'endroit où les grands du royaume se réunirent pour ovationner leur nouveau souverain.

Hugues Capet a fort à faire pour tenter, sans succès, d'imposer son autorité. Les grands du royaume veulent bien un roi… à condition qu'il reste à sa place. Mais c'est quoi, la place d'un roi ? Il peut créer des monastères et des églises, si cela lui chante, il peut diriger l'Église et les évêques, si cela le tente, il peut même assurer sa dynastie en associant à la royauté son fils Robert, mais qu'il n'essaie surtout pas de limiter le pouvoir des grands seigneurs qui mènent leur propre politique et leurs campagnes militaires personnelles. Ils piétinent allègrement l'autorité centrale, morcellent le royaume et s'enrichissent en confisquant les terres à leur unique profit. En fait, Hugues Capet ne règne en maître absolu que sur un territoire minuscule qui va de Senlis à Orléans en passant par Paris.

Le roi a beau multiplier les déclarations, les menaces et les injonctions, il n'est qu'un seigneur parmi les autres – et même un peu moins riche que les autres. Lorsque Adalbert, comte de Périgord, décide d'étendre son fief vers le nord en envahissant la Touraine, le roi intervient, lui ordonne de lever le siège de Tours, l'enjoint de se soumettre à la couronne… Les comtes ne sont-ils pas des fonctionnaires du pouvoir royal ?

– Adalbert, qui t'a fait comte ? interroge le roi.

– Hugues, qui t'a fait roi ? rétorque aussitôt l'autre, goguenard.

Hugues Capet ne parvient pas à régner sur un pays divisé où la guerre, ce jeu entre nobles, oblige les populations paysannes à se réfugier périodiquement auprès des seigneurs les plus proches tandis que le feu est mis aux récoltes…

17

XIe siècle

LA LUMIÈRE DU MONDE

De Senlis à Cluny
par le chevelu médiéval

Berceau des Capétiens, Senlis aurait pu rester un lieu privilégié pour la dynastie… Mais l'Histoire ne s'est pas attardée ici, trop heureuse d'aller investir des cités plus riches et des campagnes plus grasses. Seule Adelaïde, la pieuse épouse d'Hugues Capet, a voulu remercier à sa manière la cité qui l'a faite reine… Elle a remplacé la vieille église à demi éboulée par une opulente collégiale où douze chanoines ont mission de prier pour le roi et sa famille. Bien sûr, on ne saurait imaginer un lieu de piété sans belles reliques capables d'attirer donations et pèlerins… Alors on cherche, et l'on trouve la dépouille de Frambourg, un saint ancien qui vécut au VIe siècle dans la région du Mans et fut enterré à Lassay-les-Châteaux en pays de Loire. Un saint thaumaturge que les foules ingrates ont oublié. Il est temps à présent de ressusciter son culte… et de donner ainsi quelque lustre à Senlis !

Bien sûr, de son vivant le saint n'a jamais mis les pieds dans la région, mais il aura toute l'éternité pour s'acclimater à sa nouvelle résidence. Les bons abbés de Lassay voient avec déchirement leur saint prendre le large pour un autre horizon… Alors on leur abandonne un lot de consolation : la tête de Frambourg, qu'ils pourront continuer à prier et à vénérer. Le corps, lui, est déposé à Senlis dans une châsse d'argent, et l'on déclare que cette relique veillera à jamais sur le roi et le royaume.

L'abbé Liszt ou saint Frambourg ?

La collégiale et l'église ont disparu après la Révolution... Renaissance en 1973, quand le pianiste Georges Cziffra racheta ce qui restait des bâtiments. Des fouilles archéologiques permirent alors de retrouver la chapelle voulue par la reine Adelaïde, avec des piliers et des colonnes, le reste de pavement et la statue en pierre d'un évêque.

La chapelle Saint-Frambourg est aujourd'hui l'auditorium Franz-Liszt (qui fut abbé, il est vrai), et accueille des concerts de musique de chambre. (Place Saint-Frambourg.)

Malgré la protection de saint Frambourg, il a triste mine, le royaume. Car la vraie richesse et le vrai pouvoir sont entièrement dans les mains des hauts seigneurs qui dominent leur ville, leur région, leur fief, s'imposent à des vassaux – barons moins puissants et moins opulents qui ont fait acte d'allégeance –, règnent en maîtres absolus sur les paysans libres et plus encore sur les serfs attachés à la terre... Pourtant, les seigneurs ont un rôle à jouer dans la société féodale : ils sont les protecteurs des humbles. Cependant, ces protecteurs se muent parfois en dévastateurs, quand ils se font la guerre, ravagent les terres, narguent le roi... Une invasion intempestive, des récoltes qui brûlent, des champs saccagés, et c'est la famine qui menace. Car l'alimentation du miséreux est réduite aux rendements d'un lopin de terre ou aux ressources incertaines de la cueillette.

Pour les seigneurs, c'est autre chose. Dans la salle basse du château, une table massive est dressée. Le baron est assis sur une chaise de bois au dossier finement ouvragé, les autres convives sont installés plus rudement sur des bottes de paille couvertes d'étoffe. Pour économiser le luminaire, on soupe avant qu'il fasse nuit, mais la scène baigne quand même dans la pénombre, seule une terne lumière filtre du dehors à travers le papier huilé qui obstrue les fenêtres. Le maître a devant lui une nappe partagée par ses plus fidèles compagnons. Ce morceau de tissu clair a une valeur symbolique puissante. Ne dit-on pas qu'accepter quelqu'un à sa nappe, c'est le considérer comme son égal ? Pour les viandes, on raffole bien sûr des animaux de la chasse, et les parties les plus appréciées des gourmets sont les yeux et les « daintiers », c'est-à-dire les testicules cuisinés en ragoût, ceux du cerf en particulier sont fort prisés. Suprême délicatesse, on sert aussi de la viande d'ours ; sa chair crépite délicieusement dans les flammes de la cheminée, suant à grosses gouttes une graisse brunâtre. À quelques privilégiés, on offre les pattes griffues de l'animal, mets d'une rare finesse qui fait pâmer d'aise les gastronomes les plus délicats.

*
* *

Aura-t-on le courage de prendre la route pour visiter le domaine capétien ? Du courage, il en faut, car les dangers menacent. Sans garde armée ni autorité centrale, les routes ne sont pas sûres.

De Senlis, nous empruntons la voie qui conduit à Orléans, l'autre extrémité du domaine royal, là où Hugues Capet a fait couronner son fils Robert II le Pieux pour asseoir la jeune dynastie. Nous passons par Paris, puis direction le mont Lhéry – notre Montlhéry, on l'aura compris –, une modeste colline et des terres données naguère en apanage à un certain Thibaud, grand maître des eaux et forêts, grand louvetier, grand fauconnier, grand veneur du roi Hugues Capet… Au cœur de la forêt traversée par l'ancienne voie romaine Paris-Orléans, Thibaud a fait élever une tour et une enceinte de bois, bien vite remplacées par un château fort destiné à se défendre contre les attaques menées par les comtes alentour…

La tour sur le mont Lhéry

Le fils de Thibaud, Guy comte de Montlhéry, avait bâti ce château de pierre qui se dressait fièrement au bord de la grande route du royaume : celle qui reliait Paris à Orléans. Par leur emplacement privilégié, cette forteresse et son donjon attisaient les convoitises de tous ceux qui rêvaient de contrôler le trafic.

Finalement, au début du XIIe siècle, pour éviter les affrontements, le roi Louis VI ordonna la destruction du château. Mais il conserva la tour. Il se souvenait que son père, Philippe Ier, lui avait jadis confié :

– Enfant Louis, sois bien attentif à conserver cette tour d'où sont parties des vexations qui m'ont fait presque vieillir, ainsi que des ruses et des fraudes criminelles qui ne m'ont jamais permis d'obtenir une bonne paix et un repos assuré.

Hélas, d'autres guerres, d'autres invasions ont eu raison du monument. La tour actuelle est très postérieure au XIe siècle mais reste le témoignage impressionnant de l'ombre des seigneurs qui pesait sur les routes du royaume. (Allée de la Tour.)

Jusqu'à maintenant, nous avions l'habitude de filer en ligne droite sur les anciens tracés romains ; désormais, il va falloir accepter les détours, se résigner à la courbe, à la boucle, et emprunter ainsi de nouveaux chemins. Ces errements sont plus tortueux, mais moins périlleux, car qui sait si un seigneur de Coucy ou un sire de Montmorency ne va pas soudainement attaquer le comte de Montlhéry en déboulant sur la grande route et massacrer tout ce qui se présente devant lui ?

Ces peurs anciennes, nous les retrouvons intactes dans le tracé actuel… Observez notre Nationale 20 qui, depuis Paris, n'est autre que la voie romaine menant à Orléans. Après Étampes, la route dessine, au sud de la ville, un virage à l'ouest que rien ne justifie aujourd'hui. Il y a presque mille ans, c'était différent : à cet endroit-là, il était prudent de renoncer à la logique rectiligne. La raison ? Méréville, actuel petit village paisible à dix-sept kilomètres au sud d'Étampes, se trouvait alors sous la coupe d'un farouche seigneur rançonnant voyageurs, petits ou grands, et n'hésitant pas à défier la fragile autorité royale… Voilà qui explique la propension de la N20 à se détourner de la voie antique.

Mais la route nouvelle n'évitera pas l'appétit d'autres seigneurs… Ainsi, plus loin, au Puiset, le seigneur menait sa propre guerre, s'opposait au roi et aux évêques, jetait dans ses geôles ceux qui lui déplaisaient, lançait ses troupes contre les armées royales.

Un château contre le roi

La forteresse du Puiset se dressa contre l'autorité royale. En 1031, Henri Ier, fils de Robert le Pieux, en fit le siège, sans grand résultat puisque son successeur Philippe Ier dut, à son tour, attaquer le domaine, assaut qui se solda par un échec. Ce n'est qu'au siècle suivant, en 1118, que Louis VI parvint enfin à s'emparer de l'arrogante citadelle. De cette guerre pour le pouvoir, il subsiste une magnifique fortification de terre, assez bien conservée malgré l'usure du temps, et les vestiges de la tour de Boël, construite par Louis VI au début du XIIe siècle, qui évoquent aussi la longue lutte des rois contre leurs indociles vassaux.

Dans un pays sans autorité centrale, chaque région, chaque campagne réclame sa capitale, son centre névralgique, son point de défense, et les routes se faufilent, zigzaguent pour atteindre la ville ou le château sur lequel le seigneur local règne en maître absolu. Cet itinéraire rend compte des vicissitudes de l'Histoire et de la perte d'autorité du souverain, et ce parcours s'ébouriffe si bien qu'on finit par le nommer le « chevelu médiéval »... Les routes se transforment en redoutables Gorgones, le moindre déplacement devient un risque, une complication, un péril, et pourtant les routes sont de plus en plus encombrées.

Il y a du trafic parce qu'il faut bien bouger, aller prier là-bas, chercher à étudier ailleurs, rencontrer ici un seigneur ou une belle dame, mais surtout vendre et acheter...

Il faut se déplacer en transportant parfois des bourses de cuir pleines de deniers d'argent... C'est le destin des gros marchands que l'on voit arpenter les routes, accompagnés de leurs commis et flanqués de leurs ânes qui trébuchent sous le poids des marchandises. D'autres ont des viatiques plus légers : les petits colporteurs qui avancent ballot sur l'épaule, les écoliers à la recherche d'un enseignant réputé, les moines allant d'un couvent à l'autre. Plus joyeux, passent les ménestrels qui traînent derrière eux des singes, des ours, des chiens, allant de château en château pour porter le rire, le rêve, la poésie. Suivons le mouvement…

Par son tracé millénaire quelque peu louvoyant, la N20 nous amène tant bien que mal à Orléans où nous arrivons au soir de Noël de l'an de grâce 1022… Elle est bien agitée, cette année-là, la fête de la Nativité sur les bords de la Loire. En effet, des membres du haut clergé de la cathédrale Sainte-Croix sont entrés en dissidence ! Ces hérétiques présentent toute la doctrine chrétienne comme un fatras de billevesées bonnes à jeter aux orties. Rien ne résiste à leur analyse ravageuse : il n'y a pas de Dieu créateur, l'univers a existé de tout temps ; il n'y a pas de miracles, l'Histoire sainte n'est qu'une vaste duperie ; il n'y a pas de morale sexuelle, il faut abattre le mariage et prôner la débauche… Et cette contestation frontale ne vient pas de quelque dépravé ignorant, elle surgit du cœur même de l'Église, elle est énoncée par des clercs lettrés connaissant parfaitement les Écritures. Informé de ce sacrilège par l'âme et le prêche, le roi Robert II, fils d'Hugues Capet, se résout à écraser les relaps. Et ce n'est pas seulement la foi qui convainc Robert le Pieux d'intervenir durement, c'est aussi l'unité du royaume. Dans ce pays morcelé en baronnies et comtés, le christianisme demeure le seul ciment capable de rapprocher des provinces éparses aux intérêts parfois divergents. Retirez le christianisme de cet assemblage, et le tout s'écroule.

Un synode réunit à la hâte théologiens et pieux laïcs de l'Orléanais et fait comparaître quelques meneurs de la secte nouvelle. Face à leurs accusateurs, les apôtres du culte sans Dieu revendiquent hautement leur credo, développent leur doctrine, et le procès tourne au débat théologique… Argument contre argument. La vérité du Christ contre l'esprit de liberté, la Création organisée contre l'essor hasardeux de la Nature. Après une journée entière de débats, le roi Robert doit intervenir pour faire cesser l'interminable chapelet d'arguties…

– Si vous persévérez dans votre folie, je demanderai au peuple de choisir le châtiment. Et le peuple sans pitié vous livrera aux flammes ! s'écrie le roi.

– Vous pouvez bien essayer de nous jeter au feu, ricanent les accusés, nous en sortirons indemnes !

Le 28 décembre, Robert fait dresser un bûcher en dehors de la ville… Sous les cris de la foule qui réclame la mort, on y conduit les hérétiques, et devant les flammes qui déjà montent vers le ciel, on les supplie de renoncer à leurs spéculations sataniques.

– Nous en démontrerons la vérité en échappant au supplice, clament les plus exaltés.

Le feu implacable ne reconnut ni la vérité ni l'erreur, il se contenta de dévorer ces hommes qui avaient osé pécher par la pensée. Pour la première fois, des hérétiques étaient brûlés dans le royaume… Plus tard, on inventera les sorcières et les possédés, la magie noire et les pactes diaboliques, alors d'autres bûchers seront allumés.

Ce que l'Histoire a appelé « l'hérésie d'Orléans » apparaît symptomatique de l'ébullition qui règne en ce XIe siècle. Nous sommes en pleine réforme religieuse orchestrée par l'abbaye de Cluny, en Bourgogne, dont les moines mènent une lutte contre les abus commis au nom de la foi. D'une part, ils font la chasse à la simonie, c'est-à-dire à la vente de bénédictions, de grâces et des dignités ecclésiastiques ; d'autre part, ils ont entrepris un combat contre les fanatismes, qui dénaturent le message de Dieu…

Pour rejoindre plus loin Cluny, berceau de ce renouveau spirituel et moral, nous faisons halte à l'oratoire carolingien de Germigny-des-Prés, qui représente à mes yeux un cénotaphe élevé à la mémoire de la dynastie déchue de Charlemagne…

La pluie colorée de Germigny-des-Prés

L'oratoire, bâti pour Théodulphe, riche conseiller de Charlemagne, est un des rares exemples d'architecture carolingienne. À l'intérieur, l'étonnement fait place à l'émerveillement…

Jusqu'au XIXe *siècle, la voûte était badigeonnée de blanc. Et soudain, d'étranges cubes de verre en tombèrent, comme une petite ondée colorée. On leva la tête, on gratta l'enduit, et la merveille apparut… C'est une mosaïque de style byzantin du* IXe *siècle qui présente en couleurs d'or deux anges entourant l'Arche d'Alliance, le coffre destiné à conserver les Tables de la Loi données par Dieu au peuple d'Israël.*

À sept kilomètres de Germigny-des-Prés, voici l'abbaye de Fleury à Saint-Benoît-sur-Loire. Elle nous offre un magnifique exemple de construction romane, renouveau architectural inspiré lui aussi par Cluny…

L'amende honorable du roi

Dans l'abbaye de Saint-Benoît-sur-Loire repose, depuis 1108, le roi Philippe Ier, arrière-petit-fils d'Hugues Capet. C'est la seule tombe d'un souverain de Francie à n'avoir été ni violée ni transportée ! Après s'être opposé au pape qui, selon le roi, ne cherchait qu'à empiéter sur son pouvoir, Philippe Ier a fait amende honorable en refusant d'être enterré à Saint-Denis, aux côtés du saint et des rois, manifestant dans ses ultimes instants sa soumission à l'autorité papale.

En poursuivant le long de la Loire, nous traversons La Charité-sur-Loire, important monastère considéré comme l'une des cinq « filles » de Cluny ; en effet, la *familia* clunisienne est composée de monastères aux statuts différents, les « filles » étant évidemment les plus prestigieuses de ces succursales. Puis c'est Paray-le-Monial, sorte de modèle réduit de Cluny dont l'aspect du XIe siècle est particulièrement bien conservé.

Dans cette Bourgogne rattachée à la couronne au début du siècle, nous progressons encore d'une cinquantaine de kilomètres vers l'est, et arrivons enfin à Cluny, la « lumière du monde ». C'est en tout cas ainsi que qualifiait l'endroit un ancien moine de l'abbaye devenu le pape Urbain II. Il est vrai que l'*ordo cluniacensis* répand son éclat jusqu'en Espagne et en Germanie.

Située au carrefour des provinces du Nord et du Sud, à la frontière du royaume de Francie et de l'empire germanique, Cluny passe pour le centre de l'univers croyant. De nombreux fidèles pensent assurer leur vie éternelle en faisant de belles dotations à l'abbaye, qui peut ainsi s'agrandir et s'enrichir sans discontinuer. Retirés du monde pour se consacrer à la prière, les moines de Cluny méditent sur les textes sacrés et élaborent une conception idéale de la marche du monde.

À la fin du siècle, Cluny, avec ses mille deux cents dépendances et ses dix mille moines, avec surtout son autorité morale jamais démentie, est un véritable empire. Le fameux chevelu médiéval doit beaucoup à ces moines qui restaurent les routes et entretiennent les ponts afin de relier entre eux prieurés et monastères… Ce sont leurs chemins millénaires que nous avons empruntés depuis Orléans.

L'abbaye de Cluny, située au centre de ce réseau reliant toutes ses dépendances, ne cesse de s'embellir… Ainsi, en 1088, une nouvelle abbatiale est édifiée, la *Major Ecclesia*, dont l'immense vestibule ne sera achevé qu'en 1220. Ce sera un édifice gigantesque et magnifique, avec cinq nefs et six clochers dont le chœur se terminera par une abside entourée de cinq chapelles… Le plus vaste édifice religieux d'Occident jusqu'à la construction de Saint-Pierre-de-Rome, trois cents ans plus tard.

À Cluny, il nous reste quelques pierres et le rêve…

L'Histoire a été cruelle pour l'abbaye de Cluny : la mauvaise gestion du XIIIe *siècle, le désintérêt du* XVe*, les exactions du* XVIIIe *et l'indifférence du* XIXe *ont fait disparaître la plupart des bâtiments.*

Que reste-t-il aujourd'hui ? Essentiellement des vestiges de la Major Ecclesia *avec le bras sud du grand transept et son saisissant clocher octogonal roman. Mais on peut aussi rêver devant le portail d'honneur de l'abbaye et les cinq tours médiévales que le temps et la violence des hommes ne sont pas parvenus à détruire.*

Au nom de l'autorité morale et spirituelle de l'ordre, le très clunisien pape Urbain II, de retour à Cluny le 11 septembre 1095, confie à son père spirituel, l'abbé Hugues de Semur, la grande idée qui l'agite : délivrer le tombeau du Christ sur la colline de Jérusalem.

Sa Sainteté emmène l'abbé et quelques prêtres à Clermont, où se réunit le concile, et prêche avec fougue la première croisade.

– Ô peuple des Francs ! Peuple aimé et élu de Dieu ! De Jérusalem et de Constantinople s'est répandue la grave nouvelle qu'une race maudite, totalement étrangère à Dieu, a envahi les terres chrétiennes, les dépeuplant par le fer et le feu… Cessez de vous haïr, mettez fin à vos querelles, prenez le chemin du Saint-Sépulcre, arrachez cette terre à une race maligne, soumettez-la ! Jérusalem est une terre fertile, un paradis de délices. Cette cité royale, au centre de la Terre, vous implore de venir à son aide…

– Dieu le veut ! répond la foule.

Guerre ou pèlerinage ? Pendant que les soldats s'arment, des cohortes de fidèles veulent partir, à pied et en bateau, pour la Ville sainte… Que viennent faire ces colonnes de pieux pénitents glissées entre les rangs des troupes qui se préparent au combat ? Le pape tente, vainement, de modérer les ardeurs des fidèles : appliquant déjà le principe de précaution, il déconseille le voyage aux personnes âgées, aux femmes seules, aux clercs sans le consentement de leurs supérieurs et aux laïcs sans la bénédiction cléricale.

De son côté, la noblesse exprime le même engouement. Le duc de Normandie, le comte de Vermandois, le comte de Flandre, le comte de Blois, le comte d'Amiens, le comte de Toulouse et quelques autres prennent la tête de cette cause sacrée : délivrer Jérusalem ! Et pendant qu'ils guerroient autour du tombeau du Christ, ils délaissent leurs querelles et oublient de s'opposer au roi. De cette expédition au bout du monde, ils reviendront parfois ruinés, souvent assagis, toujours épuisés… Pour le plus grand triomphe du souverain des Francs qui en sortira, lui, grandi et renforcé.

18

XIIe siècle

LES MARCHANDS ET LE TEMPLE

De Cluny à Boulogne-sur-Mer
par la via Francigena

– Rien n'est trop beau pour le service de Dieu, dit-on à Cluny.

Au nom de ce credo, tous les excès du luxe sont encouragés, les instruments du culte sont d'or, les vêtements de fine étoffe et les repas bien arrosés.

Autour de l'abbaye, puis à l'intérieur, moines et fidèles processionnent. La procession, douce manie clunisienne… Elle fait défiler religieux et paroissiens en de longs et lents cortèges qui avancent en rythme, comme une ébauche de danse, pour évoquer en vrac la traversée de la mer Rouge, le passage du péché vers le pardon, le chemin de la mort vers la résurrection…

Puissance, richesse et magnificence, l'abbaye de Cluny se transforme en phare de la chrétienté, l'abbé se pare pompeusement du titre d'abbé des abbés, et l'ensemble des tours et des constructions surplombe la campagne bourguignonne comme un rappel de la grandeur divine et de l'humilité humaine. Soixante piliers soutiennent l'ensemble des voûtes et l'immense chœur s'ouvre sur une infinité de petites chapelles où sont conservées plus de mille reliques de saints, avalanche de fragments d'os, de morceaux de tissus, de dents et de cheveux, tous enchâssés dans de précieuses orfèvreries qui évoquent Moïse et la Sainte Vierge, saint Pierre et le pape Marcel, et encore toute une cohorte de grandes figures.

Les critiques ne tardent pas… Dès 1125, un moine cistercien, Bernard de Clairvaux, se dresse avec virulence contre ce faste démesuré dans lequel il ne reconnaît pas son Église. Il veut, lui, revenir à une pratique religieuse plus simple et plus humble, réclame la rupture avec le monde, aspire à la pauvreté, impose la règle du silence, pousse au travail manuel. Il vilipende les abus clunisiens qui le répugnent : trop de vaisselle précieuse, trop d'épices dans des plats trop bien mijotés, trop de sommeil alors qu'il faut prier, trop de chemises de soie alors qu'il faut se vêtir de bure…

Face à ces attaques, Pierre le Vénérable, abbé de Cluny, répond avec calme et sagesse, évoquant la prédominance de la charité, plus essentielle que toutes les futilités auxquelles son contempteur semble attacher tant d'importance. Cette charité, il est vrai, exclut les juifs, que l'abbé de Cluny considère tout bonnement comme des animaux[1]. Il se fait nettement plus tolérant pour les errements des fidèles chrétiens. En 1140, il accueille en son abbaye un homme de soixante et un ans, affaibli et flageolant, à la recherche d'un ultime refuge…

Ce malheureux en quête d'un havre, c'est Pierre Abélard, l'un des esprits brillants du siècle, un moine et un maître qui a enseigné la rhétorique, la philosophie, la théologie. Dans cet exercice, il a rencontré autrefois la belle Héloïse, de vingt ans sa cadette. Entre le précepteur et sa jeune élève est né un amour ravageur au mépris des règles, au mépris des scandales. Mais voilà que Fulbert, oncle d'Héloïse, rigoureux chanoine de Notre-Dame-de-Paris, a surpris sa nièce et son professeur nus et enlacés… Il s'en est étranglé, Fulbert ! Il a vitupéré et a même cru perdre la tête en apprenant que la demoiselle était enceinte des œuvres de l'abominable suborneur… Alors, elle est allée discrètement en Bretagne accoucher d'un petit garçon pendant que l'oncle, qui ne décolérait pas, exigeait le mariage. Comment louvoyer entre l'ancestral code de l'honneur et le droit nouveau qui exigeait le célibat des clercs ? Un mariage furtif au petit matin parut être la solution. Et puis, pour protéger

1. Dans son *Liber adversus Judaeorum inveteratam duritiem*, le « Livre contre l'ancienne intransigeance juive ».

son épouse secrète des foudres de l'oncle atrabilaire, Abélard l'a cachée au couvent d'Argenteuil… C'était assez pour faire croire à Fulbert que le séducteur, après avoir convolé, avait déjà répudié sa femme. Il réclama vengeance ! Et le bon chanoine aux principes si chatouilleux envoya deux canailles châtier l'indigne mari. Les assaillants crurent judicieux de punir le corrupteur par là où il avait péché : ils lui tranchèrent les testicules. La justice du roi les condamna à se faire émasculer à leur tour et le bourreau leur brûla les yeux, histoire de les empêcher de recommencer leur coupable agissement. Quant à Fulbert, pour prix de sa folle vindicte, il fut privé des ressources que lui octroyait l'Église.

Depuis, le temps a passé… Héloïse est devenue abbesse d'un monastère en Champagne et Abélard traîne sa vieillesse, poursuivi par la colère de tous ceux qui, comme Bernard de Clairvaux, lui pardonneraient volontiers ses écarts de conduite, mais continuent de lui reprocher sa théologie novatrice, notamment l'appel à la raison dans l'accomplissement de la foi : « Non pas croire afin de comprendre, mais comprendre afin de croire », écrivait en substance Abélard… De quoi faire hurler les tenants du conservatisme le plus rigide.

L'abbé de Cluny n'écoute pas la rumeur venimeuse et reçoit avec effusion cet esprit naguère si fécond, devenu sujet d'opprobre. Et lorsque Bernard de Clairvaux envoie à Cluny un homme chargé de se saisir du proscrit, Pierre le Vénérable protège son hôte en faisant barrage de son propre corps. Barbe grise et tonsure, il étend les bras, on ne passe pas, on ne touche pas à l'homme tombé… Puis, se faisant messager de paix et de raison, il organise une entrevue entre Bernard et Abélard, et finit même par obtenir du pape Innocent II la faveur de voir le vieillard brisé achever sa vie dans un prieuré clunisien.

*
* *

Bernard de Clairvaux n'a pas fini de faire parler de lui. Six ans plus tard, en 1146, le pape Eugène III désigne l'abbé comme porte-drapeau de la deuxième croisade. Ce n'est pas l'enthousiasme, et Bernard doit promettre à tous les combattants l'absolution générale de leurs fautes. Le paradis en échange de la guerre… Le roi Louis VII offre sa personne à la cause, il a beaucoup à se faire pardonner : lors de sa campagne contre le comte de Champagne, il a fait mettre le feu à l'église de Vitry-en-Perthois, vouant aux flammes le millier de paroissiens qui s'y étaient réfugiés. Son pèlerinage à Jérusalem suffira-t-il à expier un tel crime ?

Bernard poursuit ses prédications sur les chemins de Bourgogne… À Vézelay, en ce 31 mars, jour de Pâques, il annonce devant le roi et les nobles la grande ambition papale : renforcer le royaume chrétien de Jérusalem. Pour galvaniser les troupes, il exalte la mort au nom du Christ.

– Que la mort soit subie, qu'elle soit donnée, c'est toujours une mort pour le Christ : elle n'a rien de criminel, elle est très glorieuse…

Retraite chez Bernard

Dans le département de l'Yonne, Vézelay est riche en vestiges inspirés : la basilique, l'église Saint-Pierre, les remparts, les tours, la porte Sainte-Croix. Mais il est un lieu où l'Histoire parle plus qu'ailleurs... C'est la Cordelle, une chapelle édifiée sur le lieu même où, dit-on, prêcha Bernard de Clairvaux. Élevé un an après la croisade, ce modeste et austère ermitage accueille toujours les fidèles en quête du silence et de la béatitude d'une retraite spirituelle. (Chemin de la Cordelle.)

Sur le moment, tous ceux qui assistent au prêche de Bernard de Clairvaux sont pris d'une fièvre sacrée, ils veulent partir, tout de suite, vite, il leur faut accrocher sur leur vêtement la croix, signe des combattants du sacré. Chacun veut sa croix ! Le roi et la reine, Louis VII et Aliénor d'Aquitaine, paradent avec cet emblème de leur volonté bien agrippé sur la tunique. On taille des croix, on débite les étoffes, mais bientôt le tissu manque. Alors Bernard donne son habit pour qu'on y découpe ces croix glorieuses qui annoncent le départ pour l'Orient.

À Cluny, Pierre le Vénérable regarde cette agitation avec commisération et détachement, il ne croit pas à ces « croiseries », comme on dit alors. « Servir Dieu perpétuellement dans l'humilité et la pauvreté est plus grand que d'aller à Jérusalem avec orgueil et luxe », écrit-il.

De cette deuxième croisade, les combattants sont

revenus en 1149 après avoir subi échec sur échec. Ils ont vainement tenté de prendre Damas, puis s'en sont retournés piteusement en Occident.

Une croisade pour des prunes

Les croisés n'ont pourtant pas fait le voyage d'Orient pour rien... Ils en ont rapporté des plants de pruniers, faisant ainsi découvrir à tous un fruit nouveau. « Une croisade pour des prunes », disait-on. Et dès ce XIIe *siècle, l'expression « ne preisier une prune », signifiait grosso modo « ne pas valoir une prune ». Plus tard, souvenir de la croisade, toute tentative malheureuse sera immanquablement faite... pour des prunes !*

Pour le roi Louis VII, cette expédition au bout de la foi marque la rupture de son couple... Aliénor et lui ne se supportent plus ! À Antioche – en Turquie actuelle –, la reine a passé de tendres instants avec son oncle Robert de Poitiers, et le pauvre mari a eu beau tempêter, hurler, menacer, la belle Aliénor n'a pu se résoudre à se séparer de son amant d'un instant. Finalement, chacun a fait séparément une partie du voyage du retour, puis réconciliations, bouderies et éclats se succèdent durant encore trois ans, jusqu'à ce que l'Église consente à annuler le mariage... puisque le divorce n'existe pas. La chère Aliénor au sang chaud a beau avoir déjà trente ans, elle ne va pas rester seule très longtemps. À peine deux mois plus tard, elle épouse à Poitiers Henri de Plantagenêt, de onze ans son cadet. Et bientôt le bouillant Henri devient roi d'Angleterre...

Par ce jeu des unions et des amours, l'Aquitaine peut être revendiquée par la couronne anglaise, source de conflits futurs.

*
* *

Si Bernard a bien voulu laisser sa chemise pour la cause du Christ, il n'a guère songé à lui offrir sa vie… Il n'a pas participé à la croisade, alors remontons avec lui vers le nord en direction de l'abbaye de Clairvaux qu'il a fondée en 1115.

À Clairvaux, les convers ont retrouvé le silence

Clairvaux… Aujourd'hui, ce nom évoque souvent une prison, et des détenus y furent effectivement enfermés entre 1804 et 1971. Depuis cette dernière date, l'établissement pénitentiaire a investi des bâtiments neufs, et les lieux anciens ont été rendus au silence.

Dès 1136, l'abbaye de Bernard et de ses compagnons dans la Clara Vallis, *la Claire Vallée, avait été agrandie afin de pouvoir accueillir les nombreuses vocations réveillées par le maître des lieux. De cette époque, nous est parvenu le bâtiment des convers – les moines consacrés aux travaux manuels. Cet ensemble, qui comprend un réfectoire avec cellier et un dortoir à l'étage, a été restauré à partir de 2003 afin de lui permettre de retrouver sa somptuosité première. (Abbaye de Clairvaux, Ville-sous-la-Ferté.)*

À Clairvaux, nous avons rejoint la via Francigena, la voie des Francs, un chemin suivi par les pèlerins, et qui va de Cantorbéry, en Grande-Bretagne, jusqu'à Rome, en Italie, en traversant toute la Francie. C'est en tout cas cet itinéraire qu'a emprunté Sigéric, archevêque de Cantorbéry, lorsqu'il se rendit à Rome auprès du pape en l'an 990. Un secrétaire de sa suite nota alors les quatre-vingt-une étapes du périple. Parmi elles, Arras, Reims, Bar-sur-Aube, Besançon… Et c'est le trajet inverse qu'emprunte un Louis VII épuisé quand, en août 1179, il se rend en pèlerinage à Cantorbéry pour obtenir du Ciel la guérison de son fils unique Philippe – le futur Philippe Auguste –, jeune garçon de treize ans tombé malade après s'être perdu durant presque deux jours dans la forêt de Compiègne. « Faites, Seigneur, que Philippe, bientôt roi, recouvre la santé et puisse un jour prochain défaire ce diable d'Henri… » Car la dynastie des Plantagenêts fait trembler la lignée des Capétiens. Là-bas, sur les bords de l'Atlantique, une interminable guerre a commencé. Henri II a pris Périgueux puis annexé le comté de Toulouse, et son fils, Richard Cœur de Lion, poursuivra les conquêtes… Pour l'heure, incapable de contenir les appétits anglais en Aquitaine et en Normandie, le roi de Francie n'a plus qu'à se traîner sur la via Francigena pour aller prier à Cantorbéry.

Mais, il faut bien le dire, cette via Francigena n'est plus seulement le chemin des pèlerins, elle est aussi devenue une route économique par la grâce des foires commerciales, sans oublier la proximité de Paris, déjà une des plus grandes villes d'Occident avec ses vingt-cinq mille habitants. La Francigena est un chemin ferré, comme on dit alors, parce qu'il est dur comme le fer avec ses pierres plates qui empêchent les roues des chariots de s'enfoncer dans la terre humide. Nous marchons sur la voie majeure reliant les négociants flamands aux banquiers lombards, l'alpha et l'oméga réunis pour la naissance du capitalisme et la grande fête de la consommation !

Après Clairvaux, nous arrivons à Bar-sur-Aube un mardi qui précède la mi-carême, généralement en mars. C'est justement le jour d'ouverture de la foire ! La cité est alors connue pour ses ateliers d'étoffes de laine, mais durant trois à six semaines on vend de tout à Bar, le monde entier a pris rendez-vous en Champagne…

À Laingny, à Bar, à Provins,
Si i a marchéans de vins,
De blé, de sel, de harenc,
Et de soie et d'or et d'argent,
Et de pierres qui bones sont[1].

Voilà ce que nous rapporte *Le dit des Marcheans*, un de ces fabliaux dont raffole le public du Moyen Âge. Mais on trouve beaucoup plus que cela, à Bar… Dans les rues, sur des ballots de foin ou sur des tréteaux de bois, dans les « halles » aussi, vastes demeures louées pour l'occasion par les propriétaires, s'étalent bien d'autres marchandises… Voici les figues du Portugal,

1. À Lagny-sur-Marne, à Bar-sur-Aube, à Provins, / Il y a beaucoup de marchands de vin, / De blé, de sel, de harengs, / Et de soie et d'or et d'argent, / Et de pierres précieuses qui sont belles.

les cuirs d'Espagne, les fourrures d'Allemagne, l'étain d'Angleterre, le fromage d'Écosse, le cuivre de Liège, le cuir de bouc de Norvège, la cire de Russie, le poivre de Jérusalem… Mais par-dessus tout, il y a les étoffes : draps d'or de Tartarie ou laine d'Irlande. Alors, bien sûr, la grande corporation des drapiers est la mieux représentée aux foires avec ses tisserands, ses lainiers, ses teinturiers.

Où faire la foire à Bar-sur-Aube ?

En Champagne, Bar-sur-Aube a conservé une part de ses petites ruelles médiévales, du temps où la foire attirait ici des marchands venus de loin. On dit que le cœur de la foire se situait à la jonction de la rue du Poids et de la rue de la Paume... Mais elle se répandait tout autour. La rue des Angoiselles – notre rue Mailly – accueillait les banquiers italiens, les Espagnols proposaient les cuirs de Cordoue sur la place des Espagnols – place Mailly –, les Flamands et les Allemands déposaient leurs marchandises dans une grange près de l'actuelle rue Le Tellier. Au 24, rue Beugnot, se trouve la plus ancienne maison de Bar ; cette bâtisse du XII*e siècle est appelée « le petit Clairvaux », car elle fut la maison de ville des moines de l'abbaye. De plus, on dit que Bar est parcouru d'immenses caves connues ou à découvrir... Ce sont les entrepôts créés il y a plus de huit cents ans pour alimenter les étals de la foire !*

Et puis il y a l'église Saint-Maclou dont le clocher, de ce XII*e siècle, fut le donjon du château* *des comtes de Champagne. De ces hauteurs, les seigneurs de l'endroit pouvaient observer avec satisfaction la bonne marche des affaires. Fermé au public depuis 1954, l'édifice est aujourd'hui en grand péril... Si rien n'est fait dans un avenir proche, il disparaîtra corps et biens du patrimoine national. (2, rue de l'Abbé-Riel.)*

Les paiements se font immanquablement en pièces de métal frappées pour l'occasion, le denier provinois, qui a cours dans toutes les foires de Champagne, une vraie monnaie, solide et sûre, une monnaie que tous les changeurs d'Europe connaissent et apprécient. Et puis, les affaires faites et bien faites, il est temps de se distraire…

Il faut mettre en musique le bel accord né entre la curiosité des clients et l'ardeur des négociants. Les ménétriers raclent l'archer sur les six cordes de leur vièle, ils jouent dans les auberges, animant les soirées de leurs interminables mélopées répétitives qui grincent, crachent et se lamentent, tandis que coupeurs de bourses, commerçants, chalands et soldats en vadrouille s'abreuvent de ce petit vin clairet qui fait danser quelques déguenillés éméchés. Des filles de joie, épaules dénudées et lèvres fardées, tentent d'attirer dans leurs bras ces boutiquiers qui pourraient bien, en une nuit d'amour vénal, perdre le bénéfice sonnant et trébuchant de semaines entières de foire.

Dehors, les sergents parcourent Bar-sur-Aube, brandissant des torches allumées qui éclairent leur parcours d'une lumière vacillante. Ils traversent le champ de foire assoupi pour la nuit, entrent dans les ruelles d'où montent les effluves de purin et de pourriture, là où s'enchevêtrent dans une architecture improbable des masures de bois hérissées de cheminées brinquebalantes.

Les bataillons armés d'épées et de hallebardes font le guet, car l'argent accumulé lors de la foire pourrait inspirer de sombres idées à certains… Le comte de Champagne tient à faire régner l'ordre, n'est-il pas responsable de la sécurité de tous ? La loi est là pour le lui rappeler. Les tribunaux du royaume sont intransigeants avec les nobliaux oublieux de leurs devoirs. La jurisprudence est sévère : « Le seigneur du territoire est tenu de réparer aux marchands le dommage à eux fait en l'enlèvement de leurs marchandises fait en sa terre par les voleurs. »

À Provins, la foire, la grange et la tour

La via Francigena permettait aussi de relier d'autres villes renommées, comme Provins, dont la foire se tenait en mai et en septembre. Du XII*e siècle, il nous reste la Grange aux Dîmes, bâtiment ainsi nommé car il fut utilisé dès le* XVII*e siècle comme entrepôt pour la dîme, c'est-à-dire l'impôt sur les récoltes. Mais au temps des foires, il servait de boutique et, à l'étage supérieur, d'habitation pour les marchands de passage. Il abrite aujourd'hui un musée de cire consacré aux métiers du Moyen Âge. (Rue Saint-Jean.)*

Et puis, il y a la tour de César, appelée ainsi parce qu'il fut un temps où tout ce qui paraissait ancien était attribué aux Romains. Véritable castel et tour de guet, mais aussi prison et arsenal, ce donjon carré domine Provins depuis le XII*e siècle, témoignant fièrement de la puissance des comtes de Champagne. Notons que son étrange toit pyramidal, posé comme un jeu de construction sur les créneaux médiévaux, n'a été ajouté qu'au* XVI*e siècle. (Rue de la Pie.)*

La foire bientôt se termine, marchands et clients s'éparpillent. Les uns retournent vers l'Italie, la Flandre ou l'Allemagne, d'autres rentrent dans leur ville de Francie, certains repartent pour une autre foire, ailleurs… Il faut longer la via Francigena, traînant avec soi des chariots chargés de marchandises ou transportant sous l'habit des bourses dangereusement alourdies. Pour assurer la sécurité de la route, les Templiers veillent.

*

* *

Les Templiers… Quand on prononce ce mot, on entend « trésor » ! Car une folle rumeur, vieille de plusieurs siècles, assure que l'ordre du Temple, si riche, si puissant, a laissé quelque part des coffres bourrés de pièces d'or. Je suis pour ma part persuadé qu'il n'y a jamais eu de magots cachés par les Templiers, hélas pour les chercheurs de l'impossible.

Certes, dans les années 1130, l'ordre du Temple regroupe trois cents chevaliers et dirige une armée de trois mille soldats. Ils mettent sur pied la plus puissante organisation financière du Moyen Âge, inventent la banque moderne et ses services, les comptes courants, les prêts, les investissements. On dit alors que leur fortune est suffisante pour acheter la Francie, l'Italie et quelques régions allemandes. Cette croyance en un trésor templier est une parfaite légende née d'une fausse interprétation de la réalité et colportée par des chroniqueurs en mal de merveilleux. Elle exprime la conscience populaire qui ne peut alors concevoir la fortune autrement que par un immense trésor d'or et de pierreries. Mais les Templiers ont investi leur richesse dans le sens le plus actuel du terme, elle consiste donc pour la plus grande part en immeubles, terrains, villes. Ce n'est ni un butin digne des pirates de *L'Île au trésor* ni une caverne à faire rêver Ali Baba lui-même.

En revanche, il existe évidemment quelques dépôts mineurs destinés à subvenir aux besoins des Templiers en déplacement sur les routes du royaume, comme dans la commanderie de la forêt d'Orient. En effet, en quittant Bar-sur-Aube pour remonter vers le nord, nous devons traverser cette forêt immense, profonde et noire. Or les Templiers, ordre religieux et ordre militaire, ont pour vocation d'assurer la sécurité des routes ! Celles du grand pèlerinage vers la Terre sainte, celles aussi des pèlerinages en Europe… Et dans la forêt d'Orient, les Templiers se sont installés durablement. Ils possèdent ici des étangs, des vignes et des villages, le tout dirigé par une commanderie, grande ferme et vaste église qui sert de point central dans la région, de repère, de relais… C'est ainsi que l'on découvre, tout le long de la via Francigena, des commanderies templières qui protègent voyageurs et pèlerins.

Les Templiers sont parmi nous

Après avoir dépassé Reims, poursuivant notre route, nous parvenons à Serches, en Picardie... C'est dans ces environs, au lieu-dit Mont-de-Soissons, que se tenait une des importantes commanderies des Templiers. Ce domaine fut offert à l'ordre dans les années 1130 par l'évêque de Soissons en échange d'une taxe de douze deniers par an. Un siècle plus tard, il se composait d'une imposante demeure, d'une grange, d'une chapelle et d'un cimetière, le tout entouré de hauts murs. Aujourd'hui, il ne reste plus que la chapelle, construction à l'aspect médiéval typique, c'est-à-dire lourd, solide, défensif. Cependant, quand on y regarde de plus près, on aperçoit un chapiteau où émergent un visage et des fioritures de pierre... Les Templiers avaient le sens discret du beau.

À six kilomètres de là, dans le hameau d'Ambrief, se trouve une ferme qui fut, elle aussi, propriété des Templiers, soumise à la commanderie du Mont-de-Soissons. De cet ensemble, il reste quelques pierres massives, solides comme un souvenir. (6, rue des Bergeries.)

Et l'on reprend la via Francigena, pour arriver à Laon... Au cœur de la vieille ville, ce qui fut une chapelle funéraire des Templiers, construite au XII*e siècle, voudrait évoquer, par sa forme octogonale, le Saint-Sépulcre, c'est-à-dire l'endroit où, selon la tradition, le corps de Jésus fut déposé après la descente de la Croix. Ainsi était rappelé Jérusalem, à la fois lieu ultime de pèlerinage et origine de l'ordre né sur l'esplanade où s'élevait jadis le temple de Salomon. (32, rue Georges-Ermant.)*

Ceux qui poursuivent leur périple et prolongent la route jusqu'à son extrémité en Francie sont, en général, des pèlerins britanniques de retour de Rome… Avant d'embarquer ici, à Wissant, avant de gagner la grande île, ils font un petit détour par Boulogne-sur-Mer. En ce lieu légendaire, une barque, sans marin à bord, serait entrée un jour dans le port pour offrir à la ville une statue en bois de la Vierge et des miracles s'accomplirent… Alors, on se rend à Boulogne, et l'on prie en implorant Notre-Dame-de-l'Immaculée-Conception.

Le siècle touche à sa fin quand, en ce mois d'avril 1199, une nouvelle inattendue se propage : Richard Cœur de Lion, le roi d'Angleterre, est mort en faisant l'assaut d'un château du Limousin ! Cette mort est un bouleversement stratégique et politique, l'empire Plantagenêt qui s'était répandu dans tout l'ouest de la Francie a perdu son champion. Le roi Philippe Auguste peut se lancer dans la longue reconquête des territoires perdus… En rejetant l'ennemi, en lui reprenant ses conquêtes, le souverain construit une nation : le roi des Francs devient roi de France.

À Boulogne-sur-Mer, le beffroi des libertés

C'est un morceau de Moyen Âge posé dans la ville moderne. Au XIIe *siècle, quand le comte de Boulogne Renaud de Dammartin s'opposait au roi de France Philippe Auguste, il se fit bâtir un château assez solide pour résister aux assauts des troupes royales. Et le beffroi en fut le donjon, au moins pour sa partie basse actuelle. En 1231, quand on édifia un nouveau château, le donjon fut cédé à la ville qui en fit son beffroi. Il eut alors pour fonction d'abriter la cloche, le sceau et la charte de la commune et devint un symbole des libertés communales. On dit que ce beffroi a été inspiré par le fameux phare de Caligula dont nous avons parlé il y a mille ans déjà... (Place Godefroy-de-Bouillon.)*

19

XIIIe siècle

LA CROIX POUR POLITIQUE

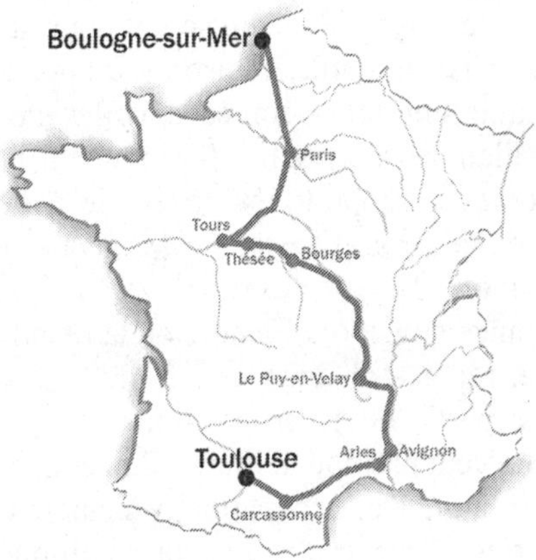

De Boulogne-sur-Mer à Toulouse par les chemins de Saint-Jacques

Le siècle s'ouvre favorablement pour le royaume de France ! Après la disparition de Richard Cœur de Lion, Philippe Auguste parvient à reprendre à la couronne anglaise une grande part de ses possessions dans l'ouest du continent, et singulièrement la Normandie.

Dans sa lutte contre les Plantagenêts, le roi de France suscite autour de lui des abandons, des rattachements, des reniements… Parmi ces vassaux hésitants se trouve Renaud de Dammartin, comte de Boulogne, son ami d'enfance. Renaud a d'abord accepté l'autorité de Philippe Auguste, puis a cherché d'autres suzerains. Avide de pouvoir et surtout d'argent, Renaud se soumet à tout ce qui brille, pourvu que frémisse à ses oreilles la douce promesse d'un peu de gloire et de beaucoup d'or. Il fait d'abord allégeance à Jean sans Terre, roi d'Angleterre, puis se tourne vers Othon IV, l'empereur germanique, les pires alliés qui soient pour la couronne française… Une véritable trahison ! D'autant que tous ces gens unissent leurs forces à celles de Ferrand, comte de Flandre. Ferrand… Un nom un peu oublié de la chronique. Et pourtant, le comte a de grandes ambitions en ce début de XIIIe siècle : avaler la France, ni plus ni moins.

– La France deviendra Flandre ou la Flandre deviendra France, répète-t-il, bien certain de voir se réaliser la première partie de sa proposition.

Si l'on ne veut pas que la France devienne la Flandre, il faut faire la guerre, occupation principale des empereurs, des rois et des grands féodaux. Philippe Auguste s'en va ravager les plaines flamandes : Douai, Courtrai, Audenarde sont pillés, Lille est incendié, tandis que Bruges, Gand et Ypres paient une rançon pour être épargnés. C'est alors qu'Othon franchit la frontière nord, rassemble des troupes flamandes, brabançonnes, hollandaises, sans oublier les bataillons du comte de Boulogne, et se met en marche pour écraser les armées françaises.

Le choc a lieu le 27 juillet 1214 à quelques lieues

au sud-est de Lille, près du pont de Bouvines, qui enjambe la rivière Marque et surplombe les marais.

– Mort aux Français !

C'est Eustache de Maline qui attaque en criant ces mots… Il faut lui faire ravaler ses paroles ! Un chevalier français s'élance, arrache le casque de l'offenseur et lui enfonce son épée dans la gorge.

En trois heures de combat, le roi de France, qui prend des risques extrêmes et met en danger sa propre personne, parvient à faire fuir ses ennemis… Renaud de Dammartin refuse de se rendre. Sur le champ de bataille, il réinvente à son profit la stratégie romaine de la tortue ! Il a déployé autour de lui et de ses officiers trois rangs successifs de fantassins… Une barrière de lances et de lames les protège. Par intermittence, cette barrière se lève, Renaud se lance à l'assaut des soldats français, essaie même de frapper le roi, revient à l'abri pour reprendre son souffle, et repart bientôt dans la mêlée. En fin d'après-midi, quand tous ses alliés ont déjà déguerpi, il combat encore. Finalement, submergé par le nombre et la fureur française, Renaud doit déposer les armes…

*

*   *

La victoire de Bouvines fut longtemps considérée comme un événement « national » ; en tout cas, comme un acte constitutif de la « nation française » autour d'un souverain désormais maître et protecteur de tous. Mais en réalité, que recouvre en cette circonstance le terme « nation » ? Othon, né en Normandie, a été comte de Poitou, et Jean sans Terre était le fils d'Aliénor d'Aquitaine. Cette guerre a été menée d'abord contre la prépondérance royale, mais à cette occasion Philippe Auguste a su mobiliser autour de la couronne les grands féodaux du royaume. Les ducs de Bourgogne et de Bretagne, les comtes de Champagne, de Bar, de Dreux, de Nevers, de Ponthieu, de Soissons, le seigneur de La Ferté-Alais, le châtelain de Neauphle et tant d'autres… Ils étaient tous là, se battaient côte à côte et présentaient un front uni à l'ennemi commun. En ce sens, on peut dire que la bataille de Bouvines a constitué un ciment solide de l'identité française, en un siècle où la France était encore à inventer.

*

* *

Fait prisonnier, Renaud de Dammartin va finir ses jours derrière les hauts murs d'une forteresse, tandis que le comté de Boulogne est offert à Philippe, un bâtard légitimé du roi Philippe Auguste, jeune homme de quinze ans que l'on marie à Mathilde, la fille du comte déchu, histoire de préserver une apparence de légalité féodale.

Parce qu'il a les cheveux hirsutes et le caractère mauvais, on l'appelle Hurepel, Philippe Hurepel… c'est-à-dire Philippe le Hérissé, nouveau comte de Boulogne. Contre toute attente, ce garçon revêche et hargneux prend son rôle très au sérieux. En ces temps incertains, il juge prudent de relever les remparts gallo-romains et de faire construire un nouveau château défensif… Grande nouveauté : ce château n'a pas de donjon, on n'a jamais vu ça ! Mais c'est un signe, la ville ralliée à la couronne n'a plus à se défier du roi de France, et pour les éventuelles attaques par la mer, le beffroi guette.

À Boulogne-sur-Mer, le château du Hérissé

Plus chanceux que le phare de Caligula, il est toujours là, ce château, élément fondamental de la défense imaginée par Philippe Hurepel, avec ses neuf côtés et ses dix tours rondes. Il en a pourtant subi, des avanies et des changements... Au XVI*e siècle, cinq tours ont été coulées dans d'épaisses maçonneries, pour se protéger de l'artillerie ; au* XVII*e, la double ligne de fortification a été supprimée ; au* XIX*e, le corps de garde a été détruit et des passages pour piétons ont été percés dans la muraille. Système défensif, puis caserne et enfin prison, le château du Hérissé est aujourd'hui un musée, qui offre au regard du visiteur chapelle, salle comtale et souterrains. (Rue Bernet.)*

La victoire de Bouvines ouvrirait-elle à la France la conquête de l'Angleterre ? En effet, le roi Jean sans Terre se comporte en tyran et parvient à unir contre lui une grande part de l'aristocratie... De plus, lui aussi a été vaincu par les Français à La Roche-aux-Moines, dans l'Ouest, quinze jours seulement avant la bataille de Bouvines. Nombreux sont donc les barons anglais venus faire les yeux doux à Louis dit le Lion, fils de Philippe Auguste. Et si le fils du roi de France devenait roi d'Angleterre ? N'est-il pas l'époux de Blanche de

Castille, la petite-fille du roi Henri II Plantagenêt ? Légitimité fragile, mais légitimité tout de même… Louis se laisse convaincre. Pourquoi pas ?

Et c'est ainsi que le Lion, mollement approuvé par son père le roi de France, décide de conquérir son futur royaume… Huit cents bateaux partent de Boulogne, mais également de Wissant, de Gravelines, de Calais. Mille deux cents chevaliers et plusieurs milliers d'hommes s'embarquent et, le 2 juin 1216, Louis arrive à Londres où il investit le palais de Westminster pour recevoir les hommages de nombreux barons anglais. Tout irait pour le mieux si le destin ne venait s'en mêler… En octobre, Jean sans Terre, qui a abusé de bon cidre, est pris d'une dysenterie qui l'emporte en quelques jours. Le jus de pommes assassin change gravement la donne… L'Angleterre est déjà en grande partie conquise par les Français, mais Louis, absorbé par ses préoccupations militaires, a négligé de ceindre la couronne et de former un gouvernement. Erreur fatale…

Débarrassés de Jean sans Terre, le despote détesté, les barons anglais n'ont plus besoin de Louis ; on lui préfère Henry, le jeune fils du défunt, aussitôt sacré sous le nom d'Henry III. La suite tient de la farce belliqueuse, de l'obstination burlesque, de l'illusion opiniâtre… Durant un an, Louis refuse le retournement anglais, il tente de prendre Douvres, assiège Lincoln au nord de Londres, engage une bataille navale… Il est vaincu partout. Il n'a plus le choix, il doit rentrer en France. Alors, bon prince, le pouvoir anglais, trop content de le voir retraverser le Channel, lui octroie une indemnité de dix mille marcs pour couvrir une partie des menus frais de l'expédition !

Quelques bateaux rescapés de la calamiteuse campagne d'Angleterre débarquent ainsi à Boulogne-sur-Mer en septembre 1217. Pour les chevaliers vaincus et les fantassins survivants, que reste-t-il ? Certains cherchent le réconfort de la prière… Ils vont implorer la statue de la Vierge, celle qui a été jadis poussée par le vent pour arriver sur la berge. Car la ville n'est pas seulement une place forte et un port, c'est aussi un lieu de foi et d'incantations qui attire les pèlerins venus invoquer le secours et la protection de la statue miraculeuse.

*
* *

Ils ont besoin de secours et de protection, les pèlerins, car bien souvent ils poursuivent leur longue route vers l'Espagne et le tombeau de saint Jacques à Compostelle… Pour les plus pauvres, cela signifie des mois de voyage brûlés par le soleil, trempés par les pluies ou gelés par les frimas, selon la saison, des étapes incertaines, des nuits hasardeuses à la belle étoile, la maigre aumône de quelques villageois apitoyés, parfois le bonheur d'un hospice placé sur la route. Les *jacquets* – puisque l'on nomme ainsi les pèlerins allant vers Saint-Jacques – marchent et souffrent, avancent avec leur bâton, leur grand chapeau et leur vaste manteau, ce manteau qu'ils recouvriront bientôt de coquillages, signes distinctifs du pieux chemineau qui a marché jusqu'au tombeau de saint Jacques.

De nos jours encore, perdure une tradition qui vient peut-être de loin : au pied de chaque croix dressée au bord du chemin, le pèlerin laisse un caillou et en prend un autre déjà déposé sous la croix, et ce caillou, il le porte à la prochaine croix… Ainsi chaque caillou, la plus pauvre et la plus humble des créations, finira un jour par être posé sur la tombe de saint Jacques.

Seule la route faite à pied exalte l'âme et ouvre les voies du Ciel, mais certains, indifférents aux petits cailloux qui la parsèment, préfèrent parcourir les distances à cheval ou même en chariot tiré par des bœufs. C'est nettement moins inspiré, mais tellement plus reposant ! Et pour la nuit, les plus riches n'attendent pas le prodige d'un hospice charitable, ils descendent à l'hôtel… Hôtel ou hospice, ces deux mots ont une même origine latine, *hospes*, l'hôte, mais désignent désormais deux réalités très différentes. Pour les pèlerins aisés, les auberges se sont multipliées, surtout dans les villes, et les patrons, soucieux d'attirer la clientèle, ont inventé la réclame parlante, le gueuloir routier, le camelot tapageur…

Ci a bon vin frés et novel,
Ça d'Auçoire, ça de Soissons,
Pain et char et vin et poissons ;
Ceens fet bon despendre argent ;
Ostel i a toute gent ;
Ceens fet moult bon herbergier[1].

Les poètes du mercantile crient ces vers joliment balancés – ou quelques autres qui ont le même sens.

1. « Ici il y a du bon vin frais et nouveau, / Celui d'Auxerre, celui de Soissons, / Pain, viande, vin et poissons ; / À l'intérieur, il fait bon dépenser de l'argent ; / À l'hôtel, il y a toute sorte de gens ; / À l'intérieur, il fait très bon loger » (*Les Trois Aveugles de Compiègne*, fabliau du XIIIe siècle).

Méfiance, pourtant, tous les « ostels » ne se ressemblent pas. Certains offrent bonne chère et lits de plumes, l'hôtesse s'efforce de parler français, bourguignon, breton, germain pour recevoir chacun de la manière la plus avenante, et les plus fortunés peuvent s'offrir « une chambre à feu », c'est-à-dire bien chauffée et confortable. Hélas, d'autres auberges sont de véritables bouges aux murs graisseux et noirs où les clients doivent se serrer à huit ou dix sur des banquettes grouillant de vermine. Ces lieux mal famés attirent toute la racaille des environs qui cherche à enivrer le voyageur pour le dévaliser… quand ce n'est pas l'aubergiste lui-même qui égorge nuitamment ses clients pour faire main basse sur ses bagages.

Et le jacquet poursuit sa route… De Boulogne-sur-Mer, il a marché jusqu'à Paris sur la voie carrossable qui relie le port de la Manche à la capitale. Ici, en effet, la corporation des chasse-marée s'est organisée pour permettre le passage rapide des voituriers de poissons qui forcent l'allure des chevaux pour aller approvisionner la grande ville.

Ensuite, le pèlerin s'est dirigé vers Orléans puis Blois pour enfin atteindre le point de départ de la via Turonensis, la voie de Tours. Bifurquons alors pour rejoindre Bourges sur la via Lemovicensis, la voie du Limousin, un second chemin du pèlerinage de Saint-Jacques qui part, lui, de Vézelay. Entre ces deux chemins traditionnels nous attend le vénérable ancêtre des hôtels…

La première auberge

Eh oui, sur cette ancienne voie romaine reliant Tours à Bourges à sept cents mètres du bourg de Thésée, dans le Loir-et-Cher, se trouve le relais dit des Mazelles, un impressionnant édifice de l'époque romaine. Ce serait le plus vieil hôtel ayant hébergé des voyageurs sur nos routes. (Au bord de la Départementale 176.)

Nous arrivons à Bourges en 1226, juste à temps pour rejoindre Louis le Lion, devenu le roi Louis VIII depuis la mort de son père Philippe Auguste.

Louis y a rassemblé ses fidèles barons, même Philippe Hurepel est venu de Boulogne-sur-Mer. L'heure est importante car les armées réunies sous le commandement de la couronne s'apprêtent à passer à l'attaque contre… le Languedoc !

Au début du XIIIe siècle, cette région que l'on appelle alors la Lingua Occitana forme une sorte de patchwork étrange dont les pièces entremêlées appartiennent soit au roi d'Aragon, soit au comte de Toulouse, puis se morcellent en vicomtés et seigneuries qui échappent à l'autorité du roi de France.

Mais voilà que, depuis presque vingt ans, se répand sur la terre occitane l'hérésie cathare. Pour Louis VIII, rien ne semble plus pressé que d'en finir avec cette dissidence mystique qui s'étend dans les territoires du Sud, de Nîmes à Montpellier et de Béziers à Albi en passant par Toulouse.

Cathare… Ce mot plein de mystères vient du grec

katharós, « pureté », car les adeptes de cette foi nouvelle se lancent dans une quête obsédante de perfection selon les principes duels du Bien et du Mal. Puisque les âmes se réincarnent dans tout être vivant jusqu'à atteindre enfin la Lumière, le Parfait, c'est-à-dire le ministre du culte cathare, ne peut tuer le moindre animal et s'abstient de consommer de la viande. Quand il trouve un lapin pris au collet posé par un paysan, il libère l'animal, et laisse à côté du piège une pièce de monnaie, pour que nul ne soit lésé. Dans cet élan vers l'absolu, tous les adeptes cathares sont encouragés à imiter les Parfaits, à refuser l'Ancien Testament – considéré par certains d'entre eux comme l'œuvre de Satan –, à rejeter les sacrements chrétiens, l'adoration des saints et la dévotion de la Croix.

Bien sûr, l'Église ne peut admettre une telle déviance qui sape tout autant ses principes fondamentaux que son autorité, et c'est ainsi qu'a été lancée la croisade dite des Albigeois, parce que l'on croyait que la ville d'Albi était le centre vivant de la contestation religieuse. Les barons mobilisés par le pape ont attaqué Béziers, massacré catholiques et cathares mêlés…

– Tuez-les tous, Dieu reconnaîtra les siens ! aurait ordonné le légat du pape, Arnauld Amalric.

En effet, si les Parfaits, véritables ascètes, peuvent à la rigueur être repérés, qui fera le *distinguo* entre chrétiens et « vrais chrétiens », comme se nomment eux-mêmes les cathares ?

En ce début d'été 1226, l'armée royale descend la vallée du Rhône, menée par Louis VIII qui a rallié de nombreux barons de France, une douzaine d'évêques et deux archevêques. La lutte contre l'hérésie se mue tout naturellement en guerre de conquête…

Après Lyon, l'armée délaisse la route des pèlerins de Saint-Jacques qui mène au Puy-en-Velay et à la voie Podiensis, la voie du Puy, troisième chemin traditionnel de Saint-Jacques-de-Compostelle conduisant directement aux Pyrénées. Les combattants ignorent ce tracé voué à la prière et foncent directement sur Avignon… Protégée par ses solides murailles, la ville refuse d'ouvrir ses portes aux envahisseurs, mais les bourgeois de la cité veulent bien laisser passer les croisés : ils ont construit à leur intention un pont de bois sur le Rhône – le premier pont d'Avignon. Le roi n'accepte pas cette humiliante déviation, alors commence un long siège de trois mois qui se termine par la reddition totale de la cité. Dans tout le Midi, c'est la consternation : Avignon avait jusqu'à présent la réputation d'être puissant et inexpugnable. Mais Avignon est tombé… C'est donc avec terreur que les populations voient arriver ces invincibles colonnes royales.

*
* *

Pendant ce temps, étrangers à ces furieuses querelles, certains pèlerins de Saint-Jacques continuent leur route vers Arles, rejoignent la via Tolosana, la voie Toulouse, marchent vers Béziers, puis Narbonne…

Fontfroide, pour écouter encore la rumeur du chant cistercien

Le pieux pèlerin qui se dirigeait vers les Pyrénées ne pouvait que faire halte dans la magnificence de l'abbaye de Fontfroide, située aujourd'hui à la sortie sud de Narbonne, près d'une source qui lui donna son nom : Fons frigida, *source fraîche. Aux portes du pays cathare, Fontfroide est devenue au* XIIIe *siècle le fer de lance de la lutte contre l'hérésie... On n'oubliait pas ici que c'était l'assassinat d'un des prêtres de l'abbaye, Pierre de Castelnau, qui avait déclenché en 1208 la croisade contre les Albigeois.*

Sauvée des ventes, des rachats, des échanges et des transformations, l'abbaye reste une merveille méditerranéenne posée entre pins et cyprès. On y découvrira le cloître dominé par le clocher de l'abbatiale et son jardin aux senteurs du Midi. L'abbaye n'est plus abbaye depuis longtemps, c'est aujourd'hui un lieu culturel, mais la beauté des pierres, la pureté architecturale du réfectoire et de la salle capitulaire nous transportent facilement au XIIIe *siècle, quand résonnait ici la ferveur des chants cisterciens. (Route départementale 613, Narbonne.)*

La via Turonensis, la via Lemovicensis, la via Tolosana, la via Podiensis… Nous avons évoqué les quatre routes mythiques qui, de France, conduisent vers le tombeau de saint Jacques, partant de Tours, Vézelay, Le Puy-en-Velay et Arles. Pourquoi ces quatre villes situées dans la région de la Loire ou dans celle du Rhône ?

En fait, ces itinéraires nous sont livrés par un manuscrit du siècle précédent, *Le Guide du pèlerin de Saint-Jacques*, un texte inséré dans une compilation réunie à la gloire de saint Jacques, et que l'on vend alors en copie sur le chemin des pèlerins, de tous les pèlerins, de Compostelle jusqu'à Jérusalem.

Ce document, qui fait un peu dans le reportage vécu et les choses vues, nous apprend que les Poitevins sont « gent vigoureuse, prodigue de son hospitalité », qu'en Bordelais « le vin est excellent, mais le parler fruste », que la Lande « manque de tout », que les Gascons se révèlent « verbeux et moqueurs », que les Basques se montrent « dépravés et pervers »… Notations qui semblent surtout marquées par l'humeur du voyageur ! Mais l'essentiel n'est pas là. Les quatre villes de départ indiquent géographiquement les limites de la grande Aquitaine, celle de l'empire wisigoth, et ce n'est sans doute pas un hasard. Si, comme certains historiens le pensent, ce guide a été commandité par Alphonse VII, roi de Galice – un des royaumes espagnols –, il devient un instrument de propagande destiné à montrer aux peuples et aux comtes d'Aquitaine que la protection de l'Espagne leur est assurée… Le message subliminal de ce *vade-mecum* pour pèlerins est de démontrer que la grande Aquitaine se trouve déjà spirituellement en Espagne, et que ses routes pourraient être protégées par le roi de Galice comme le sont déjà celles qui mènent des Pyrénées à Compostelle…

Une Aquitaine espagnole ? Une Espagne étendue des deux côtés des Pyrénées ? Ce rêve de la Galice et de la Castille est à verser dans les vastes oubliettes de l'Histoire où sont enfouis les grands projets avortés, ceux qui auraient pu changer le cours des siècles, mais qui ne sont pas parvenus à résister aux vents contraires. D'autres lorgnent sur l'Aquitaine… La croisade française qui descend vers le Sud enterre à jamais les chimères des rois en Espagne.

*

* *

Après Narbonne, l'avancée des troupes de Louis VIII se poursuit le long de la via Tolosana. Carcassonne est pris, les armées royales pénètrent bientôt dans la région toulousaine…

Seulement voilà, l'hiver arrive et les croisés sont fatigués. Il faut remettre le siège de Toulouse à plus tard. En attendant le retour des beaux jours, Louis VIII décide de rentrer à Paris. D'ailleurs il ne se sent pas très bien, et il a hâte de retrouver la tranquillité du Louvre, mais il meurt en chemin ce 8 novembre 1226.

Le fils du défunt, Louis IX, le futur saint Louis, un petit garçon blondinet au regard d'ange, n'a que douze ans. La reine Blanche de Castille assure donc la régence avec une poigne de fer, et ordonne de reprendre avec une vigueur nouvelle la croisade du Languedoc.

En 1229, un traité impose la paix française et sonne le glas de l'indépendance toulousaine : Raymond VII reste comte de Toulouse, mais doit faire la chasse aux hérétiques et, surtout, l'annexion de la province à la France est annoncée… En effet, comme tout doit finir par un mariage, Jeanne, la fille de Raymond, épouse Alphonse, le frère de Louis, le jeune roi de France.

Par le jeu des héritages, Toulouse reviendra donc à la couronne.

Selon les clauses de ce traité, les fortifications de Toulouse doivent être démantelées, et c'est une ville affaiblie, ruinée, qui sort de deux décennies d'une guerre acharnée…

Toulouse, le château dans les caves du palais

Les parkings ont du bon ! La preuve : en 2007, lorsqu'il fallut aménager de nouvelles places de stationnement devant le palais de justice de Toulouse, des vestiges de l'ancienne forteresse des comtes de Toulouse ont été mis au jour. Parce que le château se trouvait près de la porte Narbonnaise, on l'appela le château narbonnais… Derrière les murs épais de calcaire et de briques, les comtes de Toulouse ont cru pouvoir protéger leur indépendance. À la fin du XVe *siècle, le château abrita le parlement de Toulouse, puis fut rasé au siècle suivant. Au* XIXe *siècle, le château narbonnais était oublié, et l'on construisit sur son emplacement une gendarmerie, puis le tribunal de grande instance. (Les vestiges sont visibles dans les sous-sols du palais de justice, mais aussi dans le hall où le rempart du* XIIIe *siècle avec son crénelage de briques a été magnifiquement mis en valeur, 3, place du Salin.)*

Sur le plan politique, tout est réglé… mais la question religieuse reste en suspens. Dès 1233, l'Inquisition prend le relais des soldats et des négociateurs pour extirper l'hérésie du Languedoc. Confiée à l'ordre monastique des frères prêcheurs de Saint-Dominique, et ne relevant que de l'autorité du Saint-Siège, l'Inquisition fait passer la violence du champ de bataille à la population civile… La terreur s'installe : pour échapper à la torture et au bûcher, il faut trahir, mentir, dénoncer.

À une centaine de kilomètres au sud de Toulouse, à Montségur, en Midi-Pyrénées, se dresse un château où sont venus se réfugier des groupes de cathares prêts à renoncer à leurs vœux pacifiques et à se battre pour leur droit à l'existence… En mai 1242, le chef de la garnison de Montségur, Pierre-Roger de Mirepoix, est informé qu'un groupe de onze inquisiteurs, accompagnés de gens d'armes et menés par le frère Guillaume Arnaud, s'est arrêté à Avignonet pour allumer de nouveaux bûchers. Aussitôt, Pierre-Roger de Mirepoix et ses frais émoulus soldats cathares se dirigent vers la maison où dorment les frères inquisiteurs et l'escouade, font sauter les portes à coups de hache et massacrent tout le monde, dans une rage désespérée.

Sur le chemin du retour, cet exploit fait grand bruit, même les fidèles chrétiens sont heureux du coup porté à l'Inquisition, détestée de tous.

Montségur ne survivra pas à cette provocation. Dix mille hommes, dirigés par le sénéchal Hugues des Arcis et l'évêque de Narbonne Pierre Amiel, viennent faire le siège du château et de la montagne. Après neuf mois d'encerclement, les derniers défenseurs du catharisme acceptent les négociations. On trouve un accord : ceux qui feront pénitence seront libérés, mais les récalcitrants seront livrés aux flammes.

Quelques-uns abjurent, mais la plupart s'apprêtent

à mourir. Le 16 mars, une longue procession se dirige lentement vers le grand bûcher dressé au pied de la citadelle. Deux cent dix cathares vont au supplice pour ne pas perdre leur âme.

La croisade a gagné.

Carcassonne,
symbole de la croisade victorieuse

Retournons sur nos pas en longeant la via Tolosana... La cité de Carcassonne va devenir, avec Toulouse, le siège des inquisiteurs, la place forte des nouveaux maîtres de la région. La Maison des inquisiteurs est miraculeusement parvenue jusqu'à nous (contre la muraille, rue du Four-Saint-Nazaire). Voici l'endroit où le catharisme sera inlassablement pourchassé tout au long du XIIIe siècle ; ici seront ordonnés les derniers bûchers en 1325 et 1329.

Et que dire de l'impressionnante muraille à double enceinte édifiée par saint Louis pour rendre la place inexpugnable ? Ce dispositif, nous pouvons encore l'admirer autour du château comtal... L'Inquisition avait installé ses quartiers dans la terrible tour de la Justice. Même si l'ensemble a été fortement remanié par l'architecte Viollet-le-Duc au XIXe siècle, nous pouvons voir là le symbole éclatant de la conquête du Languedoc par les rois de France. Et cette impression est encore renforcée par la vue de la ville basse ou bastide Saint-Louis, construite sous le règne de ce dernier pour y loger les habitants chassés de la ville haute devenue cité administrative de la sénéchaussée.

La fin de la croisade des Albigeois et la conquête du Languedoc permettent au roi Louis IX – saint Louis – d'imaginer de nouvelles croisades, de nouvelles expéditions à mener, de nouveaux infidèles à persécuter, mais ailleurs, loin de son royaume. C'est vers la Terre sainte qu'il va désormais tourner son regard. En 1248, il se dirige vers Le Caire, il est fait prisonnier et n'est libéré qu'après versement d'une forte rançon payée par l'ordre du Temple. Il ne rentre en France qu'au bout de cinq ans mais, peu déstabilisé par cet échec, il recommence en 1270, direction Tunis cette fois : Louis espère convertir le sultan. La dysenterie, mal du temps, de la vermine et de la promiscuité, décime les troupes, et le roi lui-même expire devant la ville. Sur le chemin du retour, Isabelle d'Aragon, épouse de Philippe III, nouveau roi de France, meurt en Sicile ; Alphonse de Poitiers, frère du roi défunt, et son épouse Jeanne de Toulouse succombent tous deux en Italie… Cette avalanche de catastrophes met un terme définitif aux croisades en Terre sainte. Mais les rois de France auront bientôt d'autres territoires à conquérir, d'autres ennemis à repousser.

Aigues-Mortes, symbole des croisades perdues

Après avoir laissé Carcassonne, retournons encore un peu sur nos pas par la via Tolosana afin de suivre saint Louis en direction d'Arles… À vingt kilomètres au sud d'Aigues-Vives se trouve le port d'Aigues-Mortes, premier port militaire français construit sur la Méditerranée par saint Louis. L'endroit témoigne encore aujourd'hui des espoirs que le roi avait placés dans les croisades en Terre sainte. Les remparts du XIIIe siècle sont magnifiquement conservés et, contrairement à ceux de Carcassonne, n'ont été que très peu restaurés. Voilà pour moi les rêves du saint roi perdus dans les sables...

20

XIVe siècle

LE SOLEIL SE LÈVE À L'EST

De Toulouse en Avignon
par le chemin de Regordane

Entre Anglais et Français, rien ne va plus ! C'est autour de la Guyenne, non loin de Toulouse, que se cristallisent les ambitions dévorantes et les ressentiments recuits… La fin des croisades en Terre sainte permet aux deux royaumes de concentrer désormais tous leurs efforts sur cet objectif continental. On va pouvoir s'entre-tuer sans contrainte ni limites !

Mais que faut-il conquérir, que veut-on conserver ? Guyenne ou Aquitaine ? De quoi parle-t-on ? En fait, jamais on n'a su où commençait la Guyenne et où finissait l'Aquitaine… D'ailleurs, le terme même de Guyenne ne signifie pas autre chose qu'Aquitaine, mais déformé par des accents locaux. Depuis la fameuse Aliénor, les rois d'Angleterre s'estiment les souverains naturels, les propriétaires obligés de cette Guyenne aux limites floues et changeantes, mais toujours avec Bordeaux pour capitale. Les rois de France laisseraient faire si ces souverains acceptaient de se comporter en vassaux soumis, mais ces Godons, comme on dit alors, sont impossibles, ils refusent de faire acte d'allégeance et, finalement, le roi de France Philippe le Bel, agacé, a décrété la confiscation de la Guyenne… Décision qui a été suivie par un conflit larvé où chacun a essayé de prendre quelques places fortes avant de reculer et de revenir encore, ballet militaire où l'on se positionne en attendant l'ouverture des négociations. Quand Marguerite, la sœur du roi de France, épouse Édouard, le roi d'Angleterre, on peut penser que la paix sera sauvée…

Effectivement, en 1303, un traité semble avoir réglé la question de Guyenne : la province est restituée au roi d'Angleterre qui accepte de se considérer, dans cette province, comme le vassal du roi de France et vient lui rendre l'hommage dû au suzerain. Le roi d'Angleterre met ses mains dans les mains du roi de France et lui jure fidélité, les deux hommes échangent le baiser de la paix…

Mais ce qui a été conçu par deux hommes de bonne volonté ne se transmet pas obligatoirement aux générations suivantes. En 1322, le nouveau roi d'Angleterre, Édouard II, s'abstient de rendre cet hommage humiliant à Charles le Bel, roi de France…

Le croira-t-on ? Cette affaire d'hommage à rendre ou non ajoutée à cette province dont on ne sait où elle commence et où elle s'arrête va être la cause principale de la guerre de Cent Ans – qui va en durer cent seize. Dès 1337, le conflit entre Anglais et Français est en marche. Il débute sur la mer où la flotte française est anéantie en 1340 devant L'Écluse, aux Pays-Bas. En 1346, la guerre passe sur la terre ferme, les Français sont écrasés à Crécy, la Normandie est pillée, et Calais, occupé, devient le port d'entrée des troupes anglaises sur le continent…

Mais les hostilités doivent bientôt s'interrompre… Une longue traînée lumineuse constellée d'astres rayonnants troue les ténèbres et terrifie les populations. La comète allume dans les sombres immensités un scintillement clair qui réveille toutes les peurs… Et si la nuit ne revenait plus ? Et si cette épée lumineuse plantée dans le ciel obscur restait à jamais au-dessus de nos têtes ? On annonce déjà d'affreuses calamités, la grêle, les ouragans, la famine, les épidémies…

Et l'on a raison de craindre le pire. En 1348, un mal terrible se répand, rien ne paraît pouvoir l'arrêter. La peste noire parvenue sur les rivages méditerranéens remonte le sud-ouest de la France et arrive à Toulouse avant de descendre la Garonne jusqu'à Bordeaux. De là, un bateau transportant du vin apporte l'épidémie en Angleterre…

D'atroces douleurs déchirent la poitrine, on crache du sang, la langue devient noire, l'haleine fétide ; sur les bras et sur les cuisses apparaissent des abcès ou des ulcères gorgés de pus, toute la peau se couvre de taches blanches. En quelques jours, la mort accomplit son œuvre. Une grande frayeur venue du fond des âges amène certains à se repentir, à faire l'aumône, à distribuer leurs biens pour tenter de calmer les colères du Ciel, mais cela ne suffit pas… Les médecins essayent vainement d'enrayer la contagion. Ils administrent à leurs patients le « bol d'Arménie », un remède recommandé jadis pour les flux de ventre et les crachements de sang : il s'agit d'une terre argileuse réduite en poudre, agrémentée de blanc d'œuf et d'eau de rose à avaler toutes les quatre heures. Pour lutter contre l'empoisonnement de l'air, on allume de grands feux où se consument des parfums censés purifier l'atmosphère. Et puis, par précaution, on brûle les vêtements des morts et l'on répand partout du vinaigre, qui devrait éloigner le mal. Pour raffermir le sang des bien portants, on les saigne, on tranche allègrement au pli du coude, au jarret, à la cheville, sur la langue, dans le cuir chevelu, et l'on affaiblit ainsi les plus résistants…

Comme rien ne réussit, des villages entiers se vident de leurs habitants, les villes s'étiolent, le commerce s'effondre. La croissance économique qui avait accompagné la fin du XIIIe siècle n'est plus qu'un souvenir…

La peste noire exerce ses ravages durant cinq ans, provoquant trente à quarante millions de morts en Europe, soixante-quinze millions dans le monde… car elle sévit jusqu'en Chine ! Les famines et les guerres ne sont rien comparées à cette tragédie universelle. Puisque la médecine reste impuissante, il faut inventer à ce mal une cause extérieure aux problèmes de santé.

Les riches accusent les pauvres, les pauvres accusent les riches, et tous désignent les juifs, absurdement soupçonnés d'avoir empoisonné les puits ; on les brûle pour se venger, mais la maladie poursuit sa terrible progression. Alors, c'est Dieu qu'il faut implorer, on fait appel à Sa miséricorde, on souffre Sa Passion... Des hommes demi-nus, le torse marqué d'une croix rouge, vont de ville en ville. Ils se frappent eux-mêmes avec des fouets aux lanières hérissées de pointes de fer, et ces flagellants se persuadent d'avoir retrouvé dans la douleur de la purification l'innocence première du nouveau-né.

Le palmier vert et rouge de la ville rose

À Toulouse, les foules terrifiées par la peste noire, les exactions anglaises et tous les fléaux du siècle se pressent au couvent des Jacobins pour obtenir la grâce divine... En 1368, la dépouille du dominicain saint Thomas d'Aquin, mort en Italie presque un siècle auparavant, viendra renforcer la solennité du lieu, c'était en tout cas la volonté du pape Urbain V : « Comme saint Thomas brille entre les docteurs par la beauté de son style et de ses sentences, de même cette église de Toulouse surpasse en beauté toutes les autres églises des frères prêcheurs. Je la choisis pour saint Thomas et je veux que son corps y soit placé », dira le souverain pontife.

Cette église, joyau de l'art gothique méridional, a été entièrement construite en briques roses dont l'emploi récurrent dans la vieille ville contribue si fortement à l'identité toulousaine, « ville rose ».

Le bâtiment a été élevé entre le XIIIe *et le* XIVe *siècle par les frères prêcheurs, c'est-à-dire les dominicains, afin de lutter contre « l'hérésie cathare ». Dans l'église, le plafond forme un surprenant et séduisant « palmier » vert et rouge : ce pilier de vingt-huit mètres aux vingt-deux nervures soutient le chœur de l'église. (Parvis des Jacobins.)*

Mais plutôt que d'en appeler à la Providence divine, mieux vaut quitter Toulouse en partie dépeuplé et totalement appauvri. Nous remontons vers Montauban, cité que se disputent Français et Anglais, quand la peste offre un répit. Montauban, ville frontière, une « bastide » comme on dit ici, c'est-à-dire une cité bâtie en une seule fois pour des raisons politiques et économiques. Montauban serait la première des quelque trois cents bastides destinées à surveiller et protéger l'Aquitaine. Car d'un côté c'est la France, et de l'autre l'Angleterre avec son duché de Guyenne. Mais depuis la reprise de la guerre et la terrible défaite de Poitiers, en 1356 – où le roi de France, Jean II, a été fait prisonnier –, l'Angleterre triomphe, tout le Sud-Ouest lui semble promis.

En cette année 1363, le duché anglais de Guyenne s'étend de Bordeaux à Montauban, et les Montalbanais apprennent à connaître leur nouveau maître, le vainqueur de la bataille de Poitiers, Édouard de Woodstock, fils du roi d'Angleterre. Celui que l'on appellera plus tard le Prince Noir, sans doute en raison de la cape sombre qui recouvrait son armure, se révèle un administrateur habile et entreprend la construction d'un château au bord du Tarn… On l'aime bien à Montauban, le Prince

Noir, on l'aime bien parce qu'il fait la guerre. Il met à sac Limoges, Carcassonne, Narbonne, va se battre jusqu'en Espagne pour remettre sur le trône un roi de Castille à l'héritage disputé… Et ces expéditions lointaines ravissent ses sujets de Guyenne. En effet, le Prince Noir mobilise à grands frais des troupes qui vont mener leurs exactions au loin. En temps de paix, hélas, la vie est bien plus difficile… Les soldats démobilisés errent dans les campagnes et ne vivent que de rapines et de pillages. En temps de paix, ces « grandes compagnies », c'est-à-dire ces regroupements de mercenaires sans cause, infestent les routes, sèment le désordre et survivent en dépouillant les populations sur un cri de désespoir :

– Donnons-nous au diable puisque Dieu ne veut plus de nous !

Une guerre lointaine, en revanche, c'est l'assurance de la sécurité retrouvée ! Les grandes compagnies se dissolvent et les militaires vont toucher leur solde en allant tuer, incendier et marauder ailleurs.

Vraiment, on l'aime bien, le Prince Noir, et les habitants de Montauban sont fort désappointés en ce mois de janvier 1371, quand ils apprennent que le cher Édouard, malade de l'inévitable dysenterie, retourne définitivement en Angleterre. C'est la fin de la tranquillité guyennaise. Bertrand Du Guesclin, connétable de France, sorte de ministre de la Guerre du roi Charles V, tente par une succession de coups de force de grignoter la Guyenne… La guerre reprend sur ce mot d'ordre effrayant répété par les Français :

– Mieux vaut pays pillé que terre perdue !

Et Montauban redevient français.

À Montauban, les caves du Prince Noir

Montauban a conservé l'aspect caractéristique des bastides du Sud-Ouest avec ses rues qui se coupent à angle droit et viennent s'échouer autour d'une place centrale rectangulaire.

Le château que le Prince Noir voulut se faire édifier ici ne fut jamais terminé. Seuls les soubassements avaient été posés, et ils ont été conservés avec soin par les Montalbanais. Au XVIIe siècle, ces caves servirent de base à la construction du palais épiscopal. On peut tout de même juger de la magnificence qu'aurait déployée le château achevé en contemplant les immenses voûtes d'ogives de la salle du Prince Noir située dans la demeure des évêques, l'actuel Musée Ingres. (19, rue de l'Hôtel-de-Ville.)

Poursuivons notre chemin, laissons la Guyenne et toute l'Aquitaine, cœur et cause de cette guerre de Cent Ans, et dirigeons-nous vers Cahors, dans le Quercy, tentation du Prince Noir qui a fait l'assaut de la cité avant qu'elle ne soit reprise par les Français. Une ville riche depuis que le pape Jean XXII, authentique Cadurcien, a ouvert ici une université pour y faire enseigner la théologie, le droit, la médecine et les belles-lettres, de quoi attirer les plus grands savants et des foules d'étudiants.

À Cahors, suivons le diable sur son pont

Les consuls de Cahors décidèrent, en 1308, de jeter sur le Lot un pont fortifié qui ferait office de pièce défensive contre les attaques anglaises. Il fallut quasiment soixante-dix ans pour venir à bout du pont de Valentré. L'architecte, désespérant de voir un jour la fin de son ouvrage, fit appel au diable, qui accepta de se mettre sous ses ordres en échange de son âme pure. Quand le pont fut presque terminé, l'architecte, qui tenait à son âme, appela le maître de l'enfer et lui demanda de lui apporter de l'eau dans une passoire... Damned ! *Impossible pour Satan d'obéir à un ordre pareil comme il s'y était engagé... Ce bon bougre de diable était refait. Il se vengea gentiment en maudissant une pierre, juste une pierre, celle qui se trouvait au sommet de la tour posée au milieu du pont. Cette pierre fixée, réparée, restaurée, remplacée tombait immanquablement dans le fleuve... Jusqu'en 1878, date à laquelle elle fut scellée si solidement que même le diable n'y pouvait plus rien.*

N'empêche que ce pont, un des plus beaux de France, est resté tel que le diable l'a créé il y a sept cents ans avec ses trois tours carrées à mâchicoulis et ses six arches pour franchir la rivière.

Laissons Anglais et Français s'affronter autour de Cahors et continuons la route vers l'est, sur cet itinéraire qui n'est autre que le troisième chemin des pèlerins de Saint-Jacques conduisant au Puy-en-Velay. Mais la peste noire et la crainte des grandes compagnies ont vidé les routes et renvoyé les grands pèlerinages à des temps plus apaisés. Chemins et voyages deviennent source d'effroi et, de village en village, se rapportent des légendes terrifiantes où les animaux sauvages, les armées en campagne, les soldats en vadrouille, les hôteliers homicides et les bandes de voleurs se mêlent dans un embrouillamini effarant dont la victime reste toujours le voyageur isolé, proie facile de tous ces prédateurs.

À Saint-Chély-d'Aubrac, on raconte en tremblant qu'un jour, il y a longtemps, un vicomte de Flandre nommé Adalard, revenant du pèlerinage d'Espagne avec ses chevaliers, chercha au bord de la route un endroit pour passer la nuit. Il avisa une grotte et voulut s'y installer avec sa troupe quand, horreur, il découvrit dans l'obscurité de la caverne un monticule de têtes tranchées… Des têtes de pèlerins décapités pour être volés ! Alors Adalard fit un vœu : pour qu'une telle abomination ne puisse jamais plus se répéter, il jura de construire à cet emplacement une dômerie, c'est-à-dire un domaine ecclésiastique et défensif qui pourrait accueillir, protéger et soigner les voyageurs…

Saint-Chély-d'Aubrac vibre encore des terreurs d'hier

La dômerie a peut-être été voulue jadis par un Flamand de passage, mais c'est en ce XIV*e siècle qu'elle se fortifie avec sa fameuse tour des Anglais, pouvant désormais éviter à ses hôtes les exactions des rôdeurs qui guettent leurs proies... Le voyageur d'aujourd'hui retrouve l'étape de Saint-Chély presque* *comme pouvait la voir le marcheur du Moyen Âge... Voici le Pont-Vieux qui enjambe la Boralde avec sa Croix du Pèlerin qui réconforte, voici le chemin pierreux qui conduit vers le sud, voici la dômerie ou plus exactement ce qu'il en reste : l'église Notre-Dame-des-Pauvres avec son mur épais de deux mètres ! Oh, ce n'est pas un chef-d'œuvre architectural capable d'attirer les cars de touristes, c'est mieux que ça : un lieu qui vibre encore des espoirs et des terreurs d'hier, un lieu solide, protecteur, fait pour recevoir les pèlerins et les mettre à l'abri le temps de leur passage... (Au bord de la Départementale 987.)*

Au Puy-en-Velay, nous sommes arrivés à l'extrémité du chemin de Saint-Jacques. Nous pourrions poursuivre jusqu'à Lyon, car ce chemin que nous avons emprunté depuis Toulouse n'est autre qu'une ancienne voie romaine, le chemin des Cadourques, reliant Lyon à Toulouse via Cahors... Comme souvent, les chemins de pèlerinage n'ont fait que s'inscrire dans des tracés plus anciens.

Lyon, jusqu'ici indépendant, est récemment entré dans le giron français, et va bien vite devenir la deuxième ville du royaume, place commerciale de première importance. Ainsi, lorsque l'ouest du royaume est en difficulté, c'est à l'est que la France se renforce. En effet, la frontière orientale du royaume, qui était fixée depuis longtemps sur le Rhône, est repoussée... Car, à côté du ralliement de Lyon, il y a aussi le rattachement du Dauphiné. Par le jeu des alliances et de l'épurement des dettes, cette province s'est placée sous la protection de la couronne de France. Humbert de La Tour du Pin, dernier seigneur d'un Dauphiné indépendant, a été un bon politique, assurant la paix de son domaine, mais son goût du luxe et du faste a fini par le perdre. Il a bien tenté de mettre à l'amende les marchands, les changeurs de monnaie et les prêteurs, de plus en plus lourdement, mais il n'a réussi qu'à les faire fuir… Ensuite, il a tout essayé pour trouver de l'argent, il a même proposé au pape de lui céder plusieurs parcelles de ses territoires en échange du règlement de quelques factures en suspens.

– *Non possumus*, nous ne pouvons pas, lui a répondu Sa Sainteté.

C'est alors que le roi de France est venu suggérer au Dauphinois un arrangement avantageux. Philippe VI réglerait toutes les dettes d'Humbert et lui octroierait même une généreuse rente annuelle… de quoi lui permettre de poursuivre ses frasques dispendieuses. En contrepartie, Humbert s'engagerait à céder le Dauphiné au fils du roi, jeune prince qui prendrait désormais le titre de dauphin… Humbert n'avait pas d'héritier, pas de dynastie à défendre, pas d'avenir à préserver, alors il a fait mine de réfléchir quelques jours, pour la forme, pour sauver les apparences, et s'est empressé d'accepter cet accommodement qui le mettait à l'abri du besoin. Bref, depuis 1349, le Dauphiné, c'est presque la France.

Ainsi donc, Le Puy-en-Velay n'est plus situé aux confins du royaume, et un chemin ancestral a perdu son rôle de frontière : le chemin de Regordane. Ce terme dont on ignore la signification, mais qui pourrait venir de l'espagnol *regoldana*, le châtaignier sauvage, a été utilisé durant tout le Moyen Âge pour nommer le tracé qui longe le Rhône, descend de l'Auvergne au

Languedoc, et se poursuit jusqu'au port de Saint-Gilles, dans le Gard. Après la division de l'empire de Charlemagne, le Rhône a marqué la limite entre la Francie occidentale et la Francie médiane. « La Regordane », avec ses deux cent cinquante kilomètres de route aménagée, ses ponts et ses péages, a fait en quelque sorte office de chemin de ronde. Mais, dorénavant, ce n'est plus la frontière…

C'est pourtant ce chemin que nous prenons pour gagner le sud du royaume…

Balade sur la Regordane

Le marcheur qui emprunte aujourd'hui la Regordane ne pourra que s'émerveiller devant ce vénérable ancêtre de nos routes… Certains prétendent même que les Phocéens de Marseille passaient par cette route de crête pour aller chercher l'étain à Vix, en Bourgogne. Ainsi, la Regordane aurait existé dès les tout premiers chapitres de notre Histoire. Quoi qu'il en soit, de nombreux témoins de l'importance de ce chemin nous attendent dans la descente vers Saint-Gilles…

À Pradelles, en Auvergne, un hôpital dédié à saint Jacques rappelle la vocation d'accueil des cités-relais qui se succédaient sur cette voie. La chapelle de l'établissement est une construction postérieure au XIV*e* *siècle mais elle conserve sa particularité initiale : elle s'étend au-dessus de la Regordane, qu'elle enjambe par un passage voûté sous lequel les voyageurs peuvent s'abriter tout en restant à l'extérieur… On n'est jamais trop prudent.*

Plus loin, entre La Bastide-Puylaurent et Prévenchères, dans le Languedoc-Roussillon, vous pourrez retrouver le chemin du XIV*e siècle, avec ses ornières médiévales creusées dans la roche par les multiples charrois qui l'ont emprunté.*

La Regordane passe alors à quelques kilomètres de Châteauneuf-de-Randon, village connu surtout pour la mort de Bertrand Du Guesclin, en 1380, lors du siège de l'endroit, au cours duquel le connétable aurait succombé après avoir bu trop d'eau froide sous le soleil de juillet. Rendons hommage au héros français de ce XIV*e siècle qui a purgé le pays du fléau des « grandes compagnies » et a fortement contribué au rééquilibrage des forces entre Anglais et Français. À Châteauneuf-de-Randon, on peut voir encore les vestiges de la tour des Anglais, qui a cédé devant Du Guesclin.*

Enfin, encore plus loin, comment ne pas être impressionné par ces citadelles veillant sur l'ancienne frontière que furent La Garde-Guérin ou le château de Portes ?

La Regordane se dirige ensuite vers le delta du Rhône, et nous remontons un peu le long du fleuve pour entrer dans Avignon, terre des papes « à la française ». Avec Jean XXII, que nous avons croisé à Cahors, les papes ont quitté Rome pour se fixer durablement au bord du Rhône. Car la Ville éternelle était en pleine déconfiture, écartelée entre clans rivaux, en proie aux émeutes et aux affrontements. Alors, sous la pression du roi de France et avec son appui, les nouveaux papes se sont installés en Avignon, que les Français avaient cédé naguère aux comtes de Provence.

Mais pourquoi Avignon ? Les voies de communication et la politique ont dicté ce choix… Avignon, c'était un port animé et un carrefour routier grâce à son fameux pont Saint-Bénezet sur lequel on danse tous en rond. On y dansait, certes, mais si on le traversait, on pénétrait en France… Les papes se trouvaient ainsi sous surveillance ! Éloignés de l'empire germanique et de l'Italie, ils demeuraient sous l'influence et l'autorité des rois de France.

Avignon et Villeneuve : bras de fer entre les papes et les rois

On a beau dire, on a beau admirer, on a beau imaginer, il est bizarre, le palais des papes d'Avignon. Grand, imposant, certainement. Mais étrange tout de même avec sa tour carrée, ses courbes hispanisantes et ses arches romanisantes. Peut-être souffre-t-il un peu de la succession des papes, chacun ayant voulu apporter sa pierre à l'édifice et le transformer à son idée. Mais enfin, ce palais gothique offre au visiteur une vue imprenable sur le XIV*e siècle.*

En traversant le Rhône, nous arrivons à Villeneuve-lès-Avignon… Le fort Saint-André qui se dresse ici fut terminé sous Charles V et avance ses deux grosses tours vers les États du pape. Cette forteresse, tout comme la tour Philippe-le-Bel un peu plus bas, est un signe, un avertissement, une menace : les papes d'Avignon doivent rester dans les limites de leurs possessions et ne jamais oublier que leur principal soutien, la France, guette chacun de leurs gestes.

Durant soixante-dix ans, Avignon a donc été le siège non contesté du trône de saint Pierre. Et puis tout est parti en cacade… En cette fin de XIVe siècle, si la guerre de Cent Ans connaît une fragile accalmie, c'est au sein de l'Église que s'affrontent les souverains. Le Grand Schisme fait des ravages : deux obédiences divisent le catholicisme et soutiennent chacune son pape. Un Italien et un Français sont en concurrence. Alors où établir le Saint-Siège ? Retour à Rome, ou maintien en Avignon ? Puisque les deux villes ont leurs partisans, il y aura finalement deux papes ! C'est mathématique, et c'est tout simple. En 1378, Clément VII, né à Annecy, est appuyé par la France, le comté de Savoie, les royaumes ibériques, l'Écosse et quelques principautés allemandes. Urbain VI, l'Italien, est reconnu par l'Italie, l'empire germanique et l'Angleterre.

Les deux cours papales s'opposent de manière contrastée. La nuit tombe sur Rome où Urbain VI entre dans une paranoïa qui le pousse à exécuter tous les cardinaux qui l'entourent et pourraient, un jour prochain, chercher à le remplacer. Le soleil se lève sur Avignon où Clément VII développe en son palais une vie fastueuse, entouré d'artistes et de littérateurs. Les fêtes succèdent aux fêtes, on reçoit le roi de France Charles VI, le duc de Berry et le roi d'Arménie… La vie menée par le pape est si ruineuse que Sa Sainteté doit mettre en gage la tiare pontificale et quelques bijoux.

Ce festival d'extravagances ne saurait pourtant durer indéfiniment…

21

XVe siècle

LES CHEVAUCHEURS DE L'ARAIGNÉE

D'Avignon à Orléans
par les routes des postes de Louis XI

La nuit est tombée sur Avignon. Quelques formes sombres se faufilent hors du palais, glissent sans bruit, s'évaporent… Voyez-vous ce vieillard de soixante-quatorze ans porté par les autres ombres ? Cet homme à la longue barbe blanche qui affecte un faux air du patriarche Abraham, c'est Benoît XIII, le pape d'Avignon ! En cette nuit du 11 au 12 mars 1403, il fuit sa ville, s'embarque sur un radeau pour traverser la Durance, pose pied un peu plus loin, et trouve bientôt asile à Châteaurenard, forteresse des comtes de Provence. Le pape s'est réfugié à seulement trois lieues d'Avignon, mais à l'abri des coups de la France…

En fait, Benoît XIII s'échappe d'une situation terriblement compliquée à laquelle personne ne comprend plus rien. Il y a le pape de Rome, Boniface IX, il y a le pape d'Avignon, et tous deux bénéficient de soutiens puissants. Pour permettre à l'Église de retrouver son unité et sa sérénité, on demande alternativement à l'un et à l'autre d'abdiquer. Mais aucun des deux n'accepte, chacun s'estimant le seul successeur légitime de saint Pierre. Pendant ce temps, le pauvre roi de France, Charles VI, ne peut prendre aucune décision car il a sombré dans la folie. Prostré, il ne se déshabille plus, ne se lave plus, ne se rase plus, il est couvert de pustules sur tout le corps et lape son écuelle comme un chien… Alors qui assume le pouvoir ? L'oncle Philippe le Hardi, duc de bourgogne, ou le frère Louis d'Orléans ?

Justement, c'est aussi en Avignon que se joue la partie. Louis appuie Benoît XIII, tandis que Philippe penche pour Boniface IX… Mais il ne fait pas bon avoir le Hardi comme ennemi ! Durant cinq ans, celui-ci a organisé un siège du palais d'Avignon, cherchant à s'emparer de la personne du pape. Un premier coup de force a failli réussir, quand des hommes de main se sont introduits dans la résidence papale en passant par les égouts pour faire irruption dans les cuisines, mais ils ont été repoussés par la garde de Benoît XIII. Dans les trois mois qui ont suivi, les petits canons du palais ont tenu les assaillants en respect. Lors de ces affrontements, quelques masures blotties contre la résidence papale ont pris feu, et finalement toutes les maisons situées devant le bâtiment ont été abattues, histoire d'empêcher l'ennemi de se faufiler jusque devant les murs. Ainsi a été formée la grande esplanade qui perdure aujourd'hui.

Le siège s'est ensuite mué en blocus… Poissons, viandes et légumes pouvaient être librement apportés dans le palais, mais le pape restait prisonnier dans ses appartements, sans pouvoir en sortir. Puis la surveillance a été déjouée : quelques conjurés aux ordres de Louis d'Orléans sont parvenus à faire sortir Benoît XIII du piège dans lequel il avait été enfermé…

Mais toutes ces manœuvres ne serviront à rien. Philippe le Hardi meurt un an plus tard, terrassé par une mauvaise grippe, et Louis d'Orléans retrouve brièvement un pouvoir qui lui échappait.

Quant à l'Église, elle s'enfonce un peu plus dans le marasme. Benoît XIII a quitté Avignon, certes, mais il ne s'en estime pas moins pape… Afin de mettre un terme à cette situation absurde, un concile se réunit à Pise en 1409 et élit son propre souverain pontife en la personne d'Alexandre V. Il y a donc trois papes à prétendre régner sur la chrétienté : Benoît XIII, qui s'est retiré en Aragon ; Grégoire XII, qui a trouvé un havre à Rimini ; et Alexandre V, à Rome. Mais en 1410, le Seigneur choisit de rappeler à lui le pauvre Alexandre, qui n'aura pas profité bien longtemps de sa tiare. Il n'y aurait donc plus que deux papes ? Ce serait trop simple. Le concile de Pise élit Jean XXIII[1] en remplacement de son champion défunt. Cet état de fait dure plusieurs années et provoque finalement la convocation d'un concile à Constance, dans l'empire germanique. En 1417, décision est prise : les trois papes doivent abdiquer, et un quatrième sera officiellement élu : il s'agira de Martin V.

Que deviennent alors les papes congédiés ?

Jean XXIII tente de fuir déguisé en civil, mais il est rattrapé et arrêté sous diverses inculpations : viol, sodomie, meurtres et autres chefs d'accusation tout aussi délicats. Grégoire XII, lui, accepte sans rechigner de renoncer à sa charge. Un pape démissionnaire de sa propre volonté, ou presque… une rareté pour le Saint-Siège. En effet, il faudra attendre presque six cents ans pour revoir un souverain pontife renoncer à sa charge… en 2013 !

Reste l'ancien pape d'Avignon, Benoît XIII, qui n'a guère envie de suivre l'exemple de ses deux rivaux… Ni arrestation ni abdication. À l'aise dans son cocon d'Aragon, seul royaume qui continue de le reconnaître, il s'obstine à jouer au pape, à « l'antipape » proclame le concile.

Et Avignon dans tout ça ? Au-delà de toutes les vicissitudes, la cité est demeurée terre papale, désormais gérée par un légat. En 1432, le cardinal Pierre de Foix y est nommé gouverneur, mais la population gronde :

1. Par la suite, ce Jean XXIII a quand même été considéré lui aussi par l'Église comme un antipape, ce qui a permis à Mgr Roncalli de prendre ce nom lors de son élection en 1958.

elle refuse d'accepter pour maître un prélat créé autrefois par Jean XXIII, l'ennemi de leur propre pape ! C'est donc par la force que le cardinal vient prendre ses fonctions : la ville est assiégée durant deux mois, et la population récalcitrante doit au bout du compte se soumettre. Alors, le nouveau gouverneur peut venir douillettement s'installer au palais.

Dans ces temps troublés, personne en Avignon n'a prêté la moindre attention au bûcher de Rouen sur lequel, l'année précédente, les Anglais ont brûlé une certaine Jeanne d'Arc. Cette affaire lointaine ne concerne pas vraiment les Avignonnais, qui demeurent dans leur petit pays, les yeux fixés sur leur prospérité. Et ils ont lieu d'être satisfaits, la vie reprend joyeusement, richement, somptueusement. Pierre de Foix tient une cour brillante en son palais, ce qui attire au bord du Rhône les artistes, les mécènes et les négociants…

*
* *

Jeanne d'Arc… Elle affirmait avoir reçu du Ciel la mission de bouter les Anglais hors de France. En effet, au nom de l'Angleterre, le duc de Bedford contrôlait à l'époque Bordeaux, la Normandie, la Champagne, la Picardie, l'Île-de-France, Paris, et conservait sous son influence les pays de son allié Philippe le Bon, duc de Bourgogne, c'est-à-dire la Bourgogne elle-même, mais aussi l'Artois et la Flandre. Le roi de France Charles VII, lui, tenait en main de nombreuses régions comme le Berry, la Touraine, le Poitou, la Saintonge, le Languedoc, l'Agenais, le Rouergue, le Quercy, Lyon et le Dauphiné, une partie de l'Auvergne et du Limousin.

Ce qui, tout bien considéré, représentait quand même, grosso modo, la moitié de l'Hexagone, même si les difficultés de communication interdisaient encore une présence réelle de l'autorité centrale sur des régions trop éloignées.

Chacun des deux ennemis entendait partir à la conquête du royaume entier. Jeanne d'Arc, revêtue d'une armure, portant la bannière blanche frappée de l'image du Christ, tenant à la main une fleur de lys, était entrée dans Orléans et avait galvanisé les défenseurs de la ville. Dans le royaume de France, une aube nouvelle s'était levée… En dix jours, les Anglais avaient été repoussés et devaient refluer en bandes désordonnées. Hélas, faite prisonnière au cours de la bataille de Compiègne, Jeanne avait été ensuite jetée dans un cachot, jugée et brûlée à l'instigation des Anglais.

Depuis la première rencontre de Charles avec la Pucelle jusqu'à la tragique journée de Compiègne, il ne s'était écoulé que quatorze mois et deux semaines, à peine plus d'une année pendant laquelle le cours de la guerre avait changé… Le pusillanime Charles était devenu un conquérant. Pour reconstruire la France, Jeanne d'Arc avait su enflammer toute une nation autour de la bannière royale. Si la Pucelle n'avait sans doute pas inventé le sentiment patriotique, elle avait été la première à en faire, d'une manière aussi explicite et clairvoyante, un usage à la fois politique et militaire. Tant que la guerre était demeurée une affaire de princes français, bourguignons et anglais, Charles VII avait accumulé les échecs et les déboires. En revanche, quand la jeune fille inspirée par la foi avait soulevé le peuple, la cause nationale était devenue l'affaire de tous, et le roi volait de victoire en victoire.

*
* *

En 1435, quatre ans après le martyre de Jeanne, le traité d'Arras vient marquer le terme de la guerre entre Charles VII et Philippe le Bon, jusqu'ici allié des Anglais. Apprenant la nouvelle à Rouen où il réside, le duc de Bedford s'étrangle et périt dans l'instant, à la fois de tristesse et de frayeur. Il est vrai que le pacte est un rude coup pour l'occupant : les Anglais se trouvent privés de leur précieux allié au moment même où leurs conquêtes se réduisent comme peau de chagrin.

Dans le royaume de France, un espoir fou succède à la résignation, des provinces entières se soulèvent contre l'occupation anglaise. La Normandie est reconquise en 1450, d'autant plus facilement que la population rurale soutient la France par haine de l'Angleterre, toujours considérée comme l'ennemi héréditaire. La Guyenne est soumise et Bordeaux capitule l'année suivante, mais la ville est réoccupée par les Anglais, puis définitivement reprise par les Français en 1453... Désormais, l'Angleterre est boutée partout hors de France, sauf à Calais où elle se maintiendra pour un siècle encore.

Dans les faits, la guerre de Cent Ans est terminée, même si aucun traité, aucun accord, aucun armistice ne vient ratifier la réalité militaire. Cette même année 1453, les troupes ottomanes s'emparent de Constantinople et Gutenberg imprime à Mayence sa première Bible... La France reconstituée, la fin de l'Empire byzantin, la science répandue, trois événements majeurs qui transforment le monde : le Moyen

Âge s'achève, les temps nouveaux seront ceux de la Renaissance.

Charles VII est mort en 1461, et c'est à son fils, Louis XI, qu'il appartient de parachever l'œuvre paternelle. Alors, retour à Avignon… *À* Avignon et non plus *en* Avignon, puisque la cité, abandonnée par les papes, n'est plus un pays isolé, mais une ville de Provence régentée par le roi René. Ce gros bonhomme devenu par héritage roi de Naples, roi de Sicile et roi de Jérusalem est surtout duc d'Anjou et comte de Provence. S'il a établi sa capitale privilégiée à Aix-en-Provence, il vient parfois dans sa maison d'Avignon, située au cœur même de la ville.

Avignon, petit tour chez le bon roi René

La maison du roi René à Avignon est encore visible. Elle conserve des fresques remarquables que le roi a dû contempler… Elles sont aujourd'hui en sécurité puisque cette maison est occupée par l'École d'Avignon, institution vouée à la sauvegarde du patrimoine. (6, rue Pierre-Grivolas.)

Pour Louis XI, un objectif, une priorité : déposséder le roi René ! L'Anjou, le roi de France n'en fera qu'une bouchée. En 1474, le bon René, comme l'appellent ses sujets, a déjà soixante-cinq ans, il est temps pour lui de songer à sa succession… Il rédige un testament selon lequel il laisse l'Anjou et la Provence à son neveu Charles, comte du Maine. Louis XI se souvient alors qu'il est, lui aussi, le neveu du roi René par sa mère, et vient occuper le château d'Angers. Ouvrir une guerre pour l'Anjou ? René n'y songe pas, il laisse filer les événements et abandonne sans combattre la province au roi de France.

Encore deux ans et c'est le petit-fils du roi René, le duc de Lorraine René II, qui défend son héritage en attaquant Charles le Téméraire, duc de Bourgogne, lequel rêve de reconstituer le royaume de Lotharingie créé jadis par les successeurs de Charlemagne. Cette vision grandiose se brise à Nancy où le Téméraire est tué en 1477, son corps dévoré par les loups. Louis XI se frotte les mains : son ennemi a succombé sans qu'il ait eu à combattre ! Mieux encore, la Bourgogne est rattachée à la couronne.

Reste la Provence. Louis XI et René, qui n'ont guère envie de guerroyer, s'entendent pour régler le problème par la négociation, le rachat, les pensions… Bref, par des écus sonnants et trébuchants. Il faut dire que le roi René a de gros frais pour mener grand train et bonne chère. Louis XI n'est pas très riche, mais il promet tout ce qu'on veut, bien décidé à ne jamais tenir ses engagements. Déjà, les promesses n'engagent que ceux qui y croient.

Le roi de France a proposé soixante mille livres à verser en six ans… La première année, la France paye cinq mille livres sur les dix mille annoncées. On rassure le vieux souverain en Provence : le solde sera réglé avec la pension de l'année prochaine, le roi de France se trouve un peu gêné en ce moment, mais dans un an, c'est sûr. L'année suivante, même langage rassurant, mais il faut attendre encore… Si Louis XI ne veut pas « malcontenter » René, il ne songe pas pour autant à s'acquitter de sa dette. En fait, il cherche à gagner du temps, le roi René est un vieillard sanguin, obèse, congestionné, attendons que le destin frappe… Effectivement, le bon René s'éteint en juillet 1480, sans avoir jamais touché son argent. En définitive, Louis XI a acheté la Provence pour cinq mille livres… Une affaire !

À la tête d'un royaume désormais aussi vaste que cohérent, Louis XI mérite son surnom : *l'Universelle Araigne*, termes que l'on pourrait traduire librement par « l'araignée tentaculaire ». Sa toile, il la tisse, en effet. Il lui faut réunir tous les fils des provinces qui font le royaume, transmettre ses ordres, être renseigné au plus tôt, connaître les tensions, appréhender les crises, déjouer peut-être les complots… Seulement les informations mettent parfois un temps incroyable avant de parvenir à leur destinataire. Ainsi, le 17 juillet 1475, Louis XI s'inquiète des manœuvres d'Édouard IV, le roi d'Angleterre… Selon certaines rumeurs, il pourrait débarquer à Calais. Or, à cette date, le monarque a quitté Londres depuis longtemps et se trouve avec son armée dans le port du nord de la France depuis dix jours déjà ! Il faut faire quelque chose.

À la fin des années soixante-dix de ce XVe siècle, tout s'organise : le service de courriers à cheval est créé. Un sieur Robert Paon est nommé contrôleur général des chevaucheurs de l'écurie du roi. Dès lors, sur les grands chemins du royaume sont établis des relais, modestes écuries où sont entretenus cinq ou six petits chevaux nerveux, tous excellents galopeurs. L'intendance de chaque relais est confiée à un « maistre coureur » chargé d'entretenir les chevaux pour le compte du roi et dont la mission principale est de se tenir prêt en permanence : quand il reçoit le message royal venu d'un relais, il doit le porter sans attendre au relais suivant. À l'approche de ce relais, le maistre coureur sonne du cor pour permettre au suivant de seller immédiatement son cheval et de bondir bientôt sur la route.

Sur les chemins difficiles, ces étapes sont disposées de quatre lieues en quatre lieues – c'est-à-dire tous les treize kilomètres. Sur les routes droites, en revanche, elles sont dispersées de sept lieues en sept lieues – tous les vingt-trois kilomètres. Le message royal peut ainsi parcourir dans la journée la distance séparant quatre relais… soit plus de quatre-vingt-dix kilomètres sur bonne route, distance époustouflante pour l'époque. Il y aura bientôt deux cent trente-quatre chevaucheurs de relais formant la toile de l'Universelle Araigne.

Pour une entreprise dont la rapidité est la vocation, on cherche un mot rapide… Et on le trouve très vite : *poste*. Ce terme désigne alors la place du cheval dans l'écurie, il qualifiera bientôt le relais lui-même, puis se transformera au cours des années et des siècles en fonction de l'évolution du service offert : postillon, postier, malle-poste, timbre-poste… et même, finalement, banque postale.

La magie des bottes de sept lieues

On l'a vu, Le Petit Poucet, *ce conte de Charles Perrault publié à la fin du* XVIIe *siècle, plonge ses racines dans les récits celtiques. Mais lorsque l'enfant chausse les « bottes de sept lieues » dérobées à l'ogre, c'est aux relais de Louis XI que le conte fait allusion… Dans les postes, les « bottes de sept lieues » étaient les bottes portées par les postillons chevauchant d'un relais à l'autre... pour couvrir sept lieues. Par la magie des fées, ces bottes permettent dans les récits fantastiques de franchir sept lieues en une seule enjambée.*

Le maistre coureur quitte Avignon et galope vers Lyon pour prendre ensuite la direction de Paris. Il emprunte ainsi la plus grande route de l'époque, celle qu'on appelle « le grand chemin ». Cette voie relie les deux principales villes du royaume et mène aussi vers l'Italie, donc vers le courant de la Renaissance. Commerçants et bourgeois voient passer ce cavalier avec exaspération : ces postes leur coûtent trois millions de livres par année en impôts supplémentaires, et elles ne leur sont pas accessibles ! Ce système si performant de messages qui volent d'un coin à l'autre du pays est réservé au pouvoir et aux administrations. Il est vrai que l'on peut parfois s'arranger : une poignée d'écus et les cavaliers acceptent de transporter discrètement quelques lettres personnelles !

N'empêche, on se moque volontiers de ces courriers à cheval, on fait mine de mépriser cette course au temps... Le prédicateur Ollivier Maillard a commis l'imprudence de tenir quelques propos irrévérencieux sur notre bon seigneur le roi Louis, et celui-ci menace de le faire noyer dans une rivière, procédé auquel Sa Majesté a volontiers recours pour se débarrasser des gêneurs. Réplique de l'impertinent :

– Le roi est le maître, mais dites-lui que je serai plus tôt au paradis par les eaux qu'il n'y sera lui-même avec ses chevaux de poste !

Cependant le chevaucheur galope, indifférent aux railleries… Le chemin qui conduit à Paris évite la Bourgogne, désormais province du royaume, certes, mais encore peu sûre… Il vaut mieux passer par Moulins, capitale des princes de Bourbon, et courir ensuite vers Bourges.

Suivons Louis XI dans ses relais

C'est une maison pataude aux murs épais derrière lesquels il devait être agréable de passer la nuit… À Saint-Symphorien-de-Lay, en région Rhône-Alpes, non loin de Roanne, le relais de la Tête-Noire fut l'une de ces étapes créées par Louis XI pour acheminer son courrier, autour de laquelle se sont rapidement ajoutés auberges et hôtels. Au cours des siècles, on y verra venir Rabelais, Molière, Rousseau, Casanova, et quelques autres. Car ce bâtiment était « le logis noble », c'est-à-dire la halte réservée aux voyageurs aisés qui pouvaient payer pour une bonne couche et un bon cheval. Puis il devint une auberge vers 1860. Mais pourquoi la Tête-Noire ? C'était le surnom d'un bandit sarrasin qui semait la terreur dans la région pendant la guerre de Cent Ans. Un brave homme au demeurant, dit la légende : il fit fortune dans la rapine, mais acquit le château local et mourut en parfait chrétien (4, rue de la Tête-Noire).

En suivant l'ancien chemin sur une cinquantaine de kilomètres – parcours qui se confond aujourd'hui avec la fameuse Nationale 7 –, nous arrivons à La Pacaudière où attendent deux superbes vestiges d'un autre important relais : la maison Morin, le relais en lui-même, et le Petit-Louvre... Cette appellation surprenante dit assez le luxe de l'endroit. Cette demeure au toit en damier et à la tour protectrice devint aussi un « logis noble » au temps ou couraient les chevaucheurs de Louis XI. Je n'ignore pas que la construction telle qu'on peut la voir aujourd'hui date du début du XVI*e* *siècle, mais sur un mur un graffiti plus vieux, « Azidil, l'homme de bien, 1456 », rappelle que les lieux abritaient déjà les voyageurs au siècle précédent.*

Des lointains de la campagne berrichonne, on aperçoit les flèches blanches du palais ducal de Bourges, les dentelles de pierre de la cathédrale Saint-Étienne, la silhouette de la Grosse-Tour, solide édifice veillant sur les anciennes fortifications. À notre arrivée, vers 1480, le palais Jacques-Cœur est toujours habité par un Jacques Cœur, mais c'est le petit-fils du défunt grand argentier du roi Charles VII, le ministre des Finances dirait-on aujourd'hui. Jacques Cœur, premier du nom, a ouvert le commerce du royaume avec le Levant et doté la France d'une monnaie forte. Mais sa fortune personnelle a attisé la jalousie... Arrêté en 1451, il a avoué sous la torture tout ce que l'on voulait :

– J'ai comploté contre le roi, j'ai faussé les pièces pour en tirer des bénéfices illicites, j'ai embarqué sur mes bateaux des malheureux enlevés dans les rues, j'ai détourné les profits des impôts...

Condamné, il s'est échappé de sa prison pour aller mourir sur l'île grecque de Chios.

Sous Louis XI, Jacques Cœur, le petit-fils, a récupéré

la « grant'maison » que l'aïeul s'était fait construire. Ce palais représentait l'extrême aboutissement des aspirations du grand argentier, il y avait englouti des sommes faramineuses, il y avait imposé ses visions et ses chimères. Le porche franchi, on pénètre dans une vaste cour intérieure flanquée de deux tours d'où partent les escaliers qui conduisent aux étages. À l'intérieur, toute la décoration est consacrée à la gloire du maître des lieux : partout des cœurs et des coquilles Saint-Jacques, partout des tapisseries sur lesquelles se lit la devise du riche négociant : « À cœur vaillant rien d'impossible ». Par une prouesse architecturale, le plafond de bois de la galerie réservée à ses magasins imite les volutes et les courbes de la carène des navires. Touche délicate, rien n'a été omis pour le confort des occupants : des étuves aux murs chauffés en permanence permettent de se délasser dans une touffeur purifiante, des cuisines aux cheminées profondes autorisent les dîners les plus grandioses.

À Bourges, dans les meubles de Jacques Cœur

Il est des bâtiments qui traversent les siècles sans subir la moindre égratignure, ou presque. Le palais Jacques-Cœur est de ceux-là. Rien ne semble avoir bougé depuis le jour où le grand argentier s'est installé entre ces murs. On y retrouve, sur la façade, les visages de pierre de Jacques et de Macée, son épouse, venus accueillir le visiteur. Et l'on traverse la cour, et l'on grimpe l'escalier à vis devenu élément décoratif, et l'on se promène dans les salles d'apparat... On pénètre dans la salle des festins avec sa cheminée monumentale et sa loge en hauteur pour les musiciens, et l'on arrive dans les étuves ou les cuisines... À la magnificence, Jacques Cœur a su ajouter le confort : bains pour se délasser et passe-plat pour apporter plus vite les rôtis sur la table des convives afin qu'ils restent chauds.

J'aime à considérer ce bâtiment comme l'un des précurseurs de la Renaissance. La guerre de Cent Ans achevée, le commerce a pu reprendre. Jacques Cœur a été le premier à montrer la voie de la Méditerranée et de l'Italie, berceau de ce courant nouveau. C'est aussi, avec lui, la fin de la féodalité, quand seuls ceux qui combattaient et ceux qui priaient semblaient être les élus de Dieu. Ces viles activités que sont l'échange, le commerce et l'argent allaient, dès lors, devenir facteurs de puissance et de hautes dignités.

Plus loin, sur le grand chemin menant à Paris, nous faisons un petit détour en suivant le cours de la Loire… En ce 6 septembre 1483, nous gagnons la basilique Notre-Dame de Cléry-Saint-André, à quelques lieues d'Orléans. Car c'est le bout du voyage pour Louis XI. Le corps du roi, mort une semaine plus tôt, est descendu dans la sépulture qu'il s'est choisie. Il a voulu reposer sous la nef de cette basilique qu'il a fait reconstruire, qu'il a tant aimée et où il a si souvent prié devant la statue miraculeuse de la Vierge. Peu fait pour le faste, même dans la mort, il a préféré ce lieu relativement modeste à la grandeur de Saint-Denis…

A-t-on retrouvé le crâne de Louis XI ?

Dans l'église de la basilique Notre-Dame, à Cléry-Saint-André, un premier monument de cuivre et de bronze présentait le roi en prière, mais la sculpture fut détruite par les huguenots en 1562. Soixante ans plus tard, un Louis XI de marbre, toujours abîmé dans la prière, vint remplacer la statue disparue.

En 1792, le monument de marbre fut abattu, et les révolutionnaires trouvèrent dans le caveau des fragments de sarcophages, des morceaux de tissus, des ossements et une « tête coupée en deux ».

C'est en 1889 seulement que l'entrée primitive du caveau fut dégagée. En bas d'un escalier, on mit au jour un sarcophage en pierre sans inscription. Il contenait des restes de squelettes posés en vrac. Alors on choisit deux crânes...

Aujourd'hui, dans une vitrine bizarrement creusée dans un sarcophage, le visiteur peut voir ces deux crânes, généreusement et arbitrairement attribués à Louis XI et à son épouse Charlotte de Savoie...

Après une halte au relais Louis XI de Meung-sur-Loire, autre exemple magnifique des relais de poste qui ont ponctué le royaume de l'Araignée, nous voici à Orléans, la ville que Louis XI a si longtemps couverte de ses largesses et gratifiée de ses attentions. Ici, les pavés résonnent sous les riches attelages de voitures bâchées et partout, sur les places, devant les ateliers, des ouvriers taillent des pierres, des artisans dorent des meubles, des commerçants débitent de précieuses tentures… On croise des porteurs d'eau qui roulent leurs tonneaux, des marchands de volailles et leurs troupeaux caquetant, des paysans qui poussent leur charreton. Place du Martroi, un marché au blé attire le chaland et rue de la Bretonnerie s'étalent les légumes venus du Loiret. Éclatant dans son opulence, Orléans fourmille et s'affaire. Ils ont raison d'en profiter, les Orléanais, car l'accalmie sera de courte durée. Bientôt, un vent de réforme va souffler sur la chrétienté et balayer cette tranquille prospérité…

À Orléans, les fenêtres de la tour Blanche

Orléans se coule avec délices dans les temps nouveaux... La tour Blanche en est un témoignage. C'est une ancienne tour romaine, mais elle a subi toutes les modes, toutes les mutations... Elle a vu les invasions barbares, puis elle a connu Jeanne d'Arc. Enfin elle a été transformée par l'élégance de la Renaissance qui arrivait avec ses nouveaux concepts artistiques. À la fin du XVe *siècle, l'extension des remparts retira à la tour sa fonction défensive. Dès lors, elle servit d'habitation et des fenêtres vinrent remplacer les meurtrières. (13 bis, rue de la Tour-Neuve.)*

22

XVIe siècle

ENTRE RENAISSANCE ET CRÉPUSCULE

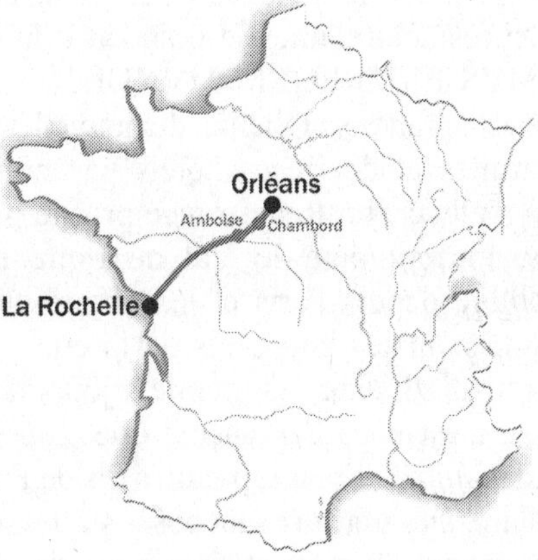

D'Orléans à La Rochelle
par les chemins de La Guide

Vers 11 heures du matin, juste à l'avant-dînée, un cortège flamboyant entre à Orléans au son des cloches des églises et des canonnades de l'artillerie. Les chevaux piaffent, piétinent, hésitent, leurs sabots glissent et s'accrochent sur les pavés, mais les gentilshommes font belle figure sur leurs montures revêtues de tissus d'or. Veste rouge à liseré rutilant, la garde s'avance ensuite, sonnant de la trompette. Enfin, sur son cheval clair plastronné de fleurs de lys, paraît François Ier. Ce grand gaillard au nez fort et au visage lisse est vêtu d'une houppelande d'or, et coiffé d'un chapeau noir aux bords rabattus.

Malgré le froid de ce 18 janvier 1517, bourgeois et ouvriers se mêlent le long des quais pour acclamer Sa Majesté. Cris et vivats explosent, Orléans est en fête. Une grande banderole attachée entre deux immeubles salue en lettres scintillantes le grand roi du monde :

MAXIMVS EST REGVM MVNDI…

La ville est agrandie, embellie, de nouvelles murailles sont construites et de riches hôtels particuliers commencent à s'élever. La Renaissance profite pleinement à Orléans, l'attrait pour le Val de Loire en fait le passage obligé depuis Paris et les affaires tournent à plein régime pour les bourgeois de la cité.

Un an plus tard, dans les premiers jours du mois de mars 1518, c'est encore François que l'on célèbre… François, dauphin de France, premier fils de François Ier, vient de naître. Des tréteaux sont posés sur les places, des comédiens jouent, dansent et grimacent, des musiciens soufflent dans leurs fifres, d'autres battent tambour et tous fredonnent en chœur la chanson à la mode, une joyeuse ritournelle qui glorifie les victoires royales :

Haquebutiers, faictes vos sons !
Armes bouclez, frisques mignons,
Donnez dedans !

Frappez dedans !
Alarme, alarme.
Soyez hardiz, en joye mis[1].

Durant tout un jour, rue Sainte-Catherine, devant l'hôtel de ville, deux fontaines au bec en forme de tête de serpent font couler du vin blanc et de l'hypocras, un vin rouge sucré au miel. Les Orléanais viennent s'abreuver de cette bonne mixture qui fait un peu tourner la tête…

Dans cette succession de fêtes, un petit événement passe totalement inaperçu… Un coche venu de Paris entre dans la ville. Ce lourd chariot bâché de cuir tiré par six chevaux fait voyager des bagages, des marchandises et une dizaine de personnes un peu serrées, brinquebalées sur les chemins, mais bien aises d'avoir trouvé la commodité de ce transport public. Eh oui, pour la première fois une ligne régulière, ponctuelle comme le chant du coq, permet de se déplacer pour quelques sous… Cette stupéfiante innovation ne permet encore que de relier la capitale à Orléans, mais dans les décennies suivantes on verra se multiplier les courses de coches vers Amiens, Rouen, Chambord, Amboise, Nantes… Certes, la voiture n'est pas rapide : il faut alors presque quatre jours pour couvrir les cinquante-cinq lieues qui séparent Paris d'Orléans… Mais c'est le début d'une ère nouvelle pour les routes, celle des carrosses. Les roues sont plus exigeantes que les sabots des chevaux, les chemins vont donc devoir être adaptés

1. « Arquebusiers, faites vos sons ! / Prenez les armes, gentils gaillards », etc. (*La Guerre*, chanson de Clément Janequin composée après la bataille de Marignan, 1515.)

et entretenus pour faciliter et accélérer les déplacements. C'est aussi le début d'une planification des routes autour de Paris, qui va de plus en plus apparaître comme le centre des ramifications du royaume.

Pour notre part, nous ne prenons pas le coche qui retourne à Paris, nous empruntons celui qui se dirige vers le Val de Loire et nous nous arrêtons à Chambord, cité dominée par l'ombre grise de son vieux château fort médiéval… Le roi François Ier a une vision : il veut transformer ce lourd donjon carré et ces massives tours de défense en cœur somptueux de la Renaissance artistique à la française. Pour l'instant tout n'est encore que plans, dessins et projets, mais bientôt les solides et rudimentaires constructions du Moyen Âge laisseront la place à un esthétisme élégant de colonnes qui dresseront vers le ciel quatre tours cylindriques et des toitures hérissées de tourelles, de cheminées, de lucarnes. Pendant des années, le lieu sera un immense chantier animé par près de deux mille ouvriers, et les plus beaux esprits seront sollicités pour imaginer, inventer, bâtir.

François Ier, qui n'a que vingt-quatre ans, accompagne sur les lieux de son rêve un vieil homme à la longue barbe grise… C'est Léonard de Vinci, qui a quitté l'Italie pour venir se placer sous la protection du roi de France. Soucieux de répondre à l'ambition architecturale du souverain, le Florentin dessine un escalier à double révolution, deux volées entremêlées, avec un noyau central, ajouré, qui permet aux courtisans de s'apercevoir d'une hélice à l'autre, mais sans jamais se croiser.

Chambord, pour entrer dans le rêve d'un roi

Les travaux du château de Chambord furent longs et difficiles. Ils ne s'achèveront qu'en 1547, année de la mort de François Ier. Il nous a laissé en héritage ce rêve blanc posé sur les damiers verts du parc. L'escalier de Léonard, qui monte jusqu'aux terrasses, stupéfie encore le visiteur.

Ce château, qui devait marquer la grandeur royale, sera, trois siècles plus tard, le théâtre du dernier acte de la monarchie en France. En 1871, le comte de Chambord, ultime descendant de Louis XV, lance depuis le château un manifeste aux Français pour appeler à la restauration... et au rétablissement du drapeau blanc royal. Abandonner la bannière tricolore ? Cette exigence divise les députés royalistes dont certains souhaitent certes la monarchie, mais en conservant le drapeau tricolore. Le projet de restauration échoue. En 1875, l'Assemblée nationale adoptera la République par 353 voix contre 352 !

Après Chambord en construction, voici Amboise. En ce 19 juin 1518, François Ier est entré au manoir du Cloux, gracieux castelet de briques rouges et de pierres blanches. Installé dans cette résidence, le grand Léonard, désormais richement pensionné, peut se consacrer pleinement à la peinture, l'écriture, la mécanique… Léonard de Vinci, esprit universel, se fait ce soir metteur en scène : il donne une fête à son généreux mécène, le puissant souverain qui l'a couvert de ses bienfaits.

La nuit est tombée sur le Cloux, huit cents bougies

sont allumées, la cour s'illumine, un drap bleu ciel fait le fond du décor et tout s'anime… Ces danseurs aux costumes de lumière qui virevoltent, ce sont les étoiles du ciel. Et soudain, les cordes, les poulies et les roues d'une machinerie merveilleuse se mettent en marche : le Soleil, la Lune, Mars, Jupiter, Saturne évoluent selon leur orbite, et les douze signes du zodiaque se mettent en mouvement. Ce soir, tout le génie de Léonard s'est concentré sur la petite scène de ce théâtre improvisé : la créativité artistique, la connaissance de l'astronomie, l'innovation technique explosent en quelques saynètes magiques…

Ce sera la dernière œuvre du maître. Moins d'un an plus tard, à la fin du mois d'avril 1519, François Ier est de retour au manoir du Cloux. Cette fois, c'est pour se porter au chevet de Léonard qui se meurt.

– Je puis faire des nobles quand je veux, et même de très grands seigneurs, Dieu seul peut faire un homme comme celui que nous allons perdre, dit le roi à ses courtisans.

Et l'esprit qui a illuminé le monde s'éteint quelques jours plus tard. Selon ses volontés, soixante mendiants suivent le cortège mortuaire vers la collégiale Saint-Florentin du château royal d'Amboise où il est inhumé.

Les maquettes du Clos-Lucé et la tombe de Léonard

Le manoir du Cloux est aujourd'hui le château du Clos-Lucé. Après le XVIe siècle, la demeure a été un peu agrandie, mais on peut encore imaginer la vie de Léonard de Vinci au soir de son existence.

Voici la cheminée qui le réchauffait, la cuisine où l'on préparait ses repas, la chambre où il a imaginé ses dernières inventions, la fenêtre où il se penchait pour observer la nature en éveil... Au sous-sol, une cinquantaine de maquettes en bois ont été réalisées d'après ses dessins, plongée directe dans un esprit bouillonnant qui explora tous les domaines : avions, bateaux, mesures, architectures et tactique militaire. (2, rue du Clos-Lucé, Amboise.)

Si la demeure de Léonard a été bien préservée, sa sépulture a eu moins de chance. En 1802, la collégiale Saint-Florentin et le cimetière, qui avaient souffert de la Révolution, furent jetés à bas. Les pierres et les plombs de la collégiale furent réutilisés pour restaurer le château. Soixante ans plus tard, l'écrivain Arsène Houssaye, fouillant les restes de Saint-Florentin, retrouva une dalle sur laquelle étaient gravées les lettres EO DUS VINC, *et sous la dalle un squelette avec un crâne aux dimensions impressionnantes... VINC... c'est Vinci, bien sûr ! Il n'en fallut pas plus pour convaincre le littérateur qu'il avait retrouvé les restes de Léonard. En 1874, les ossements furent déposés dans la chapelle Saint-Hubert du château d'Amboise.*

François Ier, qui fait flamboyer dans le royaume la magnificence de l'art, se révèle nettement moins inspiré quand il prétend sauver les âmes de la damnation éternelle.

Venu d'Allemagne, un vent de réforme souffle sur la chrétienté. En France, ces idées nouvelles, qui prêchent pour un retour à une Église débarrassée de ses saints et de sa pompe, séduisent une partie de la noblesse, de la magistrature et de la haute bourgeoisie. Même Marguerite, reine de Navarre, sœur de François Ier, n'hésite pas à afficher ses opinions réformées. Jean Calvin catalyse ces idées, rejette la pénitence, la confession, le purgatoire, le culte des images, la messe… Ces coups de boutoir font vaciller le catholicisme romain.

Un souffle de Réforme sur la Loire

Bref retour à Orléans... car Jean Calvin y a étudié. La salle gothique dite « des thèses » est l'ultime vestige de l'ancienne université. Ici, sous les magnifiques croisées d'ogives, s'est instruit et formé l'un des plus brillants esprits du siècle. (Rue Pothier.)

Face à la Réforme, le roi hésite, tergiverse, atermoie. Il voudrait que la hiérarchie catholique se montre moins rigide et que les réformés se fassent plus discrets, que chacun vive côte à côte en bonne intelligence. Mais cette attitude conciliante ne va pas résister longtemps aux faits : il lui faut prendre une position claire, alors c'est du côté de la rigueur que penche son esprit en tumulte.

– Si mes propres enfants devenaient hérétiques, je les immolerais moi-même ! proclame-t-il.

En effet, il fait d'abord brûler vifs six réformés à Paris, mais cela ne suffit pas. En 1546, la répression est menée en Provence où se répand l'hérésie. Vingt-deux villages sont saccagés, et leurs habitants passés au fil de l'épée. À Cabrières-d'Aigues, en particulier, les scènes sont atroces, les hommes fuient sur les hauteurs, puis sont rattrapés et égorgés, les femmes étant brûlées sur de vastes bûchers. Dans toute la région, on comptera en peu de temps trois mille victimes de l'intolérance religieuse. Et pour que jamais ne revienne le temps de la dissidence, toutes les masures sont détruites, les bois coupés, les plantations arrachées. Par volonté royale, rien, jamais, ne devra repousser sur cette terre qui a défié l'Église.

François Ier ne survivra pas longtemps au crime. Un an plus tard, souffrant d'incontinence et d'abcès purulents, il s'apprête à rendre son âme « sous l'étendard et la conduite de Jésus-Christ », selon ses propres termes. Le souverain meurt d'ailleurs l'âme sereine.

– Je n'ai point de remords en ma conscience pour chose que j'ai fait faire à justice, à personne du monde que j'ai su, dit-il à son fils.

Mais le ferment de haine qui gangrène le pays va grandir et se raffermir. En mars 1560, Amboise est le théâtre d'une conjuration. Elle vise à enlever François II, jeune roi de seize ans, qui a placé toute sa confiance en François duc de Guise, catholique intransigeant. La plupart des conjurés sont des réformés, et ils craignent que le duc au pouvoir ne déclenche une vaste répression contre ceux que l'on appelle désormais protestants. Une fois le roi en leur pouvoir, ils sauront bien le convaincre de remanier son gouvernement afin de mettre en place une politique plus tolérante. Complot fou auquel les grands noms du protestantisme – de Calvin à l'amiral de Coligny – refusent obstinément de prêter la main. Il ne reste que des nobliaux de province, dont la plupart rechignent à délier leur bourse pour mobiliser des troupes… Bref, chacun tergiverse, et la délation achève vite de transformer l'affaire en débâcle. En effet, un traître dénonce les comploteurs dont certains sont immédiatement arrêtés dans les bois entourant le château d'Amboise. Une semaine plus tard, deux cents soldats de la conjuration attaquent quand même la porte des Bonshommes, assaut sans espoir qui résonne comme un ultime défi à l'autorité.

Ce n'est pourtant pas cette abracadabrante conspiration qui va marquer les esprits, mais la répression sanglante organisée aussitôt. Certains conjurés sont pendus, d'autres décapités, d'autres encore jetés dans la Loire qui charrie les cadavres comme un avertissement lancé à tous les protestants. Et pour que tous tremblent devant cette menace, des cadavres sont accrochés dans la rue, jusqu'au château. Avant d'avoir le cou tranché, l'un des condamnés trempe ses mains dans le sang de ses compagnons et les lève vers le ciel.

– Seigneur, voici le sang de tes enfants. Tu en feras vengeance !

Le balcon des pendus du château d'Amboise

Le château conserve de magnifiques vestiges de cette Renaissance qui a tant inspiré bâtisseurs et artistes. L'aile dite « Louis XII et François Ier », par exemple, est un superbe exemple de l'évolution italianisante de l'architecture. Et comment ne pas être époustouflé par la tour cavalière des Minimes, permettant aux carrosses de gagner la terrasse supérieure du château ? Étonnante époque où, déjà, on ne pouvait plus se passer de sa voiture !

Mais sur toutes ces merveilles plane pour moi l'ombre du crime et de l'intolérance qui allait se répandre inéluctablement dans un pays à peine unifié. Regardez, au premier étage du château, ces rambardes en fer forgé qui dominent la Loire... Voici le balcon des pendus, endroit sinistre où furent suppliciés bon nombre des conjurés d'Amboise.

Après la tragique répression, une rupture irrémédiable est apparue entre catholiques et protestants. Pour les premiers, tous les huguenots sont de dangereux factieux. Pour les seconds, tous les papistes sont des massacreurs. On dit désormais « papistes » pour moquer les adeptes de l'Église romaine. On dit maintenant « huguenots », sans doute parce que les protestants allemands se qualifient d'*Eidgenossen*, de confédérés.

Notre périple va se poursuivre, désormais, sur les routes qui mènent, hélas, aux guerres de Religion qui vont ensanglanter la France durant quarante ans. Une ville, en particulier, va tragiquement symboliser cette terrible guerre civile, c'est La Rochelle.

*

* *

Le voyageur de cette deuxième moitié du XVIe siècle dispose d'un nouvel outil pour faciliter ses déplacements : *La Guide des chemins de France*... Parce que le mot « guide » était féminin, à l'époque ! Jusqu'ici, le pèlerin ou le négociant ne pouvait se repérer qu'en interrogeant de village en village les gens rencontrés sur sa route. Il progressait ainsi un peu à l'aveuglette, avançant par petites étapes qui le rapprochaient lentement de son but… Tout a changé depuis 1552, quand l'imprimeur Charles Estienne a publié son ouvrage qui décrit deux cent quatre-vingt-trois itinéraires à travers le royaume. Un royaume qu'il voit comme un losange (l'hexagone n'est pas encore de mise), parallélogramme que l'on peut traverser à cheval en vingt-deux jours dans sa hauteur et dix-neuf dans sa largeur.

L'auteur de cet ancêtre direct de nos *Guides Michelin* et autres *Routards* ne se contente pas d'indiquer la voie directe, il permet de choisir l'itinéraire le plus rapide, ou le plus charmant, ou le plus pittoresque. Mieux encore, de brèves descriptions accompagnent parfois l'indication des lieux traversés, transformant la pérégrination en un parcours initiatique où le voyageur est déjà un touriste curieux.

Ainsi, à nous qui, depuis Amboise, voulons nous diriger vers La Rochelle, *La Guide* propose trois itinéraires. Le premier, « le droit chemin », passe par Châtellerault, Poitiers, Lusignan, où l'on trouvera *repeuture*, c'est-à-dire restauration, avant d'arriver à Niort, et plus loin, nous prévient l'auteur, il faudra traverser des marais dans des *gabarres*, c'est-à-dire en bateau. Le deuxième, « le plus long », passe par Tours, Chinon, Thouars, Luçon et Souzay-Champigny où l'on ne trouvera qu'un « mauvais chemin de marécage ». Le troisième enfin, « le plus beau », passe par Fontenay-le-Comte et Le Gué-de-Velluire…

Si *La Guide* est aussi prolixe en renseignements sur les routes qui mènent à La Rochelle, ce n'est pas un hasard. Charles Estienne, l'imprimeur instigateur de cet ouvrage, vit dans une famille d'humanistes gagnée par la nouvelle religion. Son frère Robert, devenu protestant, s'est exilé à Genève, laissant l'imprimerie à Charles. Or La Rochelle, c'est la capitale huguenote en France. Depuis longtemps, ses marchands sont en liaison directe avec les cités du nord de l'Europe, largement séduites par la religion réformée, notamment Hambourg, Brême, Lübeck, vers lesquelles ils exportent du sel et du vin. Cette proximité négociante a permis au protestantisme de se faire connaître et finalement d'être adopté par une écrasante majorité de la population rochelaise.

*

* *

Elle est protestante, La Rochelle ! Elle est tellement protestante que, le 9 janvier 1568, le maire, François Pontard, soulève ses administrés contre les catholiques de la ville… Dès 6 heures du matin, accompagné de son lieutenant général, il parcourt la ville à cheval et appelle le peuple.

– Aux armes !

Un imaginaire complot papiste sert de prétexte à un déferlement de violence… Les foules se ruent dans les églises, arrachent les images, brisent les statues et s'emparent des objets précieux, avant de détruire les édifices dont les pierres seront réutilisées pour renforcer les murailles de la ville. Terrorisés, les Rochelais catholiques prennent la fuite, mais treize prêtres sont arrêtés, égorgés, et leurs corps sont jetés à la mer du haut d'une tour des fortifications, face au port. La Rochelle, ville libre, se déclare République indépendante et calviniste !

À La Rochelle, de l'hôtel Pontard à la prison de la Lanterne

Au 11 de la rue des Augustins, la maison dite « d'Henri II », en raison de son style, fut la demeure de François Pontard. Cette splendide bâtisse Renaissance abrite aujourd'hui le Musée d'archéologie de l'Aunis.

*Quant aux fortifications de la capitale huguenote, elles ont quasiment disparu. Il reste pourtant les trois tours médiévales que l'enceinte du XVI*e *siècle a conservées, et la courtine, autrement dit ce mur entre la tour de la Chaîne et la tour de la Lanterne.*

Face à la mer, voici la tour de la Lanterne, blanche et solide. On l'a appelée un temps « la tour des prêtres », parce que c'est du haut de cette fortification du port que, dit-on, les treize prêtres furent tués et précipités dans les eaux. La vocation de cette tour haute de soixante-dix mètres a été de servir de phare... mais aussi de prison. On trouvera sur les murs des centaines de graffitis. Durant trois siècles, les corsaires britanniques, les pirates hollandais, les marins espagnols, les soldats ou les religieux ont laissé ici leur marque. Pour qu'on ne les oublie pas tout à fait. (Rue sur les Murs...)

La nouvelle du massacre de la Saint-Barthélemy à Paris et dans quelques villes de province – c'est-à-dire l'assassinat systématique des protestants et de leurs chefs le 24 août 1572 – n'abat pas les Rochelais, qui s'apprêtent à soutenir un siège catholique et royal.

Au mois de février suivant, Henri, duc d'Anjou,

frère du roi Charles IX, vient tenter l'assaut de la ville. Derrière les murailles, on s'organise pour soutenir l'attaque : quatre mille défenseurs, c'est-à-dire quasiment tous les hommes valides de la cité, prennent les armes, et les ministres du culte protestant incitent la population à la résistance. Durant plusieurs semaines, les affrontements se déclenchent puis sont suspendus, reprennent puis s'interrompent… On fait des trêves pour s'essayer à la négociation, on parle, on argumente, mais nul ne veut céder.

Le duc d'Anjou, lassé de ces débats aussi stériles qu'interminables, décide le blocus de La Rochelle. Question stratégique insoluble : comment fermer une ville ouverte sur la mer ? Les assiégés ont réclamé l'intervention de la reine d'Angleterre, Élisabeth Ire, qui fait mine de refuser de soutenir les rebelles, mais encourage en secret la livraison de vivres aux Rochelais par la côte. Bien armés, bien nourris, les défenseurs repoussent toutes les offensives royales, et c'est bientôt le découragement dans le camp des assaillants : ils sont enlisés dans une guerre de tranchées où le froid et la boue minent lentement leur moral. Qui a envie de mourir pour établir le prétendu royaume du Bien contre les supposées forces obscures du Mal ? La promiscuité soldatesque favorise bientôt le déclenchement d'une épidémie de dysenterie qui achève d'abattre les espérances royales… D'ailleurs, pour le duc d'Anjou, l'heure n'est plus à la bataille. Au mois de juin, il vient d'apprendre qu'il a été élu roi de Pologne, bonne nouvelle pour un ambitieux ! À la va-vite, il signe avec les protestants un accord qui autorise les Rochelais à exercer librement leur culte, et part gaiement pour Cracovie. Il ne portera pas longtemps la couronne polonaise… Quatre mois plus tard, il apprend la mort de son frère, le roi de France. Retour précipité pour monter sur le trône qu'il estime lui revenir. En février 1575, l'agresseur de La Rochelle, l'éphémère roi de Pologne, devient Henri III, roi de France.

Mais il faudra encore attendre plus de vingt ans et le règne d'Henri IV pour voir les guerres de Religion s'apaiser et la paix civile s'instaurer dans le royaume. La sérénité nouvelle permet au Vert Galant d'améliorer le réseau routier ; des ormes sont plantés au bord des grands chemins, des ponts rétablis sur la Seine, la Marne et l'Yonne, des routes devenues impraticables sont rendues à la circulation. Le 30 avril 1598, ce roi de France protestant, mais converti au catholicisme, accepte de signer l'édit de Nantes, qui instaure partiellement la liberté de culte. Avec d'autres villes, La Rochelle devient une « place forte de sûreté » dotée d'une garnison et d'un gouverneur protestants. L'accord consacre ainsi le parti réformé comme organisation militaire et reconnaît l'indépendance des grands seigneurs huguenots.

Combien de temps va-t-il durer, ce fragile équilibre ?

23

XVIIe siècle

LA FACE SOMBRE DU GRAND SIÈCLE

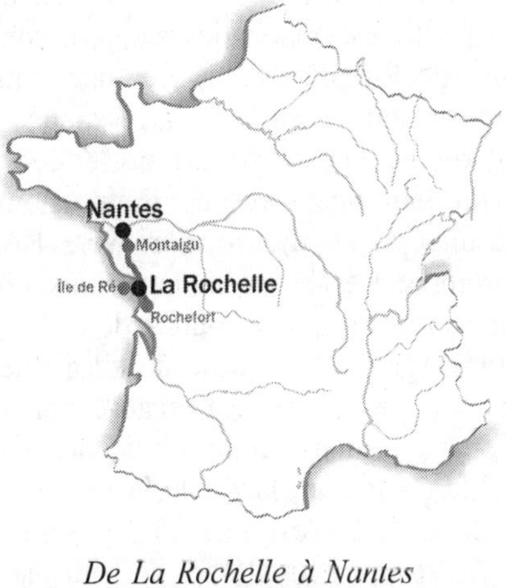

De La Rochelle à Nantes par les chemins du littoral

La France serait-elle désormais coupée en deux ? D'un côté, le royaume catholique avec ses villes, son armée, son gouvernement. De l'autre, la république protestante avec ses places fortes, ses troupes, sa diplomatie. Louis XIII veut mettre fin à cette situation qui se prolonge depuis plus de cinquante ans. Sur le plan politique, deux idées guident le souverain : la grandeur du royaume et sa foi. Rien d'autre n'a véritablement d'importance.

Légèrement bègue, renfermé, souffreteux, le roi se veut pourtant chef de guerre, et rien ne le comble davantage que de s'entourer de ducs au verbe haut et de marquis à la figure avenante, beaux seigneurs qui l'escortent sur les champs de bataille. Il décide donc de faire la guerre aux protestants, et remporte une première victoire à Saint-Jean-d'Angély, non loin de La Rochelle. La ville est prise et les remparts sont détruits.

Benjamin de Rohan, duc de Soubise, commandant des forces protestantes, sait que la résistance contre les armées du roi ne pourra pas se prolonger très longtemps. Il lui faut une force de frappe nouvelle, des alliés puissants. Il se tourne alors vers l'Angleterre, toujours prompte à aider les ennemis du roi de France. Parti à Londres, il obtient le soutien de George Villiers, duc de Buckingham, qui arme aussitôt une centaine de navires. En juillet 1627, l'escadre cingle vers La Rochelle et les troupes anglaises débarquent sur une plage de l'île de Ré, au large de la ville…

Mais l'île de Ré n'est pas La Rochelle : elle est tenue par les troupes royales et ne sera pas, pour les Anglais, la base arrière qu'ils espéraient. Pourtant, que peut faire Jean de Toiras, gouverneur de l'île, avec ses deux cents cavaliers et ses huit cents fantassins ? Cet officier protestant, mais imperturbablement fidèle au roi, lance pour l'honneur une attaque contre les colonnes anglaises. Ses bataillons sont insuffisants, il doit vite battre en retraite et se réfugier avec ses hommes dans la citadelle de Saint-Martin-de-Ré. C'est par la faim que Buckingham veut venir à bout des défenseurs français. Sur la mer, il dispose ses vaisseaux en croissant et, entre chaque bâtiment, fait avancer des chaloupes où veillent quelques soldats armés de mousquets et de piques.

Pendant ce temps, La Rochelle hésite… Faut-il se donner aux Anglais ? Doit-on rester fidèle au roi de France ? Dans le parti protestant, nombreux sont ceux qui voient la demande de soutien faite à l'Angleterre par le duc de Soubise comme une trahison. Celui-ci doit s'expliquer devant l'assemblée générale huguenote.

– L'assistance du roi de Grande-Bretagne est le seul moyen de s'opposer à la ruine et à l'extirpation de France des Églises réformées, mais c'est à très grand regret que nous sommes obligés d'embrasser ce remède.

Le roi de France et son principal ministre, le cardinal de Richelieu, sont bien décidés à mettre un terme aussi bien à la sédition rochelaise qu'à l'invasion anglaise. Début octobre, à la faveur de la nuit, vingt-neuf canots chargés de vivres et de soldats parviennent à forcer le blocus et accostent au pied de la citadelle rétaise. Le lendemain matin, les Français rigolards brandissent jambons et chapons au bout de leurs piques. Du côté anglais, c'est l'abattement : les renforts promis par le roi d'Angleterre n'arrivent pas et la dysenterie, maîtresse absolue des batailles, épuise le gros des troupes. De plus, mille cinq cents hommes sont venus occuper le fort de La Prée : entre Saint-Martin-de-Ré à l'ouest et Rivedoux à l'est, les Anglais sont pris en tenaille.

Sur l'île de Ré, la citadelle de la reconquête royale

La citadelle de Saint-Martin-de-Ré a été détruite par Louis XIII en 1628, et reconstruite cinquante ans plus tard par Louis XIV dans le fameux style fortifié de Vauban. En revanche, le fort de La Prée, édifié en 1625, n'a pas été remanié. Il a été en partie rasé à la fin du XVIIe *siècle pour des raisons militaires, mais les fortifications en étoile, son petit port et son front de mer sont bien ceux qu'ont défendus les soldats français envoyés par Richelieu. Il en a vu passer, des choses, le fort de La Prée... Et moi, je m'y suis même marié ! (Route de Rivedoux, La Flotte.)*

Pour les Anglais maintenant poursuivis par les soldats du roi, c'est la débandade. Les hommes de Buckingham s'enfuient, et se noient par centaines dans les marais de la fosse de Loix. Les survivants réembarquent dans la panique et se hâtent de faire voile vers Portsmouth…

C'est donc sans leur allié que les Rochelais vont devoir soutenir un siège. Car Louis XIII et Richelieu sont bien décidés à venir à bout de la place forte des huguenots. L'affaire est tellement prioritaire pour l'avenir du royaume que le roi et son ministre sont venus sur place, et Richelieu n'en bougera plus tant que la ville n'aura pas été soumise. Rien d'autre n'a d'importance. Les Danois qui attaquent l'empire germanique, les possessions des Habsbourg qui encerclent la France, la reine mère Marie de Médicis qui complote contre son propre fils, tous ces problèmes politiques épineux sont remis à plus tard… Pour l'heure, il faut faire tomber La Rochelle.

Le temps ne compte pas. On arme, on organise, on construit. Vingt-cinq mille hommes aguerris tiennent une ligne de fortifications dressée tout autour de la ville. Demeure la question maritime… Rien ne sert d'enserrer la cité si les renforts et les vivres peuvent toujours lui parvenir par la mer, car les Anglais n'ont pas renoncé et envisagent encore d'apporter leur secours aux Rochelais en difficulté.

Un plan titanesque naît dans l'esprit de quelques ingénieurs : fermer le chenal d'accès au port par une digue de dix toises en élévation et de sept cents en étendue, c'est-à-dire de vingt mètres de haut et d'un kilomètre et demi de long. Le projet est adopté et quatre mille ouvriers bien payés se mettent au travail… Deux fois la marée emporte l'ouvrage, on recommence… En février 1628, le roi, qui s'ennuie dans cette guerre sans panache et sans chevauchées, nomme Richelieu lieutenant général et rentre à Paris. À la fin mars 1628, la digue est achevée. Des fondations de pierres, des palissades de bois, quatre forts hérissés de canons et une soixantaine de bateaux enchaînés les uns aux autres empêchent toute intrusion. Bientôt, Louis XIII revient pour admirer cette œuvre monumentale…

À l'intérieur des murs de La Rochelle, l'armateur Jean Guiton est nommé maire de la ville. Il brandit un poignard et fait ce serment solennel :

– Je n'accepte cette charge qu'à la condition d'enfoncer ce poignard dans le cœur du premier qui parlera de se rendre. Qu'on s'en serve contre moi si jamais je songe à capituler !

Que reste-t-il du siège de La Rochelle ?

La digue voulue par Richelieu a disparu depuis longtemps. Pourtant, à l'entrée du chenal d'accès au port des Minimes et au Vieux-Port, vous verrez une tour balise rouge, fonctionnelle et sans charme, marquée « Richelieu » en lettres blanches. Elle indique l'emplacement de la digue dressée pour affamer les Rochelais. À marée basse, les eaux qui se retirent découvrent des pierres blanchies par le ressac : ce sont les fondations inébranlables de l'ouvrage de 1628.

Derrière les murs gothiques de l'hôtel de ville, fortement endommagé par un incendie au moment où j'écris ce livre, le cabinet de Jean Guiton vous attend avec son fauteuil et sa table de marbre. Regardez bien... Vous voyez cette encoche sur la pierre ? La légende rochelaise assure que le maire ébrécha le marbre d'un mouvement rageur en jurant de défendre la ville jusqu'à sa mort. (Place de l'Hôtel-de-Ville.)

Soudain, le 11 mai, l'espoir renaît parmi les assiégés. Une escadre de soixante vaisseaux anglais s'approche de La Rochelle. Sûr qu'ils vont passer la digue car celle-ci a souffert de la tempête… Mais non, les bateaux jettent l'ancre et restent au loin durant une semaine, avant de faire demi-tour et de repartir comme ils sont venus. Dans la ville, c'est la consternation. Les vivres manquent, la faim tenaille les corps et les âmes chavirent… On mange des rats, des limaces ou de l'herbe, des peaux de chèvres bouillies. Chaque jour on compte les morts… Faut-il se rendre, faut-il poursuivre une résistance désespérée ?

– Pourvu qu'il reste un homme pour fermer les portes, cela suffit ! clame Jean Guiton.

Avant tout, se débarrasser des bouches inutiles, les vieillards, les femmes et les enfants qui ne se battent pas et entament les ultimes réserves de nourriture…

Vous vous souvenez d'Alésia, quand les Gaulois assiégés par les Romains avaient fait sortir les plus faibles de la ville ? On fait de même à La Rochelle. Sauf que, cette fois, les troupes royales tirent sur ceux qui franchissent les murailles. Quelques-uns échappent au massacre, où vont-ils aller ? Les portes de la cité se sont refermées, et si les malheureux avancent, ils sont aussitôt pris pour cibles par les arquebusiers. Alors, comme à Alésia, terrassés par la faim, épuisés, ils se couchent sur la terre et meurent sans bruit.

L'été se passe. Les royalistes maintiennent la pression, les protestants espèrent une aide de l'Angleterre… Le 30 septembre, effectivement, une centaine de bateaux anglais arrivent devant la rade. Les bâtiments bombardent les positions royales, mais les tentatives de franchir la digue sont vouées à l'échec, il faut faire demi-tour.

La Rochelle ne sera pas sauvée. Le 26 octobre, après quatorze mois de siège, le maire et son Conseil abandonnent la partie et demandent grâce… Sur les vingt-cinq mille Rochelais, moins de six mille survivants assistent à leur défaite. Les murailles de la cité sont abattues et, désormais, aucun protestant ne pourra venir s'installer dans la ville, bientôt majoritairement catholique.

Catholique, certes, mais ruinée et exsangue. La république huguenote est morte. Le 1er novembre 1628 dans l'après-midi, le cardinal de Richelieu et le roi Louis XIII assistent à un *Te Deum* dans la chapelle Sainte-Marguerite… Spectacle grandiose dans cette salle qui deviendra, en 1912, le premier cinéma de La Rochelle.

À La Rochelle, du temple à l'église jusqu'au cinéma…

C'est à l'angle de la rue du Collège et de la rue Albert-Ier que la modeste chapelle Sainte-Marguerite vous attend. Ici, Richelieu et Louis XIII ont donc célébré la reddition de La Rochelle. Après avoir été un temple, une église puis un cinéma, c'est aujourd'hui une salle des fêtes.

Le cardinal, qui voit toujours plus loin que l'événement, tire les leçons de ce siège interminable. Si la digue n'avait pas tenu et si les escadres anglaises avaient été plus agressives, les quelques bâtiments de guerre alignés par le roi n'auraient jamais pu s'opposer à un débarquement ennemi. Conscient de cette faiblesse, Richelieu décide de créer la Marine royale – la Royale comme on l'appellera très vite. Il y pensait déjà depuis quelques années, mais le siège de La Rochelle et les risques qu'on y a courus l'ont incité à précipiter les choses.

Il faut donc se presser, tout inventer, acheter des bateaux en Hollande et à Malte, ouvrir des arsenaux, armer les vaisseaux, les entretenir, et finalement créer un corps d'officiers en convoquant un peu au hasard de vieux marins, de jeunes chevaliers et une poignée de corsaires. Ainsi, en 1635, quand Louis XIII, soucieux de desserrer l'étau espagnol, déclare la guerre à Philippe IV, la Royale peut aligner trente-cinq grands vaisseaux, vingt-quatre galères et douze navires de soutien… Mais on ne prend pas la mer que pour la guerre. La mer offre une multitude de possibilités. Il faut songer aussi au négoce, à la pêche et au peuplement des colonies des Antilles qui ont tant besoin d'être valorisées et exploitées. Le monde se partage pour le bien du commerce : la Compagnie de la Nouvelle-France se consacre aux échanges avec le Canada, la Compagnie des îles d'Amérique se charge de la Guadeloupe et de la Martinique, et plus tard la Compagnie des Indes orientales fera voguer des bateaux sur les mers du Levant.

*
* *

Un quart de siècle plus tard. Un autre roi, un autre cardinal et trois jeunes filles dans un carrosse arrivent à La Rochelle… Pour les demoiselles, la ville pavoise. Salves de canons, drapeaux dans les rues et feux d'artifice. Rien n'est trop beau, rien n'est trop grand pour accueillir les visiteuses… Qui sont-elles ? Ce sont les sœurs Mancini. Marie a dix-neuf ans. Un peu boulotte, des cheveux de jais, des sourcils en bataille, elle n'est pas vraiment belle, mais elle est charmante avec ses yeux vifs et sa bouche gourmande. Elle est accompagnée d'Hortense et de Marie-Anne, qui ne sont encore que des enfants…

Si La Rochelle se met en frais pour ces trois donzelles, c'est qu'elles sont les nièces du puissant cardinal

Mazarin, l'homme en rouge qui a succédé à Richelieu. D'un cardinal à l'autre… Mazarin est le principal ministre de Louis XIV, jeune roi de vingt et un ans. En cette fin juin 1659, célébrant Mesdemoiselles les nièces, La Rochelle fait acte d'allégeance au pouvoir royal.

Fastes et honneur rochelais, mais pour Marie ce voyage est un exil. L'oncle a éloigné la jeune fille de Paris et du palais du Louvre… Car le roi est fou amoureux ! Pour Marie, il est prêt à braver les conventions, les étiquettes et les règles. Pour Marie, il veut oublier le protocole et la politique. C'est Marie qu'il veut épouser, c'est Marie qu'il veut pour reine. Celui que l'on présente comme le plus grand roi de la Terre s'unirait donc à la fille d'un Michele Mancini, petit aristocrate italien… Ce serait un éclat de rire dans toutes les cours d'Europe !

De toute façon, ce mariage ne peut pas se faire car Mazarin a formé un autre projet pour le roi : une union avec Marie-Thérèse, l'infante d'Espagne, alliance qui mettrait fin à la guerre entre les deux royaumes. Le cœur du roi est déchiré, mais qu'importent les sentiments quand la politique commande ! Avec ce mariage, la France s'agrandirait de l'Artois et du Roussillon, sans compter onze villes du Nord, de Gravelines à Thionville. Face à ce vaste projet, l'amour ne pèse pas lourd.

Et c'est ainsi qu'un mois plus tard, un long cortège se met en marche. Louis XIV traverse ses États pour se diriger vers Saint-Jean-de-Luz, près de la frontière espagnole, lieu du mariage. Mazarin a obtenu gain de cause, et une véritable « tournée » entraîne le monarque et sa cour sur les routes de France pour plusieurs mois. Jean-Baptiste Lully, le grand compositeur du règne, l'Italien qui met son génie musical au service de la gloire royale, a emmené son orchestre dans ce périple.

À chaque étape, la formation donne aux soirées le faste, l'apparat, la pompe indispensables au lustre d'un roi puissant. Louis a abandonné à Mazarin les graves décisions qui font l'Histoire et, pour l'heure, se laisse bercer par les douces mélodies imaginées par son baladin. Sur les scènes, on chante, on joue, on danse ces ballets à la façon italienne qui ravissent tant le jeune roi.

Mais le cortège qui se dirige vers le Sud doit s'arrêter dans les environs de La Rochelle. Le roi le veut, le roi l'exige : il tient à revoir Marie. L'entrevue est organisée à Saint-Jean-d'Angély, petit bourg ruiné par les guerres de Religion, mais judicieusement placé sur la route qui conduit aux Pyrénées. Marie court au-devant des carrosses, le roi est là, et les deux amants s'enferment dans une chambre durant trois heures… Ils se jettent dans les bras l'un de l'autre, pleurs, déchirements, promesses.

– Je n'aimerai que toi, Marie, murmure le roi.

Mais, elle le sait, la politique a triomphé.

– Vous allez épouser l'infante…

– Je vais faire mon devoir de roi.

Louis et Marie ne se reverront jamais.

*

* *

Mazarin est mort, épuisé par les efforts déployés pour parvenir à la paix avec l'Espagne. Louis XIV a épousé l'infante Marie-Thérèse, et il fait effectivement son métier de roi. Les temps nouveaux sont ceux de Jean-Baptiste Colbert. Ce petit homme aux sourcils broussailleux, aux traits lourds et sans charme, toujours vêtu de noir, portant constamment sous le bras un sac de velours bourré de documents, passe encore inaperçu avec son allure renfrognée de commis affairé. Pourtant, ce serviteur zélé de la monarchie prépare des réformes dont la hardiesse transformera le royaume. Contrôleur général des Finances dès 1665, il cherche à développer le commerce et à rendre les échanges plus faciles. L'intention est belle, mais la réalisation malaisée. Au tout début du XVIIe siècle, Barthélemy de Laffemas, contrôleur général du Commerce, avait déjà remarqué que les marchands étaient obligés « en beaucoup d'endroits de faire des détours de trente ou quarante lieues parce que les chemins [étaient] défoncés et périlleux ».

Depuis Henri IV, rien n'a été fait pour entretenir les voies de communication. Jadis, en 1552, Henri II avait bien ordonné de planter des ormes le long des voies publiques, mesure renouvelée par Henri III vingt-cinq ans plus tard, mais cette décision ne devait rien à une quelconque volonté d'embellissement des routes, il s'agissait seulement de fournir assez de bois pour fabriquer les affûts de canon.

Colbert, lui, se montre bien décidé à améliorer le réseau. Il crée les commissaires des Ponts et Chaussées pour organiser l'aménagement des routes, uniformiser les péages, vérifier la construction des ponts. Tout est désormais sous surveillance. Les propriétaires qui ont rétréci les chemins à leur profit pour récupérer quelques langues de bonne terre sont tenus de les rendre, les anciennes voies peuvent ainsi être élargies. Les routes crevassées, défoncées, sont soigneusement nivelées et empierrées. Tout cela coûte cher, évidemment, et le budget alloué aux Ponts et Chaussées passe de vingt-deux mille livres en 1662 à six cent vingt-trois mille livres dix ans plus tard.

Quant à la marine, Colbert poursuit l'œuvre de Richelieu : il fait venir des spécialistes de Hollande, envoie des architectes espionner les chantiers navals à l'étranger, met les forêts au service prioritaire de la construction des bateaux de guerre. Bientôt cinquante-huit puissants vaisseaux sont mis à l'eau et tentent de faire respecter sur les mers la politique royale.

À Rochefort, à moins de quarante kilomètres de Saint-Jean-d'Angély où le roi a dit adieu à la douce Marie, Colbert crée un arsenal pour garder un œil sur La Rochelle et entretenir la flotte du ponant, c'est-à-dire les bateaux mouillant dans l'Atlantique. On construit une corderie, une forge aux ancres, une poudrière, une fosse aux mâts, une fonderie de canons.

À Rochefort, la corderie ressuscitée…

Au bord de la Charente, parmi les magnifiques vestiges du XVIIe siècle, comment ne pas être impressionné par la Corderie royale ? Ce fut l'un des plus anciens et des plus vastes bâtiments de l'arsenal, le plus long monument d'Europe à l'époque (trois cent soixante-quinze mètres). La manufacture de cordes a fourni la marine jusqu'en 1867, puis l'apparition des câbles en acier amena la suppression de la corderie, devenue inutile. Les bâtiments furent réhabilités pour héberger une école d'officiers et d'apprentis armuriers mais, en 1926, la Corderie, désaffectée, fut laissée à l'abandon. Cinquante ans plus tard, une rénovation lui a rendu la vie. Aujourd'hui, on visite ce lieu historique pour découvrir ce qu'était un chantier naval il y a plus de trois cents ans. (Rue Jean-Baptiste-Audebert.)

En 1672, les alliances basculent : les appétits expansionnistes de Louis XIV s'étendent jusqu'à la Hollande. Bien sûr, tout oppose le monarque Très Chrétien aux marchands calvinistes de La Haye, la monarchie à la république, mais les arguments favorables à une campagne contre les Provinces-Unies sont essentiellement économiques. Depuis plusieurs années, Colbert dresse Sa Majesté contre l'hégémonie commerciale néerlandaise et la persuade qu'il est temps de mettre fin à cette insupportable domination. La guerre durera six ans, et les soldats en rapporteront une chanson, *Auprès de ma blonde*, ode joyeuse aux prisonniers de guerre.

Dites-nous donc la belle
Où est votre mari ?
Il est dans la Hollande
Les Hollandais l'ont pris...

Mais la France de Louis XIV, elle, ne parviendra pas à prendre la Hollande, et la paix qui suivra cet inutile conflit sera un répit salutaire pour des armées épuisées.

*
* *

Laissons à d'autres le panégyrique du Grand Siècle, la guerre et son panache, la magnificence du règne, le Roi-Soleil, les constructions somptueuses, les jardins tirés au cordeau, la beauté d'une époque façonnée par Molière, Corneille, Racine, Boileau, La Fontaine, tout le monde connaît. Nous, nous prenons une autre direction, celle du chemin sombre, de l'envers du décor, du tracé qu'il ne faut pas voir...

Abandonnons donc les chemins royaux de Colbert, et partons longer le littoral… Zone protégée, déjà ! En effet, Colbert, contrôleur général des Finances, mais aussi secrétaire d'État à la Marine, promulgue en 1681 l'ordonnance de la Marine, créant le Domaine public maritime. Désormais, « tout ce que la mer couvre et découvre » ne pourra être ni vendu, ni cédé, ni usurpé.

En marge du réseau routier royal centralisé autour de Paris, l'accès du Domaine public maritime impose de se soucier de l'entretien des chemins menant aux ports et aux villes maritimes. Nous repartons donc vers La Rochelle sur des voies bien entretenues, permettant d'acheminer les richesses venues de l'arrière-pays, notamment le sel et le vin.

Et nous allons plus loin… C'est vers l'intense activité du port de Nantes que se tourne notre regard. La capitale des ducs de Bretagne, à présent française et pleinement catholique, concentre les faveurs royales. La route que nous empruntons pour nous y rendre, par Marans et bien sûr Montaigu (vous connaissez la chanson…), est particulièrement droite et commode. Les voitures peuvent y circuler aisément, ce qui est bienvenu, car dorénavant, les déplacements s'accomplissent le plus souvent en coches ou en carrosses.

En 1680, la marquise de Sévigné emprunte le même itinéraire à partir de Nantes pour se rendre à son château des Rochers, en Bretagne. Elle trouve alors les chemins « fort raccommodés » et nous décrit son important train de voyage : « Je vais à deux calèches, j'ai sept chevaux de carrosse, un cheval de bât qui porte mon lit, et trois ou quatre hommes à cheval… » C'est presque un déménagement ! Bien sûr, une telle suite ne peut avancer très vite, et l'on sourit quand on songe que sur cet itinéraire, repris par la Nationale 137, passera la future autoroute des Estuaires… Une fois finalisée, cette autoroute reliera Dunkerque à Bayonne en longeant les quatre grands estuaires de la façade Manche-Atlantique : la Somme, la Seine, la Loire et la Gironde.

Nous arrivons à Nantes en 1685. Sur les quais de la Loire, les caisses et les ballots s'entassent… L'Atlantique est à quelques lieues seulement, mais sa vue toujours se dérobe, et les trois-mâts glissent lentement sur les eaux du fleuve pour aller, plus loin, chercher la haute mer et voguer vers les Indes ou les Antilles.

Nantes, du château des ducs de Bretagne au logis du roi de France

Le château de Nantes offre une magnifique chronologie architecturale du Moyen Âge au Grand Siècle, mais aussi un musée passionnant évoquant l'histoire de la ville.

Devenu le logis du roi après le rattachement de la Bretagne à la France, le bâtiment appelé « Grand Gouvernement » est un bel exemple de l'architecture classique du XVIIe siècle. Rappelons que c'est dans ce château qu'en 1661 Fouquet, successeur de Mazarin, l'homme le plus puissant du royaume, fut arrêté par d'Artagnan sur ordre et en présence du jeune Louis XIV. Ne faut-il pas y voir l'acte de naissance de la monarchie absolue ?

1685… année sombre du Grand Siècle. En octobre, Louis XIV révoque l'édit de Nantes, ouvrant la chasse aux protestants. Les dragons, unités d'élite à l'uniforme rouge, entrent dans les villages, un évêque ou un curé à leur tête. Ils réunissent les protestants sur la place et exigent la conversion… Pour ceux qui résistent, c'est l'eau bouillante versée dans la bouche, le viol pour les jeunes filles, les ongles arrachés pour les hommes ou les plantes des pieds brûlées au tison. Ces « dragonnades » suscitent évidemment des ralliements au catholicisme, au grand ravissement de Louis XIV qui rêve de régner sur un royaume débarrassé de l'hérésie. Mais, dans le même temps, des centaines de milliers de huguenots prennent le chemin de l'exil… Dans un mémoire, l'ingénieur Sébastien de Vauban fait le bilan de la persécution religieuse : plus de trente millions de livres parties avec les émigrés, la ruine du commerce, les flottes ennemies grossies de huit à neuf mille matelots, leurs armées augmentées de cinq à six cents officiers et de dix à douze mille soldats.

Si Nantes a perdu ses protestants, elle a gagné le Code noir, promulgué par le roi sept mois avant la révocation de l'édit de Nantes, en mars 1685. En fait, le roi, ses ministres, la mentalité de l'époque font preuve d'une totale cohérence dans l'horreur et l'abjection. On ne reconnaît à personne le droit à la différence. Pour être entendu, considéré, vivant, il faut être blanc, catholique et noble. Le reste de l'humanité représente une sorte de marais flou qu'il faut asservir ou combattre.

Selon le Code noir, *Recueil d'édits, déclarations et arrêts concernant les esclaves nègres de l'Amérique*, l'esclave devient un « meuble pouvant être sujet à vente, saisie, partage entre héritiers… ». Pour prévenir les révoltes, un régime disciplinaire extrêmement sévère est mis en place : l'esclave qui a fui durant trois mois est puni de mort, celui qui frappe un Blanc est « pendu et étranglé ».

La France croit avoir besoin de l'esclavage pour développer les cultures des Antilles et s'enrichir dans la canne à sucre. Et des esclaves, il en faut sans cesse : le travail du bétail humain dans les plantations est si pénible que le nombre de morts dépasse celui des naissances… Pour alimenter ces îles lointaines en « Nègres captifs », des commerçants nantais participent à la traite négrière et y trouvent la fortune… C'est l'éclipse du Roi-Soleil.

24

XVIIIe siècle

LE DERNIER CORTÈGE

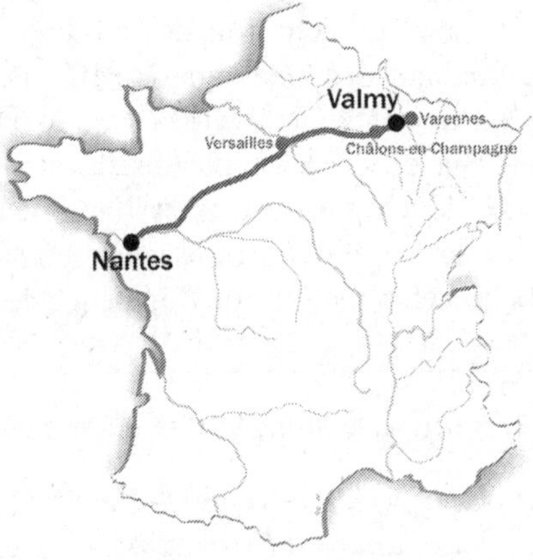

De Nantes à Valmy
par les chemins des Ponts et Chaussées

À Nantes, on les appelle « ces Messieurs du commerce ». Ils vendent, achètent, échangent, et ramassent les bénéfices. Ce sont des négociants prospères et respectés, leurs navires courent toutes les mers du monde. L'Europe veut du coton, du sucre, du tabac, du café des Amériques ou des Antilles, « le commerce triangulaire » va les lui apporter.

Le navire quitte Nantes, accoste en Afrique, et les négriers offrent aux potentats locaux des fioles d'alcool, des caisses de fusils ou des poignées de colifichets en perles de verre. En échange, les mariniers obtiennent une cargaison humaine, ces « Nègres » qui seront esclaves sur des plantations à l'autre bout du monde. Les cales pleines, le bateau repart vers les Amériques. Arrivés à destination, les captifs sont débarqués et vendus. Le bateau fait alors voile vers la dernière étape. Il retourne à Nantes, transportant cette fois des produits exotiques qui font le bonheur des amateurs de café, des fumeurs de cigares ou des élégantes vêtues de cotonnades. Un long périple qui dure un an, parfois davantage.

Nantes se développe, cossu et flamboyant. Entre deux bras de la Loire, l'île Feydeau aligne ses hôtels particuliers luxueux, témoins de l'opulence de la ville…

À Nantes, le temple des élégances

Aujourd'hui, « l'île Feydeau » n'est plus une île. Les bras de la Loire qui l'isolaient ont été comblés par de grands travaux entrepris dès 1926. Mais en se promenant rue Kervégan, nous côtoyons encore la richesse nantaise du XVIII*e siècle. Étrangement, ces immeubles cossus ont une nette tendance à prendre un petit air penché. C'est que ces résidences ont été construites sur des pilotis s'enfonçant dans un sol sablonneux. Au numéro 30, un hôtel bâti pour un armateur a semblé si parfait en 1753 qu'il a été surnommé « le temple du goût ». On y voit le* *sommet du baroque nantais avec ses balcons aux superbes ferronneries et ses figures gravées qui évoquent en trois visages le voyage, les Amériques et l'éternel féminin.*

Cependant, tandis que l'on se vautre dans le confort au mépris du respect humain, le siècle des Lumières approche. Or les Lumières, c'est la prise de conscience. En 1759, dans *Candide*, Voltaire fait voguer son héros jusqu'au Surinam, l'ancienne Guyane hollandaise. Candide croise sur sa route un Noir auquel il manque un bras et une jambe… Et le pauvre homme explique : « Quand nous travaillons aux sucreries, et que la meule nous attrape le doigt, on nous coupe la main ; quand nous voulons nous enfuir, on nous coupe la jambe : je me suis trouvé dans les deux cas. C'est à ce prix que vous mangez du sucre en Europe. »

Les Lumières, c'est percevoir soudain que l'on ne peut traiter les humains comme des marchandises. Les Lumières, c'est l'intelligence en marche, la curiosité éveillée, la volonté de partir à la rencontre du monde pour comprendre et connaître.

Dès 1751, Diderot et d'Alembert ont commencé à publier leur *Encyclopédie ou dictionnaire raisonné des sciences, des arts et des métiers* qui veut faire le point exhaustif des savoirs du temps. Tout doit être inclus dans ce catalogue où se côtoient philosophie, choses vues et notions scientifiques, tout doit être décrit, expliqué, commenté, depuis les éléments fondamentaux de l'organisation humaine jusqu'aux faits sans importance. Vous ne savez rien de Confucius ? Alors apprenez que « sa philosophie était plus en action qu'en discours ».

Vous ignorez l'apparence du pigeon sauvage d'Amérique ? Les auteurs comblent cette grave lacune : « Il a la face supérieure du corps de couleur cendrée. »

Pour accumuler les connaissances et enrichir les colonnes de cette *Encyclopédie*, il faut bouger, traverser les continents, affronter la réalité. Sous l'impulsion de Louis XV, Louis Antoine de Bougainville décide ainsi de boucler un tour du monde en une longue expédition navale. Ce capitaine de vaisseau ne cherche ni le commerce fructueux ni la prouesse technique, et moins encore l'exploit sportif, il veut partir à la découverte de l'humain, approcher d'autres peuples, d'autres sociétés, d'autres coutumes. Bougainville est un fils des Lumières : un esprit cultivé qui cherche à se cultiver plus encore. Des livres, il connaît tout, ou presque. Il a compris Newton, lu Virgile, contesté Rousseau, apprécié Montesquieu, ri avec Rabelais, vibré avec Corneille… Mais c'est la vie qu'il espère rencontrer.

Au début du mois de novembre 1766, Bougainville arrive à Nantes, il se hâte de se rendre à Paimbœuf, sur l'estuaire de la Loire, avant-port destiné à accueillir les navires de fort tonnage que les débarcadères nantais ne peuvent pas recevoir. Elle est là, *La Boudeuse*, la frégate qu'il va mener sur toutes les mers du monde. Elle est là, sortie des chantiers de la ville, toute brillante de ses bois peints en rouge relevé de lignes jaunes. Elle est là, armée de vingt-six canons, levant vers le ciel ses trois mâts et déployant ses voiles blanches…

La Boudeuse appareille, manœuvre, gagne Mindin, dernier port sur la Loire avant les grandes eaux de l'Atlantique. Et tout le monde embarque… Deux cent dix hommes d'équipage sont du voyage, dont un médecin, un naturaliste, un astronome, sans oublier deux musiciens pour agrémenter la traversée. Il y a aussi à bord une petite ferme : des bœufs, des moutons, des chèvres, des porcs, des poules, de quoi améliorer l'ordinaire du matelot.

Le samedi 15 novembre, *La Boudeuse* est parée, on hisse les voiles pour prendre la haute mer et voguer vers le bout du monde…

Mindin, le port qui n'oublie pas

Quand Bougainville partit de Mindin, il y avait déjà un fort pour protéger le port. En 1861, les architectes militaires de Napoléon III le remplacèrent par celui que l'on peut voir aujourd'hui. Celui-ci abrite un musée de la marine où maquettes et objets font revivre l'histoire de la marine de guerre, de la marine marchande et de la construction navale depuis le XVIIe *siècle. (Musée de la marine de Mindin, place de Bougainville, Saint-Brevin-les-Pins.)*

Le périple durera deux ans et demi et aboutira à la publication d'un récit, *Voyage autour du monde*, qui fera fantasmer le lecteur sur un imaginaire paradis situé à Tahiti, île nouvellement découverte : « L'air qu'on respire, les chants, la danse presque toujours accompagnée de postures lascives, tout rappelle à chaque instant les douceurs de l'amour, tout crie de s'y livrer. »

*

* *

La Boudeuse partie vers des terres inexplorées, nous pouvons quitter Nantes et contempler la France qui, elle, ne recèle plus de zones d'ombre, plus de *Terra incognita*. Le siècle des Lumières y accomplit son œuvre : le temps est à la cartographie qui donne un visage au pays et renseigne avec précision sur la physionomie du territoire. Nous pouvons consulter avec gourmandise *L'Atlas des Ponts et Chaussées* de Trudaine et Perronet, deux grandes personnalités de l'institution. Le pays s'offre au regard du voyageur qui peut maintenant prendre la route avec confiance, il n'est plus un aveugle traversant à tâtons l'inconnu.

Le corps des Ponts et Chaussées a ouvert une école pour former géographes, dessinateurs et ingénieurs qui améliorent également les techniques de construction du réseau routier. C'est le siècle d'or de la route avec sa cohorte de génies oubliés qui ont contribué à changer notre quotidien. Parmi eux, Jérôme Trésaguet, ingénieur des Ponts et Chaussées : il va apporter à la route la première grande révolution… depuis les Romains !

Jusqu'ici, les fondations des routes étaient constituées de dalles plates, qui avaient l'inconvénient majeur de ne pas être solidarisées entre elles et donc de présenter une nette tendance à glisser, à se déplacer… Avec Trésaguet, ces fondations sont également formées de pierres plates, mais posées sur la tranche, « de champ », disait-on à l'époque. De cette manière, serrées les unes contre les autres, elles demeurent fixes et solidaires. Ensuite, on verse deux couches de cailloux qui viennent boucher le moindre vide laissé entre les dalles. Ce procédé résiste mieux aux intempéries, se révèle plus doux au passage des carrosses et moins glissant pour les sabots des chevaux. Autre avantage non négligeable : la couche supérieure recouvrant la chaussée étant moins épaisse, le coût de la construction diminue. Cinquante ans plus tard, un Écossais développera la technique imaginée par Trésaguet : ce sera le macadam.

Reste à entretenir ces routes, mais la « corvée royale », à laquelle les Ponts et Chaussées ont eu largement recours pour agrandir le réseau, a été supprimée en 1787. Les paysans n'ont plus à y consacrer une partie de leurs forces. C'est encore Trésaguet qui trouve la solution. Il crée des « cantons », espaces routiers qu'un homme peut parcourir aller-retour à pied dans une journée. Il engage alors des ouvriers chargés d'entretenir les voies de leurs cantons respectifs… Ce seront donc des cantonniers. Ils travailleront tous les jours, et non plus deux fois par an, au printemps et à l'automne, comme cela se pratiquait naguère. Et c'est ainsi que l'on verra, jusqu'au milieu du XXe siècle, des hommes en blouse bleue casser des cailloux le long des routes. Ils parcourent leur canton armés d'une pelle, d'une pioche ou d'un maillet, comblent les trous, aplanissent les bosselures, stabilisent les bas-côtés et regardent avec satisfaction passer calèches et chariots.

Système Trésaguet ou routes pavées ? Le débat fait rage. Le pavé, plus onéreux, est généralement réservé aux rues citadines. L'empierrement, lui, est adopté pour les longues voies qui traversent le pays de part en part. Car si le réseau reste fortement centralisé autour de Paris, les transversales de province apparaissent. Toute la vie du pays passe par ces chemins. Cependant, pour gagner en rapidité, les nouveaux tracés sont de préférence rectilignes et ignorent certains bourgs ou certains villages. Tout le monde n'en bénéficie pas.

Les voitures aussi se perfectionnent, et un terme

nouveau apparaît : « diligence ». On sacrifie tout à la vitesse ! Ces lignes publiques qui relient les villes entre elles ne roulent pas que de jour, elles filent même durant la nuit, et ne s'arrêtent que pour les commodités et les repas. Des voix grincheuses s'élèvent : Turgot, ministre de Louis XVI à l'origine de cette innovation, est accusé de vouloir assassiner les hôtelleries du royaume, mais comment arrêter le progrès ?

Avec le souffle des Lumières, la course du monde s'accélère, la société dans son ensemble se trouve entraînée dans le tourbillon du changement, jusqu'à Versailles où la vieille monarchie en tremble sur ses bases.

Nous prendrons donc la diligence pour rejoindre Paris par la route royale, droite et rectiligne, qui deviendra en partie notre Nationale 23. En nous plongeant dans le *Guide Michelin* de l'époque, *L'Indicateur fidèle* du géographe Louis Charles Desnos, nous serons informés sur les temps de parcours et sur les relais qui ponctuent le trajet : Angers, La Flèche, Le Mans, Chartres, Rambouillet, Versailles.

*
* *

La diligence nous conduit donc à Versailles… où nous arrivons dans un encombrement de carrosses, de fiacres et d'omnibus. En ce mois de mai 1789, la ville est en plein chambardement : la réunion des États généraux attire une foule impressionnante qui cherche à se loger dans les misérables auberges ou dans les grandes hôtelleries locales. Mille cent trente-neuf députés sont venus représenter les trois ordres : noblesse, clergé et tiers-état. Grand événement, car les États généraux ne se sont plus réunis depuis… cent soixante-quinze ans !

Les séances ne se déroulent pas dans le château, mais dans la salle des Menus-Plaisirs de Versailles, réaménagée pour l'occasion. C'est ici que les députés prennent conscience de l'économie chancelante du royaume, mais on parle peu d'économie. Les mots que l'on entend sont bien différents : souveraineté nationale, liberté individuelle, égalité des droits…

Le 20 juin, le roi, effaré par ces débordements, fait fermer la salle. Trois cents députés du tiers-état, constitués en Assemblée nationale, cherchent alors un autre lieu de réunion. Un élu de Paris propose d'aller siéger non loin, dans la salle du Jeu de paume… Idée acceptée dans l'enthousiasme. Là, on prête un serment solennel : ne pas se séparer avant d'avoir doté la France d'une Constitution.

Le lendemain, le Jeu de Paume est fermé à son tour, les députés se réunissent à l'église Saint-Louis. Le 23 juin, retour à la salle des Menus-Plaisirs pour écouter Louis XVI exiger la séparation immédiate des trois ordres. Le marquis de Dreux-Brézé, grand maître des cérémonies du roi, vient alors demander à tous les députés de se disperser. Réplique de Mirabeau :

– Si l'on vous a chargé de nous faire sortir d'ici, vous devez demander des ordres pour employer la force, car nous ne quitterons nos places que par la puissance des baïonnettes.

Louis XVI laisse faire.

– Eh bien, s'ils ne veulent pas s'en aller, qu'ils restent !

La Révolution est en marche. Le 4 août, c'est l'abolition des privilèges. À l'aube du 6 octobre, la foule, majoritairement composée de femmes venues de Paris, trempées par la pluie, attaque le château de Versailles ; deux gardes sont tués, leur tête est portée au bout de piques. Louis XVI paraît au balcon. Il promet de donner du pain à tous. En début d'après-midi, un cortège de plus de trente mille personnes se forme. En tête, marchent des gardes nationaux portant chacun un pain au bout de la baïonnette. Puis viennent les femmes escortant des chariots de blé, et les gardes suisses désarmés. Suit enfin le carrosse de la famille royale, sommée de s'installer à Paris…

Une clameur monte, chacun répète le bon mot de la journée :

– Nous ramenons le boulanger, la boulangère et le petit mitron !

À Versailles, la géographie de la Révolution

Laissons le château et ses pavés, ces fameux pavés du roi, nec plus ultra *des routes du Grand Siècle qui, tout comme la monarchie, semblent à présent onéreux et dépassés. Dirigeons-nous vers l'hôtel des Menus-Plaisirs, créé par Louis XV pour abriter l'administration, les ateliers et les entrepôts liés à l'organisation de ses fêtes. Il était assez vaste pour accueillir le millier de députés des États généraux. Il abrita, un peu plus tard, l'élection de Robespierre comme président du tribunal du district, mais la Révolution n'ayant pas un grand sens du patrimoine historique, les lieux furent transformés en dépôt de vivres pour l'armée. L'hôtel devint ensuite caserne, puis un centre de distribution de de pain pour les troupes avant d'être abandonné durant plus d'un siècle. Il héberge aujourd'hui le Centre de musique baroque de Versailles. (22, avenue de Paris.)*

Quant à la salle du Jeu de paume, c'était une salle de sport vouée à la pratique de ce jeu, ancêtre du tennis. Pendant la Révolution, certains ont songé à remplacer la fameuse salle par un monument commémoratif, mais rien n'a été fait avant 1880, date à laquelle elle a été aménagée en musée. (Rue du Jeu-de-Paume.)

Au mois de décembre 1790, un carrossier reçoit commande d'une berline destinée à transporter une famille étrangère partant pour la Russie, c'est du moins ce qu'on lui assure… Les indications données sont précises : cette grande voiture fermée doit être assez spacieuse pour abriter six personnes, les roues seront peintes en jaune et la caisse en vert.

Bien sûr, les hypothétiques voyageurs désireux de gagner les steppes russes n'existent pas. La berline verte est prévue pour le roi et sa famille ! En effet, de nombreux courtisans pressent Sa Majesté de partir, de quitter Paris, de restaurer ailleurs la monarchie absolue…

Le tendre ami de la reine Marie-Antoinette, le Suédois Axel Fersen, prend en main l'organisation de la fuite. Il désire à tout prix sauver sa royale maîtresse. Il fait appel au marquis de Bouillé, commandant et général des armées de Moselle, Meurthe et Meuse. L'officier se met immédiatement au service du projet du Suédois. Un itinéraire très précis est établi sur le rapide réseau des Ponts et Chaussées. Le roi évitera toutefois Reims, ville du sacre où il est trop connu, et empruntera un chemin plus long par Châlons, aujourd'hui Châlons-en-Champagne.

Au dos de son faux passeport, Louis XVI a dessiné l'itinéraire de Châlons à Montmédy, ville frontière. Après cette dernière halte, le roi a tracé un pointillé sur lequel les historiens n'ont pas fini d'épiloguer. Le souverain désirait-il rester en France et reconquérir son pouvoir depuis Montmédy ? Voulait-il passer à l'étranger et s'appuyer sur les monarchies alliées pour retrouver son trône ?

Dans tous les cas, il devait s'entourer d'officiers loyaux, capables de mener une armée sûre. Dès février 1791, Bouillé installe en bordure de Montmédy un vaste camp militaire vers lequel il fait converger armes, canons, munitions, bataillons et escadrons. Bientôt, quinze mille hommes se tiennent sur le pied de guerre.

Le soir du 20 juin, le roi et la reine soupent aux Tuileries, comme à l'ordinaire. À 22 heures, Marie-Antoinette quitte le salon discrètement, monte à l'appartement de ses enfants et les réveille.

Pendant ce temps, pour le roi se déroule la dernière cérémonie du coucher. Il est déjà 23 heures, Sa Majesté remet épée et chapeau au gentilhomme de service. Louis XVI semble calme, mais à plusieurs reprises il se lève et va scruter à travers les fenêtres la nuit profonde qui enveloppe les jardins du palais. Et puis le souverain se met à genoux pour réciter l'oraison du soir. C'est la fin du cérémonial, l'huissier annonce :

– Passez, Messieurs…

Le roi reste seul. Il se relève rapidement et s'habille sans bruit d'un vêtement gris, d'une redingote verte, il coiffe une perruque courte et un chapeau rond. Sur la pointe des pieds, Louis XVI s'enfuit des Tuileries endormies, veillant à ne pas réveiller les domestiques et les gardes assoupis.

Minuit sonne aux clochers des églises de Paris. Fersen est là qui attend devant le palais, déguisé en cocher. Il a préparé une citadine de louage, petit fiacre à deux roues qui conduira la famille royale jusqu'à la barrière Saint-Martin où les prendra la lourde berline surchargée de bagages. Il faut patienter encore plus d'une demi-heure : Marie-Antoinette s'est perdue dans les dédales du jardin et a dû demander son chemin à un garde.

Enfin la citadine peut s'ébranler. Elle arrive à 1 h 20 devant la rotonde de la Villette où la berline devrait être rangée. Première frayeur : la voiture n'est pas au rendez-vous. Fersen s'en va à pied dans la nuit. Ne le voyant pas revenir, le roi descend à son tour de la citadine et part à sa recherche. La famille royale perçoit au loin le crincrin d'une guinguette. Enfin la berline est trouvée : attelée à quatre chevaux, elle stationne un peu plus loin sur la route, en pleine campagne. Tout le monde peut s'y installer et le Suédois conserve son rôle de cocher. Mais il est 2 h 30 du matin, et cette nuit est la plus courte de l'année. Bientôt, il fera jour.

En moins d'une heure, la voiture parvient à Bondy, premier relais. Les chevaux sont dételés et changés, les nouvelles bêtes permettent d'accélérer le rythme. Sorti de Paris, Louis XVI se croit sauvé. Au relais de Fromentières, le roi bavarde avec des badauds venus voir ces voyageurs. Un valet s'inquiète et tente de couvrir le roi de sa personne pour le soustraire aux regards des curieux.

– Ne vous gênez point, lui dit Louis XVI. Je ne

crois plus cette précaution nécessaire, mon voyage me paraît à l'abri de tout accident.

Il est midi.

Le roi pense que le petit peuple des campagnes soutiendra son équipée. Au cours de la journée, il sort souvent de sa voiture, marche sur le bord de la route, discute des moissons avec quelques paysans, se montre sans se dissimuler au relais de Chaintrix…

Vers 16 heures, on arrive à Châlons. Le roi est reconnu, les habitants viennent voir Louis XVI comme une étrange curiosité, mais le maire recommande à tous le silence, et la voiture repart sans difficulté. On entend néanmoins une ombre furtive leur crier :

– Vos mesures sont mal prises, vous êtes perdus si vous ne vous hâtez !

À 20 heures, les voyageurs sont à Sainte-Menehould. Les fugitifs ont maintenant plus de trois heures de retard sur l'horaire prévu. Au même moment, un jeune maître de poste, Jean-Baptiste Drouet, un solide garçon de vingt-huit ans, rentre des champs. Goguenard, il observe les palefreniers qui changent les chevaux de la berline verte. À peine la voiture a-t-elle quitté la ville que surgit un envoyé de Châlons.

– La voiture emporte le roi et les siens !

On est patriote à Sainte-Menehould, la garde nationale prend les armes et Drouet demande :

– Le roi a-t-il le nez long et aquilin, la vue courte et le visage bourgeonné ?

C'est ça. Le tocsin sonne. Saisi d'une fièvre héroïque, Drouet enfourche un cheval rapide et part au grand galop à la poursuite du roi. Il arrive à Varennes hors d'haleine. Il est tard, la nuit est tombée, mais le village reste éveillé…

– Halte-là ! crie un garde à la pesante voiture qui s'engage sur le pont.

Les faux passeports sont présentés, tout semble en ordre. Drouet trépigne et hurle :

– C'est le roi ! Si vous le laissez passer, vous vous rendez coupables de haute trahison !

Par précaution, le pont sur l'Aire est barré de meubles et de charrettes. Le procureur du lieu, prudent, décide d'attendre. La lanterne à la main, il vient annoncer aux voyageurs que leurs passeports seront examinés le jour venu.

Puis on va quérir un nommé Destez, juge au tribunal qui a rencontré le roi naguère à Versailles.

– Ah, Sire… marmonne-t-il simplement en voyant cet homme fatigué vêtu de gris.

– Oui, je suis votre roi. Voici la reine et ma famille, répond calmement Louis XVI.

Le roi et les siens passent la nuit dans une chambre de l'auberge du Bras-d'Or, et le lendemain, sous les insultes de la foule, ils sont traînés jusqu'à Paris…

Refaisons le parcours de Louis XVI

À partir de la rotonde de la Villette et jusqu'à Varennes, quelques vestiges contemporains de la fuite du roi sont parvenus jusqu'à nous. À Fromentières et à Chaintrix, les relais de poste où Louis XVI pensait être tiré d'affaire sont toujours debout. (Route de Châlons et rue de Paris.)

À Châlons-en-Champagne, la porte Sainte-Croix, sous laquelle s'est extasiée Marie-Antoinette en 1770 lors de son arrivée en France, est toujours visible.

Tout comme l'hôtel de l'Intendance, siège des ingénieurs des Ponts et Chaussées de la généralité de Châlons, dans lequel elle passera la triste nuit du retour de Varennes... Grandeur et décadence, espérance et désespoir.

À Sainte-Menehould, le relais de poste de Drouet est également parvenu jusqu'à nous et abrite aujourd'hui une gendarmerie. (Angle rue Drouet et rue des Rondes.)

À Varennes – devenu Varennes-en-Argonne, en Lorraine –, la tour de l'Horloge, un beffroi dressé en 1793, a été édifiée, dit-on, avec les pierres de l'auberge du Bras-d'Or dans laquelle Louis XVI et sa famille furent retenus toute une nuit. Incendiée par les bombardements allemands en septembre 1914, elle a été restaurée après la guerre. (Place de l'Hôtel-de-Ville.)

Traversons le pont, et dirigeons-nous maintenant vers l'hôtel du Grand-Monarque. C'est là que le marquis de Bouillé et ses hommes attendaient Louis XVI avec des chevaux frais... mais du mauvais côté de la rivière ! Séparé de son roi par la barricade dressée par les habitants du village, le marquis ne pouvait rien faire. (1, place de l'Église.)

Ne retournons pas à Paris avec le roi prisonnier, arrêtons-nous quelques kilomètres après Sainte-Menehould, à hauteur du moulin de Valmy… C'est là qu'un peu plus d'un an après la fuite manquée du roi, la Révolution sera soumise à sa première grande épreuve.

À la tribune de l'Assemblée, les orateurs ne cessent

d'invectiver les monarchies étrangères, toutes accusées de comploter pour sauver le trône de Louis XVI.

– Il faut déclarer la guerre aux rois et la paix aux nations, lance Antoine Merlin, député de Moselle.

Le 20 septembre 1792, ces fantasmes prennent corps : une armée austro-prussienne marche sur Paris. Au nom de la France révolutionnaire, les généraux Kellermann et Dumouriez se mettent à la tête de trente-six mille hommes et prennent position autour du moulin de Valmy. À 10 heures du matin, les canons de l'artillerie prussienne ouvrent le feu, les soldats français brandissent leur chapeau à la pointe de leur sabre ou de leur baïonnette.

– Vive la France ! Vive la nation !

La musique militaire interprète quelques chants révolutionnaires… L'artillerie française tonne à son tour. Vers 13 heures, trois colonnes prussiennes s'ébranlent avec pour objectifs le village de Valmy et le fameux moulin. L'armée française ne recule pas. Au contraire, ses tirs redoublent et frappent les rangs ennemis. Le duc de Brunswick, qui commande la coalition austro-prussienne, évite l'engagement en faisant reculer ses troupes.

Et c'est tout.

Pourquoi cette soudaine retraite prussienne ? Fait-elle suite à des tractations secrètes ? Brunswick a-t-il été soudoyé ? Ces questions si souvent posées resteront sans doute à jamais sans réponse. Quelle importance, au fond ? Une vérité demeure : la République française est née à Valmy. En effet, dès le lendemain, 21 septembre, la Convention votait à l'unanimité l'abolition de la monarchie.

Les avatars du moulin de Valmy

Près de Valmy, en Champagne-Ardenne, le moulin demeure le symbole de la victoire républicaine. En fait, le vrai moulin de Valmy a été brûlé par Kellermann au soir de la bataille. Le général français craignait une reprise des combats et voulait éviter d'offrir cette cible aux canons prussiens. Un nouveau moulin a été érigé plus tard et démoli en 1831, les meuniers le trouvant peu rentable. En 1939, on songea à reconstruire un autre moulin, mais la Seconde Guerre mondiale éclata. La paix revenue, le projet aboutit et le moulin de Valmy – troisième du nom – fut inauguré en 1947. La tempête de 1999 abattit ce moulin-là et l'on décida d'en construire un quatrième par souscription nationale. Celui-ci se dresse fièrement dans les champs de blé depuis 2005.

25

XIXe siècle

À TOUTE VAPEUR VERS LE PROGRÈS

De Valmy à Paris
par les chemins de fer

Napoléon a-t-il parcouru le champ de bataille de Valmy ? Est-il venu se recueillir à l'ombre du moulin reconstruit ? A-t-il tenté de comprendre les stratégies déployées sur le terrain ? En tout cas, il a été extrêmement frappé par cette étrange victoire… Il ne parviendra jamais à l'expliquer selon les règles de la tactique militaire et finira par dire que ce succès pourrait être dû à « quelque négociation secrète que nous ignorons ».

Il n'empêche que Valmy est devenu l'emblème de la Révolution victorieuse, et ce n'est pas à Napoléon que l'on va apprendre la force des symboles… Passage des Alpes, discours devant les pyramides, petit chapeau, il sait, lui aussi, manier les concepts frappants et mobilisateurs.

Nous quittons donc Valmy, qui sort de l'Histoire, et nous nous dirigeons vers Châlons-sur-Marne – aujourd'hui Châlons-en-Champagne –, ville qui voit bientôt défiler les troupes se dirigeant vers Austerlitz, Iéna, Eylau, Friedland, Wagram… En effet, Châlons constitue le passage obligé des troupes qui vont à l'est ou qui en reviennent : de Paris, il n'y a qu'une grande route impériale (notre Nationale 3) qui se divise ici pour remonter vers Metz ou continuer par Nancy et Strasbourg.

Au nom de la Révolution à préserver et du peuple à sauver de la monarchie, Napoléon s'autoproclame empereur et prétend diffuser dans toute l'Europe les idées des Lumières… Ces belles idées prennent l'aspect de guerres de conquête et, invoquant le droit des nations, Napoléon fait de ses frères des rois ! En Westphalie, en Hollande, en Espagne…

L'Empereur passe son règne à se déplacer, à travers la France, au cœur de l'Europe et finalement jusqu'à Moscou. Il fait la guerre, régente les nations, organise la politique, légifère partout… Mauvais cavalier, il ne chevauche son étalon Vizir que lorsqu'il faut faire bonne figure devant les troupes. Loin du regard de ses grognards, il retire le bicorne mythique, noue sur son front un large foulard rouge[1] à la manière des contrebandiers corses et voyage confortablement dans une berline assez large pour y aménager un lit. À l'avant est disposée une table à tiroirs avec écritoire et pendule ; au plafond, une lanterne permet de travailler même durant la nuit. Deux chasseurs de la garde ouvrent la route, le grand écuyer et le commandant de la garde galopent aux portières, et tout un cortège suit : la voiture du valet de chambre, celles des secrétaires, puis les généraux et les fourgons du service des cartes géographiques. Tout cet équipage reçoit l'ordre de filer à toute allure quelles que soient les circonstances, on s'arrête brièvement pour manger, quand il le faut, et l'on repart aussitôt. Faire vite, aller vite, avancer vite, c'est l'obsession de Napoléon.

Au cours de ses pérégrinations, du moins en France, il a tout le loisir de se rendre compte qu'après les convulsions que le pays vient de connaître, les routes sont à l'abandon. Quelques années de laisser-aller ont suffi pour que la plupart des voies se transforment en bourbiers. Dans les premières années du siècle, Antoine François Fourcroy, membre du Conseil d'État sous le Consulat, se dresse contre cet abandon progressif : « Les chaussées sont détruites presque partout ; elles n'ont plus d'encaissement. Les pierres en sont écartées, déplacées, broyées ; une boue liquide les remplace… »

Napoléon entend le message. Il réorganise l'entretien des voies. Par décret du 7 fructidor an XII (25 août

1. Témoignage du Dr Salle : *Souvenirs d'un demi-siècle*, Châlons-sur-Marne, 1858.

1804), il crée le Conseil général des Ponts et Chaussées, dont la fonction est d'alerter les pouvoirs publics sur toutes les questions touchant à la circulation routière, à la navigation fluviale et aux transports maritimes. Enfin, un autre décret, le 16 décembre 1811, institutionnalise l'emploi de cantonnier qui devient agent de l'État.

La cabane du cantonnier

Le long des routes si cruciales pour Napoléon, les cantonniers ont construit des abris de pierre qui leur permettaient de se mettre à couvert, de se reposer, de ranger leurs outils. On en voit encore, de ces cabanes étranges, souvent abandonnées, parfois restaurées... Peu après la Fère-Champenoise, sur la route de Paris, au bord de la Nationale 4, à hauteur de l'aérodrome de Sézanne dans le département de la Marne, vous trouverez une de ces cabanes du XIXe siècle, sorte de maison de poupée au toit arrondi. Le hasard a fait qu'elle a été placée à l'endroit même où se joua de manière décisive la campagne de France, entraînant la défaite des forces napoléoniennes.

Si Napoléon restaure activement le réseau routier, c'est qu'il se méfie des innovations concernant d'autres moyens de transport. Il ne croit ni au sous-marin ni au bateau à vapeur, qui pourtant se développent en Amérique et en Angleterre. Il n'a pas plus donné suite au mémoire que lui a adressé l'ingénieur Pierre Michel Moisson-Desroches sur « la possibilité d'abréger les distances en sillonnant l'Empire de sept grandes voies ferrées ». Des voitures accrochées les unes aux autres, des rails à poser tout le long du trajet, des tunnels à creuser, des ponts à construire ? Ce projet lui semble fou et irréalisable.

Bientôt, de toute façon, le temps n'est plus à l'initiative et au renouveau, déjà s'annonce le crépuscule de l'Aigle… En janvier 1814, quand l'Empereur arrive une nouvelle fois à Châlons-sur-Marne, il n'est plus le vainqueur de légende. C'est un homme aux abois, tendu, pâle, qui se lance dans une difficile campagne militaire pour éviter l'invasion de la France par les alliés russes, prussiens, autrichiens, britanniques. Il s'établit avec ses maréchaux à l'hôtel de la préfecture de Châlons, celui-là même qui a accueilli la famille royale au retour de Varennes, et qui devient en ces heures dramatiques le grand quartier général de l'Hexagone avec ses mouvements incessants d'officiers, ses troupes en bivouac et son difficile ravitaillement. La cathédrale Saint-Étienne n'est plus qu'un dépôt de bottes de foin, quant à l'église Saint-Alpin, elle est devenue un hangar pour les tonneaux de vin ou d'eau-de-vie destinés aux troupes en combat.

À Châlons-en-Champagne,
le dernier QG de Napoléon

L'ancien hôtel de l'Intendance devint hôtel de la Préfecture après la Révolution. En janvier 1814, Napoléon y établit son quartier général et ses appartements. Il quitta la ville à la fin du mois, remporta quelques victoires… mais n'empêcha pas la chute de l'Empire ni son abdication. (38, rue Carnot.)

Le 25 mars suivant, sur la route de Paris, à la Fère-Champenoise, les armées françaises sont écrasées par les alliés qui peuvent dès lors marcher sur la capitale. Bientôt, la France est vaincue. Fin avril 1814, l'Empereur déchu part pour l'île d'Elbe, petit bout de terre entre la Corse et l'Italie, sa résidence forcée. Moins d'un an plus tard, il tentera bien un ultime retour, mais le « vol de l'Aigle » se brisera sur le champ de bataille de Waterloo.

*
* *

La France est désormais divisée entre royalistes, républicains et bonapartistes. Louis XVIII, gros bonhomme impotent, a fort à faire pour maintenir les équilibres et tente une Restauration qui n'apparaîtrait pas franchement comme un retour à l'Ancien Régime. Il refuse notamment de se faire couronner, afin de mieux passer pour un bon papa pataud et conciliant. C'est décidé, le XIXe siècle ne sera plus celui du panache militaire, des cavalcades héroïques et des invasions : très vite vont se profiler les débuts de la révolution industrielle.

Hélas, la France a pris du retard. Les maîtres de forges continuent de produire le fer et la fonte selon des méthodes anciennes et dépassées, ils ne connaissent généralement rien des machines à vapeur et des hauts-fourneaux… En 1817, Louis de Gallois, l'ingénieur en chef des mines de Saint-Étienne, entreprend un voyage outre-Manche, à Newcastle. Il est venu faire une étude sur l'extraction de la houille : il regarde, médusé, le moyen de transport qui permet de mener le charbon directement des puits aux navires ancrés sur le fleuve… Des rails de fer relient en pente douce la mine au port, des chariots aux roues de fonte glissent doucement, conduits seulement par un enfant qui en modère la vitesse en maniant le frein. Ailleurs, lorsque le paysage reste désespérément plat, on fait appel aux *Iron Horses*, les « chevaux de fer », des machines à vapeur sous haute pression capables de tirer jusqu'à vingt petits wagonnets.

Dès son retour, Louis de Gallois présente à l'Académie royale des sciences un mémoire sur les chemins de fer anglais, qui est publié en mai 1818 dans les *Annales des Mines*. L'ingénieur ne se contente pas de décrire le procédé, il analyse les avantages de cette innovation sur le plan économique : « Ordinairement, on suppose qu'un chemin en fer est fort dispendieux, et l'on s'exagère les difficultés de l'exécution. Mais une route de vingt-quatre à trente pieds de largeur coûte autant, et un chemin pavé de quinze pieds coûte plus du double. Or, les frais de charrois sur les chemins de fer étant réduits de deux tiers, on peut voir tout de suite l'économie qui en résulte sur la masse transportée. » Enthousiaste, Gallois lance cette prédiction : « Les chemins de fer formeront un jour le complément de notre système de communications intérieures ; ils méritent d'être considérés comme un objet d'utilité publique du plus grand intérêt. »

C'est donc à partir de l'industrie, et par elle, que se développera le chemin de fer, progrès majeur, car il changera la vie des Français sur les plans industriel, politique et social.

Neuf ans plus tard, sous le règne de Charles X, est inaugurée la première ligne de chemin de fer française, celle qui va de Saint-Étienne à Andrézieux, dans le département de la Loire. Il s'agit de transporter aisément et à moindre coût la houille des mines où elle est extraite jusqu'au bord de la Loire où les péniches l'emporteront. Ces vingt et un kilomètres mythiques d'une voie faite de rails de bois couverts de lamelles de fer ouvrent à la France une ère nouvelle. Certes, le système est encore assez rudimentaire. Un cheval tire quatre wagonnets et transporte ainsi dix tonnes de charbon… Quand une pente se dessine, l'animal est dételé, le convoi descend la côte, entraîné par son propre poids. Et lorsqu'il faut grimper le flanc d'une colline, le convoi est hissé par des câbles enroulés sur de grandes poulies actionnées par une machine à vapeur.

Il ne s'agit pour l'instant que de transporter de la houille… Pourtant, une idée émerge déjà : adapter ce transport aux voyageurs. D'abord, on ne fait qu'aménager les wagons d'un peu de paille où les téméraires viennent s'asseoir, et tant pis si l'on se salit dans les traces de la suie qui imprègne constamment les voitures.

Mais pour que le chemin de fer devienne le train, il manque encore un détail… la locomotive ! L'ingénieur Marc Seguin perfectionne les innovations anglaises en inventant une chaudière tubulaire… Il faut savoir que la puissance d'une locomotive dépend de la quantité de vapeur qu'elle est capable de produire. Or la technique de Seguin consiste justement à multiplier par six cette quantité de vapeur. Pour cela, il introduit dans l'eau de la chaudière une quarantaine de petits tubes chauffés. Plus de chaleur signifie plus de vapeur. Or plus de vapeur crée plus de puissance. Cette méthode, mise au point pour les bateaux, est appliquée à la locomotive, qui peut ainsi faire des pointes à quarante kilomètres à l'heure. Rien ne semble désormais pouvoir freiner la multiplication des lignes et l'envahissement des campagnes par ces monstres fumants.

Cela dit, dans le public, nombreux sont ceux qui se montrent hostiles à ce progrès. Ces bouleversements vont ravager la société, c'est sûr ! Le secrétaire perpétuel de l'Académie des sciences promet des fluxions de poitrine, des pleurésies et des catarrhes aux intrépides qui prendraient place dans les wagons s'aventurant dans des tunnels. Plus tard, certains médecins affirmeront qu'à voir défiler les paysages à plus de quarante kilomètres à l'heure, on risque de devenir aveugle. Bref, c'est là un vrai transport de casse-cou, alors que les routes se sont encore améliorées, notamment grâce à l'introduction du système de revêtement mis au point par l'ingénieur écossais John McAdam, un développement du principe établi autrefois par le Français Trésaguet. Le macadam est fait de couches constituées de pierres posées selon leurs tailles, les plus grosses en premier, jusqu'à la couche ultime faite de matériaux finement concassés et compactés. Plus tard, l'étanchéité sera améliorée grâce à un amalgame de bitume et de goudron.

*

* *

Contrairement aux prédictions des mauvais augures, la seconde partie du XIXe siècle verra le triomphe du chemin de fer. Une première ligne, exclusivement destinée aux passagers, est tracée par Émile et Isaac Pereire entre Paris, au départ de l'« embarcadère » Saint-Lazare – ainsi nomme-t-on les gares au début – et Saint-

Germain-en-Laye. On le voit, le vocabulaire ferroviaire reprend quelques termes de la marine : en effet, on parle d'embarcadères, de débarcadères, de quais…

Ces vingt kilomètres de voies pour voyageurs sont inaugurés le 26 août 1837. Ce jour-là, Émile Pereire convie quelques hôtes privilégiés à un déjeuner dans le cadre enchanteur du pavillon Henri-IV, à Saint-Germain-en-Laye. La reine Marie-Amélie, épouse de Louis-Philippe, quelques investisseurs et une poignée de politiciens sont attendus. Au menu : escalopes grillées et frites. Le maître queux, Jean Collinet, guette à la jumelle le débarcadère du Pecq, qu'il aperçoit du haut de sa terrasse. Soudain, il voit un mouvement, les convives vont arriver…

– Qu'on fasse frire les pommes de terre ! ordonne-t-il à ses galopins.

Mais le chef s'est trompé, le train attendu n'est pas encore annoncé.

– Qu'on retire les pommes de terre !

Enfin, le train entre en gare…

– Remettez les pommes de terre dans la friture !

Replongées dans l'huile une seconde fois, les fines lamelles se gonflent… Et c'est ainsi que les invités peuvent déguster cette recette due au hasard et aux circonstances ferroviaires : les pommes de terre soufflées !

Les hôtes d'Émile Pereire n'accordent pourtant pas une grande attention à ce plat nouvelle manière… Ils sont eux-mêmes soufflés d'avoir relié Paris à Saint-Germain en dix-huit minutes, horaire respecté. On se gausse en pensant que les voitures publiques les plus rapides couvrent ce trajet en deux heures.

La deuxième ligne ouverte aux passagers, qui relie Paris, au départ de Montparnasse, à Versailles, sera le théâtre de la première catastrophe ferroviaire hexagonale. Le dimanche 8 mai 1842, la fête du roi Louis-Philippe a attiré à Versailles un public nombreux venu admirer les grandes eaux du parc. En fin d'après-midi, la foule se presse à la gare… Le train de 17 h 30 est bondé : plus de sept cents passagers entassés dans dix-sept wagons ! À l'approche de Meudon, la rupture d'essieu de la locomotive précipite six wagons les uns contre les autres ; ils s'encastrent dans un effroyable entrelacement de tôles tordues. Les morceaux de coke enflammés des machines à vapeur mettent rapidement le feu à l'enchevêtrement des voitures en bois… Les voyageurs sont pris au piège : pour éviter les resquilleurs, les portes ont été fermées de l'extérieur ! Quand les employés de la compagnie ferroviaire parviennent sur les lieux, le train ne forme plus qu'un brasier ; des bras, des têtes s'agitent vainement, se dressent, retombent sans pouvoir échapper à la fournaise…

En passant sous le viaduc de Meudon

L'accident du 8 mai 1842 a eu lieu à quelques centaines de mètres du viaduc construit en 1840 pour permettre au train de passer des collines de Meudon à celles de Clamart. Ce vaste ouvrage de cent quarante-trois mètres de long fait de pierres et de maçonnerie dresse encore ses sept arches à plus de trente mètres de hauteur… À son inauguration, on l'appela « pont Hélène » en l'honneur de l'épouse du duc Ferdinand-Philippe d'Orléans, fils du roi Louis-Philippe.

Plus tard, en 1936, le viaduc fut élargi afin de laisser passer quatre voies supplémentaires. (On passe sous le viaduc en empruntant la rue de Paris, à Meudon, dans le département des Hauts-de-Seine.)

Au lendemain de l'accident, le journaliste Nestor Roqueplan se fait l'interprète de l'opinion générale en proclamant qu'on ne peut plus aller à Versailles ou à Saint-Germain sans écrire son testament. « Voilà les chemins de fer jugés. Quand il y a vitesse, il y a péril ! Vivent les coucous[1] ! » écrit-il dans ses *Nouvelles à la main.*

Roqueplan se trompe. Un mois seulement après la catastrophe de Meudon est promulguée la « loi relative à l'établissement des grandes lignes de chemins de fer en France ». De Paris rayonneront sept lignes : vers la Belgique par Lille, vers l'Angleterre par le littoral de la Manche, vers l'Allemagne par Strasbourg, vers la Méditerranée par Lyon, vers l'Espagne par Bordeaux, vers l'Océan par Nantes, vers le Centre par Bourges.

Ce plan a été tracé par Alexis Legrand, sous-secrétaire d'État aux Travaux publics. Cette « étoile de Legrand », avec Paris pour centre car tout part de Paris, suit les grandes routes royales du siècle passé pour atteindre les principales capitales de la province.

Par le même texte de loi se trouve adopté le régime économique des chemins de fer selon un modèle original de partenariat entre le public et le privé. L'État devient propriétaire des terrains choisis pour les tracés des voies. Il finance la construction des infrastructures comme les ponts, les tunnels, les aqueducs, et concède

1. Voitures publiques à deux roues.

l'usage du chemin de fer à des compagnies chargées, en échange d'un monopole d'exploitation, de poser les voies ferrées et d'investir dans le matériel roulant.

Sans tarder, Paris se constelle de gares, en plus de Saint-Lazare, Austerlitz et Montparnasse, qui existent déjà depuis quelques années. Chaque compagnie crée son propre « embarcadère » : gare de Paris-d'Enfer en 1842, gare du Nord en 1846, gare de Lyon en 1849, gare de l'Est l'année suivante…

La doyenne des gares parisiennes

Des gares parisiennes, on retient les formes étranges de la gare de Lyon ou l'élégance de la gare d'Orsay, devenue musée. Mais on ne s'arrête pas souvent devant la gare Denfert-Rochereau, l'ancienne gare Paris-d'Enfer qui menait à Sceaux… Et quand on y va, c'est pour prendre le RER, rapidement, sans lever la tête. On a tort, car c'est la plus ancienne gare de Paris encore intacte (du moins extérieurement). Elle a été construite en 1842, l'année même où « l'étoile de Legrand » était adoptée. Si elle dessine cette forme circulaire bien particulière, c'est qu'il fallait alors prévoir un système de voies en raquette, une large boucle pour permettre aux locomotives de faire demi-tour.

C'est ensuite la gare de l'Est qui conserve les plus beaux vestiges de son architecture d'origine. La façade ouest, couronnée par la statue d'une femme, allégorie de Strasbourg, date en effet de son inauguration en 1850 ! Les autres gares parisiennes ne peuvent pas en dire autant.

En 1850, la gare de l'Est est en effet inaugurée en grande pompe par le président de la République, Louis-Napoléon Bonaparte, qui deviendra deux ans plus tard l'empereur Napoléon III. Il est bien content de développer les chemins de fer, ce prince-président, parce qu'il estime que le réseau construit n'est pas très sûr… Deux ans auparavant, en effet, alors qu'il venait de Londres pour participer à la révolution de 1848 et finalement se faire élire premier président de la République par le suffrage universel, il a pris le bateau-poste, puis le train. Quelle aventure ! Le train qui le conduisait à Paris a été bloqué à Persan, en Île-de-France : la ligne était interrompue en raison d'un grave accident survenu non loin, près de Pontoise. Quinze ou vingt voyageurs avaient trouvé la mort dans la catastrophe, disait-on. La nuit était tombée, il fallut se résoudre à la passer dans un misérable cabaret. Au matin, les trains ne circulaient toujours pas. Louis-Napoléon et ses amis se cotisèrent alors pour louer un modeste cabriolet qui les transporta jusqu'à Saint-Denis. De là, ils prirent la voiture publique qui les déposa aux abords de la capitale… En arrivant, Louis-Napoléon fit en lui-même le serment d'améliorer le service du chemin de fer s'il parvenait un jour au pouvoir.

*

* *

En 1852, le prince-président est devenu, par plébiscite, l'empereur Napoléon III. Le milieu des affaires accorde immédiatement sa confiance au nouveau maître de la France, et l'industrialisation se développe rapidement. « L'Empire, c'est la paix », avait annoncé le futur Napoléon III. En fait, l'Empire mène la guerre en Crimée, en Italie, en Chine, en Algérie, en Syrie, au Mexique, mais toujours à l'extérieur des frontières. En France, tout est calme, le franc est stable, le secteur bancaire en plein essor. La carte industrielle du pays se définit peu à peu : textile dans les régions rouennaise et lilloise, exploitation des mines dans le Nord, sidérurgie au Creusot et à Saint-Étienne. La carte géographique, quant à elle, connaît d'heureuses modifications. L'Hexagone achève de se dessiner : par un vote unanime des populations, Nice et la Savoie deviennent françaises. L'enthousiasme des Savoisiens ne tient pas seulement à la grandeur de l'Empire et au souvenir glorieux de l'épopée napoléonienne : ils ont été séduits, aussi, par la promesse d'une diminution générale des impôts.

En même temps, Napoléon III, qui tient à mettre en pratique sa doctrine sociale, développe les crèches-asiles pour enfants d'ouvriers, institue par la loi du 25 mai 1864 le droit de coalition, c'est-à-dire le droit de grève, ouvre par la loi du 11 juillet 1868 des caisses d'assurance en cas d'accident du travail suivi d'infirmité. Il poursuit ainsi son œuvre entreprise en tant que président de la République, quand il avait créé la Caisse nationale des retraites pour la vieillesse, l'assistance judiciaire gratuite pour les travailleurs pauvres et la première cité ouvrière à Paris…

À Paris, la Cité radieuse des ouvriers de la République

En 1849, à peine élu président de la République, le prince Louis-Napoléon fit élever une cité ouvrière au 58, rue Rochechouart, que l'on peut toujours visiter dans le IXe arrondissement de Paris. Quatre bâtiments, des toitures vitrées dans les passerelles, quatre cents familles logées... Voici le premier habitat social. Mais la discipline et les bonnes mœurs devaient régner : sur place, un inspecteur surveillait en permanence le comportement des locataires, et les grilles fermaient chaque soir à 22 heures... Impossible d'aller se détendre au bistrot ! En revanche, on trouvait quelques avantages à habiter la cité : un médecin visitait chacun gratuitement et les parties communes rassemblaient lavoir, séchoir et salles de bains.

Par ailleurs, le monde change, absorbé dans la recherche de la prospérité. Ces années glorieuses du second Empire se manifestent à Paris par l'organisation des célèbres Expositions universelles, fêtes de la paix et vitrines du progrès. La première a lieu en 1855, le monde fait connaissance avec le monde, rivalisant d'audace et d'inventions. Même les Anglais sont invités, et la reine Victoria fait son arrivée solennelle à Paris, gare de l'Est, le 18 août. Sous les vivats d'une foule immense, sous des arcs de triomphe ornés de « *Welcome* », elle se dirige en carrosse vers les Champs-Élysées, puis gagne le château de Saint-Cloud.

Pour répondre aux exigences de cette révolution industrielle, le vieux Paris médiéval disparaît sous les pioches du baron Haussmann, on perce de larges boulevards, la ville s'offre ainsi aux transports en général, et aux trains en particulier. Partout il faut faciliter le trafic, favoriser les échanges, on file avec ravissement d'un bout à l'autre de Paris, de la France, et même à l'étranger. En 1860, le chemin de fer cesse d'être l'affaire de quelques financiers clairvoyants pour devenir celle de toute la nation. L'État s'engage plus fortement, les obligations émises par les compagnies sont désormais garanties par le gouvernement, au moins en partie. L'ingénieur Eugène Flachat, directeur de la Compagnie de l'Ouest, se félicite de cette évolution.

– Les chemins de fer ne sont plus en France une industrie au point de vue économique et financier, ils sont une institution.

Pourtant, certains regrettent encore le charme des balades d'antan.

– Avec le chemin de fer, on ne voyage pas, on arrive, disent les moqueurs.

Dans *La Maison du berger*, Alfred de Vigny pleure l'abandon des chemins hasardeux…

Adieu, voyages lents, bruits lointains qu'on écoute,
Le rire du passant, les retards de l'essieu,
Les détours imprévus des pentes variées,
Un ami rencontré, les heures oubliées
L'espoir d'arriver tard dans un sauvage lieu.

Les craintes du poète sont fondées. Les routes se vident. Hôtelleries et relais ferment les uns après les autres. Le chemin de fer cantonne le touriste aux horaires et au trajet des lignes. La technique permet d'atteindre bientôt la vitesse vertigineuse de quatre-vingts kilomètres à l'heure, les gares se dressent fièrement comme des temples dédiés au modernisme. La gare d'Austerlitz est agrémentée d'une halle métallique aux piliers de fonte qui semble défier les lois de la pesanteur et révolutionne l'idée même de l'architecture. La gare de l'Est est un palais ouvert sur le boulevard prolongé jusqu'à la Seine. Quant à la gare de Lyon, elle se retrouve en septembre 1860 sur la scène du théâtre du Gymnase, décor du premier acte de la nouvelle comédie d'Eugène Labiche : *Le Voyage de Monsieur Perrichon*.

– Encore quelques minutes et, rapides comme la flèche de Guillaume Tell, nous nous élancerons vers les Alpes ! s'écrie Perrichon.

Pensez, pour voir le mont Blanc, sommet de l'Europe, il suffit désormais d'emprunter la ligne Paris-Lyon, de changer pour Genève, puis de prendre une diligence jusqu'à Chamonix… Un voyage d'à peine deux jours !

Le développement du chemin de fer est aussi une affaire d'investissements. Les grands banquiers de l'époque, les Pereire, les Rothschild et les Fould se livrent à une lutte commerciale impitoyable. Tout cela sur fond de grandioses réussites et de sombres faillites… Qu'importe ! Dans un temps où la Bourse commande l'économie, on a toujours l'espoir de se refaire une santé financière.

Cette même année 1860, un événement passe quasiment inaperçu. Étienne Lenoir, un ingénieur belge installé à Paris, dépose le brevet n° 43624. « Moteur à air dilaté par la combustion des gaz », dit la notice.

– Si ça marche, j'ajouterai un carburateur à réchauffage et à niveau constant dans lequel on introduira soit de l'essence, soit de la gazoline, soit du goudron ou du schiste ou une résine quelconque, déclare Lenoir.

En fait, cet inconnu vient d'inventer le moteur à explosion ! Sans lui, pas d'automobiles dans l'avenir, pas d'avions non plus… Personne ne se rend compte du bouleversement qui vient de se produire, et seul un bateau sur la Seine avance bientôt en pétaradant au son du moteur Lenoir.

Un homme, pourtant, devine l'importance de l'invention : Jules Verne. Trois ans plus tard, dans son roman d'anticipation, *Paris au* XX*e siècle*, il imagine la ville du futur : « De ces innombrables voitures qui sillonnaient la chaussée des boulevards, le plus grand nombre marchait sans chevaux ; elles se mouvaient par une force invisible, au moyen d'un moteur à air dilaté par la combustion du gaz. C'était la machine Lenoir appliquée à la locomotion. »

Mais, sur le moment, le moteur ne peut rien contre la vapeur du chemin de fer. En 1870, deux mille deux cents locomotives à voyageurs et deux mille sept cents locomotives à marchandises roulent sur presque dix-huit mille kilomètres de voies ferrées. L'étoile de Legrand, dessinée moins de trente ans auparavant, est entrée dans la réalité.

*
* *

Ce siècle de vitesse et de révolutions a déjà vu défiler deux républiques, trois rois et deux empires… À son tour, le second Empire va être balayé. Au mois de juillet 1870, la guerre contre la Prusse devient un objectif, une revendication, le pays entier est secoué d'une fièvre belliciste et réclame une action rapide contre l'ogre prussien. La candidature au trône espagnol du prince Léopold de Hohenzollern échauffe les esprits, aiguillonne le nationalisme. On voit dans ce projet une manœuvre pour enserrer la France dans les tenailles allemandes. Le quotidien *Le Siècle* résume ainsi la situation : « La France, enlacée sur toutes ses frontières par la Prusse ou par des nations soumises à son influence, se trouverait réduite à l'isolement. »

La guerre se prépare dans l'enthousiasme. Les soldats mobilisés marchent vers la gare de l'Est. Des casernes à la gare, les rangs des troupes se vident et les terrasses des cafés se remplissent, on retarde le départ des trains pour laisser aux recrues éméchées le temps de rejoindre leur unité. Les officiers s'époumonent, hurlent des ordres à des jeunes gens débraillés, peu soucieux d'obéir à leur supérieur. On dirait qu'en France tout le monde veut la guerre, sauf les soldats ! Les chemins de fer, si efficaces en temps de paix, se désorganisent : à Metz et à Strasbourg, c'est la pagaille. Pourtant, sur le papier, tout est prévu. Un régiment comprend soixante-dix officiers, deux mille huit cent quatre-vingt-dix hommes de troupe, trente-neuf chevaux, quatorze voitures. Trois trains devraient emporter vers l'Est ce régiment au complet, mais les convois s'ébranlent sans avoir fait le plein, tandis que, sur le quai, se déroulent encore des distributions de couvertures dans un chaos indescriptible… Et les civils, certains de la victoire prochaine, applaudissent.

– À Berlin ! À Berlin !

Napoléon III doit se rendre à Metz pour prendre la tête de l'armée, mais il ne peut banalement prendre le train. Épopée impériale oblige, il lui faut chevaucher au-devant de sa garde… Sauf que l'empereur est malade, une pierre dans la vessie lui vaut d'indicibles douleurs. Il avance, silencieux, affreusement pâle… Sur le chemin, une paysanne ne peut s'empêcher de lancer un cri :

– Comment ! C'est l'empereur, cet homme si malade ? Mon Dieu, mon Dieu, ce n'est pas possible !

À Sedan, cet homme si malade lèvera le drapeau blanc et se rendra à Guillaume, roi de Prusse. Le 4 septembre, la voix tonitruante de Léon Gambetta résonne devant le Corps législatif réuni au palais Bourbon.

– Nous déclarons que Louis-Napoléon Bonaparte et sa dynastie ont à jamais cessé de régner sur la France.

La IIIe République est née. Mais la Prusse fait la guerre à la France, non au régime impérial. Les hostilités se poursuivent. On se bat aux portes de Paris, le siège affame la ville, les communications sont coupées, les trains immobilisés, et le seul moyen de franchir les lignes ennemies passe par les airs…

Les ballons de la gare d'Austerlitz

En 1870, les dimensions de la grande halle métallique de la gare d'Austerlitz – deux cent quatre-vingts mètres de long et cinquante-deux de haut – permirent la construction de ballons à gaz… Si les frères Montgolfier avaient jadis fait voler à Versailles, devant Louis XVI, un aérostat gonflé à l'air chaud, le procédé avait été très vite perfectionné par l'emploi d'un gaz plus léger, plus maniable. Mais le ballon à gaz n'était pas encore un dirigeable, il s'envolait au gré des vents...

Dans Paris assiégé, seule la voie de l'air offrait une fuite possible. Pour organiser les combats, Léon Gambetta, membre du gouvernement de Défense nationale, s'envola de Montmartre le 7 octobre... Après avoir volé sur quatre-vingts kilomètres, il atterrit au petit bonheur la chance à Épineuse, en Picardie.

Le 28 janvier 1871, malgré le refus de Gambetta et de bon nombre de Français, Jules Favre, ministre des Affaires étrangères, rencontre à Versailles le chancelier allemand Otto von Bismarck. Les conditions de l'armistice sont énoncées, la France perd l'Alsace et la Lorraine, c'est-à-dire des villes comme Strasbourg, Mulhouse, Metz, Sarrebourg… Plus d'un million et demi de Français deviennent sujets allemands. Sur la place de la Concorde, côté jardin des Tuileries, la statue représentant la ville de Strasbourg est recouverte d'un crêpe noir…

– Y penser toujours, n'en parler jamais, dit Gambetta en évoquant les provinces perdues.

Les conflits futurs se préparent…

Et pourtant, le siècle finit en apothéose avec l'Exposition universelle de 1900. La République veut faire plus grand, plus beau, plus fort que le second Empire.

Pour célébrer le XXe siècle qui s'annonce, Paris convie les peuples à une grande fête de l'invention et du progrès. L'optimisme est de mise, c'est la Belle Époque, les égouts assainissent les foyers, la fée électricité fait son apparition, l'eau et le gaz sont à tous les étages, la Ville lumière se veut à la pointe de la modernité et du progrès. Le Grand et le Petit Palais sont créés pour l'occasion ; un village suisse fait chanter des cascades au bord de chalets alpins ; tout le long de la Seine, des pagodes et des palais exaltent les cultures du monde.

L'Expo chante les arts, l'éducation, l'agriculture, mais par-dessus tout, elle prophétise l'ère scientifique. Une immense étoile lumineuse – qui, la nuit, s'anime d'étincelles multicolores – surmonte le Palais de l'Électricité, fromage blanc rococo. Comme si le goût tarabiscoté du siècle défunt devait accompagner et cautionner le progrès technique à venir.

On s'amuse, on s'instruit, on découvre le monde de pavillon en pavillon. Pour promener l'immense public aux quatre coins de cette vaste fête qui s'éparpille dans Paris, on a conçu des moyens de transport originaux. Un petit train – électrique, bien sûr – emporte sans interruption son flot de visiteurs des Invalides au Champ-de-Mars. Au retour, on emprunte, moyennant cinquante centimes, le trottoir roulant monté sur piliers à sept mètres de haut, qui traverse les principales attractions sur une longueur de trois kilomètres et demi. Enthousiaste, la presse baptise unanimement ce trottoir « la rue de l'Avenir ». On s'imagine que, bientôt, toutes les avenues du monde seront à l'image de cette rue qui nous fait marcher plus rapidement et propose même deux vitesses : quatre kilomètres à l'heure, voire huit kilomètres à l'heure pour les plus audacieux. Au jour de la plus grande cohue, la rue de l'Avenir a transporté soixante-dix mille visiteurs pour un petit tour de vingt-six minutes à travers Paris.

Mais cette artère magique ne fait pas le bonheur de tous. Un certain Poussin, horloger de son état, logeant au 34 de l'avenue de La Motte-Picquet, agacé, dérangé, troublé dans ses minutieuses activités par le passage de milliers de badauds défilant quotidiennement à la hauteur de ses fenêtres, engage un procès contre la Société des transports électriques… et obtient réparation ! Est-ce pour cela que l'idée du trottoir roulant ne sera jamais reprise dans nos rues et sombrera dans l'oubli ?

Paris dispose même d'un chemin de fer souterrain : le métro… Une première ligne, allant de la porte de Vincennes à la porte Maillot, aurait dû être ouverte au moment de l'inauguration de l'Expo, au mois d'avril, mais les travaux ont pris du retard ; il faut attendre le 19 juillet pour pouvoir prendre place dans les wagons des rames qui s'engouffrent, crissant et brinquebalant, dans les tunnels obscurs. On veut même faire dans le beau, et c'est Hector Guimard, architecte de l'Art nouveau, qui dessine l'entrée des bouches de métro, dans un style qui fait grincer les dents de tous les tenants du classicisme.

Les gares ne peuvent pas rester en marge de ce train d'enfer du luxe et de la modernité : la parisienne gare de Lyon, reconstruite à cette occasion, en est un magnifique témoignage…

Le Train Bleu du luxe Art nouveau

Passé la majestueuse façade de la gare, aux allures de Big Ben londonien, dirigeons-nous vers le Train Bleu, restaurant qui doit son nom au convoi luxueux qui reliait Calais à Nice via Paris. Voici la quintessence du luxe selon les critères de l'Art nouveau, nec plus ultra *de la fin du* XIXe *siècle. Fasciné par ce lieu enchanteur, l'écrivain Jean Giraudoux ne cessait de s'en extasier : « Cet endroit est un musée, mais on l'ignore, les temps futurs le classeront. » Effectivement, les lieux ont été classés monument historique en 1972... Et dire que ce n'était qu'un buffet de gare !*

26

XXe siècle

QUAND LA ROUTE FAIT TOMBER LES FRONTIÈRES

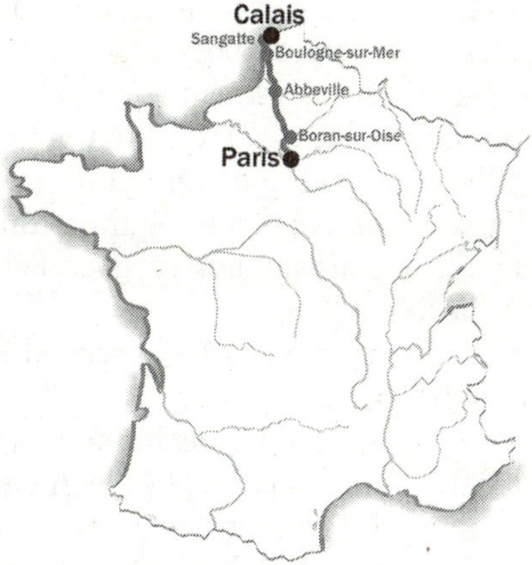

De Paris à Calais
par les routes nationales
et les autoroutes européennes

Le progrès est chanté, glorifié, affiché, mais les routes de France sont dans un triste état. À quoi bon les entretenir ? Le chemin de fer a tout bouleversé ! Les voyages ne se font plus en berline ou en diligence tirées par des chevaux, on suit maintenant des itinéraires qui vont de gare en gare.

Le 1er février 1900, l'historien Camille Jullian lance ce cri d'alarme et en même temps d'espoir : « Nos principales voies ont eu, ces dernières années, des moments difficiles. Les chemins de fer les ont dépeuplées. La commission du Budget les a menacées. Certaines ont vu leurs accotements délaissés ou leurs chaussées restreintes. D'autres ont perdu les silhouettes familières des peupliers qui les bordaient… Mais ces mauvais jours prennent fin. La bicyclette et l'automobile donnent aux grandes routes un regain de popularité[1]… »

L'automobile… Effectivement, en 1899 s'est tenue dans le jardin des Tuileries l'Exposition internationale de l'automobile, du cycle et du sport : le premier Salon de l'auto ! Cet événement, qui a attiré sportifs et excentriques, a pourtant fait grogner Félix Faure, président de la République.

– Vos voitures sont bien laides et sentent bien mauvais, a-t-il confié aux exposants.

En 1901, le Salon de l'auto entre au Grand Palais, monument hérité des constructions édifiées l'année précédente lors de l'Exposition universelle. Pour présenter ses nouveautés au public, chaque constructeur doit faire subir un examen de passage à sa voiture : parcourir un aller-retour Paris-Versailles, soit quarante kilomètres à couvrir pour démontrer que son modèle tient la route, même sur une aussi longue distance !

1. Dans *La Revue de Paris* du 1er février 1900, « Routes romaines et routes de France ».

Huit cents exposants, cent mille visiteurs, l'automobile deviendrait-elle populaire ? Peugeot, Renault, Panhard, Daimler, Benz, De Dion-Bouton… Pour la plupart, ces constructeurs produisent à peine une voiture par mois. Ils se contentent d'ailleurs de fabriquer le moteur et le châssis, le travail est achevé ensuite par des artisans selon les exigences et les goûts du client qui a passé commande.

En même temps, les premiers règlements apparaissent. La vitesse est limitée : trente kilomètres à l'heure en rase campagne, vingt kilomètres à l'heure dans les agglomérations. Et attention ! Cette vitesse « devra être ramenée à celle d'un homme au pas dans les passages étroits ou encombrés ».

Pour que l'automobile devienne autre chose qu'un loisir destiné à une poignée d'aventuriers riches et peu pressés, il manque deux éléments essentiels : des pneus souples et des routes carrossables. Eh oui, les roues des autos sont encore couvertes de simples bandes en caoutchouc plein, qui craquellent au soleil et tressautent à chaque caillou. Quant aux routes, elles sont bien souvent rendues à l'état de sentiers pierreux, et les voitures pétaradantes y soulèvent des nuages de poussière…

André et Édouard Michelin – qui ont, jusqu'ici, équipé les bicyclettes et les fiacres de pneus gonflés à l'air – veulent à présent s'attaquer au marché automobile…

– Les fiacres ont adopté nos pneus, plaident-ils devant les constructeurs. Pourtant, ils n'ont pas à rouler aussi vite que vos automobiles, et les rues de Paris ont moins d'ornières que les routes nationales. Alors qu'attendez-vous, Messieurs, pour monter nos pneus sur vos voitures ? Pour être rapides, elles doivent être légères et rouler sur l'air.

– Vous avez raison, réplique Louis Renault, mais il faudrait également penser aux roues. Au-delà de trente-cinq kilomètres à l'heure, le bois casse. N'y aurait-il pas moyen de remplacer les roues en bois par des roues à rayons d'acier ?

Les frères Michelin ont compris le message, bientôt ils fabriquent des roues métalliques sur lesquelles s'adaptent parfaitement leurs pneumatiques.

En ce qui concerne les routes, l'évolution est plus lente. Pour faire rouler confortablement les automobiles, il faudrait goudronner les grandes voies… Mais l'Administration renâcle, considérant l'application de cette méthode comme un luxe destiné à quelques privilégiés. Elle refuse donc de payer la totalité de la facture et réclame l'aide des régions… Ces atermoiements ne sont pas très favorables au développement du réseau : en 1913, seuls mille kilomètres de routes ont été goudronnés en France.

*
* *

Le 28 juin 1914, un coup de feu claque à Sarajevo, capitale de la Bosnie-Herzégovine, ancienne province turque annexée par l'empire austro-hongrois. Au nom de l'indépendance serbe, un jeune étudiant a abattu l'archiduc François-Ferdinand d'Autriche. L'Autriche-Hongrie déclare la guerre au royaume de Serbie accusé d'avoir fomenté le crime. Dès lors, le jeu subtil des alliances se met en place : l'Allemagne prend fait et cause pour l'Autriche-Hongrie et signe un accord de défense avec l'Empire ottoman, la Russie appuie la Serbie, la France soutient la Russie, le Royaume-Uni prétend garantir la neutralité belge menacée par l'Allemagne… Le monde est irréductiblement entraîné vers la guerre.

Sonnez le tocsin ! « La mobilisation des armées de terre et de mer est ordonnée, ainsi que la réquisition des animaux, voitures et harnais nécessaires au complément de ces armées. Le premier jour de la mobilisation est le dimanche 2 août », annoncent les affiches fraîchement collées sur les murs. Pour la France, traumatisée par la défaite de 1870, amputée de l'Alsace et de la Lorraine, sonne l'heure de la revanche.

Mais très vite, l'ennemi allemand enfonce les lignes françaises, quelques avions lâchent des bombes dans le ciel de Paris, ainsi que des volées de tracts annonçant la prochaine entrée des troupes allemandes dans la capitale. L'optimisme des communiqués officiels, les maigres barricades de La Muette et de la porte Dauphine ne rassurent personne. Le grand exode commence. Des foules immenses, fébriles, gagnées par la panique, se pressent devant les guichets des gares, on prend d'assaut les trains à classe unique affrétés à la hâte par les compagnies. En une semaine, un demi-million de Parisiens – un tiers de la population – cherche refuge en province. Le président de la République, Raymond Poincaré, et tout le gouvernement cèdent à l'anxiété générale et s'empressent de prendre le train pour gagner Bordeaux.

Le samedi 5 septembre 1914, comme chaque matin, Kléber Berrier vient prendre son taxi boulevard de la Chapelle au garage de la Compagnie générale des voitures. Ce jeune chauffeur de vingt-quatre ans n'est pas à l'armée, malgré la mobilisation. Ancien brigadier de cavalerie, il a été définitivement réformé à la suite d'une chute de cheval survenue pendant son service militaire.

– Nous sommes réquisitionnés, lui annonce son chef.

Des officiers d'état-major sont là, sévères. Ils font passer une brève visite médicale à tous les chauffeurs, sauf à Kléber.

– On ne peut pas vous prendre, vous n'êtes plus militaire, vous êtes réformé, explique le capitaine.

L'administration militaire ne plaisante pas avec le règlement : ne peuvent être réquisitionnés que les soldats de réserve. Les autres, ceux que l'armée a réformés, restent à l'état de civils et échappent à l'autorité des gradés. Mais les collègues de Kléber s'indignent et vitupèrent…

– Quoi ? C'est le plus jeune de nous tous, il va rester là et nous, nous allons partir ?

Les officiers tentent d'apaiser la situation…

– S'il veut être volontaire, on le prend.

Kléber ne peut pas flancher devant les copains, il se porte fièrement volontaire. Mais volontaire pour faire quoi ?

Les officiers emmènent chauffeurs et taxis aux Invalides où s'alignent les voitures réquisitionnées. Le général Gallieni, gouverneur militaire de Paris, arrive avec son képi rouge brodé de feuilles d'or. Il donne quelques ordres, salue les chauffeurs mobilisés et s'en va… Le soir, un officier monte à bord du taxi de Kléber et lui demande de l'accompagner, d'abord, porte de la Chapelle où ils s'arrêtent un instant.

– Tâchez de prendre du ravitaillement. Là où vous allez, vous ne trouverez pas de commerces, lui dit l'officier.

Puis ils partent pour Gagny où les troupes cantonnent. Et c'est là, à dix kilomètres de la porte de Bagnolet, devant la mairie de cette petite ville de banlieue, que se produit sans doute le premier embouteillage de l'Histoire… Des centaines de taxis crachotant et cahotant se précèdent, se suivent, se côtoient et finalement se bloquent les uns les autres. L'armée tente d'imposer un peu de discipline, il faut embarquer les troupes… Chaque voiture doit transporter cinq soldats, quatre à l'arrière, un autre à l'avant, à côté du chauffeur. Mission du jour : rejoindre Plessis-Belleville, en Picardie, soit une quarantaine de kilomètres à rouler de nuit et sans lumières, afin d'éviter d'être repéré par l'ennemi.

– Les Allemands sont à Meaux, et il ne faut surtout pas qu'ils sachent ce que trame Gallieni, murmurent les mieux informés.

Les chauffeurs ont seulement droit à une petite loupiote à l'arrière du véhicule, une lampe à pétrole qui scintille dans la nuit et n'éclaire rien… À l'avant, les lanternes sont éteintes mais les compteurs sont allumés : le ministère de la Guerre paiera la course. Facture totale du déplacement : soixante-dix mille douze francs pour mille trois cents taxis… Une moyenne de cinquante-quatre francs par compteur, approximativement la moitié du salaire mensuel d'un ouvrier.

Durant onze jours, Kléber fait la route de Gagny à Plessis-Belleville et retour. Il transporte des soldats au combat et ramène des blessés, parfois des femmes et des enfants trouvés sur la route, fuyant la zone de guerre[1]. Finalement, les taxis de la Marne vont conduire, à la vitesse de vingt-cinq kilomètres à l'heure, environ cinq mille fantassins, des soldats venus colmater une brèche dangereuse dans le dispositif français. L'avancée allemande est stoppée, Paris préservé de l'invasion.

Pour les Parisiens, ces longues files de taxis qui ont traversé la ville symbolisent l'unité de la nation, la mobilisation commune du front et de l'arrière, des militaires et des civils. Ce serpent montre aussi que l'automobile est entrée dans la vraie vie : elle n'est plus un loisir insolite, elle devient utile, bientôt nécessaire.

L'état-major, lui, se rend compte brusquement de l'importance des transports routiers dans la guerre, et cette prise de conscience va mener à la victoire : le moteur et les routes vont peu à peu changer la réalité du conflit. Durant la guerre de tranchées, immobile et statique, les trains permettent d'amener sans cesse des troupes fraîches de part et d'autre des lignes. Mais quand le front bouge enfin, les voies fixes des chemins de fer ne peuvent pas suivre le mouvement… Désormais, c'est à la route et au moteur de conduire les soldats sur le front. Il faut improviser, terrasser des voies, construire des voitures, des camions, des chars d'assaut. L'armée française est entrée en guerre avec neuf mille véhicules motorisés ; quatre ans plus tard, elle en aura quatre-vingt-huit mille. Dans le même temps, neuf mille kilomètres de chemins caillouteux ont été transformés en voies larges où les voitures et

1. Décédé en 1985, Kléber Berrier aura été le dernier survivant des « taxis de la Marne ». Voir son témoignage sur le site : taxidelamarne.over-blog.com

les camions peuvent se dépasser et se croiser. La route est devenue la reine des batailles.

Le 21 février 1916, lorsque les Allemands lancent une offensive sur Verdun, la ville des bords de la Meuse est desservie par deux lignes de chemin de fer malheureusement inutilisables durant les hostilités : celle qui vient de Commercy passe par le terrain occupé par l'ennemi et celle de Sainte-Menehould est souvent coupée par les obus. Reste la route départementale, la célèbre « voie sacrée » qui permet bientôt d'assurer un trafic de cinq mille véhicules par jour entre Bar-le-Duc et Verdun… Hélas, le 28 février, au moment du dégel, la voie devient soudain impraticable. Urgence militaire : remettre cette route en état. Des carrières sont ouvertes le long de la chaussée et des équipes mêlant civils et soldats s'activent. Les pierres tendres extraites des carrières sont concassées, les cailloutis jetés sur le tracé, et les camions font office de rouleaux compresseurs. Ainsi, la route peut être rapidement rouverte à la circulation. En quelques jours, le service automobile de l'armée achemine à Verdun cent quatre-vingt-dix mille hommes et vingt-trois mille tonnes de munitions… En moyenne, une voiture passe toutes les quatorze secondes sur la Voie sacrée.

La bataille se prolonge jusqu'en décembre. Cette grande victoire défensive de l'armée française est obtenue au prix de l'enfer : des villages sont détruits, les champs sont retournés par les obus, le paysage n'est plus que cratères noircis et tranchées inondées… Une horreur de trois cent deux jours qui fait plus de trois cent mille victimes, Français et Allemands confondus dans la mort.

Verdun casqué veille sur la gare de l'Est

À Paris, la gare de l'Est sera, à jamais, la gare de la Grande Guerre. Une fresque intitulée Le Départ des Poilus *a résisté à tous les remaniements de l'endroit. Elle a été offerte en 1926 au réseau ferré par le peintre américain Albert Herter, en souvenir de son fils tué sur le front en 1918. Ces jeunes gens qui embarquent la fleur au fusil semblent encore nous prévenir contre les folies de tous les conflits.*

En 1930, quand il fallut agrandir la gare de l'Est, une seconde halle fut ajoutée au bâtiment ancien. Pour faire face à la statue de femme symbolisant Strasbourg, on plaça une autre figure symbolique, de Verdun cette fois-ci, armée et coiffée d'un casque de Poilu... Souvenir des sacrifices consentis pour reconquérir les provinces perdues en 1870.

À l'approche de la Seconde Guerre mondiale, un bunker de commandement fut creusé sous la voie n° 3, et investi ensuite par les Allemands. Après la Libération, il fut laissé en l'état, « dans son jus » comme disent les antiquaires. Dans ce lieu secret, on trouve toujours les meubles d'époque, un bloc électrogène à pédales et un central téléphonique.

Au sortir de la Grande Guerre, le monde n'est plus le même. Tant de choses ont changé… L'Alsace et la

Lorraine ont été rendues à la France, l'ordre ancien issu du siècle précédent s'est effondré, les femmes réclament leur place dans la société, les ouvriers apprennent à imposer leurs revendications, la technologie a évolué, la médecine et la chirurgie ont progressé.

En ce qui concerne les routes, on sait maintenant qu'il va falloir les entretenir dans un plan d'ensemble, afin de permettre aux automobiles de relier bientôt tous les coins de l'Hexagone, jusqu'au moindre village. Mais cela coûte cher. Les collectivités locales, qui avaient partiellement la charge de l'entretien des voies de communication, ne peuvent plus assumer ces frais en croissance constante, l'État doit désormais faire face à la plus grande part de la dépense. En 1930, quarante mille kilomètres de routes départementales et de chemins vicinaux sont incorporés au réseau des routes nationales et deviennent des routes dites « automobilisables ». Deux cent douze routes nationales sont comptabilisées et numérotées, de la première, la N1, qui va de Paris à Calais jusqu'à la petite dernière, la N212, en Savoie. À cette même époque, la fabrication en série permet de rendre l'auto un peu plus accessible. Deux cent soixante mille voitures de tourisme roulaient en France en 1920, elles sont un million et demi en 1930… À titre de comparaison, nous sommes aujourd'hui plus de trente et un millions d'automobilistes !

*

* *

Lorsqu'en juin 1936 le Front populaire accorde deux semaines de congés payés à tous les travailleurs, les voies goudronnées et les chemins de fer sont prêts à accueillir les foules parties à l'assaut des bords de la Marne, des rives de l'Oise, du littoral de la Manche ou des plages du Midi. Les trains de plaisir se multiplient, les bicyclettes et les autocars filent sur les routes, l'ère du loisir pour tous vient de s'ouvrir.

Avec les moins nantis, remontons la Nationale 1… Oh, ce n'est pas une route prétentieuse qui serpente vers le soleil comme la Nationale 7, mais c'est quand même la route des vacances. En cet été 1936, ceux qui n'ont pas les moyens ou pas le temps de descendre sur la Côte d'Azur cherchent la mer ailleurs. Filons avec eux vers la Manche, et arrêtons-nous à Boran-sur-Oise, tout près de l'endroit où la Nationale franchit le fleuve. Ici, une station balnéaire a vu le jour dans les années trente. Très vite, les bénéficiaires des congés payés mais aussi le Tout-Paris s'y rendent pour profiter des agréments d'une plage de sable à seulement quarante kilomètres de la capitale ! Du sable au bord de l'Oise ? Il est apporté par camions et délicatement réparti le long de la rive, offrant à tous la douce illusion de vacances exotiques.

À Boran-sur-Oise,
la plage des congés payés

À la sortie de Paris, à partir de la porte de la Chapelle, la Nationale 1 filait en ligne droite jusqu'à Beaumont-sur-Oise. L'avenue du Président-Wilson à La Plaine-Saint-Denis en faisait partie, mais on peut aussi retrouver son tracé rectiligne de Pierrefitte à Montsoult en passant par Saint-Brice. Plus loin, dans le village de Presles, une belle plaque de cocher rouille dans l'indifférence... Eh oui, placée à une hauteur de deux mètres et demi, afin d'être vue par les cochers juchés sur leur attelage, elle est aujourd'hui ignorée de la plupart des automobilistes qui ont à leur disposition des panneaux plus à leur portée.

De Beaumont-sur-Oise, nous remontons la rivière sur une dizaine de kilomètres pour arriver à la plage... Boran était réputé dans les années trente pour être l'une des plus belles plages d'eau douce de toute la France. Abandonnée au début des années quatre-vingt, elle conserve encore de nombreux vestiges. Si le sable a disparu depuis longtemps, il reste le toboggan, les cabines et surtout le haut-parleur géant qui crachait à longueur de journée les succès du moment, Marinella, *chanté par Tino Rossi ou* Prosper Yop la Boum *scandé par Maurice Chevalier.*

Ceux qui veulent la mer, la vraie, continuent jusqu'au bord de la Manche. Les riches villégiaturent au Touquet entre tennis, polo et garden-parties, tandis que les ouvriers vont découvrir les joies de la baignade à Berck-sur-Mer. La mer pour tous libère le corps de la femme, le « costume de bain », comme on dit alors, s'allège bien vite, et l'on voit apparaître, timidement, les premiers deux-pièces qui mettent en valeur les seins et dévoilent la taille des audacieuses naïades.

*

* *

Bruits de bottes, chants martiaux, défilés aux flambeaux, l'Allemagne est hypnotisée par une folie contagieuse… Le nazisme annonce un Reich de mille ans et revendique son espace vital. Par stratégie, par prudence, par crainte, la France et le Royaume-Uni ont laissé la Wehrmacht écraser la Tchécoslovaquie, imaginant que les nazis n'oseraient pas pousser plus loin leurs velléités de conquêtes. Erreur et aveuglement. Cet attentisme va être fatal aux Français… Après l'invasion de la Pologne par les Allemands en septembre 1939, la guerre ne peut plus être évitée.

Dans les premiers mois ce sera une « drôle de guerre », car rien de définitif ne se produit. Mais à partir du 10 mai 1940, l'Allemagne envahit le Benelux et bombarde le nord de l'Hexagone. Calais est noyé sous un déluge de feu. La Grande-Bretagne, entrée dans la guerre au côté de son allié français, envoie un corps expéditionnaire défendre l'intégrité de l'Hexagone. Le dimanche 26 mai, Calais capitule, troupes britanniques et françaises se replient un peu plus loin, sur les dunes de la plage…

Le lendemain matin, 27 mai, un éclatant soleil brille sur Dunkerque. Soudain, le ciel s'assombrit : une escadrille de la Luftwaffe vient lâcher un tapis de bombes explosives et d'engins incendiaires… Les avions allemands commencent le pilonnage systématique de la cité et de son port. De quart d'heure en quart d'heure, jusqu'à la nuit tombée, des vagues d'assaut volant à basse altitude sèment la mort et la désolation. Trois cents appareils engagés dans l'opération et quarante-cinq mille projectiles largués font plus de mille victimes et dévastent une grande partie de la ville.

Près de quatre cent mille combattants français et

britanniques se retrouvent isolés sur la plage et dans le port, coupés de leurs bases arrière, menacés par l'armée allemande… La bataille est perdue mais le gouvernement de Londres, soucieux de secourir son armée, organise « l'opération Dynamo » : tout ce qui flotte en Angleterre et en France, petites embarcations de pêche ou gros paquebots, doit cingler vers Dunkerque pour évacuer les soldats. En neuf jours, pendant que les Allemands pilonnent la mer et le rivage, plus de deux cent mille soldats britanniques et cent vingt mille Français sont sauvés et conduits en Angleterre par la voie maritime. La plupart des Français sont immédiatement rapatriés sur Brest et Cherbourg, mais l'armée française, écrasée partout, ne peut plus se battre.

Le 17 juin, le maréchal Pétain appelle à la cessation des combats.

Le 18 juin, le général de Gaulle répond de Londres.

– Le dernier mot est-il dit ? L'espérance doit-elle disparaître ? La défaite est-elle définitive ? Non !

Le ton est donné : la lutte contre l'occupant se poursuivra depuis l'Angleterre.

La résistance britannique devient la hantise des Allemands sur le front occidental : l'occupant redoute un débarquement. Les stratèges du IIIe Reich mettent alors au point le Mur de l'Atlantique, ligne de défense composée de navires, de mines et de bunkers destinés à interdire l'accès aux côtes françaises.

À Calais, le blockhaus de la mémoire

La Nationale 1 suit le littoral atlantique à partir d'Abbeville et de la baie de Somme. Tout le long de la côte, en remontant vers le nord, demeurent des ouvrages du fameux Mur construit par l'occupant. Ces constructions nous parlent encore de la guerre avec leurs fortins dressés vers l'Angleterre d'où allait surgir la Liberté. Malheureusement, la plupart de ces édifices sont à l'abandon, lentement dévorés par le sable, le vent, la végétation, voire détruits récemment sous les coups de pioche de l'inconséquence humaine comme à Wissant... Cet acte sacrilège a transformé le point le plus fortifié du dispositif nazi en un désert amnésique.

En revanche, d'autres ouvrages sont magnifiquement conservés comme la fameuse batterie Todt, située au point le plus sensible du Mur de l'Atlantique, devenue un musée. (À Audinghen, entre Boulogne et Calais.)

Au centre de Calais, le Musée de Mémoire est abrité dans un blockhaus de la marine de guerre allemande. Photographies et documents évoquent la vie quotidienne, sous la botte nazie, d'une ville qui fut la première bombardée et la dernière libérée. (Parc Saint-Pierre.)

Le Mur est particulièrement renforcé sur le littoral du Pas-de-Calais, le plus sensible puisque le plus proche de l'Angleterre. Logiquement, c'est là que devraient attaquer les Alliés… Mais le 6 juin 1944, les barges et les navires du Jour J voguent vers la Normandie, première phase de la libération de la France.

C'est donc là-bas, vers Ouistreham ou Colleville-sur-Mer que l'on trouvera les tanks américains transformés en monuments du souvenir, ou que l'on arpentera ces champs couverts de croix blanches, rappels du sacrifice de ceux qui sont venus de si loin mourir chez nous…

*

* *

La guerre terminée, le réseau routier français est saccagé. Aux villes détruites – de Marseille qui a perdu son Vieux-Port jusqu'à Dunkerque dévasté – s'ajoutent des routes crevassées par les bombardements et les passages de chars, sans oublier sept mille cinq cents ponts détruits.

Avant guerre déjà, la question de la construction d'autoroutes s'était posée. Dès 1927, un plan avait été tracé pour une autoroute à l'ouest de Paris, le tunnel de Saint-Cloud en est le vestige. Le projet fut reporté à un avenir hypothétique : la qualité, la densité et la fiabilité des routes existantes suffisaient, pensait-on.

Seulement voilà, les routes vagabondent… Elles roulent de cité en cité, traversent chaque localité, petite ou grande. On peut faire une halte ici ou là, on voit le paysage changer doucement en passant d'une région à l'autre. Bref, on voyage, on musarde, on apprécie, mais on ne va pas très vite ! L'autoroute, elle, se veut plus performante. Elle ne songe qu'aux frontières à atteindre le plus rapidement possible. Il faut courir, contourner les agglomérations, accélérer sur des voies bien droites et bien dégagées. L'autoroute, c'est la dictature du lointain et de la vitesse.

Un premier programme d'autoroutes est adopté en 1955, au moment où l'euphorie de l'après-guerre offre au pays une période de renaissance économique époustouflante, les « Trente Glorieuses ». Hélas, tout le monde ne baigne pas dans l'opulence. Certaines misères sont criantes, qui ont justifié, en 1954, l'appel de l'abbé Pierre en faveur des sans-abri, mais le pays se reconstruit dans l'espérance de la paix et de la prospérité. On prône le confort, on incite à la consommation. Et si les temps sont encore durs, une certitude apaise les plus inquiets : nos enfants connaîtront demain une vie meilleure et plus facile. En outre, les progrès de la médecine et des techniques se conjuguent pour faciliter l'existence du plus grand nombre.

1955, c'est aussi l'année où les ministres des Affaires étrangères de la France, de la République fédérale d'Allemagne, de l'Italie, de la Belgique, du Luxembourg et des Pays-Bas se réunissent en Sicile afin de poursuivre et développer leur coopération, envisageant déjà d'unifier les différentes économies nationales au sein d'un même marché. Quatre ans auparavant, ces six pays ont déjà créé la Communauté européenne du charbon et de l'acier, balbutiement d'une zone de libre-échange, volonté affichée de rendre la guerre en Europe « non seulement impensable, mais aussi matériellement impossible », selon le mot de Robert Schuman, ministre français des Affaires étrangères, cheville ouvrière de la construction européenne.

L'idée de construire des autoroutes en France découle d'ailleurs directement de l'espoir vivant d'un continent pacifié. La route, telle qu'elle a été conçue après l'épopée napoléonienne, avait essentiellement pour fonction de relier entre elles les provinces de l'Hexagone, d'unifier des régions dissemblables mais engagées dans une histoire commune. L'autoroute, elle, passe par-dessus les frontières, file plus loin, à la découverte de la différence… Il est d'ailleurs piquant de constater que, pour atteindre Calais, notre Nationale 1 a été remplacée depuis Boulogne par l'autoroute A16 dite… l'Européenne ! La Nationale qui s'efface au profit de l'Européenne, tout est dit sur l'esprit d'union qui anime les hommes en cette seconde moitié du XXe siècle. La Nationale 1, priorité de Napoléon pour contenir une éventuelle attaque des Anglais, s'offre littéralement à l'ancien ennemi devenu partenaire : c'est à Calais que l'A26, qui vient de Troyes, Reims, Arras, et que l'on appelle l'autoroute des Anglais, rejoint l'Européenne, d'où l'on partira pour gagner l'autre côté du Channel.

Depuis 1994, le grand rêve d'un tunnel reliant l'Angleterre à la France est devenu réalité. Des projets avaient été dessinés dès 1801, des plans tracés, et même des galeries ouvertes en 1878… Hélas, les complications techniques, le farouche entêtement des insulaires à le rester et surtout le coût de ce projet pour les deux pays concernés allaient retarder les travaux. Dans les années 1980, lors des négociations avec le président François Mitterrand, Margaret Thatcher, Premier Ministre britannique, refusa qu'un seul penny d'argent public soit dépensé dans cette affaire. En revanche, elle n'était pas hostile à des financements privés. On fit donc appel à des actionnaires de part et d'autre de la Manche. Seize milliards d'euros furent ainsi réunis, et les foreuses se mirent à ronronner. Certes, ceux qui avaient cru judicieux d'investir dans le chantier du siècle durent patienter treize ans avant d'envisager une embellie boursière, mais le tunnel était creusé !

Aujourd'hui, le tunnel sous la Manche est tellement ancré dans notre quotidien que nous en oublions l'extraordinaire prouesse technologique. Qui s'étonne encore d'un tunnel de cinquante kilomètres de long enfoui à quarante mètres sous le lit de la Manche ? Un tunnel ? Trois, en fait : un dans chaque sens de la circulation, plus une galerie de service. Le 15 décembre 1987, le creusement du tunnel débutait en Angleterre, les travaux commençaient en France au mois de février suivant. Trois ans plus tard, le 1er décembre 1990 à 12 h 12, la première jonction entre Français et Britanniques était opérée presque au milieu du premier tunnel achevé : *Union Jack* d'un côté, drapeau tricolore de l'autre.

Avec le XXe siècle finissant, nous pouvons donc embarquer à Calais pour une traversée sous la Manche de trente-cinq minutes. Le *Shuttle*, la navette ferroviaire d'Eurotunnel, c'est la logique de l'autoroute menée à son terme pour abattre les obstacles et franchir les frontières. Au-delà, plus loin, vers l'autre…

Mais où sont les galeries d'antan ?

À Sangatte, à huit kilomètres de Calais, se trouve le gigantesque puits d'extraction qui permit le creusement des tunnels : soixante-cinq mètres de profondeur pour soixante mètres de diamètre. Pas très loin, nous attend une construction plate de pierres rondes et de maçonnerie, isolée sur le rivage : c'est le puits du tunnel sous la Manche... datant de 1878 ! Pour découvrir ce vestige du rêve de nos ancêtres, il faut prendre la sortie du village en direction du cap Blanc-Nez. Avant la statue d'Hubert Latham, candidat malheureux à la première traversée de la Manche par avion, vous trouverez l'entrée du puits sur la droite.

EN GUISE DE CONCLUSION

XXIe siècle
Vers l'infini et au-delà

L'histoire n'est pas terminée, bien sûr, tout continue de s'inventer puis de s'écrire, la route repousse sans cesse les limites. On a envie de s'écrier, tel Buzz l'Éclair dans *Toy Story* :

– Vers l'infini et au-delà !

Aller plus loin, encore plus loin, traverser les frontières, faire fi des obstacles comme ce tunnel qui passe sous la Manche pour atteindre l'Angleterre près de Douvres, en transperçant ses falaises blanches. Voici le *Shakespeare Cliff*, la falaise de Shakespeare qui, dans *Le Roi Lear*, figure un rempart infranchissable contre les invasions. Le tunnel a vaincu ce bouclier naturel, tout comme il a vaincu la mer, et la route, désormais, se prolonge jusqu'à Londres, au cœur même du royaume.

De ces hauteurs crayeuses, j'aperçois les côtes de l'Hexagone et repense à notre grand périple. En deux mille six cents ans, nous avons parcouru treize mille cinq cent soixante-treize kilomètres, retraçant l'histoire agitée de la construction d'une nation. Je songe à tous ces peuples que nous avons vus se découvrir, se redouter, s'affronter, se rassembler…

Et soudain apparaît un fantôme ! Je ne suis pourtant pas au Ier siècle de notre ère à Boulogne, où l'empereur romain Caligula venait de faire édifier, face à l'île de Bretagne, un phare haut et puissant : celui-ci n'était déjà plus qu'un tas de pierres au début du XXe siècle et maintenant il n'en reste rien… Non, je suis bien à Douvres, où l'empereur Claude, après avoir conquis la grande île, fit ériger en l'an 43 cette *Roman Lighthouse* de vingt-cinq mètres de hauteur, identique en tout point au phare jumeau de Caligula. Comme si, en dépassant les limites de l'Hexagone, en allant ailleurs, vers ce qui nous semble si différent, nous feuilletions avec nos voisins les pages communes d'une histoire, découvrant bien souvent quelques vérités sur nous-mêmes.

*

* *

Pour ma part, je devrai bientôt sortir de ce long voyage onirique à travers les siècles, rentrer en France pour aller assurer mes obligations de comédien en tournée, un peu partout, ce qui m'a permis, depuis quelques années, d'aller fouiner sur les routes et les chemins de notre pays. Il me faudra franchir à nouveau le détroit, atteindre la Loire en Anjou, continuer plus au sud… Pas de panique ! Avec le tunnel et les autoroutes, tout est possible.

– N'ayez crainte, dit Puck, le personnage que j'interprète dans *Le Songe d'une nuit d'été*, je puis faire le tour de la Terre en quarante minutes.

La vitesse nous obsède, l'impatience nous aiguillonne. Mais à tant nous hâter, n'oublions-nous pas parfois de regarder, d'écouter, de réfléchir ?

Je vous l'ai dit : l'Histoire n'est pas terminée. Nous la prolongeons en filant sur l'asphalte, en bifurquant sur des voies de traverse, en faisant rouler des pierres sur le sentier. Accompagnés d'ombres invisibles, celles des Gaulois et des Romains, celles des pèlerins du Moyen Âge et des seigneurs féodaux, celles des postillons et des cantonniers, nous nous dirigeons tous vers des routes inconnues…

Quelles surprises nous réservent-elles, ces routes du troisième millénaire ? Bien malin serait l'augure qui pourrait nous le dire. Sans doute les peuples feront-ils comme ceux que nous avons croisés jusqu'ici : des détours, des avancées fulgurantes, avec des égarements inspirés par l'orgueil des humains quand ils veulent égaler les dieux, et des possibilités qu'ils n'auront même pas pu imaginer au départ. Alors ils se réjouiront d'avoir trouvé le bon chemin, mais ils ne s'arrêteront pas là pour autant. Toutes les routes se terminent quelque part, mais *la* route, elle, celle qui nous entraîne au-delà de nous-mêmes, n'a pas de fin.

BIBLIOGRAPHIE

Généralités

BELLOC Alexis, *La Manière de voyager autrefois et de nos jours*, Delagrave, 1903.

BERTHONNET Arnaud, « Petite histoire des routes et des ponts à péage en France », *Pour Mémoire* n° 7, 2009.

BONNARD Louis, *Le Voyage en France à travers les siècles*, Touring-Club de France, 1927.

BRAUDEL Fernand, *L'Identité de la France*, Arthaud-Flammarion, 1986.

CHÉLINI Jean et BRANTHOMME Henry, *Les Chemins de Dieu, Histoire des pèlerinages chrétiens des origines à nos jours*, Hachette, 1982.

CLÉMENT Pierre, *Les Chemins à travers les âges en Cévennes et bas Languedoc*, Les Presses du Languedoc, 1983.

DUBY Georges, *Histoire de la France*, Larousse, 2011.

FANAUD Lucien, *Voies romaines et vieux chemins en Bourbonnais*, De Borée, 2005.

FERRO Marc, *Histoire de France*, Odile Jacob, 2001.

GAXOTTE Pierre, *Histoire des Français*, Flammarion, 1957.

GENDRON Stéphane, *L'Origine des noms de lieux en France*, Errance, 2008.

HÉRON DE VILLEFOSSE René, *Histoire des grandes routes de France*, Perrin, 1975.

MICHAUD Guy (colloque sous la direction de), *Les Routes de France*, Cahiers de Civilisation, 1959.

REVERDY Georges, aux Presses de l'École nationale des ponts et chaussées, *Atlas historique des routes de France*, 1986. *L'Histoire des routes de France, du Moyen Âge à la Révolution*, 1997.

VAILLÉ Eugène, *Histoire générale des Postes françaises*, PUF, 1949.

Antiquité

ALIX Xavier, GUILHERMIN Brigitte et SANHUEZA Angel, *Les Itinéraires gallo-romains en Rhône-Alpes*, EMCC, 2010.

AVRIL Marie-France, *Itinéraire d'Hannibal en Gaule*, Les Éditions de Paris, 1996.

BOCQUET Aimé, *Hannibal chez les Allobroges*, La Fontaine de Siloé, 2009.

BONNARD Louis, *La Navigation intérieure de la Gaule à l'époque gallo-romaine*, Alphonse Picard, 1913.

BRUN Patrice et RUBY Pascal, *L'Âge du fer en France*, La Découverte, 2008.

BRUN René, *La Chaussée Jules César*, La Pensée Universelle, 1981.

BRUNAUX Jean-Louis, *Les Gaulois*, Les Belles Lettres, 2005. *Nos Ancêtres les Gaulois*, Seuil, 2006. *Voyage en Gaule*, Seuil, 2011.

CAU Paolo, *Les 100 plus grandes batailles de l'Histoire*, Place des Victoires, 2007.

CHAUME Bruno et MORDANT Claude (éds.), *Le complexe aristocratique de Vix : nouvelles recherches sur l'habitat, le système de fortification et l'environnement du mont Lassois*, 2 vol., Éd. Universitaires de Dijon, 2011.

CLÉMENT Pierre, *La Via Domitia des Pyrénées aux Alpes*, Ouest-France, 2005.

COULON Gérard, *Les Voies romaines en Gaule*, Errance, 2009.

DELAMARRE Xavier, *Dictionnaire de la langue gauloise*, Errance, 2003.

DUVAL Paul-Marie, *La Vie quotidienne en Gaule pendant la paix romaine*, Hachette, 1952.

ÉTIENNE Robert, *Jules César*, Fayard, 1997.

FAUCOUP Alain et BATHIAS Jean-Jacques, *Le Forez*, Faucoup, 2010.

FERDIÈRE Alain, *Les Gaules*, Armand Colin, 2005.

GALBERT Geoffroy de, *Hannibal en Gaule*, Belledonne, 2005.

GENDRON Stéphane, *La Toponymie des voies romaines et médiévales*, Errance, 2006.

GRENIER Albert, *Les Gaulois*, Payot, 1994.

HERMAN József, *Précis d'histoire de la langue française*, Tankönyvkiadó, Budapest, 1967.

JOFFROY René, *Le Trésor de Vix*, Fayard, 1962.

JULLIAN Camille, *Histoire de la Gaule*, Hachette, 1920.

KASPRZYK Michel et NOUVEL Pierre, *Les Mutations du réseau routier de la période laténienne au début de la période impériale*, Inrap, 2011.

KELLER Werner, *Les Étrusques*, Fayard, 1976.

KRUTA Venceslas, *Les Celtes, histoire et dictionnaire*, Robert Laffont, 2000.

LALOU Élisabeth, LEPEUPLE Bruno et ROCH Jean-Louis, *Des châteaux et des sources*, Universités de Rouen et du Havre, 2008.

LANCEL Serge, *Hannibal*, Fayard, 1995.

LEGROS Jacques, *Le Mont Sainte-Odile*, S.O.S, 1988.

MARCIGNY Cyril et BÉTARD Daphné, *La France racontée par les archéologues*, Gallimard/Inrap, 2012.

MARKALE Jean, *Dolmens et menhirs*, Payot, 1994.

MELMOTH Françoise, *Les plus beaux sites de la Gaule romaine*, Archéologie Nouvelle, 2011.

PETIT Jean-Paul et BRUNELLA Philippe, *Bliesbruck-Reinheim, Celtes et Gallo-Romains en Moselle et en Sarre*, Errance, 2005.

PICOT Jean-Pierre, *Dictionnaire historique de la Gaule*, La Différence, 2002.

RENARDET Étienne, *Vie et croyances des Gaulois avant la conquête romaine*, Picard, 1975.

ROMAN Danièle et Yves, *Histoire de la Gaule*, Fayard, 1997.

ROMAN Yves, *Hadrien, l'empereur virtuose*, Payot, 2008.

ROUCHE Michel, *Attila, la violence nomade*, Fayard, 2009.

SCHNITZLER Bernadette (sous la direction de), *10 000 ans d'Histoire, dix ans de fouilles archéologiques en Alsace*, Musée de la Ville de Strasbourg, 2009. *Strasbourg-Argentorate*, Musée de la Ville de Strasbourg, 2010.

SCHMIDT Joël, *Les Gaulois contre les Romains*, Perrin, 2004.

THOLLARD Patrick, *Bavay antique*, ministère de la Culture, Imprimerie nationale, 1996.

Moyen Âge

AVRIL François, GOUSSET Marie-Thérèse et GUENÉE Bernard, *Les Grandes Chroniques de France*, Philippe Lebaud, 1987.

BACHELIER Louis, *Histoire du commerce de Bordeaux [...]*, Éd. 1862, Hachette Bnf.

BERNET Anne, *Clotilde, épouse de Clovis,* Pygmalion, 2006.

BORDONOVE Georges, aux éditions Pygmalion : *Philippe II Auguste*, 1983. *Saint Louis*, 1984. *Clovis*, 1988. *Charlemagne*, 1989.

BOURQUELOT Félix, *Études sur les foires de Champagne*, Imprimerie impériale, 1865.

BOVE Boris, *Le Temps de la guerre de Cent Ans*, Belin, 2009.

BOYER Régis, *Les Vikings*, Plon, 1992.

CAYLA Jean-Mamert et PERRIN-PAVIOT, *Histoire de la ville de Toulouse*, Bon et Privat, 1839.

CHAMPLY Louis Henri, *Histoire de l'abbaye de Cluny*, Librairie Centrale des Sciences, 1930.

CHÂTELAIN André, *Châteaux forts et féodalité en Île-de-France*, Créer, 1983.
COCULA Anne-Marie, *Histoire de Bordeaux*, Le Pérégrinateur, 2010.
CORNETTE Joël, *Histoire de la Bretagne et des Bretons*, Seuil, 2005.
DEVIOSSE Jean, *Charles Martel*, Tallandier, 2006.
FAVIER Jean, *Charlemagne*, Fayard, 1999. *Louis XI*, Fayard, 2001. *Les Papes d'Avignon*, Fayard, 2006.
FAVRE Édouard, *Eudes comte de Paris et roi de France*, Bouillon, 1893.
GEARY Patrick, *Le Monde mérovingien, naissance de la France*, Flammarion, 1988.
GOBRY Ivan, aux éditions Pygmalion : *Louis Ier*, 2002. *Louis VII*, 2002. *Philippe Ier*, 2003. *Clotaire Ier*, 2004. *Robert II*, 2005. *Eudes*, 2005. *Charles II*, 2007. *Henri Ier*, 2008. *Pépin le Bref*, 2011.
GRÉGOIRE DE TOURS, *Histoire des Francs*, traduite par Robert Latouche, Les Belles Lettres, 1963.
GRIFFE Élie, *Le Languedoc cathare au temps de la croisade*, Letouzey et Ané, 1973.
HUCHET Patrick et BOËLLE Yvon, *Sur les chemins de Compostelle*, Ouest-France, 2010.
LE JAN Régine, *La Société du haut Moyen Âge*, Armand Colin, 2003.
LEROUX Jean, *Histoire de la ville de Soissons*, Soissons, 1839.
MINOIS Georges, *La Guerre de Cent Ans*, Perrin, 2008.
PACAUT Marcel, *L'Ordre de Cluny*, Fayard, 1986.
PERCHE François, *Sur les routes des pèlerinages en France*, Fayard, 1980.
PÉRICARD-MÉA Denise, *Les Routes de Compostelle*, Gisserot, 2002.
PLANCHON Michel, *Quand la Normandie était aux Vikings*, Fayard, 1978.
PRÉVÔT Philippe, *Connaître la Gironde*, Sud-Ouest, 2006.

ROUCHE Michel, *Clovis*, Fayard, 1996.
RUFINO Patrice Georges, *Les Comtes de Toulouse*, Daniel Briand, 2000.
SASSIER Yves, *Hugues Capet*, Fayard, 1987.
SBALCHIERO Patrick, *Histoire du Mont Saint-Michel*, Perrin, 2005.
THEIS Laurent, *Dagobert*, Fayard, 1982.

Temps modernes

BLUCHE François, *Richelieu*, Perrin, 2003.
BOULAIRE, *La Marine française*, Palantines, 2011.
BOUYER Christian, *Au temps des isles*, Tallandier, 2005.
COMBESCOT Pierre, *Les Petites Mazarines*, Grasset, 1999.
GISLER Antoine, *L'Esclavage aux Antilles françaises*, Karthala, 1981.
LE ROUX Nicolas, *Les Guerres de Religion*, Belin, 2009.
MEYER Jean, *Colbert*, Hachette, 1981.
NICHOLL Charles, *Léonard de Vinci*, Actes Sud, 2004.
TAILLEMITE Étienne, *Bougainville*, Perrin, 2011.

Époque contemporaine

ARISTE Paul d', *La Vie et le Monde du boulevard*, Tallandier, 1930.
BAINVILLE Jacques, *Napoléon*, Fayard, 1958.
BOILET Georges Édouard, *La Doctrine sociale de Napoléon III*, Tequi, 1969.
CARON François, *Histoire des chemins de fer en France*, Fayard, 1997.
CONTE Arthur, *L'Épopée des chemins de fer français*, Plon, 1996.

DEBAUVE Alphonse, *Les Travaux publics et les Ingénieurs des Ponts et Chaussées*, Dunod, 1893.

FRÈREJEAN Alain, *André Citroën, Louis Renault, un duel sans merci*, Albin Michel, 1998.

JACQMIN François, *Les Chemins de fer pendant la guerre de 1870-1871*, Hachette, 1872.

LENTZ Thierry, *Nouvelle Histoire du premier Empire*, Fayard, 2010.

TABLE

DU MÊME AUTEUR

Métronome
L'histoire de France au rythme du métro parisien
Michel Lafon, 2009
et « Pocket », n° 16010

Métronome illustré
Michel Lafon, 2010

Histoires de France
(illustré par Eduardo Ocaña)
Volume 1 – XVIe siècle :
François Ier et le connétable de Bourbon
Michel Lafon/Casterman, 2012

Volume 2 – XVIIe siècle :
Louis XIV et Fouquet
Michel Lafon/Casterman, 2014

Hexagone illustré
Michel Lafon, 2014

RÉALISATION : NORD COMPO À VILLENEUVE-D'ASCQ
IMPRESSION : CPI BRODARD ET TAUPIN À LA FLÈCHE
DÉPÔT LÉGAL : MAI 2015. N° 124204 (3010120)
IMPRIMÉ EN FRANCE

Éditions Points

le cercle

Le catalogue complet de nos collections est sur Le Cercle Points, ainsi que des interviews de vos auteurs préférés, des jeux-concours, des conseils de lecture, des extraits en avant-première…

www.lecerclepoints.com

DERNIERS TITRES PARUS

P3137. Tombé hors du temps, *David Grossman*
P3138. Petit oiseau du ciel, *Joyce Carol Oates*
P3139. Alcools (illustrations de Ludovic Debeurme) *Guillaume Apollinaire*
P3140. Pour une terre possible, *Jean Sénac*
P3141. Le Baiser de Judas, *Anna Grue*
P3142. L'Ange du matin, *Arni Thorarinsson*
P3143. Le Murmure de l'ogre, *Valentin Musso*
P3144. Disparitions, *Natsuo Kirino*
P3145. Le Pont des assassins, *Arturo Pérez-Reverte*
P3146. La Dactylographe de Mr James, *Michiel Heyns*
P3147. Télex de Cuba, *Rachel Kushner*
P3148. Promenades avec les hommes, *Ann Beattie*
P3149. Le Roi Lézard, *Dominique Sylvain*
P3150. Scènes de la vie quotidienne à l'Élysée, *Camille Pascal*
P3151. Je ne t'ai pas vu hier dans Babylone *António Lobo Antunes*
P3152. Le Condottière, *Georges Perec*
P3153. La Circassienne, *Guillemette de Sairigné*
P3154. Au pays du cerf blanc, *Chen Zhongshi*
P3155. Juste pour le plaisir, *Mercedes Deambrosis*
P3156. Trop près du bord, *Pascal Garnier*
P3157. Seuls les morts ne rêvent pas. La Trilogie du Minnesota, vol. 2, *Vidar Sundstøl*
P3158. Le Trouveur de feu, *Henri Gougaud*
P3159. Ce soir, après la guerre, *Viviane Forrester*
P3160. La semaine où Jérôme Kerviel a failli faire sauter le système financier mondial. Journal intime d'un banquier, *Hugues Le Bret*
P3161. La Faille souterraine. Et autres enquêtes *Henning Mankell*

P3162. Les deux premières enquêtes cultes de Wallander : Meurtriers sans visage & Les Chiens de Riga *Henning Mankell*
P3163. Brunetti et le mauvais augure, *Donna Leon*
P3164. La Cinquième Saison, *Mons Kallentoft*
P3165. Les Nouvelles Enquêtes du Juge Ti : Panique sur la Grande Muraille & Le Mystère du jardin chinois, *Frédéric Lenormand*
P3166. Rouge est le sang, *Sam Millar*
P3167. L'Énigme de Flatey, *Viktor Arnar Ingólfsson*
P3168. Goldstein, *Volker Kutscher*
P3169. Mémoire assassine, *Thomas H. Cook*
P3170. Le Collier de la colombe, *Raja Alem*
P3171. Le Sang des maudits, *Leighton Gage*
P3172. La Maison des absents, *Tana French*
P3173. Le roi n'a pas sommeil, *Cécile Coulon*
P3174. Rentrez chez vous Bogner, *Heinrich Böll*
P3175. La Symphonie des spectres, *John Gardner*
P3176. À l'ombre du mont Nickel, *John Gardner*
P3177. Une femme aimée, *Andreï Makine*
P3178. La Nuit tombée, *Antoine Choplin*
P3179. Richard W., *Vincent Borel*
P3180. Moi, Clea Shine, *Carolyn D. Wall*
P3181. En ville, *Christian Oster*
P3182. Apprendre à prier à l'ère de la technique *Gonçalo M. Tavares*
P3183. Vies pøtentielles, *Camille de Toledo*
P3184. De l'amour. *Textes* tendrement *choisis par Elsa Delachair*
P3185. La Rencontre. *Textes* amoureusement *choisis par Elsa Delachair*
P3186. La Vie à deux. *Textes* passionnément *choisis par Elsa Delachair*
P3187. Le Chagrin d'amour. *Textes* rageusement *choisis par Elsa Delachair*
P3188. Le Meilleur des jours, *Yassaman Montazami*
P3189. L'Apiculture selon Samuel Beckett, *Martin Page*
P3190. L'Affaire Cahuzac. En bloc et en détail, *Fabrice Arfi*
P3191. Vous êtes riche sans le savoir *Philippe Colin-Olivier et Laurence Mouillefarine*
P3192. La Mort suspendue, *Joe Simpson*
P3193. Portrait de l'aventurier, *Roger Stéphane*
P3194. La Singulière Tristesse du gâteau au citron, *Aimee Bender*
P3195. La Piste mongole, *Christian Garcin*

P3196. Régime sec, *Dan Fante*
P3197. Bons baisers de la grosse barmaid.
Poèmes d'extase et d'alcool, *Dan Fante*
P3198. Karoo, *Steve Tesich*
P3199. Une faiblesse de Carlotta Delmont, *Fanny Chiarello*
P3200. La Guerre des saints, *Michela Murgia*
P3201. DRH, le livre noir, *Jean-François Amadieu*
P3202. L'homme à quel prix ?, *Cardinal Roger Etchegaray*
P3203. Lumières de Pointe-Noire, *Alain Mabanckou*
P3204. Ciel mon moujik ! Et si vous parliez russe sans le savoir ?
Sylvain Tesson
P3205. Les mots ont un sexe. Pourquoi « marmotte »
n'est pas le féminin de « marmot »,
et autres curiosités de genre, *Marina Yaguello*
P3206. L'Intégrale des haïkus, *Bashō*
P3207. Le Droit de savoir, *Edwy Plenel*
P3208. Jungle Blues, *Roméo Langlois*
P3209. Exercice d'abandon, *Catherine Guillebaud*
P3210. Le Roman de Bergen. 1999 Le crépuscule – tome V
Gunnar Staalesen
P3211. Le Roman de Bergen. 1999 Le crépuscule – tome VI
Gunnar Staalesen
P3212. Amie de ma jeunesse, *Alice Munro*
P3213. Le Roman du mariage, *Jeffrey Eugenides*
P3214. Les baleines se baignent nues, *Eric Gethers*
P3215. Shakespeare n'a jamais fait ça, *Charles Bukowski*
P3216. Ces femmes qui ont réveillé la France
Valérie Bochenek, Jean-Louis Debré
P3217. Poèmes humains, *César Vallejo*
P3218. Mantra, *Rodrigo Fresán*
P3219. Guerre sale, *Dominique Sylvain*
P3220. Arab Jazz, *Karim Miske*
P3221. Du son sur les murs, *Frantz Delplanque*
P3222. 400 coups de ciseaux et autres histoires, *Thierry Jonquet*
P3223. Brèves de noir, *collectif*
P3224. Les Eaux tumultueuses, *Aharon Appelfeld*
P3225. Le Grand Chambard, *Mo Yan*
P3226. L'Envers du monde, *Thomas B. Reverdy*
P3227. Comment je me suis séparée de ma fille
et de mon quasi-fils, *Lydia Flem*
P3228. Avant la fin du monde, *Boris Akounine*
P3229. Au fond de ton cœur, *Torsten Pettersson*
P3230. Je vais passer pour un vieux con. Et autres petites phrases
qui en disent long, *Philippe Delerm*

P3231. Chienne de langue française ! Répertoire tendrement agacé des bizarreries du français, *Fabian Bouleau*
P3232. 24 jours, *Ruth Halimi et Émilie Frèche*
P3233. Aventures en Guyane. Journal d'un explorateur disparu *Raymond Maufrais*
P3234. Une belle saloperie, *Robert Littell*
P3235. Fin de course, *C.J. Box*
P3236. Corbeaux. La Trilogie du Minnesota, vol. 3 *Vidar Sundstøl*
P3237. Le Temps, le temps, *Martin Suter*
P3238. Nouvelles du New Yorker, *Ann Beattie*
P3239. L'Embellie, *Audur Ava Ólafsdóttir*
P3240. Boy, *Takeshi Kitano*
P3241. L'Enfance des criminels, *Agnès Grossmann*
P3242. Police scientifique : la révolution. Les vrais experts parlent, *Jacques Pradel*
P3243. Femmes serials killers. Pourquoi les femmes tuent ?, *Peter Vronsky*
P3244. L'Histoire interdite. Révélations sur l'Histoire de France, *Franck Ferrand*
P3245. De l'art de mal s'habiller sans le savoir *Marc Beaugé (illustrations de Bob London)*
P3246. Un homme loyal, *Glenn Taylor*
P3247. Rouge de Paris, *Jean-Paul Desprat*
P3248. Parmi les disparus, *Dan Chaon*
P3249. Le Mystérieux Mr Kidder, *Joyce Carol Oates*
P3250. Poèmes de poilus. Anthologie de poèmes français, anglais, allemands, italiens, russes (1914-1918)
P3251. Étranges Rivages, *Arnaldur Indridason*
P3252. La Grâce des brigands, *Véronique Ovaldé*
P3253. Un passé en noir et blanc, *Michiel Heyns*
P3254. Anagrammes, *Lorrie Moore*
P3255. Les Joueurs, *Stewart O'Nan*
P3256. Embrouille en Provence, *Peter Mayle*
P3257. Parce que tu me plais, *Fabien Prade*
P3258. L'Impossible Miss Ella, *Toni Jordan*
P3259. La Politique du tumulte, *François Médéline*
P3260. La Douceur de la vie, *Paulus Hochgatterer*
P3261. Niceville, *Carsten Stroud*
P3262. Les Jours de l'arc-en-ciel, *Antonio Skarmeta*
P3263. Chronic City, *Jonathan Lethem*
P3264. À moi seul bien des personnages, *John Irving*
P3265. Galaxie foot. Dictionnaire rock, historique et politique du football, *Hubert Artus*

P3266. Patients, *Grand Corps Malade*
P3267. Les Tricheurs, *Jonathan Kellerman*
P3268. Dernier refrain à Ispahan, *Naïri Nahapétian*
P3269. Jamais vue, *Alafair Burke*
P3270. Homeland. La traque, *Andrew Kaplan*
P3271. Les Mots croisés du journal « Le Monde ». 80 grilles *Philippe Dupuis*
P3272. Comment j'ai appris à lire, *Agnès Desarthe*
P3273. La Grande Embrouille, *Eduardo Mendoza*
P3274. Sauf miracle, bien sûr, *Thierry Bizot*
P3275. L'Excellence de nos aînés, *Ivy Compton-Burnett*
P3276. Le Docteur Thorne, *Anthony Trolloppe*
P3277. Le Colonel des Zouaves, *Olivier Cadiot*
P3278. Un privé à Tanger, *Emmanuel Hocquard*
P3279. Kind of blue, *Miles Corwin*
P3280. La fille qui avait de la neige dans les cheveux *Ninni Schulman*
P3281. L'Archipel du Goulag, *Alexandre Soljénitsyne*
P3282. Moi, Giuseppina Verdi, *Karine Micard*
P3283. Les oies sauvages meurent à Mexico, *Patrick Mahé*
P3284. Le Pont invisible, *Julie Orringer*
P3285. Brèves de copies de bac
P3286. Trop de bonheur, *Alice Munro*
P3287. La Parade des anges, *Jennifer Egan*
P3288. Et mes secrets aussi, *Line Renaud*
P3289. La Lettre perdue, *Martin Hirsch*
P3290. Mes vies d'aventures. L'homme de la mer Rouge *Henry de Monfreid*
P3291. Cruelle est la terre des frontières. Rencontre insolite en Extrême-Orient, *Michel Jan*
P3292. Madame George, *Noëlle Châtelet*
P3293. Contrecoup, *Rachel Cusk*
P3294. L'Homme de Verdigi, *Patrice Franceschi*
P3295. Sept pépins de grenade, *Jane Bradley*
P3296. À qui se fier ?, *Peter Spiegelman*
P3297. Dernière conversation avec Lola Faye, *Thomas H. Cook*
P3298. Écoute-moi, Amirbar, *Àlvaro Mutis*
P3299. Fin de cycle. Autopsie d'un système corrompu *Pierre Ballester*
P3300. Canada, *Richard Ford*
P3301. Sulak, *Philippe Jaenada*
P3302. Le Garçon incassable, *Florence Seyvos*
P3303. Une enfance de Jésus, *J.M. Coetzee*
P3304. Berceuse, *Chuck Palahniuk*

P3305. L'Homme des hautes solitudes, *James Salter*
P3307. Le Pacte des vierges, *Vanessa Schneider*
P3308. Le Livre de Jonas, *Dan Chaon*
P3309. Guillaume et Nathalie, *Yanick Lahens*
P3310. Bacchus et moi, *Jay McInerney*
P3311. Plus haut que mes rêves, *Nicolas Hulot*
P3312. Cela devient cher d'être pauvre, *Martin Hirsch*
P3313. Sarkozy-Kadhafi. Histoire secrète d'une trahison *Catherine Graciet*
P3314. Le monde comme il me parle, *Olivier de Kersauson*
P3315. Techno Bobo, *Dominique Sylvain*
P3316. Première station avant l'abattoir, *Romain Slocombe*
P3317. Bien mal acquis, *Yrsa Sigurdardottir*
P3318. J'ai voulu oublier ce jour, *Laura Lippman*
P3319. La Fin du vandalisme, *Tom Drury*
P3320. Des femmes disparaissent, *Christian Garcin*
P3321. La Lucarne, *José Saramago*
P3322. Chansons. L'intégrale 1 (1967-1980), *Lou Reed*
P3323. Chansons. L'intégrale 2 (1982-2000), *Lou Reed*
P3324. Le Dictionnaire de Lemprière, *Lawrence Norfolk*
P3325. Le Divan de Staline, *Jean-Daniel Baltassat*
P3326. La Confrérie des moines volants, *Metin Arditi*
P3327. L'Échange des princesses, *Chantal Thomas*
P3328. Le Dernier Arbre, *Tim Gautreaux*
P3329. Le Cœur par effraction, *James Meek*
P3330. Le Justicier d'Athènes, *Petros Markaris*
P3331. La Solitude du manager, *Manuel Vázquez Montalbán*
P3332. Scènes de la vie d'acteur, *Denis Podalydès*
P3333. La vérité sort souvent de la bouche des enfants *Geneviève de la Bretesche*
P3334. Crazy Cock, *Henry Miller*
P3335. Soifs, *Marie-Claire Blais*
P3336. L'Œuvre de Dieu, la part du Diable, *John Irving*
P3337. Des voleurs comme nous, *Edward Anderson*
P3338. Nu dans le jardin d'Éden, *Harry Crews*
P3339. Une vérité si délicate, *John le Carré*
P3340. Le Corps humain, *Paolo Giordano*
P3341. Les Saisons de Louveplaine, *Cloé Korman*
P3342. Sept femmes, *Lydie Salvayre*
P3343. Les Remèdes du docteur Irabu, *Hideo Okuda*
P3344. Le Dernier Seigneur de Marsad, *Charif Majdalani*
P3345. Primo, *Maryline Desbiolles*
P3346. La plus belle histoire des femmes *Françoise Héritier, Michelle Perrot, Sylviane Agacinski, Nicole Bacharan*

P3347. Le Bidule de Dieu. Une histoire du pénis
Tom Hickman
P3348. Le Grand Café des brèves de comptoir
Jean-Marie Gourio
P3349. 7 jours, *Deon Meyer*
P3350. Homme sans chien, *Håkan Nesser*
P3351. Dernier verre à Manhattan, *Don Winslow*
P3352. Mudwoman, *Joyce Carol Oates*
P3353. Panique, *Lydia Flem*
P3354. Mémoire de ma mémoire, *Gérard Chaliand*
P3355. Le Tango de la Vieille Garde, *Arturo Pérez-Reverte*
P3356. Blitz, et autres histoires, *Esther Kreitman*
P3357. Un paradis trompeur, *Henning Mankell*
P3358. Aventurier des glaces, *Nicolas Dubreuil*
P3359. Made in Germany. Le modèle allemand
au-delà des mythes, *Guillaume Duval*
P3360. Taxi Driver, *Richard Elman*
P3361. Le Voyage de G. Mastorna, *Federico Fellini*
P3362. 5e avenue, 5 heures du matin, *Sam Wasson*
P3363. Manhattan Folk Story, *Dave Van Ronk, Elijah Wald*
P3364. Sorti de rien, *Irène Frain*
P3365. Idiopathie. Un roman d'amour, de narcissisme
et de vaches en souffrance, *Sam Byers*
P3366. Le Bois du rossignol, *Stella Gibbons*
P3367. Les Femmes de ses fils, *Joanna Trollope*
P3368. Bruce, *Peter Ames Carlin*
P3369. Oxymore, mon amour ! Dictionnaire inattendu
de la langue française, *Jean-Loup Chiflet*
P3371. Coquelicot, et autres mots que j'aime, *Anne Sylvestre*
P3372. Les Proverbes de nos grands-mères, *Daniel Lacotte*
(illustrations de Virginie Berthemet)
P3373. La Tête ailleurs, *Nicolas Bedos*
P3374. Mon parrain de Brooklyn, *Hesh Kestin*
P3375. Le Livre rouge de Jack l'éventreur, *Stéphane Bourgoin*
P3376. Disparition d'une femme. L'affaire Viguier
Stéphane Durand-Souffland
P3377. Affaire Dils-Heaulme. La contre-enquête
Emmanuel Charlot, avec Vincent Rothenburger
P3378. Faire la paix avec soi. 365 méditations quotidiennes
Etty Hillesum
P3379. L'amour sauvera le monde, *Michael Lonsdale*
P3380. Le Jardinier de Tibhirine
Jean-Marie Lassausse, avec Christophe Henning

P3381. Petite philosophie des mandalas. Méditation sur la beauté du monde, *Fabrice Midal*
P3382. Le bonheur est en vous, *Marcelle Auclair*
P3383. Divine Blessure. Faut-il guérir de tout? *Jacqueline Kelen*
P3384. La Persécution. Un anthologie (1954-1970) *Pier Paolo Pasolini*
P3385. Dans le sillage du météore désinvolte. Lettres de guerre (1914-1919), *Jacques Vaché*
P3386. Les Immortelles, *Makenzy Orcel*
P3387. La Cravate, *Milena Michiko Flašar*
P3388. Le Livre du roi, *Arnaldur Indridason*
P3389. Piégés dans le Yellowstone, *C.J. Box*
P3390. On the Brinks, *Sam Millar*
P3391. Qu'est-ce que vous voulez voir?, *Raymond Carver*
P3392. La Confiture d'abricots. Et autres récits *Alexandre Soljénitsyne*
P3393. La Condition numérique *Bruno Patino, Jean-François Fogel*
P3394. Le Sourire de Mandela, *John Carlin*
P3395. Au pied du mur, *Elisabeth Sanxay Holding*
P3396. Nous cheminons entourés de fantômes aux fronts troués *Jean-François Vilar*
P3397. Fun Home, *Alison Bechdel*
P3398. L'homme qui aimait les chiens, *Leonardo Padura*
P3399. Deux veuves pour un testament, *Donna Leon*
P4000. Sans faille, *Valentin Musso*
P4001. Dexter fait son cinéma, *Jeff Lindsay*
P4002. Incision, *Marc Raabe*
P4003. Mon ami Dahmer, *Derf Backderf*
P4004. Terminus Belz, *Emmanuel Grand*
P4005. Les Anges aquatiques, *Mons Kallentoft*
P4006. Strad, *Dominique Sylvain*
P4007. Les Chiens de Belfast, *Sam Millar*
P4008. Marée d'équinoxe, *Cilla et Rolf Börjlind*
P4009. L'Étrange Destin de Katherine Carr, *Thomas H. Cook*
P4010. Les Secrets de Bent Road, *Lori Roy*
P4011. Journal d'une fille de Harlem, *Julius Horwitz*
P4012. Pietra viva, *Léonor de Récondo*
P4013. L'Égaré de Lisbonne, *Bruno d'Halluin*
P4014. Le Héron de Guernica, *Antoine Choplin*
P4015. Les Vies parallèles de Greta Wells, *Andrew Sean Greer*
P4016. Tant que battra mon cœur, *Charles Aznavour*
P4017. J'ai osé Dieu, *Michel Delpech*

P4018. La Ballade de Rikers Island, *Régis Jauffret*
P4019. Le Pays du lieutenant Schreiber, *Andreï Makine*
P4020. Infidèles, *Abdellah Taïa*
P4021. Les Fidélités, *Diane Brasseur*
P4022. Le Défilé des vanités, *Cécile Sepulchre*
P4023. Tomates, *Nathalie Quintane*
P4024. Songes de Mevlido, *Antoine Volodine*
P4025. Une terre d'ombre, *Ron Rash*
P4026. Bison, *Patrick Grainville*
P4027. Dire non, *Edwy Plenel*
P4028. Le Jardin de l'aveugle, *Nadeem Aslam*
P4029. Chers voisins, *John Lanchester*
P4030. Le Piéton de Hollywood, *Will Self*
P4031. Dictionnaire d'anti-citations. Pour vivre très con et très heureux, *Franz-Olivier Giesbert*
P4032. 99 Mots et Expressions à foutre à la poubelle *Jean-Loup Chiflet*
P4033. Jésus, un regard d'amour, *Guy Gilbert*
P4034. Anna et mister God, *Fynn*
P4035. Le Point de rupture, *Marie Lise Labonté*
P4036. La Maison des feuilles, *Mark Z. Danielewski*
P4038. Le Mal napoléonien, *Lionel Jospin*
P4039. Trois vies de saints, *Eduardo Mendoza*
P4040. Le Bruit de tes pas, *Valentina D'Urbano*
P4041. Clipperton. L'atoll du bout du monde *Jean-Louis Étienne*
P4042. Banquise, *Paul-Émile Victor*
P4043. La Lettre à Helga, *Bergsveinn Birgisson*
P4044. La Passion, *Jeanette Winterson*
P4045. L'Eau à la bouche, *José Manuel Fajardo*
P4046. Première Personne du singulier, *Patrice Franceschi*
P4047. Ma mauvaise réputation, *Mourad Boudjellal*
P4048. La Clandestine du voyage de Bougainville *Michèle Kahn*
P4049. L'Italienne, *Adriana Trigiani*
P4050. L'Inconnue du bar, *Jonathan Kellerman*
P4051. Une disparition inquiétante, *Dror Mishani*
P4052. M. Pénombre, libraire ouvert jour et nuit, *Robin Sloan*
P4053. Harmonium, *Wallace Stevens*
P4054. Belém *suivi de* Moscow, *Edyr Augusto*
P4055. Solo. Une nouvelle aventure de James Bond *William Boyd*
P4056. Le cintre était sur la banquette arrière, *Alain Rémond*
P4057. The Kid, *Sapphire*

P4058. Brigitte Bardot. La femme la plus belle et la plus scandaleuse au monde, *Yves Bigot*
P4059. Al-Qaïda en France, *Samuel Laurent*
P4060. Dans le Pavillon rouge, *Pauline Chen*
P4061. La Petite Copiste de Diderot, *Danielle Digne*
P4062. L'Effrayant Docteur Petiot. Fou ou coupable ? *Claude Quétel*
P4063. Le Couteau jaune. L'affaire Dany Leprince *Franck Johannès*
P4064. Thèse sur un homicide, *Diego Paszkowski*
P4065. Thé vert et arsenic, *Frédéric Lenormand*
P4066. Étouffements, *Joyce Carol Oates*
P4067. Rien dans les poches, *Dan Fante*
P4068. Pain, éducation, liberté, *Petros Markaris*
P4069. No Bank, *Hugues Le Bret*
P4070. Elle marchait sur un fil, *Philippe Delerm*
P4071. Maudite Éducation, *Gary Victor*
P4072. L'Autre, *Sylvie Le Bihan*
P4073. Fille de Burger, *Nadine Gordimer*
P4074. Une vie de passions formidables, *Luis Sepúlveda*
P4075. Le Mystère Goldman. Portrait d'un homme très discret *Éric Le Bourhis*
P4076. Eux, *Claire Castillon*
P4077. La Plus Belle Histoire de la philosophie *Luc Ferry et Claude Capelier*
P4078. Les Apparitions, *Florence Seyvos*
P4079. Entre les jours, *Andrew Porter*
P4080. L'Humour au féminin en 700 citations *Macha Méril et Christian Moncelet*
P4081. L'assassin court toujours. Et autres expressions insoutenables, *Frédéric Pommier*
P4082. Devance tous les adieux, *Ivy Edelstein*
P4083. Contre vents et marées, *Denis Ledogar*
P4084. Cœur pur. Journal zen et lettres de Maura « Soshin » O'Halloran, *Maura O'Halloran*
P4085. Dans l'abîme du temps, *Howard Phillips Lovecraft*
P4086. L'Appel de Cthulhu, *Howard Phillips Lovecraft*
P4087. La Couleur tombée du ciel *suivi de* La Chose sur le seuil, *Howard Phillips Lovecraft*
P4088. Meurtre à Tombouctou, *Moussa Konaté*
P4089. L'Empreinte massaï, *Richard Crompton*
P4090. Pianotrip. Tribulations d'un piano à travers l'Europe *Lou Nils et Christophe Clavet*
P4091. Don Fernando. Le seigneur de l'Amazone *Fernand Fournier-Aubry*